Der neue große
Freizeitführer
für
Deutschland

D1705501

Verlag
Unterwegs

Impressum:

Dies ist eine Original-Ausgabe des

Postfach 426, D-78204 Singen
Dr.-Andler-Straße 28, D-78224 Singen
Telefon: 07731/63544
Telefax: 07731/62401
E-Mail: info@unterwegs.com
Internet: www.unterwegs.com

Die Texte der 1. Ausgabe von 1995 stammen von Andreas Beerlage. Sie wurden inzwischen
mehrfach überarbeitet und völlig aktualisiert. Letzte Aktualisierung: Januar 2014 .
Redaktionelle Überarbeitung: Regine Keller
Grafik: Tanja Jeworutzki
Lektorat: Thomas Schlegel

Titelbild: Das Titelbild zeigt Eindrücke vom Erlebnispark Tripsdrill. Weitere Highlights und
Infos über den einzigartigen deutschen Erlebnis- und Wildpark finden Sie auf den Seiten 4
und 351.

Alle Angaben sind nach bestem Wissen und Gewissen recherchiert. Der Verlag kann keine
Verantwortung für eventuelle Änderungen oder Fehler übernehmen. Wir sind aber jederzeit
für Hinweise und Korrekturen durch die Nutzer des Buches dankbar.

**Wir danken allen Fremdenverkehrsämtern und Freizeitanbietern für ihre freundliche
Mitarbeit und die Bereitstellung von Bildmaterial.**

Zeit für die Familie – Spaß für alle

Endlich Freizeit! Und jetzt nichts wie weg. Auf starken 384 Seiten bietet dieser Freizeit-führer Informationen über die schönsten Freizeitparks, interessantesten Museen, Spaß- und Wellnessbäder, Zoos, Schlösser und vieles mehr in ganz Deutschland. Alle Freizeitangebote sind nach Bundesländern unterteilt. Mit Gebietsplänen, Anfahrts-beschreibungen, unverbindlichen Preisinformationen, Öffnungszeiten, Verpflegungs-möglichkeiten und je nach Ort auch Hinweise, was man in der Region außerdem noch unternehmen könnte. Und man wird erstaunt sein, schon beim Lesen und dann – noch viel mehr – vor Ort, dass Deutschland ein Land voll erlebbarer Freizeit ist – prickelnd, entspan-nend, aufregend und zum Genießen –, sei es nun in der Ferne oder auch ganz in Ihrer Nähe. Grundsätzlich haben wir bei allen Tipps darauf geachtet, dass es sich um Ziele handelt, die für die ganze Familie geeignet sind. Im Info-Kasten bei jedem Ausflugsziel sind die wich-tigsten Daten zusammengefasst.

Bitte beachten Sie:

Natürlich können sich auch Änderungen (z. B. Preise, Öffnungszeiten etc.) ergeben. In vielen Fällen gibt es noch weitere Öffnungszeiten für bestimmte Zeiten oder Tage, die hier aus Platzgründen nicht dargestellt werden können. Dasselbe gilt auch für Eintritts- oder Fahrpreise. Deshalb ist es empfehlenswert, sich vor Antritt der Reise nochmals beim Ausflugsziel zu erkundigen. Insbesondere, wenn man mit einer Gruppe anreist.
Dann kann die Planung also losgehen. Wir wünschen Ihnen viel Spaß beim Aussuchen, Planen und natürlich beim Erleben.

Ihr Unterwegs-Verlag-Team

Der Wild- und Freizeitpark Allensbach, inmitten der schönsten Naturlandschaft am Bodensee, dem Bodanrück, bietet vergnügliche Freizeiterlebnisse, z.B. mit der Wildparkbahn durchs Gehege fahren.

Erlebnispark Tripsdrill

Vor den Toren Stuttgarts warten umgeben von Natur über 100 originelle Attraktionen. Und zusammen mit dem Wildparadies nebenan bietet Tripsdrill gleich zwei Parks zum Preis von einem! Jede Menge Abwechslung also, die Sie ganz entspannt auch an zwei oder mehreren Tagen genießen können: Zum Übernachten stehen komfortable Schäferwagen und Baumhäuser bereit. Weitere Informationen finden Sie auf Seite 351

Erlebnispark Tripsdrill · 74389 Cleebronn/Tripsdrill · www.tripsdrill.de · info@tripsdrill.de

Inhalt

Erholung pur in (M)einem Stück vom Paradies...

Der Maxipark bietet seinen jährlich 350.000 Besuchern mit Spiel, Spaß und Erholung ein außergewöhnliches Freizeiterlebnis!

Einmal mit dem Rüsselaufzug in über 35 Meter Höhe gefahren, erleben Sie ein phantastisches Panorama über die gesamte Parkanlage und die Region.

Zu Füßen des größten Glaselefanten erstreckt sich ein wahres Paradies für Kinder. Spieldünen mit riesigen Kletternetzen, das Tal der tausend Wasser, ein echtes Piratenschiff, der Dschungelspielplatz und die alte Mine locken zu aufregenden Abenteuern ins Land der Phantasie.

Im größten tropischen Schmetterlingsgarten NRW's können bis zu 80 verschiedene Schmetterlingsarten im freien Flug beobachtet werden.

Die Spazierwege des Parks führen durch einen Stauden- und Gräsergarten des international renommierten Gartenarchitekten Piet Oudolf oder über urwüchsige Haldengelände vorbei an Teich- und Sumpfgebieten. In vielen Parkbereichen laden Sitzplätze zum Verweilen und Ausruhen ein.

Das ganze Jahr über finden unter freiem Himmel oder Hallen des Zechengeländes kulturelle Veranstaltungen statt.

Maximilianpark Hamm GmbH
Alter Grenzweg 2 · 59071 Hamm
Tel. 02381 – 98210-26 · Fax 9821019
info@maximilianpark.de

Weinfurtner

DAS GLASDORF®

Glas | **Natur** | **Menschen** | *& mehr…*

Exakt zwischen München und Prag, im Zentrum der Glasstraße, eingebettet in die wunderbare Landschaft des Zellertales ist im Laufe der letzten Jahrzehnte **DAS GLASDORF**® als Familienbetrieb entstanden.

Ca. 200 Fachleute (Künstler, Kunsthandwerker, Ingenieure, Kaufleute, Dekorateure, Floristen...) leben und arbeiten im Glasdorf. Auf Kreativität wird größter Wert gelegt und so entsteht im direkten Ideen- austausch mit den Besuchern täglich Neues im Spannungs- feld zwischen **Traditions- und Innovationsglashütte**.

Brücken schlagen zwischen Tradition und Innovation, zwischen den Generationen, Verbindung schaffen zwischen Wirtschaft, Kultur und Architektur, ist die Philosophie des Glasdorfes.

Das **Haus VIER JAHRESZEITEN** bildet den Gegenpol zu den Manufakturhäusern im Norden des Glasdorfes. Bestimmend ist in diesem Haus die Dynamik, das Spüren der Jahreszeiten mit dem pulsierenden Wechsel: ständig neue Farben, Formen und Materialien, immer vorausschauend auf die kommende Zeit.

Ein Besuch der **WEINFURTNER-Gärten** und den Glasmachern bei der Arbeit zusehen ist zugleich entspannend und anregend. Dazu in der gemütlichen **Hüttenschänke** ein deftiges warmes Mahl, eine gute Brotzeit oder auf der **Sonnenterrasse** des „Vier Jahreszeiten" selbstgemachten Kuchen probieren – welch ein Genuss!

Gönnen Sie sich einen Ausflug in dieses kleine Paradies.
Hier entstehen täglich neue Kunstwerke.
Eine wunderbare Möglich- keit das eigene Heim und den Garten zu verzaubern oder schöne und ausgefallene Geschenke für gute Freunde zu finden.

Erleben und genießen Sie Glas, Natur, Menschen und Kunst im Einklang...

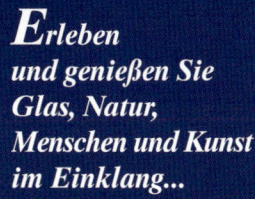

Weinfurtner
Das Glasdorf
93471 Arnbruck
Tel. (09945) 9411-0

wetter.com

Welches **Wetter** Sie auf Ihrer geplanten Route erwartet, sagt Ihnen das

ROUTENWETTER

auf **wetter.com**

Per ➤ Click in die Freizeit

Archäologische Museen SH
www.antikensammlung-kiel.de
www.aoeza.de (Archäologisch-
ökologisches Zentrum, Albersdorf)
www.badoldesloe.de/heimatmuseum
www.helmsmuseum.de (Hamburg)
www.museum-albersdorf.de
www.museum-preetz.de
www.oldenburger-wallmuseum.de
www.schloss-gottorf.de (Schleswig)

Diverse Museen SH
www.bad-schwartau.de
(Stadtmuseum, Bad-Schwartau)
www.baumschulmuseum.de
(Pinneberg)
www.bueromaschinenmuseum.
city-map.de (Barsbüttel)
www.freilichtmuseum-sh.de (Molfsee)
www.gut-hohenstein.de
www.Mennokate.de (Bad Oldesloe)
www.otto-flath.de
(Kunsthalle, Bad-Segeberg)

Zoos/Wildparks Schleswig-Holstein
www.aquarium-kiel.de
www.eselpark.de
www.falkenhof-schalkholz.de/
www.garten-der-schmetterlinge.de
www.naturpark-holsteinische-schweiz.de
www.noctalis.de
(Fledermauszentrum Bad Segeberg)
www.seehundstation-friedrichskoog.de
www.tierparkneumuenster.de
www.tierpark-luebeck.de
www.zoo-arche-noah.de (Grömitz)

Diverse Freizeitparks SH
www.freizeitpark-ostrittrum.de
www.jaderpark.de (Jadeberg)
www.kart-house.de (Lübeck)
www.naturgewalten.de (List/Sylt)
www.weissenhaeuserstrand.com
(Columbus Park)
www.westkuestenpark.de
(St. Peter-Ording)
www.paediko.de

Schlösser Schleswig-Holstein
www.elbschloss-bleckede.de
www.eutin.de
www.gutbasthorst.de
www.gut-sierhagen.de
www.landdrostei.de (Pinneberg)
www.schloss-ahrensburg.de
www.schloss-gluecksburg.de
www.schloss-reinbek.org
www.touristinfo-ploen.de
(Plöner Schlossgebiet)

Diverse Museen Hamburg
www.deichtorhallen.de
www.hamburger-kunsthalle.de
www.museum-der-arbeit.de
www.panoptikum.de
www.spicys.de
www.voelkerkundemuseum
-hamburg.de

Diverse Freizeitparks Hamburg
www.kibaho.com
www.miniatur-wunderland.de
www.rabatzz.de
www.prototyp-hamburg.de

Schleswig-Holstein   19–47
Hamburg   48–50

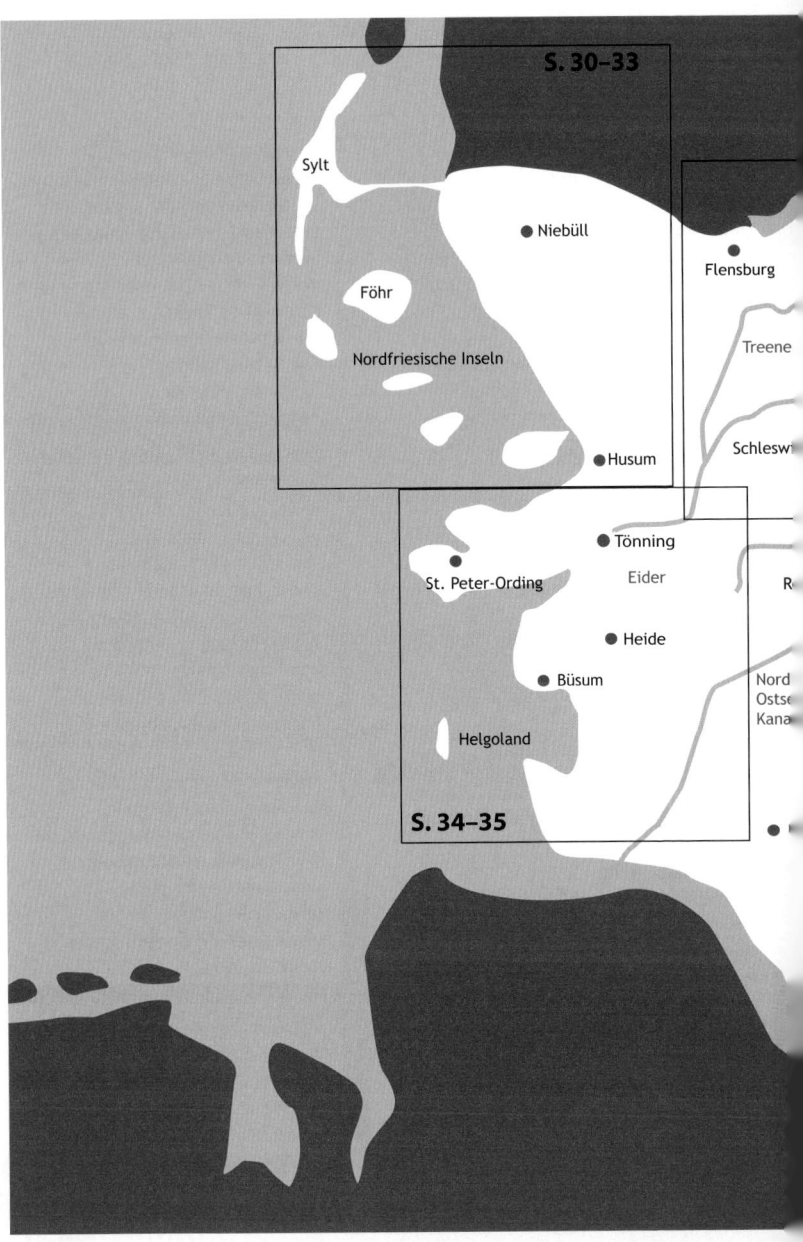

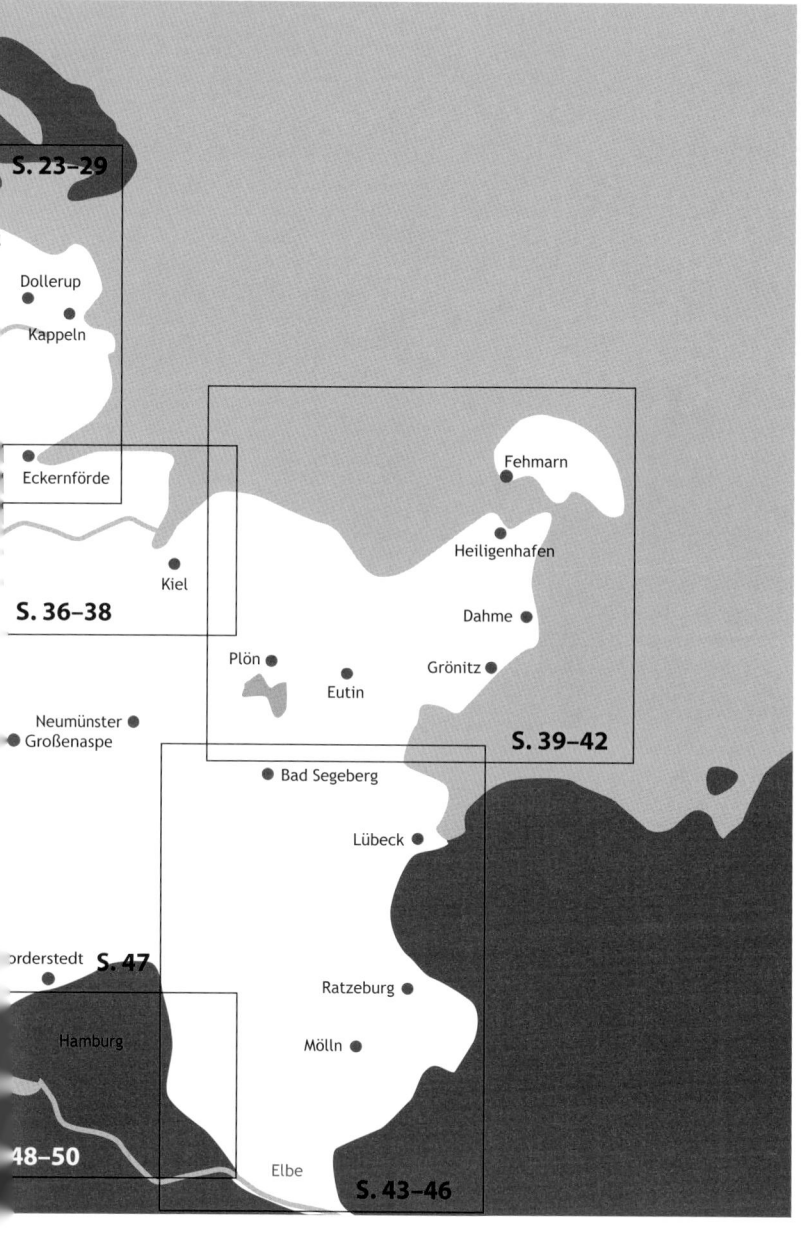

S. 23–29

Dollerup

Kappeln

Eckernförde

Fehmarn

Heiligenhafen

Kiel

S. 36–38

Dahme

Plön

Grönitz

Eutin

Neumünster

Großenaspe

S. 39–42

Bad Segeberg

Lübeck

orderstedt S. 47

Ratzeburg

Hamburg

Mölln

48–50

Elbe

S. 43–46

Die Freizeit-Reise beginnt

Einmal quer durch Deutschland vom Bodensee bis Flensburg, von Baden-Württemberg im Süden bis Schleswig-Holstein hoch im Norden Deutschlands.

Dazwischen liegen rund 1000 Kilometer – und jede Menge Freizeitmöglichkeiten. Unsere Freizeitreise beginnt im Norden – in Flensburg.

Flensburg

Center, Rumhäuser oder das landschaftlich reizvolle Umland.

Flensburg und seine Fjordregion sind mehr als einen Besuch wert – für Groß & Klein!

> ### Wichtig!
> **Weitere Informationen:**
> www.flensburg-tourismus.de

Ein Urlaub, zwei Länder! Lust auf Baden und Bummeln, Höfe und Hafenflair, auf Schlemmen und Schippern, auf Land und Leute? Hier, in und um Flensburg, vor den Toren Dänemarks, bieten sich viele Möglichkeiten dazu!

Entdecken Sie alte Kapitäns- und Kaufmannshöfe, wunderbare Fassaden, alte Märkte, gemütliche Cafés, vielfältige Restaurants und Galerien. Flensburg ist „die" Einkaufsstadt zwischen Hamburg und Kopenhagen.

Es ist viel los am Hafen! Bunte Hafenfeste, Sommergästesegeln, Förde-Rundfahrten, Fischmarkt und vieles mehr.

Es gibt stets Neues zu erleben – ob Brauerei-Besichtigung, Phänometa-Science-

Phänomenta in Flensburg

Entdecken und Experimentieren! In der Phänomenta lassen sich Natur und Technik mit allen Sinnen erleben – und das besser als je zuvor. Im einzigen Science-Center Schleswig-

Holsteins warten rund 170 Experimente aus Naturwissenschaft und Technik auf gut 3.200 m² darauf, von Kindern, Jugendlichen und Erwach-

senen ausprobiert zu werden. Gleich neben dem Nordertor, dem Wahrzeichen Flensburgs, liegt die Phänomenta. In ihr gibt es keine vorgeschriebenen Wege. Jeder geht auf Entdeckungsreise – allein, zu zweit, mit der Familie oder mit den Klassenkameraden. Hören, Sehen, Fühlen; Schwingen, Springen, Sprechen – die Phänomenta weckt Sinne! Man glaubt seinen Ohren nicht, im „Saal des Lichts" nicht seinen Augen. Sicher ist aber: In der Phänomenta lässt sich ein ganzer Tag verbringen, wenn man den Rätseln der Physik auf der Spur ist. Hier kann ein Kindergeburtstag gefeiert weden oder man entspannt bei einem Kaffee in der Cafeteria. Wer ein passendes Geschenk sucht: Ideen mit Pfiff gibt es im Phänomenta-Shop. Neben der Dauerausstellung gibt es das ganze Jahr über immer wieder spannende Vorträge, Workshops und Aktionen – Termine und Uhrzeiten sind auf www.phaenomenta-flensburg.de zu finden.

Wichtig!

Adresse und Anfahrt:
Phänomenta e.V. Flensburg
Norderstr. 157–163
24939 Flensburg
Tel. 0461/144490
Fax 0461/1444920
www.phaenomenta-flensburg.de
science@phaenomenta.com
www.facebook.com/phaenomenta

Anfahrt:
Von der A 7, Ausfahrt Flensburg, auf die B 200 abfahren, über die Harrisleer Straße in Richtung Nordertor. Anreise mit der Buslinie 1 oder 7 bis Nordertor.

Öffnungszeiten/Preise:
Siehe www.phaenomenta-flensburg.de

Verpflegung: Cafeteria

artefact Powerpark Glücksburg

Energie begreifen! Dieses Motto ist durchaus wörtlich zu nehmen: wie läuft Wasser bergauf oder kommt die Sonne in die Steckdose? In Glücksburg/Ostsee wird in Deutschlands erstem Energieerlebnispark an 40 Stationen Energie spielerisch begreifbar. Doch der Powerpark zeigt auch, wie jeder das Klima und den Geldbeutel durch erneuerbare Energien schonen kann. Das Zentrum, das im eigenen Gästehaus für Urlauber und Gruppen auch schicke Ferienwohnungen und Zimmer in Lehmbauweise hat, versorgt sich selbst mit Wärme und Strom aus

Sonne und Wind. Ob beim Wettlauf mit der Sonne oder dem Besuch von Laufenten und Sattelschweinen im eigenen Naturerlebnisraum – bei artefact bekommt die ganze Familie Lust auf Zukunft!

Wichtig!

Adresse:
artefact Powerpark
Bremsbergallee 35
24960 Glücksburg
www.artefact.de
Tel. 04631/61160
Öffnungszeiten: 1. April bis 30. September wochentags 9 bis 18 Uhr,
Sa, So und Oktober täglich 10–18 Uhr
Eintritt:
6–16 Jahre € 3,–
Erwachsene € 4,–
Familienkarte € 10,–

Ostsee Resort Damp

Mega-Spaß & Sport! Herrlich gesunde Ostseeluft, das Meer und eine reizvolle Landschaft, moderne Freizeit-, Sport- und Gesundheitsangebote, komfortable Feriendomizile im „Ostseehotel" und in den Ferienhäusern, kilometerlanger Sandstrand, ein „Vital-Centrum" der Spitzenklasse auf 4.000 qm mit „Thalasso-Centrum" und im Mittelpunkt ein Yachthafen: Das ist – ganz kurz – das Ostsee Resort Damp. In kaum einem anderen Urlaubsort werden Gesundheit und Erholung so ideal miteinander verknüpft. Damp ist seit vielen Jahren ein Ferienparadies mit kreativen Angeboten für Jung und Alt. Die Sportmöglichkeiten sind hier schier unendlich: Segeln, Surfen, Reiten, Radfahren, Tauchen, Bogenschießen, Wasserski, Golfen, Wandern, … Mega-Attraktionen für Kids bietet das „Fun & Sport Center": Inline-Skating mit Ramps, Quarterpipes und Pool, dazu Freeclimbing, Badminton, Tennis. Für die Kleinsten gibt es ein gigantisches

Kletterparadies. Badespaß bieten die Ostsee mit ihrem sanft abfallenden Strand und wenn Petrus einmal nicht mitspielen sollte das Meerwasser-Panorama-Schwimmbad. Das milde Reizklima, viel Meer, Wind und Wellen, das sind ideale Voraussetzungen für einen erholsamen Urlaub. Saubere Luft und eine unberührte Natur sind rund um Damp noch selbstverständlich.

Wichtig!

Adresse:
www.ostsee-resort-damp.de
ostsee-resort@damp.de
Tel. 04352/80666
Fax 04352/808921
Anfahrt:
Autobahn A 7, Abfahrt Rendsburg/ Büdelsdorf, weiter auf der B 203 Richtung Eckernförde, 14 km nördlich von Eckernförde folgt die Abfahrt Ostseebad Damp.
Saison:
Ganzjährig

Familien-Freizeitpark Tolk-Schau

Der Erlebnispark für die ganze Familie! Hoch im Norden Schleswig-Holsteins, eingebettet in malerisch-schöner Landschaft, liegt auf einem ca. 30 Hektar großen Naturgelände der Freizeitpark Tolk-Schau.

Viel Spaß und Vergnügen pur: In den Autoscootern, in der Familien-Achterbahn, auf der Super-Bootsrutsche, der Sommerrodelbahn, dem Schwing-Boot… und mit vielen Möglichkeiten zum selbst aktiv werden.

Zeitgeschichte hautnah erleben: Im „Tal der Dinosaurier", mit über 100 lebensgroßen Giganten. Oder beim Besuch einer der vielen Ausstellungen und Sammlungen. In der Tolk-Schau kann die ganze Familie gemeinsam was erleben! Für die Kleineren das Größte: Die Pferdchenbahn, das Streichelgehege, eine Zwergenland-Kanalfahrt und ein toller Krabbelspielplatz!

Den besten Überblick der unzähligen Möglichkeiten, die der Park bietet, verschafft man sich bei einer Rundfahrt mit den Parkbahnen (auch durch das „Tal der Dinosaurier" und zu den neuen „Rieseninsekten"!). An mehreren Haltestellen kann man ein- und aussteigen. Nebenbei erfährt man noch Interessantes über Deutschlands nördlichsten Erlebnispark.

Park-Imbiss sowie SB-Restaurant sorgen mit verschiedenen Gerichten für das leibliche Wohl. Oder einfach eine Grillhütte online buchen und dort das mitgebrachte Essen verspeisen. Und nach der Pause heißt es dann wieder: „Rein in's Vergnügen und auf in das nächste Abenteuer!"

Wichtig!

Adresse: Familien-Freizeitpark Tolk-Schau, Tolk-Schau 1, 24894 Tolk, Info-Tel. 04622/922, Fax 04622/189952, www.tolk-schau.de, info@tolk-schau.de

Anfahrt: Von Flensburg, Hamburg oder Kiel auf der A7 bis Abfahrt Schuby (Nr. 5), weiter auf der B 201 Richtung Kappeln, ab dort ausgeschildert. Von Schleswig auf der B 201 in Richtung Kappeln.

Öffnungszeiten: 10–18 Uhr, Einlass bis 16 Uhr

Saison: 17. April bis 25. Oktober 2014; Feiertage, Himmelfahrtswoche, Juli, August und Herbstferien Schleswig-Holstein: täglich geöffnet; Mai, Juni, September: Ruhetage Mi., Do., Fr.

Eintritt: Siehe www.tolk-schau.de, Kinder unter 90 cm u. Geburtstagskinder (bitte Ausweis nicht vergessen) Eintritt frei, alle Aktionen im Preis enthalten.

Über 50 Grillhütten! (nur online buchbar: www.tolk-schau.de), Reservierungsgebühr je nach Größe.

Verpflegung: Picknick möglich, 50 untersch. große Grillhütten, Kiosk, Imbiss und SB-Restaurant.

Angeln und Schwansen

Auf der Fahrt durch das hügelige, fruchtbare Land bekommt man den Eindruck, dass hier schon immer Bauern lebten. Kleinere, selbstständige Bauernhöfe mit traditionellen jütischen Geesthardenhäusern oder Dreiseithöfen und Felder, die durch gehölzbewachsene Einfriedungen voneinander getrennt sind, bestimmen das Landschaftsbild. Daran wird sich auch so schnell nichts ändern. Doch ein Besuch im Wikinger-Museum von Haithabu belehrt eines Besseren: Der traumhaft verschlafene Landstrich war im Mittelalter Nordeuropas größtes Handelszentrum. Dorfnamen wie Husby, Twedtgrumby, Thumby, Sörup und Waabs verraten vieles über die Verbindung zu Dänemark. Über Jahrhunderte war das Herzogtum Schleswig eng mit den Kopenhagener Monarchen verbunden. Die Schätze der Vergangenheit – alte romanische Dorfkirchen, Burgen und Schlösser – ziehen heute Touristen ins Land. Doch das Schönste an Angeln und Schwansen ist die himmlische Landruhe. Die Gegend zwischen Flensburger Förde und Schlei lädt ein zu Ruhe, Gelassenheit, langen Wanderungen und purer Entspannung. Die Städte Schleswig und Flensburg und besonders auch Glücksburg direkt an der Förde bieten viele Möglichkeiten zu Kultur, Musik und gemütlichem Bummel.

Schwimmhalle Schleswig

Wasserfall, und eine Elefantenrutsche für die Kleinsten.
Die Saunalandschaft verwöhnt die Besucher mit einer finnischen Sauna, einem orientalischen Dampfbad und einer rustikalen Blockbohlensauna.

Ob Wassernixe oder Seepferdchen, die Schleswiger Schwimmhalle bietet für jeden etwas. In der Wasserlandschaft gibt es ein Becken für Schwimmer und Nichtschwimmer sowie ein Babybecken. Zudem eine Sprungturmanlage, mehrere Bodensprudler, eine Gegenstromanlage, einen

Wichtig!

Adresse:
Schwimmhalle Schleswig
Friedrich-Ebert-Straße 1, 24837 Schleswig
Tel. 04621/801-180, Fax 04621/801-182
www.schleswiger-stadtwerke.de
schwimmhalle@schleswiger-stadtwerke.de
Öffnungszeiten und Eintritt:
Unter www.schleswiger-stadtwerke.de

Das Wikinger Museum Haithabu

den. Anschließend an den Museumsbesuch bietet sich eine Rundwanderung um das Habbebyer Noor an oder man besichtigt die Nachbauten der Häuser von Haithabu im Halbkreiswall, wo man mit allen Sinnen erfährt, wie die Wikinger gelebt haben.

Seemannsluft! Während der Wikingerzeit war Haithabu einer der bedeutendsten Siedlungsplätze Nordeuropas, denn hier liefen wichtige Fernhandelswege zusammen. Das Museum liegt in unmittelbarer Nähe zur historischen Stätte und hat seinen Schwerpunkt in der Rekonstruktion des Alltagslebens der Wikinger. Handwerk, Handel und die Stadtentwicklung von Haithabu nach Schleswig bilden weitere Schwerpunkte. Jedes Jahr kommen viele Familien, obwohl man auf den ersten Blick denken könnte, das alles sei nichts für Kinder. Weit gefehlt: In der Spielecke vergnügt sich bereits der Nachwuchs ab 3 Jahren, der dort im kleinen „Haithabu" spielt. Die etwas größeren Kinder sind von den Modell-Vitrinen fasziniert. Im Außenbereich darf im Einbaum-Nachbau gespielt wer-

Wichtig!

Adresse und Anfahrt:
Wikinger Museum Haithabu
Haddeby bei Schleswig
Tel. 04621/813-222, Fax -555
Mit dem Auto ab Schleswig fünf
Minuten Fahrt auf der B 76
in Richtung Eckernförde. Es gibt auch die stilechte Möglichkeit einer Anfahrt mit einem
Boot ab dem Hafen Schleswig.
Öffnungszeiten: Täglich von 9–17 Uhr,
November bis März täglich außer montags
von 10–16 Uhr
Eintritt:
Erwachsene € 7,–
ermäßigt € 5,–
Familien € 15,–
Gruppen ab 20 Personen € 5,–
Verpflegung: Café und Restaurant im
Museum, im Sommer Gartencafé, Picknick in
der näheren Umgebung möglich.

Nordfriesland

Nordfriesland wurde erstmals im Jahr 1424 urkundlich erwähnt. Die ganze Region umfasst den Küstenstreifen zwischen den Flüssen Eider und Vida an der dänischen Grenze und erstreckt sich über die Nordfriesischen Inseln, Halligen sowie das angrenzende Wattenmeer. Zu Nordfriesland gehören die Windmühlen, die Reet gedeckten Häuser aus roten Klinkersteinen und natürlich auch die sturmumbrausten Strände und hohen Wellen. Ebbe und Flut sind der Pulsschlag dieser Region. Der bei Niedrigwasser blank liegende, blauschwarz glänzende Wattboden ist ein quicklebendiger Lebensraum, in dem es von Kleintieren nur so wimmelt. Eine Wattwanderung ist ein faszinierendes Erlebnis – und ein Muss, wenn man an nordfriesischen Stränden freie Tage verbringt. Vom Meer und der Schifffahrt geprägt sind auch viele der Sehenswürdigkeiten der Region.

Nordfriesische Inseln

Der Hafen Dagebüll verbindet die Inseln Föhr, Amrum, Pellworm sowie die Halligen mit dem Festland. Ebenso setzen natürlich Schiffe nach Sylt oder Helgoland über. Auf den Inseln kann man Ausflüge mit dem Bus oder Fahrrad machen, spazieren gehen, Wattwandern und vieles mehr. Jede der Inseln hat ein ganz besoners Flair zu bieten. Wer es Grün und naturreich liebt, den zieht es zu den Inseln Föhr und Pellworm. Herrlich faule Tage im Strandkorb oder unterwegs an endlos langen Stränden kann man auf Amrum und Sylt verbringen. Beeindruckend mit ihrer roten Felsnase präsentiert sich die Insel Helgoland. Ein ganz besonderes Erlebnis sind die Halligen, die „Mini-Inseln", auf denen nur wenige Menschen hauptsächlich von Tourismus, Küstenschutz und Landwirtschaft leben. Letztere umfasst vor allem Viehzucht auf den fruchtbaren, häufig überfluteten Salzwiesen.

Wichtig!

Weitere Informationen über die Fremdenverkehrsämter der Inseln:
www.foehr.de
www.sylt.de
www.amrum.de
www.pellworm.de
www.halligen.de
www.schleswig-holstein-urlaub.de

Halligen – Mini-Inseln in der Nordsee

Schwimmende Träume! So bezeichnete der nordfriesische Schriftsteller und Dichter Theodor Storm die Halligen. Dies sind kleine, nicht eingedeichte Mini-Inseln. Die zehn Halligen im nordfriesischen Wattenmeer sind ein weltweit einzigartiges Phänomen. Von den zehn Halligen sind fünf bewohnt und werden bewirtschaftet.

Mit dem Schiff kann man einen Ausflug auf die Halligen machen, dort an Land gehen und einen ebenso interessanten wie entspannten Nachmittag oder sogar einen längeren Urlaubsaufenthalt verbringen.

Langeneß ist die größte und längste Hallig. Sie ist 1000 Hektar groß und an ihrer schmalsten Stelle nur 600 Meter breit. Auf Langeneß leben zur Zeit 109 Menschen auf insgesamt 18 bewohnten Warften. Zu den Hauptattraktionen der Insel zählen z. B. das Infozentrum der Schutzstation Wattenmeer und das Kapitän Tadsen Museum.

Auf der Hallig Hooge leben insgesamt 120 Menschen und es gibt 240 Gästebetten hier. Hooge ist das „Tourismuszentrum" der Biosphäre. Hier warten Sehenswürdigkeiten wie zum Beispiel der Königspeseln, ein Kapitänshaus, in dem schon der dänische König Friedrich VI. übernachtete. Zudem bietet Hooge regelmäßige Kulturveranstaltungen wie Theater oder Konzerte.

Wer einmal einen Reet gedeckten Leuchtturm (Deutschlands einziger) sehen möchte, kann dies übrigens auf der Hallig Oland. Prima zum Wattwandern eignet sich die Hallig Nordstrandischmoor. Im Frühling werden auf Nordstrandischmoor die Lammtage gefeiert, die jedes Mal ein Spektakel für Gäste mit Kindern sind. Deutschlands kleinste Gemeinde ist die Hallig Gröde. Dort kann man gut baden – und wer Glück hat, findet im Watt vor der Hallig sogar Bernstein.

Wichtig!

Weitere Informationen über die Halligen:
www.halligen.de
www.hooge.de
www.langeness.de

Freizeitbad Sylter Welle – mehr als Meer!

Nordsee & mehr! Das Westerländer Freizeitbad „Sylter Welle" holt die Nordsee ins Haus. Auf insgesamt ca. 4.600 m² Nutzungs- und ca. 1.000 m² Wasserfläche bietet sie bei jedem Wetter Entspannung und Sport, Fun und Genuss für die ganze Familie. Herz der „Sylter Welle" ist das große Wellenbecken, gefüllt mit Nordseewasser. Das ist kein einfaches Bad, sondern ein Wellenbad mit Ebbe und Flut. Hier kann man sich übermütig in die Wellen werfen oder im Außenbecken ruhige Bahnen mit Nordsee-Blick ziehen. Und zur Entspannung warten ein großzügiges Sprudelbecken und ein Whirlpool. Mit einem modernen Fitnessbereich und einer Saunawelt, die ihresgleichen sucht.

Mit attraktiven Variationen aller Sauna-Philosophien: ob klassische Finnische Sauna, Dampfsauna, Aromasauna oder Saunagrotte. Besondere Atmosphäre bieten im Außenbereich die Wikinger-Sauna und die Dünen-Sauna mit Blick auf das Meer und die Dünenlandschaft. Auch Kinder kommen in der „Sylter Welle" auf ihre Kosten. Aus zehn Metern Höhe geht es vom Rutschenturm auf drei Rutschen mit verschiedenen Längen, Geschwindigkeiten und Spezialeffekten

hinunter in die Schwimmlandschaft. Steil und schnell führt es die Mutigsten durch die ca. 45 Meter lange knallrote „Turbo-Rutsche" nach unten – das ist ein Gefühl fast wie beim freien Fall! Durch die gelb-orange X-Tube Rutsche kann man alleine oder mit mehreren Personen auf dicken Sitzreifen pures Rutschvergnügen erleben. Dunkelheit herrscht in der hypermodernen gelben „Black Hole" – allerdings nur scheinbar, denn im Laufe der 120 m langen Fahrt warten coole Licht- und Soundeffekte plus Geschwindigkeit!"

Wichtig!

Adresse und Anfahrt:
Insel Sylt Tourismus-Service GmbH
Freizeitbad Sylter Welle, Strandstraße 32
25980 Westerland
Buchungs- und Service-Nr.: 04651/9980
(0,14 €/Min. aus dem dt. Festnetz, dt. Mobilfunkpreis max. 0,42 €/Min.)
www.sylterwelle.de, info@sylterwelle.de, mit dem Personenzug der Deutschen Bahn (www.bahn.de) oder der Nord-Ostseebahn (www.nord-ostsee-bahn.de). Mit dem Auto bis Niebüll und dem Autozug SyltShuttle auf die Insel (www.syltshuttle.de) Mit dem Auto und der Fähre Römö/Dänemark nach List/Sylt (www.syltfaehre.de)
Öffnungszeiten: Täglich 10–22 Uhr, Frühschwimmen: Di./Do./Sa. 8–10 Uhr
Saison: Ganzjährig
Eintritt Badelandschaft:
2-Stunden-Tarif: Erwachsene ab € 9,–, Kinder/Jugendliche (bis 17 Jahre) ab € 5,–, Kinder bis 3 Jahre frei
Bade- und Saunalandschaft:
4-Stunden-Tarif: Erwachsene € 19,50, Kinder/Jugendliche (bis 17 Jahre) € 14,–, Kinder bis 3 Jahre frei. Spezielle Tarife auch für Familien.

Sylt Aquarium

Heimische und tropische Meereswelten! Das Sylt Aquarium präsentiert seinen Besuchern die eindrucksvolle Unterwasserwelt der heimischen Nordsee und des tropischen Meeres. Lernen Sie die Geheimnisse und Gegensätze zweier außergewöhnlicher Lebensräume kennen. Die faszinierende und

harte Lebenswelt der Nordseebewohner und die fast verspielt wirkende Tropenwelt des Indischen Ozeans. Auf der Reise durch die Meereswelt erwarten den Besucher nahezu 5.000 Meeresbewohner – vom Krebs über das Seepferdchen bis zum Hai. Einer der zwei gläsernen Tunnel führt durch die 500.000 Liter Wasser fassende Korallenwelt hindurch. Hier gleiten die Fische direkt über Ihren Kopf und es bietet sich ein hautnaher Einblick in die bunte Unterwasserwelt mit vielen Großhaien. Ausschilderungen an den einzelnen Becken und Infoterminals sowie spannende Filme im kleinen Kinobereich präsentieren interessante Informationen rund um die Tiere und ihre Umwelt. Ganz nahe kommt man den Tieren bei den Schaufütterungen sowie bei Fachführungen, die einen Blick hinter die Kulissen des Aquariums erlauben.

Wichtig!

Adresse: Sylt Aquarium Westerland
Gaadt 33
25980 Westerland
Tel. 04651/8362522
Fax 04651/8362523
info@syltaquarium.de
www.syltaquarium.de
Lage/Anfahrt: Sie finden das Sylt Aquarium in Westerland direkt an den Dünen des Zentralstrandes, nur wenige Minuten Fußweg vom Zentrum entfernt.
Öffnungszeiten:
Ganzjährig täglich von 10–18 Uhr
Eintritt: Erwachsene € 13,50
Kinder und Jugendliche 3–18 Jahre € 10,–
Familien (2 Erwachsene/2 Kinder) € 35,50
Familien groß (2 Erwachsene/3 Kinder)
€ 42,50
Übersicht über diverse Gruppentarife für Erwachsene und Jugendliche im Internet.
Verpflegung: Täglich haben das Bistro „aqua" und der Aquariums-Shop mit vielen Souvenirs geöffnet.

Dithmarschen und Eiderstedt

Fährt man mit offenen Augen durchs Dithmarscher Land, dann fällt schon nach kurzer Zeit auf, dass es hier zwei Dinge im Überfluss gibt: Deiche und Schafe. Die lebendigen Mähmaschinen bevölkern zu Hunderten die langgezogenen Vorrichtungen aus Erde, die aufgeschüttet wurden, um die Menschen vor der tückischen See zu schützen. Auf und hinter den Deichen kann man herrliche Spaziergänge unternehmen, umweht von gesunder Meeresluft. Die Wälder der Geest runden das idyllische Bild dieser Landschaft ab.

Multimar Wattforum Tönning

Die Erlebnisausstellung entführt in die faszinierende Unterwasserwelt des Nationalparks Wattenmeer. Sie zeigt in großen Aquarien mehr als 280 Arten von Fischen, Krebsen, Muscheln und Schnecken. Neben den großen Aquarien ist das „Miniatur-Wunderland" mit 17 Kleinaquarien ein Anziehungspunkt. Hier zeigen kleine Kostbarkeiten wie Gespensterkrabben, Geigenkasten-Seespinnen und Becherkorallen ihre ganze Schönheit. Besonders attraktiv sind auch die Seepferdchen. Magisch wirkt der Blick des Pottwals, der vor einigen Jahren im Wattenmeer gestrandet ist und im Nationalpark-Zentrum Multimar Wattforum zu sehen ist. 28 Jahre alt, 48 t schwer, 18 m lang und 41 kräftige Zähne – der sanfte Gigant beeindruckt durch seine Ausmaße. Rund um den Pottwal sind zehn Kammern angeordnet, in denen über das Leben der Wale informiert und für ihren Schutz geworben wird. Natürlich geht es dabei auch um Schweinswale, die einzigen Wale, die im Nationalpark Wattenmeer leben. Sie werden im Walschutzgebiet westlich der Inseln Sylt und Amrum besonders geschützt, weil sie dort im Frühjahr und Sommer ihre Jungen aufziehen. Im erweiterten Großaquarium mit mehr als 250.000 Litern Wasser drehen Dorsche und Glatthaie ihre Runden und Taucher sprechen aus dem Aquarium heraus mit den Gästen.

Wichtig!

Adresse und Anfahrt:
Nationalpark-Zentrum Multimar Wattforum
Am Robbenberg, 25832 Tönning
Tel. 04861/96200, Fax 04861/962010
info@multimar-wattforum.de
www.multimar-wattforum.de
www.nationalpark-wattenmeer.de
Öffnungszeiten: 1. November–31. März:
10–17 Uhr; 1. April–31. Oktober: 9–18 Uhr
Saison: Ganzjährig geöffnet (außer am 24.12.)
Eintritt: Erwachsene € 9,–
Kinder 4–15 Jahre € 6,–
Familienkarte mit 2 Kindern 4–15 J. € 25,–
Verpflegung: Im Multimar Wattforum
Restaurant

Sturmflutenwelt „Blanker Hans"

Wenn die Nordsee ihre Muskeln spielen lässt – wie sich das anfühlt, kann man in der Sturmflutenwelt „Blanker Hans" erleben. Originalgetreu klingt es aus dem Radio: „Die Deiche drohen zu brechen…" Wie damals – 1962 – als die Jahrhundertsturmflut ganz Hamburg und Schleswig-Holstein in Angst und Schrecken versetzte und auch in Büsum ihr schauriges Unwesen trieb.

Direkt hinter dem Büsumer Hafen befindet sich das wellenförmige Gebäude. Hier beginnt in der urigen Gaststätte „Zum Deichgrafen" eine Zeitreise in die Vergangenheit der dithmarscher Nordseeküste. In der authentischen Kneipe taucht man mit Haut und Haaren in das Flair der vergangenen Zeit, bevor es schließlich mit der Rettungskapsel auf Entdeckungsreise geht. Auf rund 300 Metern lernt man den „Blanken Hans" eindrucksvoll und mit Hilfe vieler Multimediasimulationen und Special-Effects von seiner stürmischen Seite kennen. Hier kann man die Ereignisse jenes Februars im Jahre 1962 noch ein-

mal miterleben. Die gelungene Mischung aus Multimedia-Event, Schauspiel, Fahrgeschäft und Ausstellung bietet außerdem ein Offshore-Lab. Hier wird anschaulich gezeigt, was Ebbe, Flut, Mond und Erde miteinander zu tun haben. Natürlich geht es auch um Wetter und Klima. Sehr be-

eindruckend sind auch unsere Ausstellungsstücke und Informationen zum Weltnaturerbe Nationalpark Wattenmeer, welche wir als Nationalpark-Haus beinhalten.

Seit April 2011 begeistert die neue Piraten Sonderausstellung „Piraten – Segeln unter schwarzer Flagge", welche viele tolle Möglichkeiten bietet, das Alltagsleben der Piraten auf einem nachgestellten Piratenschiff zu erleben. Und die Ruhe nach dem Sturm kann im Anschluss in unserem maritimen Bistro oder für die Kinder auf dem tollen Wasserspielplatz mit Seilbahn im Außengelände genossen werden.

Wichtig!

Adresse und Anfahrt: Sturmflutenwelt „Blanker Hans", Dr.-Martin-Bahr-Straße 7 (direkt an der B 203), 25761 Nordseeheilbad Büsum, Tel. 04834/909135, Fax 04834/909137 info@blanker-hans.de, www.blanker-hans.de
Öffnungszeiten: April bis Oktober täglich von 10–18 Uhr, Winteröffnungszeiten unter www.blanker-hans.de
Eintritt: Erwachsene € 9,–, Kinder (4–15 J.) € 7,–, Familien € 25,–, Gästekarte erforderlich; Gruppen ab 10 Personen, je Pers. € 8,– Schulklassen ab 20 Personen, je Pers. € 6,–
Verpflegung: Bistro „Blanker Hans"
Parkplatz: Kostenlose u. kostenpflichtige PKW- und Busparkplätze in der unmittelbaren Umgebung

Kiel und Umgebung

Von den Kieler Wochen hat wohl jeder schon gehört: Jeden Sommer zieht es Tausende Segler in die Hafenstadt. Und auch die zweite Berühmtheit Kiels hat mit Wasser zu tun, denn hier beginnt der Nord-Ostsee-Kanal, die weltweit meistbefahrene künstliche Wasserstraße. Von Kiel aus ist man in jeder Richtung schnell im landschaftlich reizvollen Hinterland. Das Meer ist nah, für spontane Ausflüge muss man also nicht lang überlegen. Im Stadtbereich finden sich fünf Tiergehege, die ebenfalls für eine Stippvisite gut sind.

Eine Bootsfahrt auf der Schwentine

Natur pur! Die einfache Fahrstrecke flussaufwärts durchs Landschaftsschutzgebiet ist ca. 6 Kilometer lang und dauert 30 Minuten.

Von der Endstation „Oppendorfer Mühle" führt ein halbstündiger Waldweg zum Freizeitgelände Schwentinepark in Raisdorf mit Abenteuerspielplatz, beheiztem Freibad und Wildpark.

Die Ausflugsschiffe sind offen, aber zu zwei Dritteln überplant. Man kann entweder mit dem Boot zurückfahren oder den ca. 2-stündigen Fußmarsch zurück wählen.

Wer den herrlich naturbelassenen Flusslauf auf eigene Faust erkunden will, mietet sich ein Ruderboot (ca. € 7,– pro Std.) oder ein Kanu (ca. € 8,– pro Std.).

Wichtig!

Adresse:
Schwentinetalfahrt
An der Holsatiamühle
24149 Kiel
Tel. 0431/722428
Fax 04348/7852
info@schwentinetalfahrt.de

Anfahrt:
Aus Richtung Kiel-Zentrum (Autobahn, B 4, B 404) über Westring, Theodor-Heuss-Ring, Ostring. Direkt an der gelben Jet-Tankstelle vom Ostring rechts ab, dann den braunen Schildern „Schwentinetal" folgen. Aus Richtung Laboe/Schönberg (B 502) direkt nach Überqueren der großen Schwentinebrücke rechts ab, den braunen Schildern „Schwentinetal" folgen.

Fahrzeiten und Preise unter:
www.schwentinetalfahrt.de

Sonstiges: Mehrere Gaststätten in nächster Umgebung. Viel Natur, ein Paradies für Kinder.

Der Tierpark Gettorf

Der Tierpark Gettorf erfreut die Besucher auf gepflegtem Gelände mit liebevoll bepflanzten Tierhäusern, Blumenanlagen und Freigehegen. In den Affenhäusern erwarten Sie unsere engsten Verwandten vom eichhörnchengroßen Kaiserschnurrbarttamarin bis zum Schimpansen. In der Tropenhalle wandern die Besucher durch eine üppige Pflanzenwelt, in der Tauben und Fasane frei herumlaufen. Stare und Hornvögel prahlen mit ihrer Farbenpracht. In der Paradieshalle konkurrieren die bunten Papageien und Tauben mit den tropischen Pflanzen um Ihre Aufmerksamkeit. Da wird der Besuch auch bei schlechtem Wetter zum Erlebnis. Antilopen, Zebras, Alpakas und Tapire bevölkern die zahlreichen Freianlagen. In den begehbaren Gehegen dürfen die Besucher sogar ganz nah an die vierbeinigen oder gefiederten Besucher heran. Besondere Attraktion sind die täglichen Futterrunden, bei

der die Besucher die Pfleger bei der Fütterung unterstützen dürfen - bei den Kattas und Kängurus sogar mitten zwischen den Tieren! Auf die kleinsten Besucher warten der Streichelzoo und zahlreiche Spielmöglichkeiten sowie das große Hüpfkissen. Auf Anfrage werden Führungen zu verschiedenen Themen angeboten. Ganz neu ist seit 2010 das VERRÜCKTE HAUS, in dem

der Besucher „über Kopf" durch ein komplett möbliertes Einfamilienhaus spazieren kann.

Wichtig!

Adresse: Tierpark Gettorf
Süderstraße 33, 24214 Gettorf
Tel. 04346/41600
www.tierparkgettorf.de
www.dasverruecktehaus.de
Anfahrt: Gettorf liegt auf halber Strecke zwischen Kiel und Eckernförde. Erreichbar auch mit Bus, Linie 4810 von Kiel oder Eckernförde, Linie 3290 von Rendsburg.
Öffnungszeiten: April bis Oktober 9–18 Uhr, November bis März 10–16 Uhr
Saison: Ganzjährig
Eintritt: Erwachsene € 8,–
Kinder (2–13 Jahre) € 5,–
Jugendliche (bis 17 Jahre) € 6,50
Behinderte, Senioren ab 65 und Betreuer pro Person € 6,50
Weitere Preise auf Anfrage.
Verpflegung: Gaststätte und Imbiss, Zooshop und Picknickplätze vorhanden.

Schleswig-Holstein

Schleswig-Holsteinisches Freilichtmuseum

Museum zum Anfassen! Das Schleswig Holsteinische Freilichtmuseum in Molfsee bei Kiel ist das größte Freilichtmuseum Norddeutschlands. Es interpretiert die Kulturgeschichte und Volkskunde des ländlichen Raums.
Auf dem 60 ha großen Gelände mit Wiesen, Gärten, Feldern und Teichen sind über 70 historische Gebäude, Hofanlagen und Mühlen der verschiedenen Landschaften Schleswig-Holsteins mit Mobiliar, Hausrat und Arbeitsgeräten zu sehen und zu erleben. Auf dem historischen Jahrmarkt laden zwei Karussells, Schießbude, Schiffschaukel und ein Spielplatz zum Vergnügen ein. Handwerker (Schmied, Korbmacher, Drechsler, Töpfer, Weber, Holzbildhauer) demonstrieren ihre Tätigkeiten in verschiedenen Gebäuden und verkaufen ihre Produkte. Für das leibliche Wohl sorgen die Meierei mit Garten (Molkereiprodukte und 30

Sorten Käse aus Schleswig-Holstein), Räucherkate, Backhaus und ein Kiosk. Am Eingang lädt das Museums-Restaurant Drathenhof ein. Das umfangreiche Veranstaltungsprogramm mit Festen, Märkten, Ausstellungen, Musikveranstaltungen etc. sind einem gesonderten Programm im Internet zu entnehmen, es wird auf Anfrage auch gerne zugeschickt. Für Jugendliche und Schüler steht ein museumspädagogisches Angebot zur Verfügung.

Wichtig!

Adresse: Freilichtmuseum Hamburger Landstraße 97 24113 Molfsee/Kiel Tel. 0431/659660, Fax 0431/6596625 www.freilichtmuseum-sh.de zentrale@freilichtmuseum-sh.de
Anfahrt mit dem Auto: Das Museum liegt 6 km von Kiel entfernt, an der Landesstraße L 318 und 5 km von der Autobahn A 215 (Abfahrt Blumenthal). Oder: mit den Bussen der Kieler Verkehrs Gesellschaft u.a. über die Linie 501, Bushaltestelle Freilichtmuseum. Direkt am Museum befindet sich ein großer Parkplatz für PKW und Reisebusse, den Sie kostenfrei benutzen können!
Saison: Ende März bis 31. Oktober
Öffnungszeiten: Von 9–18 Uhr Einlass bis 17 Uhr
Eintritt: Erwachsene € 7,–, Kinder unter 6 Jahren frei, Ermäßigte (Studenten, Azubis etc.) € 5,–, Gruppen ab 20 Personen € 6,–, Schüler- und Jugendgruppen € 2,–/p. P.
Verpflegung: Museums-Restaurants im „Drathenhof" und in der „Räucherkate" außerhalb des Geländes. Hinweis: Restaurants sind montags geschlossen.

Holsteinische Schweiz und Fehmarn

Alle Süddeutschen reißen sich jetzt bitte zusammen und verkneifen sich jeden Spott: Der höchste Berg Schleswig–Holsteins misst stattliche 168 Meter ü. NN und heißt Bungsberg. Wie die meisten Erhöhungen der Holsteinischen Schweiz ist er ein eiszeitliches Überbleibsel, eine Endmoräne. Ein Gletscher schob in den Frostperioden des Erdalters große Mengen Geröll mit sich. Der Gletscher taute, der Berg blieb. Auch die großen runden Findlinge, die oft mit Sagen aus der Welt der Riesen verbunden sind, sind „Gletscherkinder". Es gibt so viele Seen, dass man drei Wochen lang jeden Tag in einem anderen baden könnte – wenn das Meer nicht auch noch locken würde.

Die Fähre Puttgarden-Rødby

Der Ausweis ist notwendig, denn es geht nach Dänemark. In den Bauch der modernen Doppelendfähre rollen ganze Eisenbahnzüge, Sattelschlepper, Reisebusse und bis zu 300 PKW. Wer ohne Auto nach Dänemark will, kann an den Ticketautomaten auf der Gangway günstige Fußgängertickets lösen. Parkmöglichkeiten sind im Hafen am schwimmenden Kaufhaus „Portcenter" reichlich vorhanden. Während der 45-minütigen Überfahrt nach Dänemark können die An- und Ablegmanöver und die Fähren auf einer der meist befahrenen Schifffahrtsrouten der Welt beobachtet werden. Der Fährhafen Rødby-Faerge kann bequem zu Fuß entdeckt werden. Der Strand und das Badeparadies „Lalandia" sind schnell zu erreichen. Zurück an Bord, bieten Restaurants, Bordshops und Kinderkino Abwechslung für Eltern und Kinder.

Wichtig!

Adresse:
Servicecenter Puttgarden
Puttgarden Fährhafen, 23769 Fehmarn
Tel. 01802/116699 (6 Ct./Anruf aus dem dt. Festnetz, dt. Mobilfunk max. 42 Ct./Min.)
Fax 04871/8888200
buchung@scandlines.com
Anfahrt:
Der Fährhafen ist nicht zu verfehlen. Auf der E 47 nach/durch Fehmarn, am Ende warten die Fähren.
Fahrpreise:
Tarifübersichten im Internet unter:
www.scandlines.de

Schleswig-Holstein

Über 40 Jahre Eselpark in Nessendorf

Zum 40-jährigen Jubiläum gibt es im Eselpark neue Vergünstigungen: jeden Samstag gibt es von 10 – 12 Uhr für einen Erwachsenen 2 – 3 Kinder freien Eintritt. Ebenfalls für Fahrrad- und Motorradfahrer, die mit dem Fahrrad oder Motorrad kommen. Nach Einweisung und kleiner Betreuung sind Sie Ihr eigener Kutscher, so wird die Kutschfahrt mit den zutraulichen Eseln zum größten Vergnügen. Ebenfalls ist das Reiten für Kinder bis zu 50 kg Körpergewicht auf den Eseln möglich. Dabei führt ein Erwachsener den Reitesel, das hält jung und macht Spaß. Die Kutschfahrt und der Ausritt dauern jeweils eine Stunde und sind nicht im Eintrittspreis im Eselpark enthalten. Die

überdachten Stallungen und eine große Spielscheune mit großer Strohburg und Kletterwand laden auch bei nicht so schönem Wetter in den Eselpark ein. Ein familienfreundliches Restaurant und der große Kaffeegarten mit preisgünstigen und schmackhaften Speisen runden einen tollen Ausflugstag an der Hohwachter Bucht ab. Auf geht es in den Eselpark zu über 100 Esel und viele kleine Eselfohlen zum streicheln.
Die Familie August freut sich auf Sie!

Wichtig!

Adresse:
Eselpark Nessendorf, Familie August
Wiesengrund 3, 24327 Blekendorf
Tel. 04382/748, Fax 04382/744
www.eselpark.de, info@eselpark.de
Anfahrt:
Den Ort erreicht man über die B 202 zwischen Lütjenburg und Oldenburg, in Kaköhl biegt man nach Nessendorf ab. Mit Navigation: Blenkendorf-Nessendorf, Wiesengrund 2.
Öffnungszeiten:
15.3.–2.11.2014, täglich von 10–18 Uhr, Einlass bis 17 Uhr
Eintritt:
Erwachsene € 5,–, Kinder € 4,–,
Kutschfahrten für 2 – 4 Personen, Dauer 1 Std. pro Kutsche € 15,–, Reiten für Kinder
Verpflegung:
Im Park gibt es ein Erlebnis-Restaurant mit Kaffeegarten
Drumherum:
Spielplatz, Spielscheune für jedes Wetter, Eselfohlen zum Streicheln

HANSA-PARK

Deutschlands einziger Familien- und Themenpark am Meer ist mehr als nur ein einfacher Freizeitpark. Er hat eine Seele.

Denn es wird eine Geschichte erzählt, wie sie nur im HANSA-PARK direkt an der Ostsee und in der Lübecker Bucht präsentiert werden kann – eine Geschichte aus dem Mittelalter, eine Geschichte von Handel und Schifffahrt, von Freiheit und Abenteuer, eine

Geschichte, die zum Mythos wurde, die aber immer noch lebendig ist: Die „HANSE in EUROPA". Der Park „versinnbildlicht" jedes Jahr Stück für Stück mehr seinen Namen – und das macht ihn auf der Welt einzigartig. Natürlich bietet der HANSA-PARK mit seinen 11 liebevoll inszenierten Themenwelten, den spektakulären Live-Shows und über 125 einmaligen Attraktionen, davon über 35 Fahrattraktionen mehr als genug Freizeitspaß für mehrere Tage für die ganze Familie. In der kommenden Saison 2014 erwartet Sie eine neue Familienattraktion. Wir planen für Sie eine große Indoor-Spielewelt unter dem Thema der „Hanse in Italien". Im

HANSA-PARK sollen sich Groß und Klein wohlfühlen – und das am besten als ganze Familie und am besten bei jedem Wetter. In der bisherigen Hall of Stars entsteht eine beeindruckende neue Spielewelt für Gäste jeden Alters und jeder Größe. Die neue große Indoor-Attraktion wird dabei unter das Thema „Die Hanse in Italien" gestellt und enthält spannende Mitmach-Elemente wie zwei nervenkitzelnde Freifall-Rutschen und eine riesige Softball-Schießanlage mit bis zu 18 Kanonen. In den Pausen zwischen all dem Spielen und Toben, wird eine Café-Bar für Entspannung sorgen. Mehr Informationen zu unseren Neuheiten erhalten Sie auf unserer Website unter www.hansapark.de.

Wichtig!

Adresse:
Hansa-Park
Am Fahrenkrog 1, 23730 Sierksdorf/Ostsee
Tel. 04563/474-0, Fax 04563/474-100
www.hansapark.de, infos@hansapark.de
Öffnungszeiten:
16. April bis 26. Oktober täglich 9–18 Uhr
Eintritt:
Kinder unter 4 Jahren und Geburtstagskinder (bis 14 Jahre) freier Eintritt
Besucher (4–14 Jahre) € 26,–
Besucher (ab 15 Jahre) € 32,–
Besucher (ab 60 Jahre) (inkl. Kuchengedeck) € 26,–
Gruppen (ab 20 Pers.) € 26,–/p. P.
Kinder- u. Jugendgruppen (ab 10 Pers./bis einschl. 17 Jahre) € 17,–/p. P.

Meereszentrum Fehmarn

Fische live und ganz nah! Das ist wie Abtauchen ins Meer! Mit 4 Mio. Liter Wasser auf 3.000 m² Fläche ist das Meereszentrum Fehmarn ein Großaquarium der Superlative. „Natur pur" ist hier angesagt! Die buntesten Korallenfischarten leben hier wie im Meer in echten Korallengärten. Keine Imitate, sondern lebende Stein- und Weichkorallenbiotope sind hier ein Muss für tausende Meereslebewesen. Wir führen Sie durch einen Unterseetunnel, der einen fantastischen Einblick in die Lebenswelt der Meerestiere bietet. Von 400.000 Liter Wasser umgeben, tummeln sich ganze Fischschwärme und Rochen um Sie. Große lebende Haie warten in den Haiwelten, entdeckt zu werden. Wir tauchen mit Ihnen unter den Meeresspiegel und vermitteln ein einzigartiges Naturerlebnis.

Wichtig!

Adresse:
Meereszentrum Fehmarn
Gertrudenthaler Str. 12
23769 Burg auf Fehmarn
Tel. 04371/4416
www.meereszentrum.de
kontakt@meereszentrum.de
Anfahrt: Über E 47 Richtung Puttgarden nach der Fehmarnsundbrücke 2. Abfahrt rechts, Richtung Stadt Burg
Saison: Ganzjährig geöffnet, außer 24./25./26. Dezember und 1. Januar
Öffnungszeiten: Nov. - Feb. 10–16 Uhr, März - Okt. 10–18 Uhr
Einlass bis eine Stunde vor Schließung.
Eintritt: Erwachsene € 11,–
Kinder (4–15 Jahre) € 7,–
Senioren, Studenten,
Schüler, Behinderte € 9,–

Lübeck und Lauenburgische Seenplatte

Mitten im Naturpark Lauenburgische Seenplatte liegt die kleine Stadt Mölln. Ihr berühmtester Bürger war der Schelm Till Eulenspiegel. Vor der Vereinigung galt das Land im Osten Hamburgs als abgelegen und verschlafen – heute ist es mittendrin, die Schätze seiner reichen Natur sind beliebt. Im Norden schließt sich die Hansestadt Lübeck an, deren Wahrzeichen noch vor wenigen Jahren jeder in der Tasche trug, denn das Holstentor zierte den 50-Mark-Schein. Die Stadt ist kinderfreundlich, die Innenstadt eine einzige Fußgängerzone. Weltberühmt sind das Holstentor, die sieben Türme, die von der UNESCO zum Weltkulturerbe erklärte Altstadt und natürlich das Lübecker Marzipan. Mehr Info unter: www.ostsee.de/luebeck

Schiffstour auf dem Ratzeburger See

Das Domstädtchen Ratzeburg bietet eine ganze Reihe von Möglichkeiten, mit Ausflugsschiffen die Umgebung zu erkunden. Es gibt Rundfahrten von 30 Minuten bis zu sechs Stunden. Es werden auch Schiffsausflüge für Vereine, Familien und besondere Festlichkeiten angeboten. Viel Spaß und viel Sehenswertes kann man bei einer kombinierten Radtour mit Schiffsanschluss erleben. Per Rad oder auf Schusters Rappen kommt man ab den Haltestellen rund um den See bequem zurück in die Stadt. Ab Buchholz zum Beispiel hat man eine Wanderung von knapp fünf Kilometern vor sich. Vom Endpunkt Rothenhusen aus geht es dann über die Wakenitz bis nach Lübeck und zurück. Die Radstrecke nach Ratzeburg ist von hier zehn Kilometer lang. Scheint die Sonne, kann man sich herrlich auf den Freiluft-Decks der Schiffe „Inselstadt Ratzeburg" und „Heinrich der Löwe" herumflegeln.

Wichtig!

Adresse und Anfahrt:
Schifffahrt Ratzeburger See
Tel. 04541/7900
info@schiffahrt-ratzeburg.de
www.schiffahrt-ratzeburg.de
Parkplatz nahe beim Hauptanleger am Lüneburger Damm. Ratzeburg liegt an den Bundesstraßen B 207 und B 208 südlich von Lübeck.

Schifffahrtsangebote:
Großer Ratzeburger See mit Domsee, 4-Seen-Inselfahrt: Ratzeburg – Bäk – Museumsufer – Kurpark – Farchau und zurück über Kalkhütte und Romnitz (Dauer ca. 2 Std.).
Ratzeburger See mit Wakenitz
Drumherum: Ein Fernglas ist hilfreich, wenn man Rohrdommel, Fischadler und sogar Seeadler beobachten möchte. Im Sommer: Badezeug nicht vergessen!

Schleswig-Holstein

Der natürlichste Vogelpark Deutschlands

Schilfumsäumte Wege führen an malerischen Teichen und an mit Reet gedeckten Tierhäusern vorbei. Auf einer Fläche von 70.000 Quadratmetern können die Besucher rund 1.000 Vögel aus etwa 250 verschiedene Arten in dem idyllisch mitten in einem Naturschutzgebiet gelegenen Park bewundern. Dazu gehört auch eine der weltweit größten Sammlungen lebendiger

Eulen. Vom winzigen Sperlingskauz bis zum gigantischen Blassuhu ist alles dabei. 38 verschiedene Eulenarten wurden hier schon nachgezüchtet. Neben den gewaltigen Andenkondoren mit drei Metern Flügelspannweite besticht der Park durch seinen Artenreichtum an Störchen, Kranichen, Reihern, Geiern und Hornvögeln. Hinzu kommen viele farbenfrohe Papageienarten, Pelikane, Flamingos und zahlreiche Wasservogelarten. Ein zwei Kilometer langes Wegenetz führt teilweise durch ein meterhohes Schilfmeer, und lässt die Besucher in die Natur eintauchen.

Wichtig!

Adresse und Anfahrt:
Vogelpark und Eulengarten
An der Aalbeek
23669 Timmendorfer Strand/Niendorf
Tel. 04503/4740, Fax 04503/87332
www.vogelpark-niendorf.de
info@vogelpark-niendorf.de
Anfahrt: Von der A 1 (E 47) Hamburg-Lübeck-Puttgarden, Ausfahrt Ratekau, über die Landstraße nach Timmendorfer Strand, dann B 76 nach Niendorf. Parkplätze für Busse und PKWs direkt am Vogelpark. Mit der Deutschen Bahn AG ist der Vogelpark Niendorf von den Bahnhöfen Timmendorfer Strand oder Travemünde erreichbar. Mit dem örtlichen Bus an der Haltestelle NiendorfHafen aussteigen.
Öffnungszeiten: Täglich von 9–20 Uhr, in der Nebensaison bis Einbruch der Dunkelheit
Saison: Ganzjährig
Eintritt: Erwachsene € 8,–, Kinder 3–15 J. € 4,–; Gruppen (ab 15 Pers.): Erwachsene € 6,50, Kinder € 3,50; Führung bei Anmeldung möglich ca. 1,5 Std., € 40,–
Verpflegung: Café-Pavillon mit selbstgebackenem Kuchen und kleineren Gerichten, Picknickplätze im Park

TheaterFigurenMuseum Lübeck

Puppen aus aller Welt! Theaterfiguren aus drei Jahrhunderten! Der Rundgang durch dieses ungewöhnliche Museum führt durch 19 Räume in fünf Backsteinhäusern aus dem 16. Jahrhundert. Mit etwa tausend Exponaten aus der Sammlung Fritz Fey bietet unser Museum einen einzigartigen Einblick in die Welt des Figurentheaters. Die Sammlung beinhaltet zahlreiche Objekte, die insbesondere aus völkerkundlicher Sicht bedeutsam sind.

Hierzu zählen seltene Schattenfiguren aus Indien, Masken und Figuren aus Afrika, Marionetten aus Burma und China sowie Nachlässe ganzer Figurenspieler-Dynastien aus Deutschland. Dazu all das, was zum Figurentheater gehört: Plakate, Requisiten, Musikinstrumente und vollständige Theaterkulissen. Zum Museum gehört auch ein gut ausgestatteter Shop mit integriertem Café.

Das Museum befindet sich in direkter Nachbarschaft zum Figurentheater Lübeck, wo moderne Stücke für Kinder und Erwachsene inszeniert werden. Beide Einrichtungen sind seit Jahrzehnten feste Größen in der Lübecker Kulturlandschaft.

Schleswig-Holstein

Museum Holstentor Lübeck

Das Holstentor ist das stolze Symbol der Geschichte Lübecks als reichsfreie Stadt und ihre Vormachtstellung im Oststeeraum. Schon immer war es ein Inbegriff aller Vorstellungen von Hanse, Handel, Macht und Reichtum, mithin von allem, was die historische Bedeutung Lübecks ausmacht. Neben dem Brandenburger Tor, dem Kölner Dom und der Münchener Liebfrauenkirche gibt es wohl kaum ein anderes deutsches Bauwerk, das

sich weltweit einer derartigen Popularität erfreut, wie das Lübecker Holstentor. Im Inneren des Baudenkmals, dem Museum Holstentor, treten die Themen

rund um die hanseatische Macht in den Mittelpunkt. Hinter bis zu 3,50 Meter dicken Mauern befindet sich die Ausstellung „Die Macht des Handels", denn auf dem Handel, dem Erfolg des Lübecker Kaufmanns gründete die Bedeutung der mittelalterlichen Stadt. Daneben kann man vieles entdecken, was mit dem Leben am Meer und der Seefahrt zu tun hat. Wer z. B. wissen will, wie eine „Kogge" genau aussieht – wie viele Masten und Segel sie hat und welche besondere Konstruktionsweise sie von allen anderen Schiffstypen unterscheidet, der findet die Antwort im Museum Holstentor. Es ist ein Museum zum Erleben und Anfassen. Überall können Geheimnisse in Schubladen und Fächern entdeckt und gelüftet werden.

Wichtig!

Adresse und Anfahrt:
Museum Holstentor
Holstentorplatz, 23552 Lübeck
Tel. 0451/122-4129, Fax 0451/122-4183
www.die-luebecker-museen.de
mq@luebeck.de

Öffnungszeiten:
1.1.–31.3. Di.–So. 11–17 Uhr
1.4.–31.12. Mo.–So. 10–18 Uhr

Eintritt: Erwachsene € 6,–
Kinder/Jugendliche bis 18 Jahren € 2,–
Ermäßigte (Auszubildende, Student/innen, Zivil- und Grundwehrdienstleistende, Inhaber/innen des Lübeck-Passes bzw. des Seniorenpasses) € 3,–
Schüler/Innen im Klassenverband € 1,–
Kinder unter 6 Jahren frei sowie zahlreiche Ermäßigungsformen, die Sie tel. oder im Internet abfragen können.

Erlebnisbad ARRIBA

Auf 3000 qm Wasserfläche gibt es Spaß und Abenteuer für die ganze Familie, aber auch Ruhe, Wellness oder Sport – für jedermann wird etwas geboten. Das Motto des ARRIBA „Wasser satt und Freude pur" kann wörtlich genommen werden. Sechs unterschiedliche Rutschen in allen Formen und Größen lassen nicht nur Kinderherzen höher schlagen. In der besonders breiten Familienrutsche sausen Eltern mit ihren Kindern gemeinsam hinunter. Für die etwas Mutigeren gibt es die Turbo- und Wildwasserrutsche. Auch die jüngsten ARRIBA-Besucher kommen voll auf ihre Kosten. In der Babyoase lädt wohltemperiertes Wasser zum Planschen ein. Eine Spielecke und die Malwand sorgen zudem für „trockenen" Spaß. Besonders beliebt: Ein Kindergeburtstag im ARRIBA. Und nach dem Badespaß kann die Geburtstagsparty im Restaurant Siesta noch ein bisschen weitergehen. Die Sauna hat ihre eigene Gastronomie. Für die ältere Generation gibt es unter fachkundiger Anleitung Wasserbewegung – und Aquafun ist ebenfalls regelmäßig im Programm vertreten. Donnerstags um 20 Uhr wird Aquatic Relaxation – ein Entspannungsprogramm in der Therme, die für diese Zwecke in eine Ruhezone verwandelt wird – angeboten. Langeweile ist ein Fremdwort im ARRIBA – denn auf 550 qm kann sich jeder, der mag, in die Fluten stürzen – ins Wellenbad, dem Herzstück des Bades! Wer Spaß an Musik und Bewegung hat, sollte unbedingt einmal bei dem sehr beliebten ARRIBA-Tanz mitmachen. Britta Ahrens-Möller lädt die ARRIBA-Gäste sonntags hierzu ein.

Wer nach so viel Action ein wenig Ruhe und wohlige Wärme genießen möchte, sollte dem Saunadorf mit Biolichtsauna oder Dampfbad einen Besuch abstatten. Massagen sind nach Absprache erhältlich. Besonders beliebt sind die Saunanächte im ARRIBA. An einem Freitag im Monat kann besonders lange, nämlich bis 1 Uhr nachts, gesaunt werden. Solarien gehören ebenfalls zum Inventar. Sonnenhungrige können sich auch im Erlebnisbad bräunen.

Wichtig!

Adresse: ARRIBA Erlebnisbad, Am Hallenbad 14, 22850 Norderstedt, Tel. 040/5219840
Fax 040/521984-17, www.arriba-erlebnisbad.de, info@arriba-erlebnisbad.de
Öffnungszeiten: Sport-, Kleinkinder-, Thermalbereich: Mo.–Mi. 6.30–22 Uhr, Do.–Fr. 6.30–23 Uhr, Erlebnis- und Wellenbereich: Mo.–Mi. 11–22 Uhr, Do.–Fr. 11–23 Uhr, Saunadorf: Mo.–Mi. 11–22 Uhr, Do. 11–23 Uhr. Am Wochenende u. an Feiertagen jeweils 9–22 Uhr.
Eintritt: Erlebnisbad Mo.–Fr.: Erw. 3 Std. € 6,50, Kinder (bis 15 J.) 3 Std. € 4,–, Tageskarte Erw. € 9,– Sauna und Erlebnisbad Mo.–Fr.: Tageskarte Erw. € 15,50, Tageskarte Kinder € 12,50, Wochenend- und Feiertagszuschlag Erw. € 1,–, Kinder € 0,50. Weitere Preise auf der Homepage.

Hamburg

vom Wasser aus erleben und genießen. Für Shoppingfans bietet Hamburg feinste Flaniermeilen. Hier kann man in traditionell hanseatischen Geschäften ebenso einkaufen wie in den aktuellsten Boutiquen. Die zweitgrößte Stadt Deutschlands bietet internationales Flair und beste Lebensqualität – und 2011 war Hamburg sogar „Umwelthauptstadt Europas". Wer bisher noch keine Zeit für einen Ausflug in den hohen Norden Deutschlands hatte, sollte jetzt die Koffer packen.

Fotos: Hamburg Tourismus GmbH (HHT)

Wichtig!

Buchungen von Hotelzimmern und Ver-
anstaltungstickets sowie weiterführende
Informationen gibt es unter der
Hotline 040/300 51 300 oder im
Internet unter www.hamburg-tourismus.de.

Pulsierendes Hamburg: Die Weltstadt an der Elbe lebt und will erlebt werden. Vom „Gipfeltreffen" der schönsten Kreuzfahrtschiffe bei den Cruise Days über weltbekannte Musicals bis hin zum weltgrößten Hafenfest – Hamburg bietet immer wieder aufs Neue spannende Erlebnisse. Die einzigartige maritime Atmosphäre der Hansestadt verzaubert Besucher aus aller Welt und lässt sie ins Schwärmen kommen. Da ist zum einen der beeindruckende Hafen – Hamburgs „Tor zur Welt". Zum anderen entwickelt sich die neu entstehende HafenCity zu einem weiteren Anziehungspunkt. Auf eindrucksvolle Weise trifft hier Vergangenheit auf Moderne, maritimes Flair auf großstädtische Prägung. Diesen Kontrast kann man am besten bei einem Bummel durch die Straßen oder bei einer Rundfahrt per Boot

Planten un Blomen

Grünes Herz! Planten un Blomen, das bedeutet „Pflanzen und Blumen", ist die grüne Oase mitten in der Stadt. Vom Jungfernstieg, der noblen Einkaufsmeile an der Binnenalster, ist der Park nur einen kurzen Fußmarsch entfernt. Spazierwege führen durch das 45 ha große Areal. Zwischendurch laden Cafés zum gemütlichen Plausch ein. Für Kinder gibt es den großen Spielplatz an der St. Petersburger Straße. Die „Bullerberge" und die vielen Wasserspielgeräte bieten ein erlebnisreiches Spielgelände. Für die Kleinen gibt es eine eigene ruhigere Spielecke. An schönen Wochenenden ist zusätzlich die Ponyreitbahn geöffnet. Das Kindertheater, die Töpferstube, die Riesenrutsche, der Wasserspielplatz in den großen Wallanlagen werden besonders die Kinder begeistern. Die jugendlichen Parkbesucher dürfte es eher zur Seilbahn, zur Minigolf- und Trampolinanlage und besonders zum Streetballfeld ziehen. Überall gibt es Ruhezonen, den Eltern stehen genügend „Beobachtungsbänke" zur Verfügung. In den Wallanlagen (Eingang Holstenwall) befindet sich eine Rollschuhbahn, die im Winter zur Kunsteisbahn umgemodelt wird.

Wichtig!

Lage:
Der Park liegt mitten in der Stadt und zieht sich vom Stephansplatz Richtung Dammtorbahnhof zum Fernsehturm und weiter bis zum Millerntor.
www.plantenunblomen.hamburg.de
plantenunblomen@hamburg-mitte.hamburg.de

Anfahrt:
U1: Stephansplatz
U2: Messehallen
U3: St. Pauli
S11, S21, S31: Bahnhof Dammtor
Bus: Linie 112, Handwerkskammer

Auskünfte:
Bezirksamt Hamburg-Mitte
Tel. 040/428544723
Fax 040/427901732
Planten un Blomen: Telefon 040/427310545
Wallanlagen: Telefon 040/428232157

Verpflegung:
Picknick, Kioske, Cafés, Restaurants

Tierpark & Tropen-Aquarium Hagenbeck

Hamburgs wildes Herz schlägt im Tierpark Hagenbeck. Weltberühmte Panoramen, großzügige Freigehege, beeindruckende asiatische Bauwerke und 1.850 Tiere in einer wunderschönen Parkanlage machen den besonderen Reiz des traditionsreichen Tierparks aus. Er bietet auf 25 Hektar ein Ausflugserlebnis mit vielen Attraktionen: eine der größten Elefantenherden Europas, ein modernes Orang-Utan-Haus, tägliche Schaufütterungen, Elefanten- und Giraffenfüttern, sommerliches Ponyreiten, Märchenbahn, Streichelgehege und das neue Eismeer – eine Weltneuheit mit atemberaubenden Unterwassereinsichten und einem über 750 Meter langen Rundweg vorbei an 15 verschiedenen arktischen und antarktischen Tieren wie Eisbären, Pinguinen und Walross. Direkt neben dem Haupteingang des weltbekannten Tierparks steht das Tropen-Aquarium Hagenbeck. Unter einem sonnendurchlässigen Foliendach warten faszinierende Tiere und exotische Abenteuer. Über 8.000 Quadratmeter geht es auf eine Expedition rund um den Äquator. Ein verschlungener Dschungelpfad führt über vier Ebenen durch die einzigartige tropische Erlebniswelt. Schlangen winden sich durchs Geäst, Echsen huschen durch das Grün, Kattas toben zwischen den Besuchern umher, mächtige Krokodile lauern am Ufer eines Sees und bunte Vögel fliegen durch die feuchtwarme Luft. Eingetaucht in diese berauschende Unterwasserwelt befinden sich lebende Korallen, tro-

pische Fische, Rochen, Muränen und verschiedene Haie. Für tierisch gute Träume sorgt das direkt am Tierpark gelegene Lindner Park-Hotel Hagenbeck – das erste Tierpark-Themenhotel der Welt. Umgeben von beeindruckender kolonial-exotischer Architektur begeben sich Tagungs-, Geschäfts- und Urlaubsreisende auf eine fantastische Expedition. Hagenbeck – Hamburgs tierisches Original.   *Foto: © Götz Berlik*

Wichtig!

Adresse:
Tierpark & Tropen-Aquarium Hagenbeck,
Lokstedter Grenzstr. 2, 22527 Hamburg
Tel. 040/530033-0
www.hagenbeck.de, info@hagenbeck.de
Anfahrt: Hagenbeck liegt nordwestlich der Innenstadt. Sehr gut erreichbar ab Zentrum mit der U2, Haltestelle Hagenbecks Tierpark.
Öffnungszeiten: Tierpark: täglich ab 9 Uhr. Tropen-Aquarium: täglich ab 9 Uhr.
Eintritt: Tierpark: Erw. € 20,–, Ki. (4–16 J.) € 15,–; Tropen-Aquarium: Erw. € 14,–, Ki. (4–16 J.) € 10,–
Kombikarte Tierpark u. Tropen-Aquarium: Erw. € 30,–, Kinder (4–16 Jahre) € 21,–
Verpflegung: Imbisse, Cafés, Restaurants

Per ➤ Click in die Freizeit

Diverse Museen
www.ddr.museum.ist.online.ms
www.info-mv.de/museen
(verschiedene Museen)
www.kulturhistorisches-museum-
rostock.de
www.lilienthal-museum.de
www.mueritz-museum.de
(verschiedene Museen)
www.museum-alt-schwerin.de
www.museumstour.de
(verschiedene Museen)
www.orgelmuseum-malchow.de
www.thuenen-museum-
tellow.m-vp.de

Schlösser
www.gutshaeuser.de (verschiedene
Gutshäuser und Schlösser)
www.mv-schloesser.de (verschiedene)
www.schloss-guestrow.de
www.schloss-schwerin.de

Archäologische Museen
www.gross-raden.de
(Freilichtmuseum, Wittenförden)
www.landeshauptarchiv-schwerin.de

Diverse Freizeitparks
www.ferienpark-mecklenburg.de
(Ziegendorf)
www.funsporting.de (Wittenburg)
www.jasmar.de
www.kinderbauernhof-pinke-panke.de
(Berlin Pankow)
www.koenigsstuhl.com (Sassnitz)
www.legolanddiscoverycentre.com
www.ruegenpark.de (Gingst)

Zoos/Wildparks
www.baerenwald-mueritz.de (Stuer)
www.haustierpark-lelkendorf.de
www.mecklenburgische-seenplatte.de
www.naturpark-seenland.de
www.tierpark-ueckermuende.de
www.tropenhaus-bansin.de

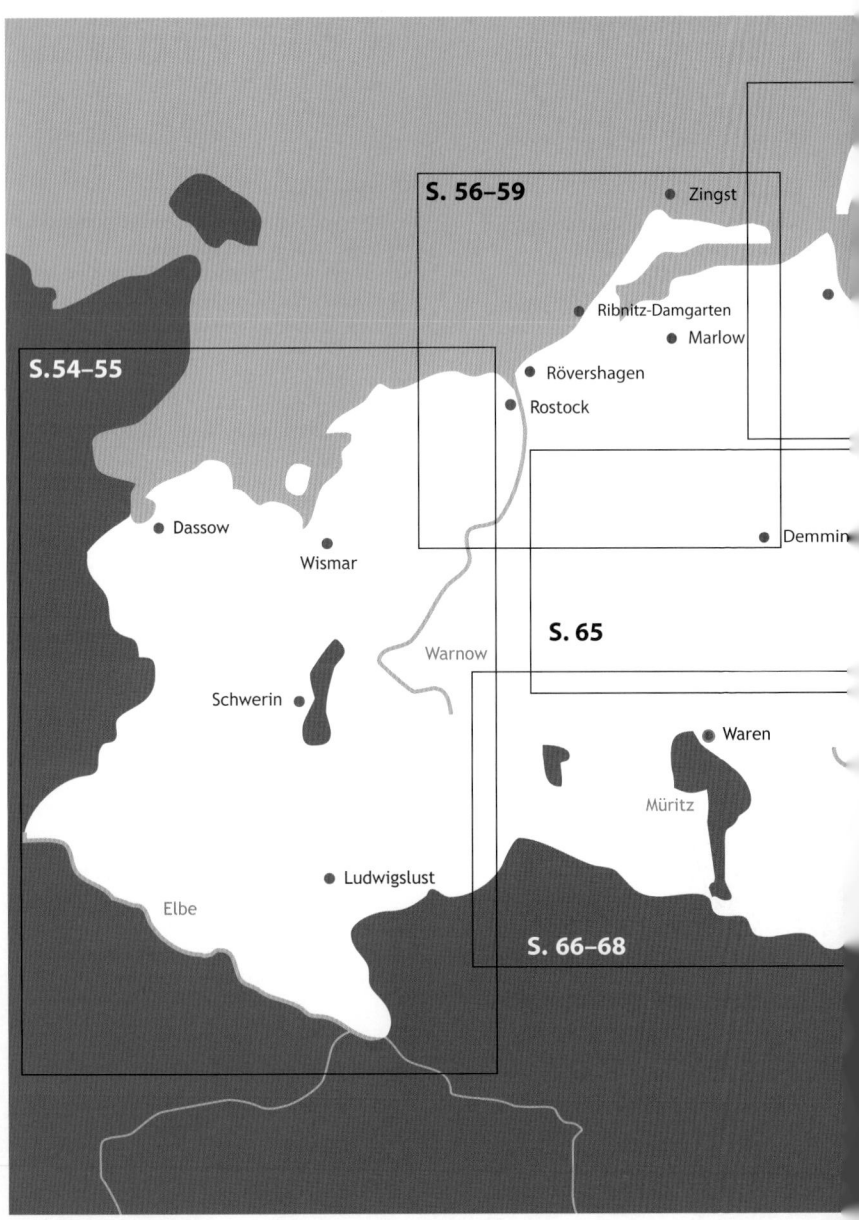

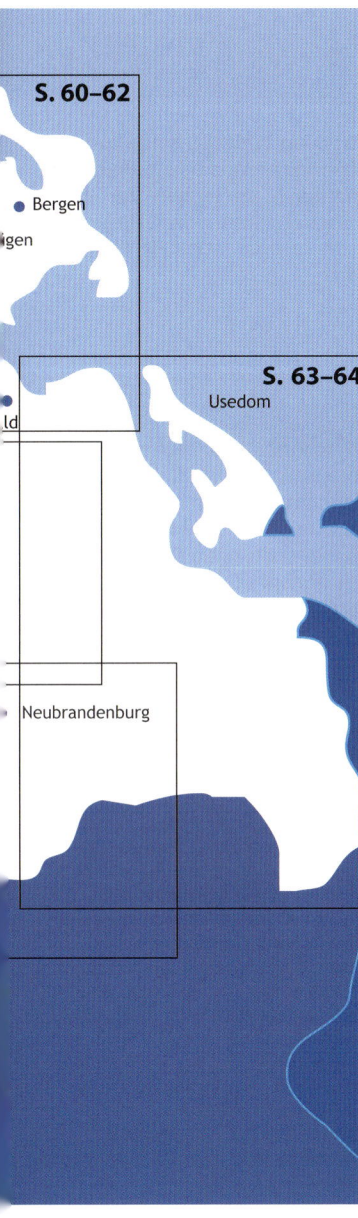

Schweriner Land

Eine besondere Faszination geht oft von Städten aus, die ans Wasser gebaut sind – von Stockholm bis Venedig. Solch eine Stadt ist auch Schwerin, die Landeshauptstadt Mecklenburg-Vorpommerns. 30 Prozent ihrer Fläche sind von Seen bedeckt, hinzu kommen über 500 Hektar Wald und Parkanlagen, ganz natürlich im Herzen der mecklenburgischen Seen- und Hügellandschaft, die uns die letzte Eiszeit hinterlassen hat.

Schweriner Zoo

Im Zoo Schwerin sind etwa 2400 Tiere in 140 Arten zu sehen. Zur großen Tierfamilie zählen z. B. Giraffen, Breitmaulnashörner, Flachlandtapire, Chapmanzebras, Wasserschweine, Fischotter, Gibbons, Kattas und weitere Affenarten, Löwen, Aras und Gebirgsloris, Humpoldpinguine, Kuhreiher und Marabus. Im Terrarium kann man Reptilien, Am-

phibien und Wirbellose betrachten. Haustiere wie Kamerunschafe, Hausschweine, Hühner und Kaninchen leben einträchtig auf Bauer Lehmanns Hof im Zoo und freuen sich auch über Besuch.

Eine illustre Wohngemeinschaft lebt im neuen Humboldthaus. Darunter Ameisenbären, Faultiere, Aras, Reptilien. In der Zooschule, im Forschercamp und im Waldhaus wird naturkundliches Wissen vermittelt. Wissensvermittlung erfolgt auch bei den Schaufütterungen für Pinguine, Pelikane, Kattas und Kapuzineraffen, Bären, Fischotter und Giraffen. Der Zoo ist eine ausgesprochen familienfreundliche Einrichtung, mit Angeboten für alle Alters- und Interessengruppen. Viele Sonderveranstaltungen über das ganze Jahr mit zoospezifischen Programmen zu Oster- und Pfingst-, Sommer-, Indianer- und Schultütenfest runden das Programm ab. Neu: Übernachten im urigen, geheimnisvollen Baumhaus.

> **Wichtig!**
>
> **Adresse:**
> Schweriner Zoo, Waldschulweg 1
> Besuchereingang: Crivitzer Chaussee 1
> 19061 Schwerin
> Tel. 0385/39551-0, Fax 0385/39551-30
> www.zoo-schwerin.de, info@zoo-schwerin.de
> **Lage und Anfahrt:** Das Areal des Schweriner Zoos erstreckt sich zwischen dem Südufer des Schweriner Sees, dem Faulen See und dem Wohngebiet Großer Dreesch auf einer Fläche von etwa 25 ha.
> **Öffnungszeiten:** Apr. bis Nov. 9–17 Uhr, Nov. bis Jan. 10–15 Uhr, Feb. bis Mrz. 10–16 Uhr
> **Eintritt:** Erwachsene € 12,–
> Ermäßigte (Kinder von 3–17 Jahre) € 4,–
> Familienkarte € 28,50
> weitere Preise auf Anfrage

Schlossfestspiele Schwerin 2014

Feinste Opernkultur!
Große Oper Open Air bieten die international bekannten SCHLOSSFESTPIELE SCHWERIN an einmalig schönem Ort zwischen Märchenschloss und den historischen Bauten des Staatlichen Museums und des Schweriner Theaters – mit Blick auf Seen und Gärten. Vom 27. Juni bis 3. August 2014 bildet „Nabucco" in der Inszenierung von Georg Rootering den Auftakt eines Verdi-Zyklus, der in den nächsten Sommern das Opernfestival bestimmen wird.

Wer kennt ihn nicht, den wohl berühmtesten aller Verdi-Chöre, „Va, pensiero", den Chor der Gefangenen und Unterdrückten aus „Nabucco", der vielen Menschen bis heute als Symbol musikgewordener Freiheit gilt?!

Nabucco, König von Babylon, steht vor den Toren Jerusalems… Liebe und Hass, Machtbesessenheit und Eifersucht, Wahnsinn, Geiselnahmen und Bekehrungen – dies alles und mehr bietet Giuseppe Verdis dritte, bis heute überwältigend erfolgreiche Oper.

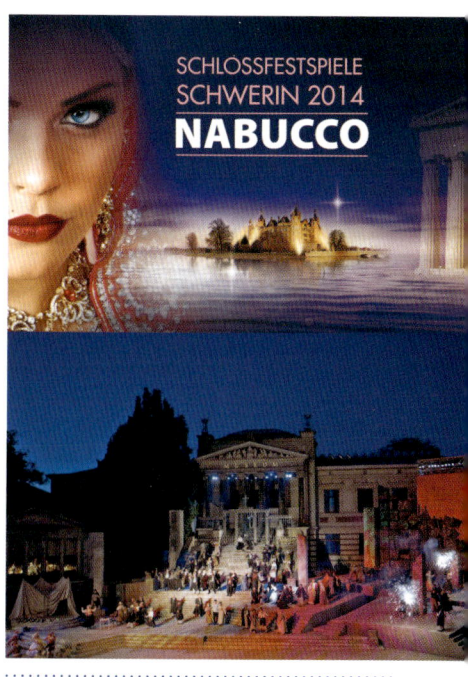

Wichtig!

Adresse:
Mecklenburgisches Staatstheater Schwerin
Alter Garten 2
19055 Schwerin
Kartenservice:
Mo.–Fr. 10.00–18.00 Uhr, Sa. 10.00–13.00 Uhr
Tel. 0385/5300-123
kasse@theater-schwerin.de
Die Abendkasse öffnet eine Stunde vor Vorstellungsbeginn auf dem Alten Garten.
Infos und Tickets online:
www.theater-schwerin.de

Mecklenburg-Vorpommern

Mecklenburger Bodden-Küste

An der Ostsee gibt es mehrere Boddengebiete. Die Bodden sind typisch für die Küste Vorpommerns, aber auch an der mecklenburgischen Küste sowie in Dänemark gibt es diese typischen flachen inneren Küstengewässer. Ein Bodden ist ein vom offenen Meer durch Landzungen abgetrenntes Küstengewässer. Das Boddengebiet kann wie eine große Lagune aussehen, die nur über schmale Meeresarme mit dem offenen Meer in Verbindung steht. Eine kleinere Bucht innerhalb dieser Bodden wird auch als Wiek bezeichnet. Entstanden sind die Landzungen der südlichen Ostseeküste und die dahinter liegenden Boddengewässer durch den so genannten Küstenausgleich seit der letzten Eiszeit. Geologisch betrachtet sind Boddengewässer junge geologische Bildungen. Boddengewässer haben einen geringeren Salzgehalt als die Ostsee, da einmündende Fließgewässer laufend Süßwasser liefern und der Wasseraustausch mit dem offenen Meer lediglich über die Flutrinnen erfolgt. Für Natur- und Tierliebhaber sind Boddengewässer sehr interessante Entdeckungsgebiete. Wichtige Bodden in Mecklenburg-Vorpommern sind beispielsweise die Darß-Zingster Boddenkette, die West- bzw. Nordrügener Boddenkette und der Greifswalder Bodden.

Boddenfahrten

Zu erlebnisreichen Schiffsfahrten durch die Boddenlandschaft kann man mit den Fahrgastschiffen MS „Ostseebad Wustrow", MS „Bültenkieker" und MS „Boddenkieker" starten. Die Schiffe fahren ab den Häfen Ribnitz-Damgarten, Dierhagen, Wustrow, Ahrenshoop, Born und Bodstedt. Während den etwa 2-stündigen Fahrten kann man dann über die Größe der Boddengewässer staunen oder auch über die aufregenden Kontraste, die sich auf der schmalen Durchfahrt in den Neuendorfer und Borner Bülten (kleine Schilfinseln) offenbaren. Mit etwas Glück kann man die Rohrweihe, Seeadler und natürlich auch unsere Kegelrobben beobachten.

Wichtig!

Adresse:
Fahrgastbetrieb Kruse und Voß GmbH
Hafenstraße 7, 18347 Wustrow
Tel. 038220/588, Fax 038220/81120
Funktelefon an Bord: 0172/3896090
abc-ostsee@t-online.de
www.boddenschifffahrt.de
Saison: Haupt- und Nebensaisonbetrieb, Abfahrten von allen Häfen mehrmals täglich. Detaillierte Fahrpläne für die einzelnen Ausflüge im Internet. Bei Sturmwarnung, Niedrigwasser und Nebel können die Fahrten ausfallen.
Fahrpreise: Je nach Tour und Fahrtzeit unterschiedliche Preise.
Verpflegung: Gastronomie an Bord

Mecklenburg-Vorpommern

Vogelpark Marlow

Unsere malerische 22 Hektar große Parklandschaft befindet sich in unmittelbarer Nähe der Ostsee und zeigt die Vogel – und Tierwelt aller Kontinente in weitläufig und naturnah gestalteten Anlagen. Der größte Teil unserer Tieranlagen sind für unsere Besucher begehbar und bieten somit einmalige Möglichkeiten Tiere ganz nah zu erleben. In unseren täglichen Schaufütterungen werden viele Geheimnisse der Parkbewohner gelüftet. Außerdem haben Sie die Möglichkeit einige unserer Tiere im Park selbst zu füttern. Ob nun die frechen und farbenfrohen Gebirgsloris, die neugierigen Ziegen und Schafe aus unserem Streichelzoo, die gemütlichen Eiderenten aus der Boddenlandschaft oder die zahmen Wellen – und Nymphensittiche. Unsere Tiere freuen sich darauf von den Besuchern gefüttert zu werden!

Für viel Spaß und wissenswerte Unterhaltung für die ganze Familie sorgen unsere täglichen Tier – und Flugshows, wo Adler, Papageien, Pelikane, Uhus und Co. über die Köpfe unserer Besucher hinweg gleiten.

Unsere kleinen aber auch großen Besucher erwarten mehrere Abenteuer- und Spielwelten über den ganzen Park verteilt – ob Verstecken spielen im Labyrinth, den Park in luftiger Höhe auf unserem Baumkronenpfad entdecken oder die Wege des Wassers erkunden auf unserem Wasserspielplatz – unser Park hält viele Überraschungen parat. Unsere Imbisse und die Gaststätte stillen sowohl den großen, als auch kleinen Hunger und Durst. Unsere kostenlosen Parkplätze geben den Gästen genug Zeit um den Park einen ganzen Tag lang zu erleben.

Wichtig!

Adresse und Anfahrt:
Vogelpark Marlow
Kölzower Chaussee 01, 18337 Marlow
Tel. 038221/265, Fax 038221/42868
www.vogelpark-marlow.de
Von Ribnitz-Damgarten fährt man auf der B 105 in Richtung Osten (Stralsund), im Ort geht die Straße nach dem südlich gelegenen Marlow ab.
Öffnungszeiten: Hauptsaison (März–Oktober) 9–19 Uhr (Kasse bis 17 Uhr), Nebensaison (Nov.–Feb.) 10–15 Uhr.
Eintritt: Erwachsene € 10,–, Kinder € 5,– Ermäßigung (Schüler, Stud., Wehr- u. Zivildienstl., Schwerbeh.) € 8,–, Familie (2 Erw./ 2 Kinder) € 26,–, Hund € 5,–
Verpflegung: Restaurant, Imbiss am Baumhaus und Imbiss am Streichelgehege

Zingster Experimentarium

Der Neugier gehört die Zukunft! Mitten im Nationalpark Vorpommersche Boddenlandschaft und nur wenige Schritte vom Ufer der Ostsee entfernt kann man ausgewählte Gesetzmäßigkeiten aus Physik und Mathematik auf spielerische Art hautnah erleben, begreifen und bestaunen.

Über 70 interaktive Versuchsstationen warten auf ihre Erprobung. Wechselnde Ausstellungen in der Hauptsaison sorgen für zusätzliche Spannung und Attraktivität.

Der Outdoorbereich bietet neben vielen Experimenten auch die Möglichkeit sich mit der Zeesboottechnik vertraut zu machen. Mit ferngesteuerten Modellen einen vorgegebenen Parkour durch-

fahren – das macht Spaß und fördert die Geschicklichkeit. Nach erfolgreicher Prüfungsfahrt winkt der heißbegehrte Experimentarium-Bootsführerschein.

Im Rahmen eines vielseitigen Workshopprogramms können kleine und große Tüftler ihre handwerklichen Fähigkeiten unter Beweis stellen, festigen und ausbauen. Hierfür bietet die Pfiffikuswerkstatt den idealen Raum.

Spannendes, Lehrreiches, aber vor allem ein lustiges Kinderprogramm wird den kleinen Gästen zweimal pro Woche im Pfiffikustheater geboten.

Von 5 bis 95 – hier findet jeder etwas Wissenswertes und Interessantes!

Fotos: © O. Richter

Wichtig!

Adresse:
Experimentarium
Seestraße 76, 18374 Ostseeheilbad Zingst
Tel. 038232/84678
www.zingst.de/experimentarium.html
experimentarium@zingst.de
Anfahrt: A 19 Richtung Rostock
B 105 in Richtung Ribnitz-Damgarten bis Altheide, links abbiegen auf die L21 (Bäderstraße) Richtung Fischland–Darß–Zingst, dieser folgen bis Ostseeheilbad Zingst.
Saison: Ganzjährig geöffnet
Öffnungszeiten: In der Hauptsaison 10–18 Uhr
Eintritt mit Kurkarte: Erwachsene € 4,90 Kinder ab 5 Jahre € 3,90, Kinder ab 3 Jahre € 1,50, Familie (2 Erw. + 2 Kinder) € 15,–
Eintritt ohne Kurkarte: Erwachsene € 6,– Kinder ab 5 Jahre € 4,50, Kinder ab 3 Jahre € 2,–, Familie (2 Erw. + 2 Kinder) € 17,–
Außerdem:
Interessanter Experimentarium-Shop

Zoo Rostock

Schnabeligel und weitere lebende Fossilien zu bewundern.

Das DARWINEUM bietet Evolutionsausstellung auf Charles Darwins Spuren und moderne Tierhaltung in naturnahen Ökosystemen. Die 20.000 Quadratmeter große Naturerlebnis- und Wissenswelt verbindet Abenteuer und Umweltbildung zum Anfassen, Mitmachen und Mitdenken. In dieser Form einzigartig in Europa.

Fotos: © Zoo Rostock/Kloock

Im größten Zoo an der deutschen Ostseeküste, mit dem DARWINEUM als Highlight, auf Entdeckungsreise gehen und 4.500 Tieren aus aller Welt begegnen. Geparden und Eisbären, Kamele und Rentiere hautnah, exotische Vögel im Regenwald-Pavillon, Löwen und Jaguare in der Wildnis – es ist das ganze Jahr Erlebniszeit im Rostocker Zoo.

Im DARWINEUM gibt es spektakuläre Einblicke in das Leben der Gorillas und Orang-Utans, Gibbons, Meerkatzen, Zwergseidenäffchen, Buschbaybs oder Faultiere, deren neue Heimat die Tropenhalle ist. In der Rotunde sind Galapagos-Riesenschildkröten, Seepferdchen, Quallen im deutschlandweit größten Quallenkreisel, das Korallenriff, die

Wichtig!

Adresse: Zoologischer Garten Rostock
Rennbahnallee 21, 18059 Rostock
Tel. 0381/20820
Fax 0381/2082185
www.zoo-rostock.de, office@zoo-rostock.de, service@zoo-rostock.de,
www.facebook.com/zoorostock
Zooeingänge: Barnstorfer Ring und Trotzenburg
Anfahrt: A 20 direkt zum Zoo-Eingang Barnstorfer Ring 1 (auch DARWINEUM)
Saison: ganzjährig
Öffnungszeiten (auch DARWINEUM):
Täglich ab 9 Uhr
Eintritt (mit DARWINEUM): Kinder bis 7 J. kostenfrei, Kinder (ab 7 J.) € 8,–, Erw. € 16,–, Familie (2. Erw. + Kinder von 7–16 J.) € 45,–, Abendfamilienkarte (ab 1 Std. vor Kassenschluss) € 30,–, Schulkl. (ab 10 Schüler, 7–16 J.) € 6,–/p. P., Kindergartengruppen (< 7 J.) frei, Gruppen Erw. ab 20 Pers. € 14,–/p. P., Hunde € 6,–
Service: Verleih Bollerwagen, Rollstühle, Regenschirme, behindertengerechte Wege und Toiletten, Babywickelraum
Extras: Das besondere Urlaubserlebnis „Exklusive Tierbegegnung"

Rügen

Wenn die Rügener vom „Rasenden Roland" sprechen, dann ist das keine freundliche Umschreibung eines Amokläufers – gemeint ist die museale Schmalspurbahn, die seit Jahrzehnten unverdrossen über Deutschlands größte Insel dampft. Die Kunstgeschichte verdankt Rügen sehr viel, denn hier ließ sich der Romantik-Maler Caspar David Friedrich auf drei längeren Wanderungen in den Jahren 1801, 1802 und 1806 zu zahlreichen seiner Gemälde inspirieren, so entstanden zum Beispiel die „Kreidefelsen auf Rügen".

Fahrten mit dem Fischerboot

Sobald es das Wetter zulässt, sticht der Hochseekutter mit dem traditionsbewussten Namen „M.J. Kalinin" mehrmals täglich und zu jeder Jahreszeit in See. Bei schlechtem Wetter wird nicht rausgefahren, bei schönem Wetter ist die Seefahrt ein Genuss! Die Fahrten beginnen an der Sassnitzer Mole und dauern, je nach Tour, ca. 1,5 Stunden. Die 1,5-stündigen Fahrten führen zu den Kreidefelsen und zum Königsstuhl. Wenn der Kapitän gute Laune hat, dürfen die Kinder auf die Brücke – ein Erlebnis, von dem kleine Seeleute noch Wochen später mit stolzgeschwellter Brust erzählen. Auch der Maschinenraum kann manchmal besichtigt werden, man muss nur nett fragen! An Bord gibt es vorwiegend frischen Räucherfisch, das Essen kommt stilecht aus der Kombüse. Kleine Seeleute können ein „Kapitänspatent" erwerben und bekommen 10 % Rabatt gewährt.

Wichtig!

Abfahrt:
Stadthafen Mole Sassnitz, Hafenstraße 12
18546 Sassnitz, Tel.+ Fax 038392/32180
Bordtel. 01717258234
Kalinin-sassnitz@t-online.de
www.kalinin-sassnitz.de
Anfahrt: Sassnitz liegt rund 25 km von Bergen entfernt und ist über die B 96 zu erreichen. Der Stadthafen ist ausgeschildert.
Saison: Ende März bis Ende Oktober
Fahrten: Die 2-Stunden-Fahrt entlang der Kreideküste startet täglich um 10, 12, 14 und 16 Uhr. Weitere Routen (auch Abend- und Angeltouren) sind möglich, ebenso Gruppentouren auf Vorbestellung.
Fahrpreise: Erwachsene € 11,50
Kinder bis 12 Jahre € 6,–
Jugendliche bis 16 Jahre € 8,–
Weitere Preise auf Anfrage.

Störtebeker Festspiele in Ralswiek

Gottes Freund und aller Welt Feind, lautete der Schlachtruf der Piraten der Ostsee. 2014 heißt das Theaterstück der jährlichen Festspiele um den sagenumwobenen Seeräuber Klaus Störtebeker deshalb „Gottes Freund". Zusammen mit Goedeke Michels wird er weiter kämpfen und neue Abenteuer bestehen, und das auf einer der schönsten Freilichtbühnen Europas: Der Naturbühne Ralswiek auf der einmaligen Insel Rügen. Erleben Sie vom 21. Juni bis 6. September das einmalige Seeräuber-Spektakel mit über 150 Mitwirkenden, waghalsigen Stunts & beeindruckenden Kämpfen, mittelalterlichen Kostümen u. v. m. Ein atemberaubendes Feuerwerk zum Ende jeder Vorstellung lässt den Besuch auf der Insel Rügen für Groß und Klein zu einem unvergesslichen Erlebnis werden.

Wichtig!

Adresse: Störtebeker Festspiele GmbH & Co. KG, Am Bodden 100, 18528 Ralswiek/Rügen Tel. 03838/31100, Fax 03838/313192, www.stoertebeker.de, info@stoertebeker.de
Anfahrt: Die Bühne ist ab Bergen/Rügen ausgeschildert.
Saison: 21.6. - 6.9.2014, Montag–Samstag jeweils ab 20 Uhr.
Eintritt: <u>Platzgruppe I</u>: Erw. € 30,–, Kinder € 21,–; <u>Platzgruppe II</u>: Erw. € 27,–, Kinder € 18,–; <u>Platzgruppe III</u>: Erw. € 24,–, Kinder € 15,–; <u>Rang I</u>: Erw. € 21,–, Kinder € 12,–; <u>Rang II</u>: Erw. € 12,–, Kinder € 10,–; Familien ab 5 Pers.: Erw. € 10,–, Kinder € 8,–; Gruppen ab 21 Pers.: Erw. € 8,–, Kinder € 6,–. An den Samstagvorstellungen werden keine Gruppenermäßigungen gewährt. Die Platzgruppen I–III und Rang I sind nummeriert, der Rang II ist nicht nummeriert. Kinderpreise gelten auf allen Plätzen bis 15 Jahre. Zuzügl. pro Bestellung Porto & Bearbeitungsgeb. € 3,–, Onlinebuchung unter www.stoertebeker.de zuzügl. € 0,50 Systemgeb. pro Karte.
<u>Tickets und Auskunft:</u> Tel. 03838/31100 oder im Internet
Verpflegungsstände: Imbissdorf im Theater

Der „Rasende Roland"

Eisenbahnromantik! Steigen Sie ein zu einer kleinen Zeitreise in die Vergangenheit und genießen Sie das

Erlebnis einer nostalgischen Bahnfahrt. Laut schnaufend und mit viel Dampf präsentiert sich Rügens technisches Denkmal auch heute noch auf 750 mm schmaler Spur. Die täglich verkehrenden Züge erreichen eine Höchstgeschwindigkeit von 30 km/h und fahren auf der 24,2 km langen Strecke zwischen Putbus und Göhren. In den Sommermonaten wird darüber hinaus bis Lauterbach Mole gefahren. Der Fahrzeugpark besteht aus neun Dampflokomotiven und zwei Dieselloks sowie verschiedenen Reisezugwagen, Traditionswagen und Packwagen.

Wichtig!

Adresse und Anfahrt:
Rügensche BäderBahn „Rasender Roland"
Büro: Gartenstraße 5, 18528 Bergen (Rügen)
Tel. 03838/813594, Fax 03830/188409
www.ruegensche-baederbahn.de
ruegen@pressnitztalbahn.com
Saison/Fahrzeiten: Ganzjährig
Fahrpreise: z. B. Putbus–Göhren,
einfache Fahrt: Erw. € 9,–
Kinder (6–13 Jahre) € 4,50
Verpflegung: Gastronomie an den
Bahnhöfen und in den Zügen (zeitweise)

Theater für Jung und Alt in Putbus

In diesem Kleinod klassizistischer Architektur, diesem ganz besonderen Theater finden jedes Jahr über 200 Aufführungen statt. Mit spannendem Schauspiel, unterhaltsamen Komödien, hochkarätigen Ballettproduktionen, hinreißenden Operetten-, Opern- und Musicalaufführungen und oftmals furiosen Konzerten erfreut das Theater Putbus seine kleinen und großen

Besucher. Den aktuellen Spielplan erfährt man unter Telefon 038301/808330, in den Tageszeitungen oder im Veranstaltungsmagazin „Rügen aktuell" oder unter www.theater-vorpommern.de.

Wichtig!

Adresse und Anfahrt:
Theater Vorpommern GmbH Theater Putbus,
Markt 13, 18581 Putbus
Kartentelefon: 038301/808330. Putbus liegt
südlich von Bergen. Ticketshop im Internet:
www.theater-vorpommern.de,
service@theater-vorpommern.de
Zeiten: Di.–Fr. 10–13 Uhr und 16–18 Uhr
Saison: Mitte Februar bis 2. Januar
Verpflegung: Gastronomie im Theater

Insel Usedom

Der schönste Platz am Meer. Nirgendwo in Deutschland scheint die Sonne so häufig wie auf der Sonneninsel Usedom. Ein Tag auf Usedom ist schöner als der andere. Wenn man früh genug aufsteht, sieht man die Sonne am Horizont langsam über der Ostsee emporsteigen. Tief durchatmen! Das ist der Duft von Meer. Die würzige Luft auf Usedom ist unverwechselbar. Wo sonst treffen Meer und Natur so einzigartig zusammen. Der 42 Kilometer lange und bis zu 70 Meter breite weiße Sandstrand ist wie geschaffen für Kleckerburgenbauer, Strand-Jogger, Sonnenhungrige, Bernsteinsammler und Eisbader. Zu Fuß über die Wellen geht es auf fünf Seebrücken. Von Deutschlands ältester Seebrücke in Ahlbeck kann man zur

europaweit längsten in Heringsdorf flanieren. Faszinierende Villen aus der Kaiserzeit säumen die Kaiserbäder-Promenade, die sich seit August 2011 mit einer Länge von 12,5 Kilometern sogar bis ins polnische Swinemünde erstreckt. Usedom ist der schönste Platz am Meer.

Wichtig!

Adresse:
Usedom Tourismus GmbH
Infotelefon & Prospekte 038378/477110
Buchungshotline 01805/583783
(14 Cent/Min. aus dem Festnetz,
max. 42 Cent/Min. aus Mobilfunknetzen)
www.usedom.de, info@usedom.de
Anreise:
Egal ob fürs Wochenende oder in den großen Ferien:
Usedom erreicht man über die Ostseeautobahn A 20, mit der Deutschen Bahn – oder mit dem Flieger aus sechs deutschen Großstädten sowie Schweiz, Österreich und Frankreich.

Mecklenburg-Vorpommern

Usedomer Strandspaziergang

Wer früh genug aufsteht, der erlebt, wie am eigentlich piekfeinen Strand der Insel tuckernde Fischkutter mit brummigen Fischerleuten anlegen. Tagsüber tragen die auf das Trockene gezogenen Boote zum maritimen Ambiente bei. Ein sehr guter Ort, um eine Wanderung zu starten, ist das Seeheilbad Bansin, das rund acht Kilometer vor der polnischen Grenze liegt. Links den Strand entlang, geht es zum Ausblickspunkt „Langer Berg", den man nach 20 Minuten erreicht. Schön ist auch die Wanderung über Heringsdorf zum Seeheilbad Ahlbeck, die, an der längsten Strandpromenade Europas entlang, vorbei an entzücken-den Bäderarchitekur – Villen der „3 Kaiserbäder" aus der Gründerzeit führt.

> ### Wichtig!
>
> **Adresse:**
> Die „3 Kaiserbäder" Ahlbeck, Bansin, Heringsdorf erreicht man ab Anklam oder Wolgast über die Bundesstraßen B 110 oder B 111. Im Ort sind Parkplätze ausgewiesen. www.drei-kaiserbaeder.de
> **Anfahrt:** Usedom erreichen Sie über die A20 mit der Bahn oder mit dem Flugzeug aus mehreren deutschen Großstädten sowie der Schweiz und Österreich.
> **Weitere Infos zur Insel:**
> www.usedom.de, Tel. 038378/477110

Ostseetherme Insel Usedom

Subtropische Badefreuden! Das Badeparadies mit modernem Kurmittelhaus und Gesundheitsstudio liegt auf der Ostseeinsel Usedom im Seeheilbad Ahlbeck. Sechs Badebecken, davon 3 angereichert mit Heringsdorfer Jod-Sole Wassertemperaturen von 30–34 °C, Wasserfall, Grottenrutsche, römisches Dampfbad, finnischer Saunatreff u.v.a.m. inmitten einer exotischen Pflanzenwelt werden zum Treffpunkt für alle Gesundheitsbewussten und Badevergnügungssüchtigen.

> ### Wichtig!
>
> **Adresse und Anfahrt:**
> Ostseetherme Usedom
> Lindenstr. 60, 17419 Seebad Ahlbeck, Tel. 038378/2730, Fax 038378/22370
> www.ostseetherme-usedom.de
> ostseetherme@drei-kaiserbaeder.de
> **Öffnungszeiten:**
> Mai–Okt.: Mo.–Sa. 10–22 Uhr, So. 10–20 Uhr. Nov.–April: Mo.–Sa. 10–21 Uhr, So. 10–20 Uhr
> **Eintritt:** Preisbeispiel: Erw./Kurkarte 3 Std. € 13,50, Kinder/Kurkarte 3 Std. € 9,–. Weitere Preise: www.ostseetherme-usedom.de

Mecklenburgische Schweiz

Im Herzen der Mecklenburgischen Schweiz stehen die sieben tausendjährigen Eichen von Ivenack. Das sind, so weiß es eine Sage, verzauberte Nonnen. Sie ließen sich, weil sie des Nonnendaseins überdrüssig waren, vom Teufel aus dem Kloster führen. Der stellte die Bedingung, dass sie sich auf dem Weg nicht umdrehen dürften. Sie taten es trotzdem, das quittierte der Leibhaftige mit einer Verwünschung. So stehen die Nonnen noch am heutigen Tage auf der Stelle und treiben Wurzeln in die Erde. Der Wald mit den tausendjährigen Eichen ist Zentrum eines sehenswerten Tierparks.

Reiten im Gestüt Ganschow

Ideal für Pferdenarren! Kleinen und großen Pferdeliebhabern schlägt hier das Herz höher: Etwa 8 km von Güstrow entfernt – Richtung Goldberg – liegt das Gestüt Ganschow. In malerischer Umgebung ist das Gestüt mit seinen etwa 300 Pferden die größte Zuchtstätte edler Pferde auf Mecklenburger/Hannoveraner Grundlage und reinster Trakehner Abstammung in Mecklenburg-Vorpommern. Ruhige Ferienwohnungen stehen ganzjährig für unsere Gäste zur Verfügung. Sie bieten Platz für 2–8 Personen. Es ist schon etwas Besonderes, beim Erwachen die Huftritte und das Wiehern einer großen Pferdeherde zu hören, die vom Stall auf die großzügigen Weideflächen, umsäumt von herrlichen Mischwäldern, gebracht wird. Kinder, die Pferde lieben, können unvergessliche Ferientage im Gestüt verleben. Jedes Kind bekommt sein eigenes Pferd für diese Zeit zum Reiten, Pflegen, Verwöhnen und Schmusen. Und mit viel Glück kann man zusehen, wie eine Stute ihr Fohlen zur Welt bringt.

Angebote: Urlaub im Sattel, Tagesritte, Kutsch- und Kremserfahrten (auch mit Picknick), Gestütbesichtigungen für Gruppen, Reit- und Fahrlehrgänge für Anfänger und Fortgeschrittene, Hochzeitskutschen, Organisation von Gruppenaufenthalten (inklusive Übernachtung). Besondere Höhepunkte sind die im Juli stattfindenden Stutenparaden.

Wichtig!

Adresse: Gestüt Ganschow, 18276 Ganschow
Tel. 038458/20226, Fax 20227
www.gestuet-ganschow.de
gestuet-ganschow@t-online.de
Anfahrt: Das Gestüt liegt ca. 8 km südwestlich von Güstrow, in Richtung Goldberg, die Außenstelle „Alt Sammit" 2 km westlich von Krakow am See. Krakow erreicht man über die B 103 ab Güstrow in südlicher Richtung.
Veranstaltungen: Die Ganschower Stutenparaden finden im Jahr 2014 statt am: So. 6. + 13. Juli sowie Sa. 19. Juli, Beginn jeweils 13 Uhr.

Mecklenburgische Seenplatte

Schreiadler und Schwarzstorch, Fischadler und Kranich – im Land der tausend Seen finden sie noch ein Refugium. Dichte Wälder und weite Felder prägen das Bild, und hinter jeder Kurve wartet das nächste Gewässer. Diese Landschaft eignet sich ideal für ausgiebige Fahrrad- und Motorradtouren. Die Bewohner dieses Landstrichs gelten als dickfellig und ein wenig mürrisch. Wenn man einen Einheimischen aber ein zweites Mal trifft, merkt man, dass er von großer Herzlichkeit ist.

Schiffsfahrt auf dem Malchower See

Wer die Mecklenburger Seenplatte bereist, ohne eine Schiffsrundfahrt zu machen, hat das Schönste versäumt. Die besonderen Reize dieser Region erschließen sich erst so richtig auf dem Wasser. Die Malchower Fahrgastschifffahrt bietet eine Vielzahl interessanter Rund- und Tagesfahrten an. So geht es z. B. mit der MS „Warsteiner" und der MS „Klaus Störtebeker" auf Fahrt auf „den großen Seen". Erlebnisreich ist die große 4-Seen-Rundfahrt, während der man 2 Kanaldurchfahrten miterlebt. Eine große Naturkundefahrt führt über 8 Seen und vermittelt ein wirklich eindrucksvolles Naturerlebnis. Fröhlich und unterhaltsam geht es zu auf den abendlichen Lampionfahrten mit Live-Musik und Tanz. An kühlen Tagen ist das Bordrestaurant übrigens beheizt.

Wichtig!

Adresse:
Malchower Fahrgastschifffahrt
Kirchenstr. 6
17213 Malchow
Tel. 039932/83256
Fax 039932/83326
www.fahrgastschifffahrt-mecklenburgische-seenplatte.de
Anfahrt: Der Anleger befindet sich mitten in der Stadt gegenüber der Klosterkirche und ist ausgeschildert
Saison: Hauptsaison ist von Mai bis September
Fahrzeite und Preise: Je nach Tour, daher tel. erfragen
Verpflegung: Gastronomie an Bord, Picknick
Drumherum: kleiner Stadtbummel in Malchow nach der Rückkehr

Paddeln im Land der Tausend Seen

Ein Freizeit- und Urlaubserlebnis, ja durchaus ein neues Lebensgefühl, vermittelt das Geflecht an Seen- und Flusslandschaften in der Mecklenburgischen Seenplatte. Mehr als 100 große und kleine Seen sind z.B. im Müritz-Nationalpark ideale Ausgangspunkte, um sich frei wie ein Indianer zu fühlen. Durch den Nationalpark führen zwei Gewässerstrecken, die sich sehr gut für Wasserwander-Touren eignen. Beispielsweise können Sie für eine Kanuwandertour die Strecke auf der Oberen Havel von Kratzeburg in Richtung Süden wählen. Folgen Sie dem Fluss durch mehrere Seen bis zum Ausgang am Useriner See. Ein Vorschlag für eine Tagestour beginnt in Granzin, wo auch ein Bootsverleih anzutreffen ist. Die Strecke führt über den Pagelsee, den Zotzensee und Jäthensee. Von dort treten Sie schließlich den Rückweg an. Eine beeindruckende Wassertour mit einer urwüchsigen Sumpf- und Schilfuferlandschaft! Nicht weniger faszinierend ist es, die Naturlandschaft aus der anderen Perspektive – per Fahrrad – zu erkunden. Kein Wunder also, dass

Radwandertouren von Hotel zu Hotel immer beliebter werden. Hier bietet sich beispielsweise der Müritz-Radrundweg an. Er hat eine Länge von ca. 110 km und führt von Waren (Müritz) am Ostufer der Müritz durch den Müritz-Nationalpark. Und wer im Urlaub mal so richtig in die Pedale treten will, der wählt den Radfernweg Lüneburg-Usedom, den Mecklenburgischen Seenradweg.

Wichtig!

Eine Fülle von interessanten und sportlichen Freizeit- und Urlaubsangeboten kann man auch beim Tourismusverband „Mecklenburgisch Seenplatte e.V." erfragen.

Adresse:
Tourismusverband
„Mecklenburgische Seenplatte" e.V
Turnplatz 2, 17207 Röbel/Müritz
Tel. 039931/538-0, Fax 039931/538-29
info@mecklenburgische-seenplatte.de
Weitere Info im Internet:
www.mecklenburgische-seenplatte.de
www. mueritz-nationalpark.de

Radeln im Land der Tausend Seen

Langgezogene Alleen, knorrige Bäume, goldgelbe Ähren im lauen Wind und immer wieder der Blick auf einen glitzernden See … Radwandern in der Mecklenburgischen Seenplatte ist ein eindrucksvolles und vielfältiges Erlebnis. Mehr als 1000 tiefblaue Seen, ausgedehnte Wälder, Fischadlerhorste, Kormorankolonien, Storchennester und verschwiegene Strände im Schilf sind nur ein kleiner Einblick in die Erlebnisse, die einen hier erwarten. Ob Tagestour, mehrtägige Tour oder organisierte Rundreise mit Hotelbuchung und Gepäcktransfer – als Radwanderer bestimmt man selbst Anfangs- und Endpunkt seiner Etappen. Unterwegs gibt es übrigens reichlich Ausflugslokale, Cafés und Restaurants, in denen man einheimische Köstlichkeiten, kleine Snacks und erfrischende Getränke genießen kann.

Eine beispielsweise Tagestour von 48 km führt durch ein erlebnisreiches Gebiet mit viel Geschichte, denn fünf Museen machen die Tour so interessant. So wartet z.B. die Stadt Penzlin mit einer Burg auf, in der sich ein Museum für Magie und Hexenverfolgung befindet. Ein kurzer Abstecher nach Gevezin und schon ist Winnetou allgegenwärtig, denn hier befindet sich die weltgrößte private Ausstellung der nordamerikanischen Indianer-Ethnographie.

Gleich um die Ecke schon wieder ein Museum – das Slawendorf Passentin. Es ist ein rekonstruiertes Wehrdorf, welches die Geschichte der Slawen modern und anschaulich erzählt. Und weiter geht's nach Hohenzieritz. Im Schloss befindet sich die Königin-Luise-Gedenkstätte. Außerdem befindet sich hier eine Ausstellung über den sehenswerten englischen Landschaftspark, der sich dem Schloss anschließt. Übrigens ist er der älteste Landschaftspark Norddeutschlands! Und zum Schluss noch ein Stopp in Ankershagen, im einzigen Heinrich-Schliemann-Museum der Welt. Hier erfahren die Gäste anschaulich alles über das Leben vom Troja-Entdecker Heinrich Schliemann.

Viele weitere Tipps findet man in der Broschüre „Radeln im Land der Tausend Seen" des Tourismusverbands. Interessant auch die Broschüre „Campen im Land der Tausend Seen".

Wichtig!

Weitere Infos:
Tourismusverband „Mecklenburgische Seenplatte" e. V.
Turnplatz 2, 17207 Röbel/Müritz
Telefon 039931/538-0
Telefax 039931/538-29
info@mecklenburgische-seenplatte.de
www.mecklenburgische-seenplatte.de

Mecklenburg-Vorpommern

Per ↖ Click in die Freizeit

Archäologische Museen Niedersachsen
www.bronzezeithof.de
www.kalkriese-varusschlacht.de
www.rpmuseum.de
www.urgeschichte.de

Diverse Freizeitparks Niedersachsen
www.centerparcs.de/bispingerheide
www.dinopark.de (Rehburg-Loccum)
www.erse-park.de (Uete)
www.familienpark-sottrum.de
www.jaderpark.de (Jaderberg)
www.krodoland.de (Bad Harzburg)
www.schloss-dankern.de
www.spielscheune.com
www.weltderluftfahrt.de

Diverse Museen Niedersachsen
www.hannover-museum.de
www.landesmuseum-bs.de
www.landesmuseum-hannover.de
(verschiedene Themenbereiche)
www.landesmuseum-oldenburg.
niedersachsen.de (Oldenburg)
www.muehlenmuseum.de (Gifhorn)
www.sprengel-museum.de (Hannover)
www.wehmingen.de
www.wilhelm-busch-museum.de

Schlösser Niedersachsen
www.bueckeburg.de
www.badbentheim.de (Burg Bentheim)
www.hannover.de
www.schloss-marienburg.de (Pattensen)

Zoos/Wildparks Niedersachsen
www.serengeti-park.de (Hodenhagen)
www.wild-park.de (Hanstedt-Nindorf)
www.wildpark-schwarze-berge.de
www.wisentgehege-springe.de

Archäologische Museen Bremen
www.antikenmuseum.de

Diverse Museen Bremen
www.antikenmuseum.de
www.bremer-rundfunkmuseum.de/
www.focke-museum.de (Bremen)
www.hafenmuseum@speicherelf.de
www.kulturambulanz.de
www.kunsthalle-bremen.de
www.overbeck-museum.de
www.uebersee-museum.de

Diverse Freizeitparks Bremen
www.dah-bremerhaven.de
www.klimahaus-bremerhaven.de
www.krabbenland.de (Bremerhaven)
www.oase-weserpark.de (Bremen)

Schlösser Bremen
www.dah-bremerhaven.de
www.klimahaus-bremerhaven.de
www.krabbenland.de (Bremerhaven)
www.oase-weserpark.de (Bremen)

Zoos / Wildparks Bremen
www.atlanticum.de (Bremerhaven)
www.freizeitpark-ostrittrum.de
www.tierpark-bassum.de
www.vida-gartencenter.de/tier.htm
www.zoo-am-meer-bremerhaven.de

| Niedersachsen | 69–100 |
| Bremen | 101–102 |

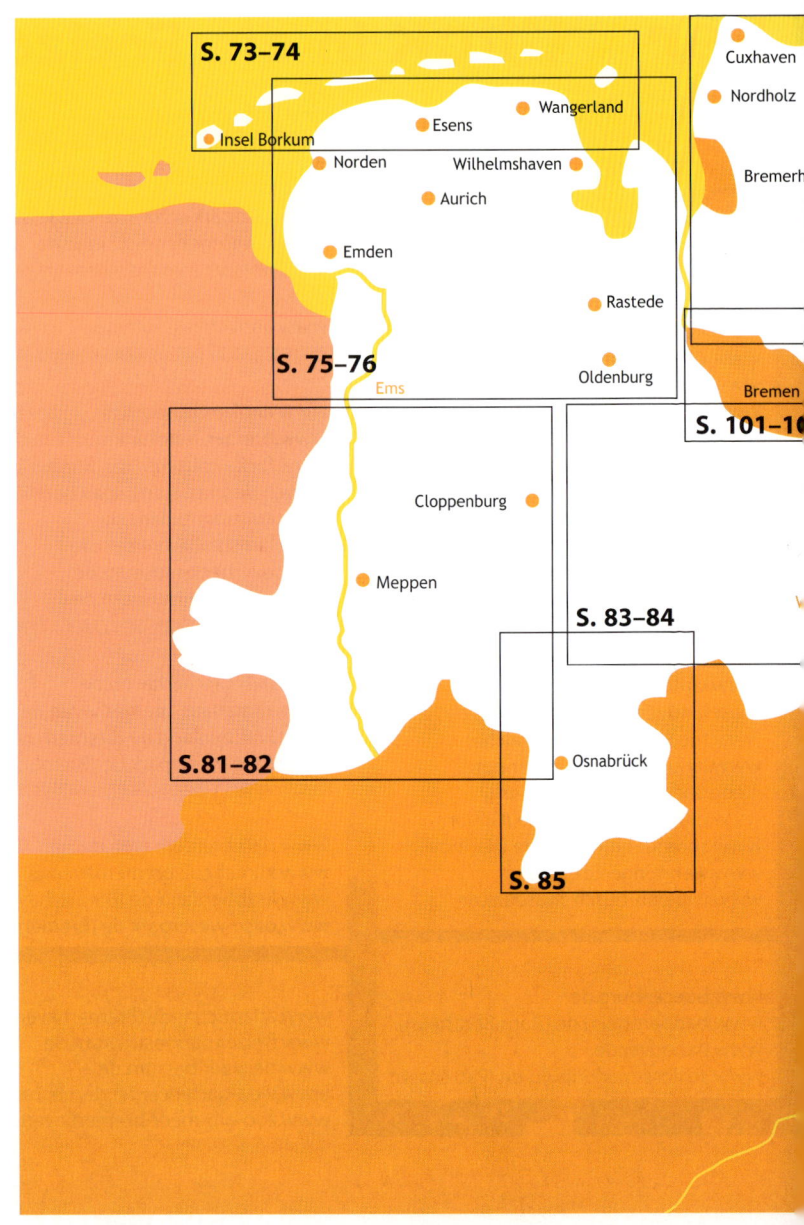

S. 73–74

S. 75–76

S. 81–82

S. 83–84

S. 85

S. 101–10

Cuxhaven

Nordholz

Bremerh

Wangerland

Esens

Insel Borkum

Norden

Wilhelmshaven

Aurich

Emden

Rastede

Ems

Oldenburg

Bremen

Cloppenburg

Meppen

Osnabrück

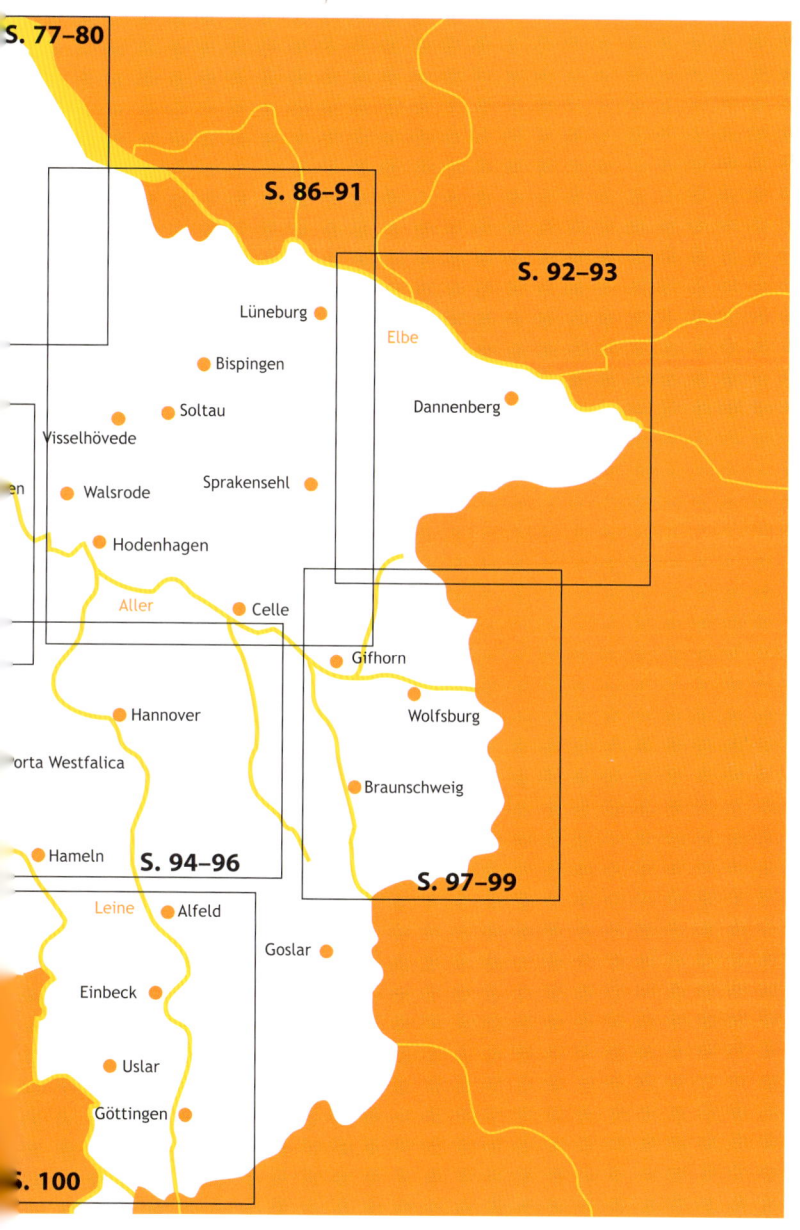

S. 77–80

S. 86–91

S. 92–93

Lüneburg

Elbe

Bispingen

Soltau

Dannenberg

Visselhövede

Walsrode

Sprakensehl

Hodenhagen

Aller

Celle

Gifhorn

Hannover

Wolfsburg

orta Westfalica

Braunschweig

Hameln

S. 94–96

S. 97–99

Leine

Alfeld

Goslar

Einbeck

Uslar

Göttingen

S. 100

Gezeitenland Borkum

Baden auf 3 Decks! Den gelben Leuchtturm sieht man schon von Weitem. Wenn Sie direkten Kurs nehmen, landen Sie bei Fitness, Spaß und Wellness – im Gezeitenland der Insel Borkum. Die Architektur des modernen Wellnessbades ähnelt der eines Schiffs. Dementsprechend ist das Bad in drei Decks unterteilt: Wellnessdeck im Untergeschoss, Freizeit- und Erlebnisdeck im Erdgeschoss und Saunadeck im Obergeschoss. Wasser spielt natürlich auf allen drei Decks des Gezeitenlandes die Hauptrolle. Eine tolle Wasserattraktion ist der Flowrider auf dem Erlebnisdeck. Mit hoher Geschwindigkeit schießt ein

Wasserfilm über eine wellenförmige Fläche. Bereits nach einigen Versuchen gelingt es selbst Ungeübten, auf einem speziell entwickelten Bodyboard auf dem Bauch liegend die Balance zu halten. Die 75 m lange Riesenrutsche ist das Fun-Erlebnis für Kinder und Junggebliebene. Eine Vielfalt von Pools lädt auf dem Freizeitdeck zu Sport, Spiel, Spaß und Entspannung ein. Und nach dem Sport ist Entspannung angesagt, z. B. auf einer der Unterwasser-Whirlliegen oder im Whirlpool. Auch Saunafans kommen voll auf

ihre Kosten. Zum Schwitzen laden die Panorama-, Aroma- und Aufgusssauna sowie ein Dampfbad ein. Wer sich einmal etwas ganz Besonderes gönnen möchte, genießt das entspannende Massage- und Therapieprogramm auf dem Wellnessdeck.

Wichtig!

Adresse und Anfahrt:
Gezeitenland Borkum
Goethestr. 1
26757 Borkum
Tel. 04922/933-600, Fax 04922/933-610
www.gezeitenland.de, www.borkum.de
info@gezeitenland.de
Hauptsaison: 13.3.–31.10.2014
Öffnungszeiten: Erlebnis- und Saunadeck: Mo.–Fr. 10–21 Uhr, Sa./So./Feiertag: 10–20 Uhr, Wellnessdeck Mo.–Fr. 7–19 Uhr, Sa./So./Feiertag 10–19 Uhr.
Eintritt: Mehrere Tarife, Vorabinformation im Internet empfehlenswert, Preisbeispiel für Erwachsene, 2 Std. mit Kurkarte € 7,– Kinder (4–15) € 4,–
Tageskarte Erwachsene mit Kurkarte € 9,50 Kinder (4–15) € 6,50
Verpflegung: 3 Restaurantbereiche – die Bad-Gastronomie, das Bistro Seepferdchen und die Vita-Bar. Die Bad-Gastronomie und die Vita-Bar sind nur für Gäste des Erlebnis- bzw. Saunadeck zugänglich.

Inselerlebnis Borkum

Sommer, Sonne und Familienspaß auf Borkum! Eine Seefahrt ist genau das richtige für die Ferien! Mit Kind und Kegel geht's morgens um 8 Uhr an Bord einer Fähre Richtung Borkum. Auf dem Sonnendeck schnuppert man Seeluft, spürt die wohltuende Wirkung von Wellenrauschen, Salz und Sonne und sieht faszinierende Schiffe vorbeifahren. Nach 2 $\frac{1}{4}$ Stunden erreicht die Fähre den Borkumer Hafen. Jetzt heißt es umsteigen, denn mit dem Borkumer Dünenexpress geht die Fahrt weiter in Richtung Stadt. Mit etwas Glück ist gerade Dampftag und die historische Lok „Borkum" schnauft über die 7 km lange Strecke.

Borkum ist ein Badeparadies: Der herrliche, 20 km lange Sandstrand lädt zum Baden in der Nordsee oder Sonnenbaden in einem der typischen Borkumer Strandzelte ein. Fun & Aktion erlebt man beim Surfen, Kiten, Kite-Surfen und im Gezeitenland – Wasser und Wellness, denn hier ist bei jedem Wetter Badesaison und der Flowrider,

eine spektakuläre Indoor-Surfanlage, lockt Jung und Alt. Direkt am Strand servieren die Borkumer „Milchbuden" Milchreis und Pfannkuchen.

Vieles gibt es auf der Insel zu entdecken: der herrliche Blick vom Neuen Leuchtturm, das Walskelett oder der Sand aus aller Welt im Heimatmuseum „Dykhus", Flora und Fauna bei einer Wattwanderung oder einfach Inselimpressionen bei einer Radtour zum Ostland.

Ein schöner Tag neigt sich dem Ende, wenn es um 16.30 Uhr am Bahnhof heißt „Alles einsteigen..." Die Inselbahn bringt nun die Fahrgäste zurück zum Hafen, zur Weiterfahrt mit der Fähre Richtung Emden.

Die „fröhliche DiMiDo-Welle rollt" in den Sommerferien Niedersachsens und Nordrhein-Westfalens jeweils dienstags, mittwochs und donnerstags.

Wichtig!

Adresse:
Aktien-Gesellschaft „Ems"
Postfach 1154, 26691 Emden-Außenhafen
Tel. 01805/180182, Fax 04921/8907405
www.ag-ems.de, info@ag-ems.de
Anfahrt:
In Emden ist die Fähre ausgeschildert
Saison:
Von Ende Mai bis Ende Oktober
Fahrten:
Ganzjährig tägliche Fahrten zur Insel Borkum; außerdem Hafen- und Grachtenfahrten in der Seehafenstadt Emden.
Preise: Tagesticket: Erw. € 19,– zzgl. € 2,– Kurbeitrag, DiMiDo-Familieticket: (Groß-/ Eltern + 3 Kinder 4–11 Jahre) € 47,50,–.
Weitere Tarife auf www.ag-ems.de/tarife.

Ausflug nach Krummhörn-Greetsiel

Bei halbwegs schönem Wetter ist ein Besuch des romantischen Bilderbuchhafens Greetsiel angeraten. Der 600 Jahre alte Krabbenkutterhafen wird auch heute noch täglich von den hier be-

aus 65 Meter Höhe weit über das Meer. Anschließend bietet sich noch ein kleiner Deichspaziergang an. Oder man fährt an den „1. Trockenstrand der Welt" in Upleward, denn dieser bietet Erholungs-, Spiel-, und Sportmöglichkeiten direkt hinter dem Deich. In Upleward kann man nur bei Hochwasser baden. Zu den Niedrigwasserzeiten ist dort Schlick und es werden Wattwanderungen angeboten.

heimateten 25 Kuttern angelaufen. Der Hafen in Greetsiel ist Tidenunabhängig und daher nicht an die Gezeiten gebunden. Wenn man sich aber telefonisch einen Tag zuvor erkundigt und deshalb zur rechten Zeit erscheint, dann kann man beobachten, wie der Fang von Bord geschafft wird. Von den Kuttern aus werden leider keine Krabben verkauft, man kann sich aber in einem der nahen Fischläden mit einer Portion versorgen und dann, auf einer Bank am Hafen sitzend, das „Pulen" üben. Um weiter maritim zu bleiben, besucht man den Leuchtturm von Campen und blickt

Ausflug auf dem Ems-Jade-Kanal

Romantische Schiffsausflüge! Ost-friesland ist das Land der Kanäle und Gräben. Was liegt da näher als ein Ausflug mit einem Kanal-Schiff? Die verschiedenen Touren über den Ems-Jade-Kanal mit der MS Stadt Aurich von Aurich nach Emden und Ihlow werden ab April bis Ende Oktober angeboten.

Die Fahrt ist kurzweilig, denn auf der Strecke passiert man Klappbrücken, die vom Brückenwärter geöffnet werden müssen. Ein nicht alltägliches Erlebnis ist für viele Ausflügler sicher das Passieren der Schleusen, wie die einzigartige Kesselschleuse oder die Schleuse Kukelorum. Der Kanal liegt höher als das ihn umgebende Land, deshalb genießt man vom Boot aus einen wei-ten Aus- und Überblick. Wer gerne sel-ber Kapitän sein möchte, kann dies ebenfalls hier tun. Im Auricher Hafen stehen auch Tret- und Ruderboote (bis 4 Personen) sowie Kajaks (bis 3 Per-

sonen), Motorboote und Hydrobikes zur Verfügung. Die Motorboote sind übrigens führerscheinfrei!

Wichtig!

Adresse:
Verkehrsverein Aurich/Ostfriesland e.V.
Norderstraße 32
26603 Aurich
Tel. 04941/4464
Fax 04941/10655
verkehrsverein@aurich.de
www.aurich-tourismus.de

Anfahrt:
Der Ems-Jade-Kanal-Hafen liegt südlich des Schlossgeländes, fünf Gehminuten von der Innenstadt entfernt (Tannenbergstraße).

Ausflugsbeispiel:
Tour I – Aurich-Emden (und zurück). Die sechsstündige Fahrt plus zwei Stunden Aufenthalt in Emden ist die längste und natürlich auch die schönste Tagesfahrt, die mit diesem Schiff angeboten wird. Weitab von Siedlungen und Straßen streift der Blick die typische Weite Ostfrieslands. Wer weniger Zeit hat, kann auch nur ein Teilstück fahren.

Fahrzeiten:
Abfahrt für Tour I um 9.30 Uhr vom Auricher Hafen, Hin- und Rückfahrt dauern etwa 8 Std. inkl. 2 Std. Aufenthalt.

Preise:
Erwachsene € 16,–
Kinder (4–11 Jahre) € 7,–
Teilstrecke: Erwachsene € 12,–
Kinder € 5,–
Bus-/Schiff-Kombi-Ticket: € 15,–

Verpflegung:
Gastronomie an Bord.
Frühstück auf der MS Stadt Aurich ab € 5,50/p. P. (auf Vorbestellung),
Stück Kuchen & Tasse Kaffee € 3,70.

Zwischen Nordsee, Weser und Elbe

Alles ist hier vom Wasser und vom Fluss der Gezeiten bestimmt: Mächtige Deiche schützen die Menschen vor der Kraft der Sturmflut. Dahinter ducken sich die alten Dörfer der Marsch- und Geestlandschaft im allgegenwärtigen Westwind. Drei große Städte prägen ebenso das Bild, denn „Cuxland" liegt im Dreieck Cuxhaven – Stade – Bremerhaven. Man muss nicht unbedingt Cuxhaven, Deutschlands größtes Seebad, besuchen. Unzählige kleine und romantische Hafenstädtchen laden ebenfalls zu einem Ausflug ein.

Moor-Therme Bad Bederkesa

Das tut gut! Im Feriengebiet Bederkesa! Hier, im Naturland zwischen Weser, Nordsee und Elbe, finden Sie eines der schönsten Kur- und Thermalbäder: die Moor-Therme Bad Bederkesa. Zwischen Kurpark, Wasserburg und See erschließen sich neue Dimensionen des Wohlfühlens. Nehmen Sie sich Zeit zum Schwimmen, Schwitzen, Schlemmen – hier kommen Sie ganz sicher auf Ihre Kosten. In der Moor-Therme erwarten Sie nicht nur besondere Attraktionen, sondern auch eine behagliche Atmosphäre. Lassen Sie sich durchs Wildwasser treiben, genießen Sie Natursole und Champagner-Sprudel oder ziehen Sie ihre Bahnen im Sportbecken. Heiß her geht es im Saunaland mit Keltensauna, Waldsauna, Nebelgrotte, Biersauna, See-Sauna, offenem Kamin und Naturteich. Lernen Sie unseren „Paradies-Abend" (FKK im ganzen Bad freitags ab 21–0 Uhr) kennen.

Wichtig!

Adresse:
Moor-Therme
Berghorn 13, 27624 Bad Bederkesa
Tel. 04745/9433-0
Fax 04745/9433-22
www.moor-therme.de
info@moor-therme.de
Anfahrt: Mit dem PKW BAB 27, Bremen–Cuxhaven, Abfahrt Debstedt, mit der Bahn bis Hauptbahnhof Bremerhaven, weiter mit der Buslinie KVG
Saison/Öffnungszeiten: Ganzjährig, Mo. bis Do. 10–21 Uhr, Fr. 10–24 Uhr, Sa.10–22 Uhr, So. und Feiertage 9–20 Uhr
Eintritt: Erwachsene 3 Std. € 8,–
Kinder bis 5 Jahre frei
Kinder (6–11 Jahre) 3 Std. € 3,–
Ermäßigte (12–17 Jahre) 3 Std. € 5,–
Familienkarte (Eltern plus 3 Kinder bis 17 Jahre) 3 Std. € 18,–
sowie einige weitere Tarife, Wellness- und Fitnessangebote.

Natureum Niederelbe

Küstenmuseum – KüstenZoo – Elbe-Küstenpark

Die neue Ausstellung „Lebensader Elbstrom" im Museum und abwechslungsreiche Freilichtausstellungen im großzügigen Außengelände informieren über die vielseitige Küstennatur mit ihren verschiedenen Landschaftstypen und ihrer einmaligen Tier- und Pflanzenwelt. Geest, Moor, Marsch, Deiche, Watt und Elbe mit der Elbmündung werden anhand von Exponaten, Bildern und interaktiven Stationen vorgestellt. Hierbei geht es auch um Zugvögel, Wanderfische und den globalen Handel.In der Sonderschau „Bernstein – Gold der Küste" mit kunstvollen Schnitzereien und wertvollen Schmuckstücken wird die Entstehung, Herkunft und Bearbeitung von Bernstein dargestellt. Wechselnde Foto- und Kunstausstellungen in der „Galerie im Turm" sind ebenso zu betrachten wie spuckende Fische, muntere Schlammspringer und andere interessante Tiere von heimischen und fernen Küsten im KüstenZoo. Der Elbe-Küstenpark bietet mit spannenden Spiel- und Experimentierstationen, einem Spielplatz mit Trampolinen, einer großen Wasserspielanlage mit Goldschürfstation, niedlichen Tieren in den Freigehegen u.v.m. Spiel, Spaß & Abenteuer für die ganze Familie. An den Vogelbeobachtungsstationen liegen

Spektive für Naturfreunde bereit. Wer es maritim mag, startet direkt vom parkeigenen Anleger zu urigen Entdeckertouren in die Oste- und Elbmündung. Während dieser Schifffahrten sind mit etwas Glück Seehunde auf den Sandbänken beim Sonnenbaden, vorbeiziehende Containerschiffe und Sportskipper zu sehen. Täglich finden öffentliche Führungen statt. Gruppenangebote, Mitmachaktionen, Ferienprogramm.

Wichtig!

Adresse: Natureum Niederelbe
Neuenhof 8, 21730 Balje
Tel. 04753/842110, Fax 04753/842184
www.natureum-niederelbe.de
info@natureum-niederelbe.de
Anfahrt: Über die B 73 Abfahrt Natureum
Öffnungszeiten:
April–Oktober: Di.–So., Feiertage 10–18 Uhr;
Juli–August: Mo.; November–März:
Abweichende Winteröffnungszeiten siehe
unter www.natureum-niederelbe.de
Eintritt: Verschiedene Tarife, Infos dazu
unter www.natureum-niederelbe.de
Verpflegung: Gemütliches Café-Bistro und
Museumsshop. Hunde dürfen angeleint ins
Außengelände.

Deutsches Schiffahrtsmuseum

Das Institut der Leibniz-Gemeinschaft bietet eine bezaubernde Schifffahrt zum Anfassen und Entdecken: Auf 8.000 qm Ausstellungsfläche und in seinem Freigelände mit dem Museumshafen direkt am Weserdeich präsentiert das Nationalmuseum Deutsches Schiffahrtsmuseum Schifffahrt zum Anfassen und hautnahen Erleben!

Die originalen Schiffe im Museumshafen laden zum Betreten und selbst Erkunden ein: Die hölzerne Bark SEUTE DEERN, der berühmte Hochsee-Bergungsschlepper SEEFALKE, der Walfangdampfer Rau IX, das U-Boot WILHELM BAUER, und weitere mehr.

Unbestrittener „Star" der Ausstellung ist die originale und weltweit einzigartige Hansekogge aus dem Jahr 1380, die einen faszinierenden und lebendigen Einblick in die Seefahrt vor über 600 Jahren vermittelt. Darüber hinaus ermöglichen Hunderte von wertvollen Objekten aus der Schifffahrt, Schiffsmodelle, Gemälde, eindrucksvolle Dioramen, Modelle zum Anfassen und Ausprobieren eine ebenso lehrreiche wie unterhaltsame Entdeckungsreise durch die maritime Geschichte.

Nach dem Eintauchen in Themenwelten wie Schiffsarchäologie, Walfang und Fischerei, Polar- und Meeresforschung, Navigation, die legendäre Fahrt der Windjammer um das berüchtigte Kap Hoorn oder die Passagierschifffahrt auf den stählernen Giganten der Meere, kann man im großzügigen Modellbecken, unserem Miniport, selbst einmal am Steuerrad stehen und ein Schiff manövrieren. Sonderausstellungen, Vorträge und Veranstaltungen runden das vielfältige Angebot ab. Willkommen an Bord!

Wichtig!

Adresse: Deutsches Schiffahrtsmuseum, Institut der Leibniz-Gemeinschaft, Hans-Scharoun-Platz 1, 27568 Bremerhaven Tel. 0471/482070, Fax 0471/4820755 www.dsm.museum, info@dsm.museum
Anfahrt: Von der Abfahrt Bremerhaven-Mitte der A 27 führt ein Autobahnzubringer direkt an den Alten Hafen und zum Museumsgelände.
Öffnungszeiten: Täglich von 10–18 Uhr 1.11.–31.3. montags geschlossen, Museumsschiffe geschlossen
Eintritt: Erw. € 6,–, Ki. (6–14 Jahre) € 4,– Familienkarte € 12,50 (3–6 Personen) Änderungen vorbehalten.
Verpflegung: Restaurantschiff SEUTE DEERN, Museumscafé

Niedersachsen

Kurioses Muschel Museum

Ganz in Schale! Ein ungewöhnliches Museum, nicht nur zum Informieren, sondern auch zum Schmunzeln. Es werden über 3.000 „Hinterlassenschaften" der Meeresbewohner von der Nordsee bis Übersee ausgestellt. In diesem amüsanten Museum kommen auch „Museumsmuffel" auf ihre Kosten. Kein Latein! Jedes der faszinierenden Ausstellungsstücke erhielt eine wortkünstlerische Fantasiebezeichnung, humorvoll oder manchmal auch nachdenklich stimmend. Dadurch wird dem Laien-Besucher die Vielfalt der Natur näher gebracht, ohne ihn belehren zu wollen. Auch Kinder werden, soweit sie selbst lesen können, nicht überfordert. Trotzdem kommt die Information nicht zu kurz. Das Museum hat sich die Aufgabe gestellt, die Gehäuse der Muscheln und Schnecken als weltweit anfallendes Abfallprodukt ins Bewusstsein der Besucher zu bringen: In den reichen Ländern nur noch eine „Delikatesse", sind Muscheln und Schnecken das „Überlebensmittel" der ärmeren Küstenbevölkerung in den Drittweltländern. Die Fotografien und Info-Texte zu dieser Thematik sind sehens- und lesenswert. Eine ungewöhnlich lange Verweildauer der zahlreichen Besucher sind das Ergebnis dieses Museumskonzeptes.

"Zitternde Finger"

Wichtig!

Adresse und Anfahrt:
Kurioses Muschel Museum Wremen e.V.
Rolf Dircksen Weg 55
27638 Nordseebad Wremen
Tel. 04705/210
www.muschel-museum-wremen.de
vv@wremen.de
Öffnungszeiten:
Täglich außer montags von 10.00–12.00 Uhr und 14.00–16.30 Uhr,
Sonn- und Feiertags geöffnet
Eintritt: Erwachsene ab € 2,50
Kinder (6–14 Jahre) ab € 1,50
Kombikarte Muschel-Museum und Museum für Wattenfischerei: Erwachsene ab € 3,50
Kinder (6–14 Jahre) ab € 2,–
Kurkarten-Inhaber ermäßigt

Emsland

Über einen Mangel an Wasser können sich die Emsländer nicht beschweren, zum einen gibt es die Ems mit ihren vielen Altarmen, dann die mäandernde Hase in ihrem romantischen Tal und schließlich so viele Abzugs- und Entwässerungsgräben, dass man sie nicht zählen mag. Früher war das Überleben in der moorigen Landschaft hart, es brauchte Jahrhunderte, um überall festen Boden unter die Füße zu bekommen. Heute ist das Leben dicht an der Grenze zu den Niederlanden eher beschaulich geworden.

Museumsdorf Cloppenburg

Das Museumsdorf präsentiert über 50 Gebäude, großbäuerliche Anwesen mit Bauerngärten, Landarbeiterhäuser, Mühlen und Werkstätten aus fünf Jahrhunderten. Es gibt Tiere historischer Haustierrassen ebenso wie alte Maschinen und Gerätschaften, die an den Erlebnistagen zur Erntezeit vorgeführt werden. An den Wochenenden nimmt der Windmüller die Mühlen in Betrieb. Jeweils sonntags um 14.30 Uhr bietet das Museumsdorf kostenlose Führungen zu wechselnden Themen und um 14.00 Uhr Mitmachangebote für Kinder an, z. B. Brotbacken oder Zinngießen. Besucher können den Handwerkern bei der Arbeit über die Schulter sehen, frisch gebackenes Brot aus dem Steinbackofen probieren, sich in der Kunst des Webens versuchen oder den Hammer beim Kupferschmied schwingen. Über das ganze Jahr werden wechselnde Ausstellungen gezeigt.

Wichtig!

Adresse: Museumsdorf Cloppenburg – Niedersächsisches Freilichtmuseum Bether Straße 6, 49661 Cloppenburg, Tel. 04471/94840, Fax 04471/948474, www.museumsdorf.de, info@museumsdorf.de

Öffnungszeiten: März bis Okt. 9–18 Uhr, Nov. bis Feb. 9–16.30 Uhr, täglich geöffnet außer Heiligabend und Silvester

Eintritt: Erwachsene € 7,–; Kinder (6–16 J.) € 2,50; Studenten, Azubis, Schwerbehinderte € 3,–; Familientageskarte € 14,50,–; Familienjahreskarte € 40,–; Kindergeburtstag mit bis zu 12 Kindern € 40,– pauschal.

Führungen: Schulklassen € 20,–, Erw. € 40,–

Verpflegung: Restaurant, Kiosk

Niedersachsen

Ferienzentrum Schloss Dankern

Spiel- und Abenteuerland! Auch bei norddeutschem Sauwetter braucht man im Ferienzentrum Schloss Dankern nicht zu verzagen, denn über 10.000 Quadratmeter Spielplatz sind überdacht. In den letzten 40 Jahren entstand hier in gesunder Natur ein vielfältiges Erlebnis- und Urlaubsangebot mit mehr als 160 Spiel-, Freizeit- und Sportmöglichkeiten, z. B. die 220-m-Rutschbahn, das Ponyreiten oder die Kindereisenbahn. Zwei 7 m hohe Palmen können im Wettkampf auf Zeit und Geschicklichkeit erklommen werden. Für Kinder ein riesiges Spiel- und Abenteuerland! So kann es leicht sein, dass man hier einmal länger bleiben möchte. Dazu laden auch die Ferienhäuser in der Anlage ein. Es gibt sie in verschiedenen Typen und sie bieten die richtige Basis für einen familien- und kinderfreundlichen, erholsamen Aufenthalt. Motto des Ferienzentrums ist es, die Freude am naturnahen Ferienerlebnis über das oft übliche Komfortdenken zu stellen.

Wichtig!

Adresse: Ferienzentrum Schloss Dankern
49733 Haren/Ems
Tel. 05932/72230, Fax 05932/722333
www.dankern.de
Anfahrt: Z.B. über die A 31, Ausfahrt Haren/Ems, das Zentrum ist ausgeschildert.
Saison Freizeitpark:
4.4.–2.11.2014. Für Tagesbesucher ist das Ferienzentrum während der Saison von 10–18 Uhr geöffnet.
Eintritt: Erwachsene € 10,–
Kinder € 9,–
Senioren ab 60 Jahren € 9,–
Weitere Tarife im Internet.
Verpflegung: Im Ferienzentrum Schloss Dankern können Sie in der Erlebnisgastronomie Deele mit dem Dorfplatz, der Bauernstube oder dem Piratenschiff „Seewolf" ganz nach Lust und Laune schlemmen. Außerdem gibt es die Deelenterrasse, ein 1.400 qm großer, mit Glas überdachter Marktplatz, Schlossgrill, Knusperhäuschen, Bierpavillon und eine Bühne mit regelmäßigen Veranstaltungen.

Zwischen Hunte und Weser

Für viele ist das Land zwischen Minden und Bremen, zwischen den Flüssen Hunte und Weser nur Transitland mit langgezogenen, geraden Straßen ohne nennenswerte Steigungen. Die Bauernhöfe rechts und links sind oftmals eher „landwirtschaftliche Anwesen". Große, mit Backsteinen errichtete Niedersachsenhöfe, die von mächtigen Eichenhainen umgeben sind. Im Zentrum der Dörfer stehen kleine trutzige Wehrkirchen, umgeben von jahrhundertealten Fachwerkhäusern. Man könnte meinen, hier sei die Zeit stehengeblieben. Warum also nicht einen Spaziergang machen und die „Vergangenheit" genießen.

Magic Park Verden

Treten Sie ein in den Magic Park Verden – Deutschlands einziger Freizeitpark der Magie!
Zu einem gemütlichen Spaziergang lädt der einzigartige Märchenwald ein. Der Magic Park Verden verspricht viel Magie – unter anderem mit seiner Magic-Show von Ben Jayman und seiner Partnerin Vega. Auch die zauberhafte Kindershow mit magischem, interaktivem Programm sorgt für staunende Gesichter. Im Zirkus „AXO" findet die für jedermann geeignete und zauberhafte Zirkusvorstellung statt. Wer Action liebt, den zieht es zum großen Abenteuerspielplatz mit Trampolin-Anlagen, Fun-Golf auf der Saurierinsel, zur Kindereisenbahn und vieles mehr.

 Nicht fehlen dürfen in einem Freizeitpark Fahrattraktionen wie Achterbahn, Riesenrad, Schiffsschaukel oder die klassische Wildwasserbahn und natürlich viele Kinderkarussells. Auf der Riesenrutsche können Mama und Papa mit dem Nachwuchs um die Wette rutschen, in der Drachenbahn gemeinsam in die Pedale treten oder als Familienbande mit vereinten Kräften die Dinosaurier-Insel mit einem Floß umfahren. Der beliebte Streichelzoo im Niedersachsenstil lädt zum Verweilen ein.

Wichtig!

Adresse:
Magic Park Verden GmbH
Heideweg 5–7, 27283 Verden
Tel. 04231/661110, Fax 04231/661177
www.magicpark-verden.de
info@magicpark-verden.de
Anfahrt: Z.B über die A 27 Bremen-Walsrode, Abfahrt Verden-Ost
Saison/Öffnungszeiten:
unter www.magicpark-verden.de
Eintritt: Erw. € 15,–, Kinder von 3–12 J.
€ 13,– (unter 3 J. frei), Rentner € 11,–,
„Magic Nachmittag" ab 15.30 Uhr pro Person
€ 10,–, Saisonkarte € 45,–
Verpflegung: „Märchencafé", im Imbiss
„Hänsel und Gretel" und „Magic Restaurant"

Naturtierpark mit Araber-Gestüt

Wichtig!

Adresse:
Naturtierpark Ströhen
Tierparkstr. 43
49419 Wagenfeld-Ströhen
Tel. 05774/505
Fax 05774/1088
www.tierpark-stroehen.de

Anfahrt:
Wagenfeld liegt auf halber Strecke südlich
der B 214 von Diepholz nach Sulingen,
ab den beiden Orten und auch ab Lübbecke
ist der Tierpark ausgeschildert.

Öffnungszeiten:
Tierpark und Gestüt:
Ganzjährig (ohne Ruhetag), 9–19 Uhr.
Herbst + Winter: 9 Uhr bis zum Einbruch der
Dunkelheit. Hunde an der Leine erlaubt!

Eintritt:
Erwachsene € 12,–
Kinder (3–15 Jahre) € 8,–
Familien (2 Erw. + 2 Ki.) € 36,–
Gruppen ab 15 Pers. + Vereine:
Erwachsene € 8,50, Kinder € 6,–
Schulen + Kindergarten: Kinder € 5,–

Verpflegung:
Restaurant, Kaffeegarten,
Pavillon, Schinkendeele, Kiosk.

Pferde und mehr! Im Naturtierpark Ströhen haben ca. 600 Tiere aus 5 Kontinenten, u.a. Zebras, Elefanten, Tiger, Geparden, Pumas, Affen, Lamas sowie verschiedenste Wassergeflügelarten, eine neue Heimat gefunden. Die täglichen Veranstaltungen (in der Saison) sind bekannt und begehrt, z. B um 11.00 Uhr die Tierschule, nachmittags um 15.30 Uhr beginnt die Show „Arabische Faszination".

Geboten wird eine atemberaubende Vorstellung, in der die Hauptdarsteller Vollblutaraber-Hengste und Elefanten sind. Jeweils im Anschluss an die Tierschule am Vormittag und die Show am Nachmittag kann man auf Elefanten

reiten. Dem Tierpark angeschlossen ist ein Vollblutaraber-Gestüt, in dem man über 200 Pferde besichtigen und streicheln kann.

Niedersachsen

Osnabrücker Land

Das Osnabrücker Land hat den Ruf eines idealen Wandergebietes. Die Städter und Naturliebhaber schätzen die ausgedehnten Tiefebenen ebenso wie die kleinen Bachtäler, üppige Wälder wechseln mit den Wiesen und Feldern der landwirtschaftlich genutzten Flächen. Seltene Lebensräume wie Moore oder der Orchideenstandort Silberberg werden als Naturschutzgebiete bewahrt.

Zoo Osnabrück

Im Zoo Osnabrück hat sich viel getan! „Von Norden nach Süden" heißt es: Zuerst geht es in der nordischen Wildnis „Kajanaland" hoch hinaus. Die Eis-Braunbärmischlinge „Tips" und „Taps" planschen im Wasser, Luchse und Waschbären klettern in den Bäumen und Rentiere und Wisente ziehen durch den dichten Buchenwald – vom Baumpfad scheinen die Tiere zum Greifen nah.
Weiter geht die Reise nach Afrika. „Takamanda" ist das Zuhause von Hyänen, Schakalen, Pavianen & Co. Nur Glasscheiben oder Wassergräben trennen die Besucher von ihrem Lieblingstier. Und wenn die neunköpfige Schimpansenfamilie über ihr Außengelände klettert und tobt, gibt es immer was zu lachen. Die Safari führt auch durch „Makatanda", einem abenteuerlichen Baumhausdorf mit Spielplatz, Streichelzoo und Baumhaus-

die Erdbewohner in ihren Höhlen, Gängen und Nestern entdecken.
Neu: Asiatischer Affentempel!
So wird ein Besuch im Zoo Osnabrück schnell zu einem Tagesausflug!

Restaurant.
Nun wird es duster: Im Stollenlabyrinth des „unterirdischen Zoos" können

Wichtig!

Adresse:
Zoo Osnabrück
Klaus-Strick-Weg 12, 49082 Osnabrück
Tel. 0541/951050, Fax 0541/9510522
www.zoo-osnabrueck.de
Anfahrt: Leicht erreichbar, direkt an der Autobahnabfahrt Osnabrück-Nahne (A 30). Kostenlose Großparkplätze
Saison/Öffnungszeiten: Ganzjährig, im Sommer tägl. 8–18.30 Uhr, im Winter tägl. 9–17 Uhr (Kassenschluss jew. 1 Std. vorher).
Eintritt: Erw. € 16,–, Kinder (3–14 J.) € 10,50, Ermäßigte € 12,50
Verpflegung: Picknick, Gaststätte im Zoo

Niedersachsen

Weltvogelpark Walsrode

Der Weltvogelpark Walsrode in der Lüneburger Heide ist mit 4.200 Vögeln in 675 Arten der größte Vogelpark und einer der zehn artenreichsten Zoos der Welt. In der 24 ha großen Parklandschaft befinden sich spannende Themenhäuser, exotische Tropenhallen, Freiflughallen und vieles mehr.

Der Weltvogelpark Walsrode bietet tägliche Shows und Schaufütterungen sowie Führungen für Gruppen, Schulklassen und Einzelgäste. Weltvogelpark-Ranger unterstützen beim Entdecken der Vogel- und Parkwelt: Sie öffnen großen und kleinen Besuchern die Augen für die Besonderheiten der Vogelwelt und geben sachkundig und unterhaltsam Einblicke in das Leben der Parkbewohner. Außerdem kann

der Blütenzauber hunderter Baum-, Strauch- und Blumenarten das ganze Jahr über bewundert werden. Heimische Pflanzen lassen sich hier wie die teilweise sehr seltenen Exoten bewundern.

Über 3 Millionen Frühlingsblüher, 120 Arten im Rhododendrontal, 70 Rosensorten und unzählige Dahlienarten lassen erahnen, welche Vielfalt die Besucher erwartet. Zusätzlich bieten ein Baumhausdorf, ein Kletterweg, gemütliche Ei-Sitze entlang des Kranich-Sees und Erlebnisstationen Abwechslung und Spaß. Jung und Alt können in der verwunschenen Burgruine aus Naturstein europäische Eulenarten und

andere Vögel bestaunen. Ein Abenteuerspielplatz mit Klettertürmen, Seilbahnen und Rutschen sowie der Wasserspielplatz laden die kleinen Gäste zum ausgiebigen Toben ein. Und wenn der Hunger kommt, bieten zwei stilvolle Restaurants und mehrere Imbisse Speisen für jeden Geschmack.

Wichtig!

Adresse: Weltvogelpark Walsrode
Am Vogelpark, 29664 Walsrode
Tel. 05161/60440, Fax 05161/604440
www.weltvogelpark.de
info@weltvogelpark.de
Anfahrt: Über die A7 (aus Richtung Norden) – Abfahrt Bad Fallingbostel, über die A27: Abfahrt Walsrode-West. Dann jeweils ausgeschildert. Kostenlose Parkplätze. Anreise mit Navi: Ahrsener Str., 29699 Bomlitz
Öffnungszeiten:
22.3.–9.11.2014: Täglich ab 10 Uhr (Bitte beachten Sie unsere saison-, wetterbedingten Schließzeiten, diese hängen tägl. im Park aus)
Eintritt: Erw. € 19,–, Kinder (4–12 J.) € 14,–, Familie € 59,– (2 Eltern/Großeltern + 2 eigene Kinder/Enkel 4–12 J.), jedes weitere Kind € 7,–
Verpflegung: Restaurants mit Biergarten u. Sonnenterrasse, Imbisse, mobile Eisstände

Soltau-Therme

Vielfältige Wasser-Wellness! Die Vital-Solequelle im Herzen der Lüneburger Heide lässt keine Wünsche offen: Ob im Solebad, in der Saunalandschaft, im Hallen-/Freibad oder im Gesundheits- und Wellnesszentrum Vitadrom.

Ein ganz besonderes Angebot ist das Solebad. Bis zu 36 Grad ist das Wasser angenehm warm. Die gesundheitsfördernde Wirkung der Sole, die in Soltau aus einer Tiefe von 200 Metern geborgen wird, ist wissenschaftlich nachgewiesen. Der Mineralgehalt der Sole entspricht dem des Toten Meeres.

Und um das leibliche Wohl kümmern sich in der Soltau-Therme gleich drei kreative Restaurants.

Die Vielfalt der Soltau-Therme erstreckt sich auch auf die Saunalandschaft. Heidesauna, Erdsauna, finnische Sauna oder römisches Dampfbad. Richtig entspannend wird es im liebevoll angelegten Saunagarten mit Außenpool, Tauchbecken und Ruhepavillon mit Kamin – alles inmitten wunderschöner Natur.

Das Gesundheits- und Wellnesszentrum Vitadrom bietet neben Wellness-, Beauty- und Kosmetikanwendungen auch Krankengymnastik, Badekuren und physikalischen Therapien an. Im Fitnessstudio erfolgen Aktivität und Training unter professioneller Aufsicht. Fitnesskurse, moderne Trainingsgeräte und fachkundige Beratung überzeugen nicht nur die Tagesgäste.

Wichtig!

Adresse:
Soltau-Therme, Mühlenweg 17, 29614 Soltau
Tel. 05191/84481, Fax 05191/84499
www.soltau-therme.de
info@soltau-therme.de
Anfahrt: Über BAB 7, Abfahrt Soltau Süd oder Nord, Beschilderung im Ort folgen
Saison: Ganzjährig, Freibad Mitte Mai–Mitte September
Öffungszeiten: Mo. 10–22 Uhr, Di.–So und Feiertag 9–22 Uhr, Sauna täglich 10–22 Uhr
Eintritt: Sole-/Hallenbad (3 Std.):
Erw. € 10,50, Kinder € 8,–
Sauna/Hallenbad (4 Std.):
Erw. € 13,50, Kinder € 9,50
Sole-/Hallenbad/Sauna (4 Std.): Erw. € 16,–, Kinder € 11,– sowie Sondertarife wie Spartag und Feierabendtarif auf Nachfrage. Kinder unter 4 Jahren Eintritt frei. Änderungen vorbehalten!
Verpflegung: 3 Restaurants

Otter-Zentrum Hankensbüttel

Otter-Welten zum Staunen! Die Marder-Familie lädt ein, allen voran die putzigen Fischotter. Nach ihnen wurde schließlich das Naturschutzzentrum mit neun naturnahen Gehegen am Isenhagener See benannt, auch wenn man hier Dachs, Steinmarder, Iltis, Hermelin und Baummarder ebenso zu sehen bekommt. Im Otter-Zentrum ist man ganz besonders stolz auf die den Rundweg begleitenden Lernspiele. Am erlebnisreichsten sind aber immer noch die alle 15 Minuten stattfindenden Schaufütterungen, denn sie garantieren, die zum Teil versteckt lebenden Tiere wirklich zu sehen. Ein Familien-Rundgang im Gammeltempo dauert rund drei Stunden.

Mit dem obligatorischen Picknick oder einem Besuch im Restaurant bringt man also ohne Probleme einen Nachmittag hinter sich, zumal sich vor dem Otter-Zentrum ein origineller Wasserspielplatz und gegenüber am See ein Tretbootverleih und das Waldschwimmbad befinden. Im Otter-Shop gibt es jede Menge Souvenirs. Achtung: Hunde sind im Otter-Zentrum nicht erlaubt.

Wichtig!

Adresse:
Otter-Zentrum
Sudendorfallee 1
29386 Hankensbüttel
Tel. 05832/98080, Fax 05832/980851
www.otterzentrum.de
afs@otterzentrum.de
Anfahrt: Der Ort liegt an der B 244 zwischen Celle und Wittingen, das Zentrum außerhalb des Ortes an der Straße nach Wittingen
Öffnungszeiten/Saison:
1. Februar–Ende Winterzeit: 9.30–17.00 Uhr, Sommerzeit: 11.00–18.00 Uhr, Beginn Winterzeit–30. November: 9.30–17.00 Uhr.
Eintritt: Erwachsene € 8,50
Erwachsenen-Gruppen € 7,50
Kinder (4–14 Jahre) € 5,–
Kinder-Gruppen € 4,–
(Gruppen jeweils ab 15 Personen)
Verpflegung: Restaurant Otter-Zentrum

SaLü-Salztherme Lüneburg

Von Aktion bis Entspannung! Die Salztherme Lüneburg „SaLü", das Sole-Erlebnisbad in Norddeutschland, bietet seinen Gästen mit 1.500 qm Wasserfläche eine gelungene Kombination von Aktion, Spaß und Entspannung. Mit einem Sole-Wellenbad im Zentrum (28°, 2 % Sole), einem ganzjährig geöffneten Sole-Außenbecken (32°, 2 % Sole) mit Sprudelliegen. Strömungskanal, Wassergrotte, Massagedüsen und Wasserspeier, einem Sole-Bewegungsbecken (32°, 4 % Sole) und Whirlpools werden ein paar Stunden Aufenthalt zu einem richtigen Urlaub. Die Kinderwelt mit der 90-m-Riesenrutsche mit Cinema-Projektionen und Black Hole, Planschbecken oder Dreierrutsche sowie die lustigen Wassertiere begeistern die Kinder. Die zusätzlich nutzbare Saunalandschaft bietet vielfältige Möglichkeiten für Entspannung und Erholung. In der großzügigen Anlage laden im gemischten Saunabereich vier verschiedene Saunen wie z.B. der Salzsauna mit interessanten Aufgüssen mit Honig- oder Salz zum Verweilen ein. Der getrennte Saunabereich bietet 2

Wichtig!

Adresse:
SaLü-Salztherme Lünebug
Uelzener Straße 1–5, 21335 Lüneburg
Tel. 04131/723-0, Fax 04131/723123
www.salue.info

Anfahrt:
A 39 Hamburg-Lüneburg bis Autobahnende, weiter auf der Umgehungsstraße bis Ausfahrt „Kaltenmoor". Das SaLü liegt direkt am Kurpark

Öffnungszeiten:
Mo.–Sa. 10–23 Uhr,
So. und Feiertag 8–21 Uhr

Eintritt:
Erwachsene: 2 Std. € 7,90, 4 Std. € 10,80,
Tageskarte € 12,50;
Kinder (bis 16 J.): 2 Std. € 4,90, 4 Std. € 6,50,
Tageskarte € 8,–;
Familienkarten € 24,50 – jeweils ohne Sauna
Diverse Fitness- und Day-Spa-Angebote,
siehe Internet

Verpflegung:
Restaurant und Sauna-Bar im Bad

weitere Schwitzräume mit Farblicht und Aufguss-Sauna an. Ebenso erweist sich das Biosaunarium, der Rosentepidarium oder auch unser Heidedampfbad als große Entspannungoase. Wer etwas ganz Besonderes sucht, kann im Muschel-Floatarium die Schwerelosigkeit erleben. Ein Relaxarium, kosmetische Angebote, sowie ein Schlaf- und Kommunikationsraum runden das vielseitige Angebot ab. Zum Abschluss Ausruhen vor dem Kaminfeuer oder eine Massage genießen – was kann einen Ferientag schöner machen?

Wildpark Lüneburger Heide

Tigerbesuch in Nindorf – Streifzüge durch den Wildpark Lüneburger Heide, Bären bewundern, mit Ziegen schmusen, die Wölfe heulen hören: Im Norden Niedersachsens kommen Kleine und Große der ursprünglichen Natur ganz nah. Über 1200 Tiere leben nahe Nindorf auf einem 60 Hektar großen Gelände – Raritäten aus aller Welt ge-

nauso wie alte deutsche Rassen. Winzige Hühnerküken und zutrauliche Ziegen sind genauso darunter wie mächtige Elche mit einer Schulterhöhe von zwei Metern – und die seltenen Sibirischen Tiger Ronja und Alex, von denen in freier Wildbahn nur noch 400 bis 500 Artgenossen existieren. Ein Erlebnis für die ganze Familie in Deutschlands artenreichsten und größten Wildpark. Greifvogelshows (2x täglich) & Tierpräsentationen erleben Sie von Frühjahr bis Herbst. Informieren Sie sich beim täglichen Tiger- oder Wolfvortrag und der Fischotterfütterung sowie im Reptilium der Zooschule. Jede Menge Spaß gibt es bei der Wildparkrallye und der Führungen. **NEU:** Das Schäferdorf – Erlebnisübernachtungen direkt am Wildpark Lüneburger Heide. Heulen Wölfe jede Nacht? Schnarchen Bären im Schlaf wirklich so laut? Brüllt der Tiger, wenn er morgens Hunger hat? Erleben Sie es selbst im Schäferdorf. Sechs rustikale Schäferwagen und vier gemütliche Appartementhäuser mit je 2 Wohneinheiten stehen dafür zur Verfügung. Wohnen Sie mitten in der Natur, direkt am Wildpark Lüneburger Heide (www.schaeferdorf.de).

Wichtig!

Adresse: Wildpark Lüneburger Heide
21271 Hanstedt-Nindorf
Tel. 04184/8939-0, Fax 04184/8240
www.wild-park.de, info@wild-park.de
Anfahrt: Der Wildpark, ausgeschildert, liegt nahe der A 7 Hamburg–Hannover, Ausfahrt Garlstorf, dann Richtung Nindorf.
Öffnungszeiten: 1. März–31. Oktober: 8.00–19.00 Uhr, (Kasse bis 17.30 Uhr)
1. Nov.–28. Feb.: 9.30–16.30 Uhr, (Kasse bis 15.30 Uhr)
Eintritt: Erwachsene € 10,–
Kinder (3–14 Jahre) € 8,–
Gruppenpreise (ab 20 Personen): Erwachsene € 9,–, Kinder € 7,–
Verpflegung: Blockhaus-Restaurant „Elchlodge", großes SB-Restaurant, Imbiss, viele Picknick-Häuschen stehen zur Verfügung

Heide Park Resort

Ob mit 120 Sachen auf der gigantischen Holzachterbahn „Colossos" abwärts sausen oder wagemutige Abenteuer in der Piraten-Arena miterleben, das Heide Park Resort garantiert der ganzen Familie einen erlebnisreichen Tag. Und abends lockt das karibische Holiday Camp oder das Hotel Port Royal.

Es ist noch kein Jahr her, als die Piraten hier ihr Revival erlebten, da lockt schon wieder eine Großattraktion in einer neuen Dimension des Nervenkitzels: In der Bucht der Totenkopfpiraten herrscht große Aufregung. Im sonst so friedlichen Heide Park Resort See gehen mysteriöse Dinge vor sich. Das Gewässer erwacht zu brodelndem Leben, ein gigantisches Ungetüm treibt neuerdings sein gnadenloses Unwesen. Da sind Helden gesucht! Die riesige Kreatur wartet nur darauf, dass der furchtloseste aller Piraten das Abenteuer wagt und den Kampf auf sich nimmt. Doch mit diesem Gegner ist wahrlich nicht zu spaßen … So auch mit den sieben Maya-Göttern im Maya-Tal. Doch die Mutigen können sie besiegen und ihrer Rache entgehen. Und während Professor Umbo bereits kurz vor der Entdeckung der Ausgrabungsstätte im tiefsten Dschungel ist, erleben sie fantastische Abenteuer …

Auf 85 ha wunderschöner Parklandschaft bietet das Heide Park Resort mit über 50 Attraktionen alles, was große und kleine Besucherherzen wünschen. Dazu genießen Senioren „60plus"-Angebote wie gemütliche Kanalfahrten, Seeumrundung mit der Floßfahrt und die vielseitige Blumenpracht. Und die Kleinsten erleben neben den Abenteuern im Lucky Land, ihre Sinne auf der liebevoll gestalteten Kindermeile, lachen über die witzigen Figuren in der Spencer-Show und lassen sich in der Piraten-Arena mit echten Piraten fotografieren.

Wichtig!

Adresse:
Heide-Park Soltau GmbH, 29614 Soltau, Tel. 01805/919101 (14 Ct./Min. aus dem dt. Festnetz, Mobilfunk max. 42 Ct./Min.) www.heide-park.de, info@heide-park.de

Anfahrt:
Über die A 7, Abfahrt Soltau-Ost, dann der Beschilderung folgen.

Öffnungszeiten:
23.3.–3.11.13: Täglich von 9–18 Uhr, Einlass bis 16 Uhr. Die Fahrgeschäfte gehen ab 10 Uhr in Betrieb.

Eintritt:
Auf Anfrage oder auf der Homepage

Verpflegung:
Vielseitige Gastronomie

Niedersachsen

Das Wendland

Das Hannoversche Wendland liegt seit der Wiedervereinigung Deutschlands in der Mitte von Norddeutschland im Vierländereck Niedersachsen, Mecklenburg-Vorpommern, Brandenburg, Sachsen-Anhalt. Es ist ein idealer Ausgangspunkt für Ausflüge und Radtouren in die neuen Bundesländer.

Das reizvolle Wendland liegt im Naturpark Elbufer-Drawehn und bietet weite Wälder, stille Heideflächen, urtümliche Altwässer und Freizeitseen, die bei gut ausgebauten Radwegen ideal für Radwanderer zu erkunden sind. Die besondere Attraktion der Gegend: wendländische Rundlingsdörfer.

Marionettentheater Dannenberg

Sprechende Puppen inmitten der historischen Altstadt Dannenbergs. Direkt unter dem Waldemarturm findet man das Marionettentheater, ein Geheimtipp für Besucher Norddeutschlands. Auf dem Spielplan stehen 12 Stücke, die für Kinder ab 4 Jahren (z.B. Hänsel und Gretel) oder auch für Erwachsene (Amphitryon) geeignet sind. Für Michael-Ende-Fans gibt es auch den „Satanarchäolügenialkohöllischen Wunschpunsch". Den aktuellen Spielplan

erfahren Sie entweder telefonisch oder im Internet unter: www.marionettentheater.de

Wichtig!

Adresse:
Marionettentheater Dannenberg
Am Waldemarturm
29451 Dannenberg (Elbe)
Tel. 05865/483 oder 05848/981828
www.marionettentheater.de
Anfahrt:
Das Theater liegt direkt am Waldemarturm
Alter: Je nach Stück, ab 4 Jahre
Saison: Ganzjährig
Eintritt: Erwachsene € 5,–, Kinder € 3,–
Verpflegung:
Picknick am Thielenburger See möglich
Gaststätten in der Altstadt
Drumherum:
Am nahen See ist ein sehr schöner Spielplatz das Freibad ist auch nicht weit Wanderungen entlang der Elbe.

Rundlingsmuseum Wendlandhof Lübeln

Runde Dorfwelten! Mitten im Wendland, in noch fast unberührter Natur zwischen Hamburg, Hannover und Berlin, liegt in einem Rundlingsdorf das Museum Wendlandhof Lübeln. Die Anordnung der Häuser in den Rundlingsdörfern ähnelt einem Stamm Indianer, der um ein Lagerfeuer sitzt, nur dass das Lagerfeuer der Dorfplatz ist und die Indianer Höfe und Häuser sind. In den Rundlingsdörfern, von denen es im Wendland überdurchschnittlich viele gibt, schauen die „Gesichter" der Häuser, also die Giebel, alle zur Dorfmitte hin. Steht man auf diesem Platz, ist die optische Wirkung verblüffend. Der Wendlandhof, heute zum Freilichtmuseum Wendlandhof Lübeln ausgewachsen, stammt aus jener Zeit, als das Dorf noch die ganz große Welt war. Warum ist das Dorf rund? Wann und wie sind sie entstanden? Die Besichtigung der Häuser erlaubt einen Einblick in altes bäuerliches Leben, wie Großmutter und Urgroßvater es noch kannten. Mit schöner Regelmäßigkeit bieten hier Schmiede, Stellmacher, Bäcker, Töpfer und Weber. Vorführungen ihrer alten Handwerke in den historischen Werkstätten des Wendlandhofes an. Aktionen wie Flachs- und Leinen-Tage, Oster- und Weihnachtsausstellungen runden das Angebot ab. Und übers Jahr verteilt bietet der Wendlandhof Mitmach-Aktionen und museumspädagogische Angebote, die Spaß machen. Am besten, man erkundigt sich telefonisch danach.

Wichtig!

Adresse:
Rundlingsmuseum Wendlandhof Lübeln
Ortsteil Lübeln 2, 29482 Küsten
Telefon 05841/96290
www.rundlingsmuseum.de
rundlingsmuseum@elbtalaue-wendland.de
Anfahrt: Lübeln liegt kurz hinter Lüchow (Wendland) an der B 493 Richtung Uelzen. Das Museum ist ausgeschildert.
Öffnungszeiten: 1. April bis 31. Oktober, tägl. von 10–18 Uhr, November bis März nach Vereinbarung.
Eintritt: Erw. € 3,50, Kinder (6–16 J.) € 1,50 ermäßigt (Behinderte, Begleitperson) € 2,– Familien € 7,–, Gruppen ab 10 Personen € 2,– pro Person Museumsführung bis 25 Personen € 38,– zzgl. Eintritt
Verpflegung: Picknick und Café
Außerdem: Im Rundlingsladen findet man kleine und große Geschenke, z. B. Kunsthandwerk, regionale Produkte und Seifen aus Schafsmilch und Honig.

Niedersachsen

Raum Hannover

Der Raum Hannover ist Deutschlands Techno-Region im Grünen: Während man bei der alljährlichen CeBIT-Messe den neuesten Trends der Computerwelt nachspürt, ist man im nahegelegenen Deistergebirge fernab des Zivilisationslärms. Wasser, so weit das Auge reicht, gibt's am Steinhuder Meer. Hier vermitteln Fischernetze, Reusen und Boote den Eindruck maritimer Romantik. Was den Touristen pittoresk erscheint, ist für die Fischer harter Alltag: Sie fahren auch heute noch täglich aus, um für Nachschub in den Restaurants zu sorgen.

Dinosaurier-Freilichtmuseum

Dinosaurier hautnah! Das Freilichtmuseum Dinosaurier-Park Münchehagen ist Deutschlands größter wissenschaftlicher Erlebnis- und Themenpark. Auf einem 2,5 km langen Rundweg durch das parkartige Gelände erfahren Besucher anhand von über 230 lebensechten Rekonstruktionen von Dinosauriern und anderen Urzeittieren in Originalgröße alles über die faszinierende Entwicklung des Lebens in der Erdgeschichte. Im Freilichtgelände begegnen den Besuchern alle bekannten Dinosaurier wie Stegosaurus, Triceratops, Brachiosaurus und natürlich der T-rex! Wissenschaftliches Zentrum des Freilichtmuseums ist das Naturdenkmal „Saurierfährten" mit über 250 versteinerten Dinosaurierspuren.

Weiterer Höhepunkt ist die einzige Schaupräparation Deutschlands, in der originale Dinosaurierknochen aus 150 Millionen Jahre alten Gesteinsbrocken freigelegt werden.

Aktiv Erleben: Es können Führungen, Vorführungen und Veranstaltungen verschiedenster Art besucht werden.

Kinder und Erwachsene können ihr kreatives und handwerkliches Geschick bei verschiedenen Mit-Mach-Aktionen, Rollenspielen und wissenschaftlichen Experimenten unter Beweis stellen. Unsere Ausstellungen werden ständig erweitert!

Wichtig!

Adresse: Dinosaurierpark Münchehagen
Rehburg-Loccum, Ortsteil Münchehagen
Alte Zollstraße 5, Tel. 05037/9699990
Fax 05037/96999989, www.dinopark.de
info@dinopark.de
Anfahrt: Der Ort liegt an der B 441
Hannover-Loccum
Öffnungszeiten: 15.3.–9.11.2014, täglich
9–18 Uhr. Sonderveranstaltungen unter
www.dinopark.de Terminkalender
Eintritt: Erw. + Jugd. ab 13 Jahre € 11,50
Kinder von 4 bis 12 Jahren € 9,50
Kinder unter 4 Jahre frei
sowie Gruppentarife (Gruppen bitte tel.
anmelden). Hunde dürfen an der Leine mitgeführt werden. (Hundetüte € 0,50!)
Verpflegung:
Kiosk, Imbiss, SB-Restaurant, Aussichtscafé

Erlebnis-Zoo Hannover

Freuen Sie sich auf den Erlebnis-Zoo Hannover – Deutschlands spektakulärsten Tierpark mit rund 1,6 Millionen begeisterten Besuchern pro Jahr. Hier sind Sie einen ganzen Tag lang zu Gast in der faszinierenden Welt der Tiere. Entdecken Sie über 3.000 Bewohner in den einzigartigen, aufwändig gestalteten Erlebniswelten: bei der Bootsfahrt auf dem Sambesi, in der Kanadalandschaft

Yukon Bay, im indischen Dschungelpalast, auf dem faszinierenden Gorillaberg, dem urig-niedersächsischen Meyers Hof, im australischen Outback und in Helme Heines Kinderparadies „Mullewapp". Außerdem sorgen stündlich bis zu 30 Shows- und Show-Fütterungen sowie die Erlebnis-Gastronomie und zahlreiche Tierbabys für einen gelungenen Tag. Der Erlebnis-Zoo Hannover ist das perfekte Reiseziel für Erwachsene und Kinder. Sie werden begeistert sein!

Tipp: Kanada-Landschaft Yukon Bay! 22.000 qm misst diese einzigartige Welt mit Flusslauf, Meeresbucht und Unterwasserstation. Hier sind Eisbären beim Tauchen zu erleben! Weltweit bieten nur eine Hand voll Zoos ihren Gästen solche Einblicke… Die neue Themenwelt ist die neue Heimat von Eisbären, Karibus, Pinguinen, Timberwölfen, Bisons, und Seebären. Zusätzlich sorgt die perfekt thematisierte Erlebnis-Gastronomie inkl. Eiscafé für das leibliche Wohl – genießen Sie Kanada!

Vor über 16 Jahren hat Hannover begonnen, die Zoolandschaft zu revolutionieren: Seitdem begeistert Europas Themen-Tierpark Nr. 1 mit immer neuen Attraktionen und artgerechter, zeitgemäßer Tierhaltung über eine Million Gäste pro Jahr. Bereits 2005 gewann Hannovers Zoo den Deutschen Tourismuspreis in der Kategorie „Permanente Innovation". Mit Yukon Bay setzt er sein innovatives Erlebnis-Konzept konsequent fort.

Wichtig!

Adresse: Erlebnis-Zoo Hannover
Adenauerallee 3, 30175 Hannover
Tel. 0511/28074-163, Fax 0511/28074-212
www.zoo-hannover.de
info@zoo-hannover.de
Öffnungszeiten: Ganzjährig täglich geöffnet.
Eintritt: Erw. € 25,–, Ki. (3–5 Jahre) € 13,50,
Ki. (6–17 Jahre) € 17,–
Tipp: Online Tickets! Eintrittskarten unter
www.zoo-hannover.de/tickets online bezahlen und gleich ausdrucken.
Verpflegung: Gasthaus Meyer & Biergarten,
Imbiss auf Meyers Hof, Palast Bistro, Café
Kifaru am Sambesi, viele Imbisse und Kioske,
Familienrestaurant „Mullewapp", Yukon
Market Hall, Eiscafé Luigi Amarone

Rasti-Land – Salzhemmendorf

Von Wildwasser bis Achterbahn! Egal ob für Kinder oder für die ganze Familie: Bei den Attraktionen im Rasti-Land ist für jeden etwas dabei! Zunächst einmal kann man sich den Fahrtwind auf verschiedene Art und Weise um die Nase wehen lassen, z. B. mit der Rafting-Bahn, der Wildwasserbahn, der Bobkart- oder Achterbahn. Natürlich gibt es Vergnügliches auch zu Wasser, nämlich auf der Boots-Wasserrutsche oder bei einer Koggen- oder Rundbootfahrt. Wer lieber auf Schienen unterwegs ist, steigt in die Einschienenhochbahn oder die Oldtimer-Bahn. Abenteuerlich wird es in der Piratenstadt oder auf dem historischen Jahrmarkt, witzig in der Comic-Bahn.

Direkt neben dem Rasti-Land: Ganzjähriger Indoor-Freizeitspaß in Kids-Dinoworld. Informationen und viele Fotos unter www.kids-dinoworld.de.

Wichtig!

Adresse:
Rasti-Land
Freizeit- und Erlebnispark GmbH,
31020 Salzhemmendorf, OT Benstorf
Tel. 05153/6874, Fax 05153/940713
www.rasti-land.de

Anfahrt:
Salzhemmendorf liegt zwischen Hameln und Hildesheim an der B 1, Abfahrt Quanthof

Öffnungszeiten:
Die aktuellen Öffnungszeiten erfahren Sie im Internet: www.rasti-land.de

Eintritt:
Die aktuellen Eintrittspreise erfahren Sie im Internet: www.rasti-land.de

Verpflegung:
SB-Restaurant, Freiterrassen, Biergärten sowie Picknick- und Grillplätze

Rund um Braunschweig

Lassen Sie sich auf einer Reise durch das Land rund um Braunschweig nicht foppen, denn den Leuten sitzt der Schalk im Nacken – Till Eulenspiegel. Er wurde im kleinen Ort Kneitlingen geboren. Ein Museum, das dem Narren gewidmet ist, findet sich ein paar Kilometer weiter in Schöppenstedt. In Wolfsburg dreht sich alles ums Auto, hier wurde der legendäre Wagen gebaut, der läuft und läuft und läuft. Und was läuft in Braunschweig? Mehr als man denkt.

Der Erse-Park Uetze

Im Städtedreieck Hannover-Braunschweig-Celle liegt der Erse Park Üetze, der gepflegte Gartenlandschaften und über 40 Fahrattraktionen mit einer umfangreichen Präsentation der Evolution – vom Saurier bis zum Leben des Urmenschen – verbindet. Anders als die meisten Familienparks dieser Größe kann der Erse Park als wirklicher Themenpark bezeichnet werden. Gleich am Anfang gelangt man auf einen Steinzeitmenschen-Erlebnispfad und von dort zu einer romantischen Bootsfahrt durch die „Eiszeit". Darauf folgt eine lange Allee, die ihre Fortsetzung im liebevoll gestalteten Märchenwald findet, der 1976 die Keimzelle des heutigen Parks war und an den, thematisch passend dazu, ein historischer Jahrmarkt mit Karussells angegliedert wurde. Vorbei an einer riesigen Wasserrutschbahn mit Spaß- und Nässegarantie, einer

Achterbahn und vielen anderen Fahrattraktionen kommt man zu einer schnellen und kurvigen Bobbahn. Direkt gegenüber lädt die Wildwasserfahrt „The Lost World" zum Mitmachen ein. Mit Kanus und Wasserfahrrädern kann man diesen Teil des Parks, in dem über 90 Saurier zur Schau gestellt werden, erkunden. Mit einer Pferdereitbahn vorbei an der Schmetterlingshochbahn zum Drachenland mit tollen Fred-Feuerstein-Autos und einer urigen Treckerfahrt.

Wichtig!

Adresse: Erse-Park Uetze, Abbeile 2 31311 Uetze, Telefon 05173/352 www.erse-park.de, info@erse-park.de
Anfahrt: Uetze liegt nördlich von Peine an der B 188 zwischen Burgdorf und Gifhorn
Saison/Öffnungszeiten:
Anfang Osterferien bis Ende Herbstferien in Niedersachsen, täglich 10–18 Uhr
Eintritt: Erw. € 18,–, Kinder (ab 2 J.) € 16,– Gruppen ab 20 Personen nach tel. Voranmeldung €12,– p. P.
Verpflegung: Picknick, Kiosk, Cafeteria

Das AutoMuseum Volkswagen

Autoträume! Vergangenes ist greifbar. Erinnerungen werden wach. Emotionen leben auf. Die Legenden aus der Geschichte des Automobils, das läuft und läuft und läuft: der Urkäfer, der VW Bulli, der Golf GTI – Technikgeschichte pur, zu entdecken im AutoMuseum Volkswagen. Insgesamt 140 Exponate sind auf 5.000 Quadratmetern Ausstellungsfläche zu besichtigen – räumlich separiert und klar gegliedert in die beiden technischen Entwicklungsstränge der Marke Volkswagen: So wird die Geschichte der luftgekühlten Heckmotor-Modelle seit ihren Anfängen erzählt. Die in den 1970er Jahren beginnende Ära der wassergekühlten und meist frontangetriebenen Volkswagen kommt gleichrangig in all ihren Facetten zur Geltung.

AutoMuseum Volkswagen – der Ort für alle, die Ihre erste Tour im Volkswagen nicht vergessen haben.

Wichtig!

Adresse:
AutoMuseum
Dieselstraße 35
38446 Wolfsburg
Tel. 05361/52071, Fax 05361/52010
www.volkswagen-automuseum.de
Anfahrt:
Routenberechner für die individuelle Anfahrt auf der Homepage. Ferner ist das Museum im Ort ausgeschildert.
Öffnungszeiten:
Dienstag bis Sonntag von 10–17 Uhr
Vom 24.12. bis zum 01.01. bleibt das Museum geschlossen.
Eintritt:
Erwachsene € 6,–
Ermäßigte € 3,–
Familien € 15,–
Gruppen ab 10 Pers. € 3,– pro Person
Führung bis 25 Pers. € 30,– pauschal
Verpflegung: Restaurants im Umfeld

Takka-Tukka-Abenteuerland Gifhorn

Spiel, Sport & Spaß bei jedem Wetter auf über 6000 qm in Niedersachsens großer In- und Outdoor-Spielewelt!

Bei uns finden kleine und große Kids Spielgeräte der besonderen Art und können sich nach Herzenslust austoben: Mit unserem Riesenvulkano, dem großen Spielturm u.v.m. sind wir einzigartig in der Region. Die Trampolinanlage, der Wabbelberg und der Riesenlöwe begeistern Klein und Groß jeden Tag aufs Neue. Nicht zu vergessen die Mini-Kartbahn für alle kleinen Schumis. Und wer gerne klettert, tut dies an unserer Kletterwand. Hier können auch Mama und Papa Mut beweisen, wenn sie sich nicht gerade auf einem der Massagesessel verwöhnen lassen oder Billard und Air-Hockey spielen.

Auf die Allerkleinsten wartet ein separater Spielbereich, in dem alles etwas kleiner und ruhiger zugeht.

Das „Urwaldbistro" bietet leckere Speisen und Getränke zu familienfreundlichen Preisen an. Unser Extra-Service: Wer möchte, darf sich Essen und Trinken selbst mitbringen.

Der Hit: feiert euren Kindergeburtstag im Takka-Tukka-Land ... begeisterte Freunde und entspannte Eltern! Sollte dann die Sonne hinter den Wolken hervor blitzen, heißt es ab nach draußen. Im Außenbereich warten eine lange Wasserrutsche und der Wasserspielplatz auf Euch!

In der Takka-Tukka-Sportwelt können alle kleinen und großen Sportbegeisterten wetterunabhängig unter Dach Soccer spielen.

Das Takka-Tukka-Abenteuerland ist ein ideales Ausflugsziel für Familien mit Kindern jeder Altersstufe und natürlich alle Sportfans. Es ist garantiert für jeden etwas dabei!

Also. Worauf wartet ihr noch? ... nix wie hin!

Wichtig!

Adresse:
Takka-Tukka-Abenteuerland
Im Heidland 13, 38518 Gifhorn
Tel. 05371/74317-10, Fax 05371/74317-13
www.gifhorn.takka-tukka.com
gifhorn@takka-tukka.com
Anfahrt: A39, Abfahrt Weyhausen/Gifhorn, B188 Richtung Gifhorn, B4 Abfahrt Industriegebiet „Im Heidland" (K115) oder über die A2, Kreuz Braunschweig-Nord, B4 Richtung Gifhorn.
Öffnungszeiten: Mo.–Fr. 14.00–19.00 Uhr, Sa./So./Feiertage 11.00–19.00 Uhr, Schulferien (Niedersachen) 11.00–19.00 Uhr.
Eintritt: Kinder (< 1 Jahr) frei, Kinder (1–3 Jahre) € 4,50, Kinder (ab 4 Jahre) € 6,50, Erwachsene € 4,–. Sonderkonditionen u. Öffnungszeiten für Kindergärten, Schulen u. sonst. Gruppen nach Vereinb.
Sonstiges: Kindergeburtstage, Dienstag Familientag, Krabbelfrühstück, Happy Hour.

Raum Göttingen und Solling

Alljährlich im Herbst zieht es den wilden Jäger Hackelberg aus seinem kühlen Grab im Walde zur Jagd. Dann fegt ein stürmisches Brausen durch die alten Fichten des Moosberges, und die Menschen im Solling wissen: „Der wilde Jäger ist wieder vorbeigezogen!" So will es eine alte Sage, die in Neuhaus mitten im Hochsolling erzählt wird. Die Wald- und Wildgeschichte passt, denn der Reichtum der Gegend liegt in ihren dichten, stillen Forsten. Großen Tourismus gibt es im Bergland des Sollings nicht, dafür aber sehr viel Natur.

Wilhelm-Busch-Mühle

Streiche von Max und Moritz! Hier in Ebergötzen verlebte Wilhelm Busch sorglose Kinderjahre. Der Müllersohn Erich Bachmann war sein Gefährte zu jener Zeit. Später wurde er Müller, und die Freundschaft zwischen den beiden hielt noch immer. In Erinnerung an vergangene Streiche und Missetaten entstand das Kinderbuch „Max und Moritz", in dem auch die alte Mühle Erwähnung findet. Wenn man vor dem Besuch einen Blick ins Buch wirft, lassen Kinder sich sicherlich für den Besuch der Mühle begeistern. Mit Wasserkraft wird Korn zu Mehl gemahlen, das wird während der Führung ebenfalls erklärt. Die alten Mühlsteine rumpeln heute wie vor 150 Jahren. Wenn man einen Besuch der Mühle samt Picknick im Bauerngarten einplant, kann man anschließend noch einen Ausflug in den nahen Wald oder zum 3 km entfernten Seeburger See (mit Spielplatz) machen.

Wichtig!

Adresse:
Wilhelm-Busch-Mühle
Mühlengasse 8, 37136 Ebergötzen
Tel. 05507/7181
www.wilhelm-busch-muehle.de
Anfahrt:
Ebergötzen liegt an der Kreuzung
der B 446 und B 27
Öffnungszeiten:
Dienstag–Sonntag 10.30–13.00 Uhr und
14.00–16.30 Uhr. Montag Ruhetag.
Eintritt:
Erwachsene € 4,–
Erw./Gruppen ab 20 Personen € 3,–
Ermäßigte € 2,50
Schulklassen/Kinder € 2,–
Gruppenbesuche bitte vorher vereinbaren
Verpflegung:
Picknick, Gaststätte im Ort

Bremen und Umgebung

Komm mit nach Bremen, sagte der Esel zum Hund, sagte der Hund zur Katze, sagte die Katze zum Hahn, und so machten sich die Stadtmusikanten auf den Weg ins Glück. Sie trugen den Namen der Hansestadt in die ganze Welt. Wer daran zweifelt, dass es sie jemals gab, der muss sich nur in der Umgebung des Rathauses einmal ganz genau umsehen – da stehen sie, die vier zusammen, einer auf dem andern, als Bronzefiguren.

Übersee-Museum Bremen

Das Übersee-Museum Bremen ermöglicht großen wie kleinen Entdeckern eine Weltreise an nur einem Tag. Auf den über 10.000 qm Ausstellungsfläche, die sich über drei Etagen verteilen, wird die Beziehung zwischen Mensch und Natur auf fernen Kontinenten wie Asien oder Ozeanien präsentiert. Besucher tauchen hier ein in die faszinierende Unterwasserwelt der Südsee und erleben Asien, den Kontinent der Gegensätze, als Wiege der Weltreligionen und Heimat von Megacities wie Shanghai.

Die Ausstellung „Erleben, was die Welt bewegt" beleuchtet auf sieben interaktiven Themenpfäden, wie Klimawandel oder Migration, das Phänomen der Globalisierung. Die komplett neugestaltete Ausstellung „Afrika" lädt zu einer Safari in die vielseitigen Lebensräume dieses Kontinents ein. Schmuckstücke der Sammlung wie die beliebten Großdioramen oder beeindruckende Originale erscheinen im neuen Glanz. Weitere Schätze aus der 1,2 Millionen Objekte umfassenden Sammlung finden Besucher im benachbarten Schaumagazin Übermaxx.

Die Faszination ferner Kulturen und Naturräume wird hier auf drei weiteren Ebenen ausgestellt. Neben den ständigen Ausstellungen, präsentiert das Übersee-Museum regelmäßig Sonderausstellungen und bietet ein umfangreiches Veranstaltungsprogramm an.

Wichtig!

Adresse:
Übersee-Museum Bremen
Bahnhofsplatz 13, 28195 Bremen
Tel. 0421/16038190, Fax 0421/1603899
www.uebersee-museum.de
office@uebersee-museum.de
Anfahrt:
Mit Bus und Zug zum Hauptbahnhof.
Parkplatz für PKW an der „Bürgerweide"
hinter dem Bahnhof.
Öffnungszeiten:
Mo. geschlossen, Di.–Fr. 9–18 Uhr,
Sa./So./an geöffneten Feiertagen 10–18 Uhr
Eintritt:
Erwachsene € 6,50, Ermäßigte € 4,50,
Kinder (bis 17 Jahre) € 2,50, Familienkarte
€ 13,50, Gruppen auf Anfrage
Verpflegung:
Restaurant „Übersee" im Museum

Niedersachsen

Ein Universum® zum Anfassen und Staunen

Im Universum® Bremen wird Wissenschaft zum spannenden Abenteuer! Im Science Center gibt es rund 250 Mitmach-Exponate, an denen wissenschaftliche Phänomene entdeckt werden können. Dabei dreht sich in dem walförmigen Gebäude alles um die Themenbereiche Mensch, Erde und Kosmos. So können die Besucher beispielsweise eine Erdbebensimulation erleben oder sich durch ein stockfinsteres Labyrinth tasten. Im 5.000 m² großen EntdeckerPark stehen 25 Experimentier-Stationen zum Thema Bewegung bereit. In diesem Außenbereich können die Besucher an einem Mondspringer bis zu vier Meter hoch in die Luft springen oder die Kraft des Wassers kennen lernen. In einem 27 Meter hohen „Turm der Lüfte" werden Experimente zu Wind und Wetter durchgeführt. Die rostrote SchauBox bietet Platz für wechselnde Sonderausstellungen. Im Veranstaltungssaal DenkArena erleben die Besucher Science Shows mit spektakulären Versuchen, Wissenschafts-theater und spannende Vorträge. Das Universum® Bremen bietet zu jeder Jahreszeit viel Wissenschaft und Spaß. Es eignet sich für einen spannenden Ganztages-Ausflug mit rund sechs Stunden Aufenthaltsdauer.

Wichtig!

Adresse:
Universum® Bremen
Wiener Straße 1a
28359 Bremen
Tel. 0421/3346-0, Fax 0421/3346109
www.universum-bremen.de
info@universum-bremen.de
Öffnungszeiten: Mo. bis Fr. 9–18 Uhr
Sa./So. und an Feiertagen 10–18 Uhr
Eintritt: Erwachsene € 16,–
Ermäßigte (Kinder ab 6 J. Schüler, Studenten, Senioren) € 11,–
Kinder unter 6 Jahren frei
Familienkarte € 40,– (2 Erw. mit eigenen Kindern bis 18 Jahre)
Gruppen ab 15 Personen:
Erwachsene € 14,–, Ermäßigte € 9,–
Weitere Preiskategorien auf Anfrage!
Verpflegung: Die Gastronomie KUBUS befindet sich in der SchauBox. Der Shop bietet ein vielseitiges Sortiment.

Per ► Click in die Freizeit

Archäologische Museen
www.archlsa.de
(Landesmuseum für Vorgeschichte)
www.heimatverein-goseck.de
www.khm-magdeburg.de/
javaArchaeologie
www.mv-sachsen-anhalt.de
www.uni-halle.de

Schlösser
www.dome-schloesser.de
www.schloss-allstedt.de
www.schloss-beesenstedt.de
www.schloss-burgscheidungen.de
www.schloss-marienthal.de
www.schlossgoseck.de
www.schlosshotel.busse-tgm.de
www.wasserburg-egeln.de

Diverse Museen
www.beatlesmuseum.net
www.cranach.de
www.feininger-galerie.de
www.georgium.de
www.gleimhaus.de
www.kunstraeume-burg-eisenhardt.de
www.winckelmann-gesellschaft.de
(Museum i. Stendal)
www.schloss-wernigerode.de

Diverse Freizeitparks
www.familyclub.de
www.ferienpark-ploetzky.de
www.hassenroeder-ferienpark.de
www.tiergarten-bernburg.de

Zoo / Wildparks
www.tierschule-memleben.de
www.zoo-aschersleben.de
www.zoo-badkoesen.de
www.zoo-halle.de

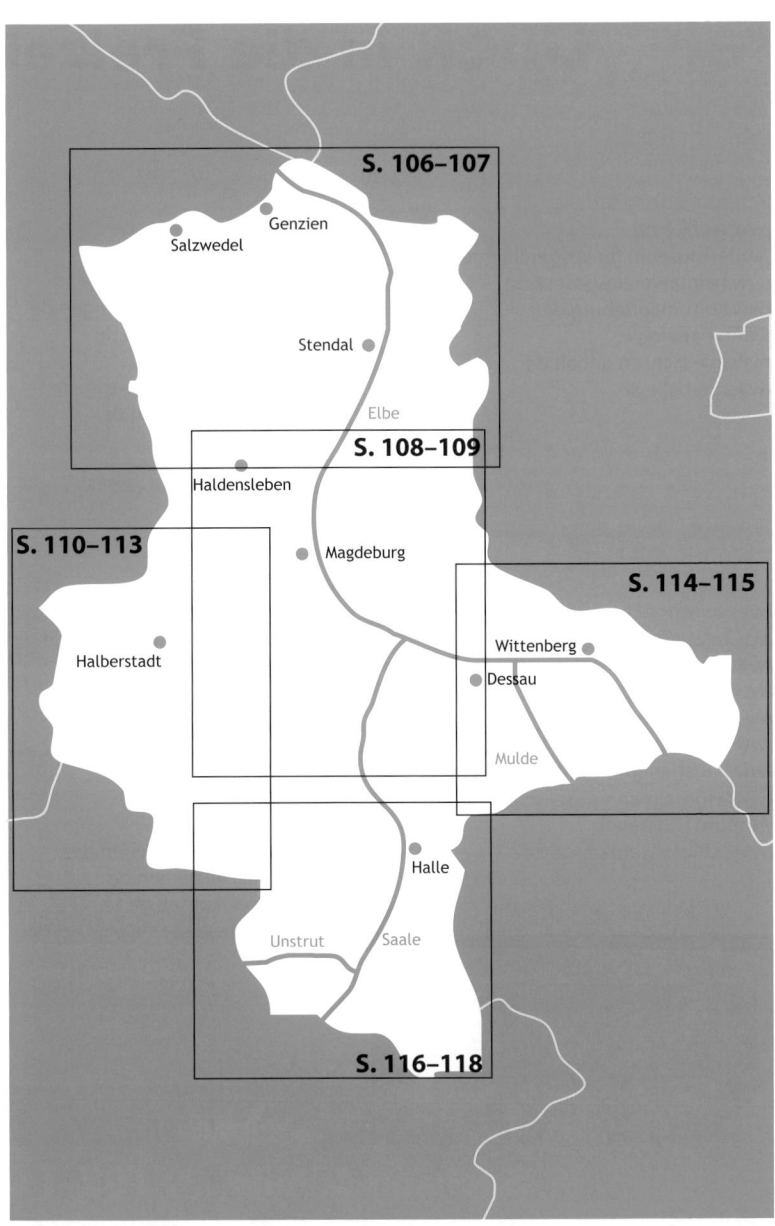

S. 106–107

Salzwedel
Genzien

Stendal

Elbe

S. 108–109

Haldensleben

S. 110–113

Magdeburg

S. 114–115

Halberstadt

Wittenberg
Dessau

Mulde

Halle

Unstrut   Saale

S. 116–118

Die Altmark

Die Altmark im nördlichen Sachsen-Anhalt ist ein Landstrich, der Menschen schon vor Zehntausenden von Jahren anzog. Nach den Jägern und Sammlern der Altsteinzeit siedelten sich hier zu Beginn unserer Zeitrechnung die Langobarden an, ein kleiner germanischer Stamm. Im elften Jahrhundert zog von hier Albrecht der Bär in den Kampf, um das Land östlich der Elbe, die spätere Mark Brandenburg, zu erobern.

Freilichtmuseum Diesdorf

Historisches Leben und Bräuche! Das Freilichtmuseum Diesdorf/Altmark ist nicht nur das einzige volkskundliche Freilichtmuseum Sachsen-Anhalts, sondern eines der ältesten deutschen Museen dieser Fachrichtung. Bereits 1911 wurde es durch den Diesdorfer Landarzt Dr. Schulze begründet. Im Jahre 1932 offiziell eröffnet, bestand das Museum zunächst nur aus einem offenen niederdeutschen Streuhof des 17./18. Jahrhunderts mit originalgetreu eingerichtetem Fachhallenhaus, Speicher und Backhaus. Seit den 1970er Jahren konnten bislang weitere 21 Wohn- und Wirtschaftsgebäude des 17.–20. Jahrhunderts sowie eine Dorfschmiede und eine Bockwindmühle aufgebaut werden. Die Lage der Museumsgebäude in einer natürlich gewachsenen Umgebung mit Dorfteich ist einzigartig. An den Museumsfesten wird das Leben früherer Generationen in ihren Arbeits- und Handwerkstechniken sowie Bräuchen und Volkstänzen anschaulich vermittelt. Regelmäßige Sonderausstellungen zur ländlichen Regionalgeschichte vertiefen die Museumspräsentation.

Wichtig!

Adresse: Freilichtmuseum Diesdorf
Molmker Str. 23, 29413 Diesdorf
Tel. 03902/450, Fax 03902/939828
www.freilichtmuseum-diesdorf.de
Anfahrt: Diesdorf liegt an der Strecke zwischen Salzwedel und Wittingen, das Museum ist im Ort ausgeschildert
Saison: 1.4.–31.10.
1.11.–31.3. Gruppen nach Vormeldung.
Öffnungszeiten: Di–So. und Feiertage von 10–17 Uhr geöffnet, Mo. geschlossen.
Eintritt: Erwachsene € 3,–, Ermäßige € 2,–
Führungsentgelt zusätzlich pro Teilnehmer € 2,– (pro Führung mind. € 25,–)
Verpflegung: Café-Restaurant Museumskrug

Tierpark Salzwedel

Einheimische Tierwelt! Der Tierpark in Salzwedel ist kein Zoo mit exotischen Bewohnern, dafür können Kinder hier die einheimische Tierwelt kennenlernen – sie erleben zum Bespiel den majestätische Pfau, wenn er sein Rad schlägt, folgen neugierig dem weithin hörbaren „I-A" des Esels oder dem Muhen der Zwergkun „Mimi", sind begeistert, wenn die Ferkel des Deutschen Sattelschweines durch die

Gegend pesen… und haben immer Möglichkeiten, Hautkontakt mit den Tieren aufzunehmen. Auf Wunsch können Kindergruppen-Gruppen und Schulklassen auch thematische Führungen bekommen. Auf dem benachbarten Kinderspielplatz können sich die Kleinen austoben. Wer noch Lust auf weitere Aktivitäten hat, kann zum Freibad des Ortes aufbrechen, das nur etwa zehn Minuten Fußweg entfernt liegt.

Magdeburg

Diese Stadt ist reich an Architekturzeugnissen, die noch heute von der 1.200-jährigen wechselvollen Ge-

schichte der Stadt erzählen. Nicht ohne Grund ist Magdeburg das Zentrum der „Straße der Romanik". Gleichzeitig besticht Magdeburg als eine der grünsten Städte Europas mit ausgedehnten, idyllischen Parkanlagen und einer einzigartigen Flusslandschaft. Der Magdeburger Dom St. Mauritius und St. Katharina ist das Wahrzeichen der Stadt. Noch heute sind seine italienischen Säulen und der Taufstein zu bewundern, die Kaiser Otto einst nach Magdeburg bringen ließ.
Die „GRÜNE ZITADELLE VON MAGDEBURG" ist ein Hundertwasserbau, den man bestaunt haben muss. Mitten in der Großstadt gelegen, bildet sie als grüne Oase einen ganz außergewöhnlichen architektonischen Kontrast zum nahe gelegenen Dom, dem Kloster, den

Barockbauten und der postmodernen Architektur in ihrem Umfeld. Sie zählt zu den größten Neubauten Hundertwassers, in dem er seine Architekturauffassungen beispielhaft verwirklichen konnte – Architektur in Harmonie mit der Natur.
Sportfreunde werden den Elbe-Radweg lieben. Er führt durch die grüne Domstadt, schlängelt sich die Elbe entlang, vorbei an herrschaftlichen Parks, Hafenanlagen, alten Speichergebäuden und der schönen Stadtsilhouette. Nicht zuletzt kommen auch Gartenfreunde in Magdeburg auf ihre Kosten. Rund 20 zum Teil historische Parkanlagen und Gärten laden zum Entspannen ein.

Wichtig!

Adresse:
Tourist-Information Magdeburg
Ernst-Reuter-Allee 12
39104 Magdeburg
Tel. 0391/8380402
info@magdeburg-tourist.de
www.magdeburg-tourist.de

Zoologischer Garten Magdeburg

> **Wichtig!**
>
> **Adresse:**
> Zoologischer Garten Magdeburg
> Zooallee 1, 39124 Magdeburg
> Tel. 0391/280900, Fax 0391/280905100
> www.zoo-magdeburg.de
> info@zoo-magdeburg.de
> **Anfahrt:** Im Stadtgebiet ausgeschildert.
> **Saison:** Ganzjährig, tägl. geöffnet
> **Öffnungszeiten:** Im Sommer von 9–19 Uhr,
> im Winter von 9 Uhr täglich bis zum
> Einbruch der Dunkelheit.
> **Eintritt:** Erwachsene € 8,–
> Ermäßigte (Schüler, Studenten, Schwerbe-
> hinderte, Sozialpassinhaber, Senioren) € 6,–,
> Kinder € 4,–, Gebühr für das Mitbringen von
> Hunden € 2,–
> **Verpflegung:** Serengeti Camp, BIO-Bistro in
> der Zoowelle (neuer Zooeingang)

Tiere hautnah erleben! Lassen Sie sich im Zoologischen Garten Magdeburg von 700 Zootieren in 150 Arten faszinieren. Erleben Sie, wie die größte Raubkatze der Welt badet, die Pinguine durch das Wasser fliegen oder der Ameisenbär mit seiner langen Zunge das leckere Futter schleckt. Die ungewöhnlichen Einblicke in die Tierwelt werden durch die neuen, weitläufigen Anlagen für Sibirische Tiger, Schneeleoparden, Löwen und Menschenaffen ermöglicht. Nutzen Sie die Serviceangebote: TIERISCH NAH-Programme, ausgewiesene Fütterungszeiten, Führungen, Kindergeburtstage, TIERPFLEGE LIVE (Tierpfleger für 3 Stunden sein!), Veranstaltungen, Abenteuerspielplatz mit integriertem Streichelgehege, Zooladen in der Zoowelle (neuer Zooeingang), Bollerwagenverleih u.v.m.

Der Ostharz

Der Nationalpark Ostharz, das natürliche Kernstück des Ostharzes, umschließt den Brocken, die höchste Erhebung des Mittelgebirges. Der Wald soll sich frei entfalten, hier wird weder gefällt noch gepflanzt. Durch den Park führen Wanderwege zur Bergstation des Brocken – die Alternative, wenn man den Anziehungspunkt Tausender Touristen unbedingt sehen will. Wer die Ruhe sucht, der findet sie an der Hohne, am Renneckenberg oder im Ilsetal.

Das Schaubergwerk Büchenberg

Rundweg unter der Erde! 145 Stufen Treppe führen ins Bergwerk. Unten wartet ein 600 Meter langer Rundweg auf die Besucher, die einen Einblick in die Welt der Bergleute bekommen. Die Führungen dauern rund eine Stunde, das ist Kindern von sechs Jahren durchaus zuzumuten. Der Spaziergang unter Tage wird ohnehin als Abenteuer aufgefasst, aber das Highlight ist die Besteigung der ausgemusterten Original-Grubenlok. Die geologischen „Aufschlüsse" sind in Büchenberg besonders farbenprächtig. Die alten Maschinen in Funktion zu sehen, ist sehr beeindruckend. Für Kinder ab dem Schulalter.

Wichtig!

Adresse:
Schaubergwerk Büchenberg
38875 Elbingerode, Tel. 039454/42200
Anfahrt: Das Bergwerk liegt an der B 244 von Wernigerode nach Elbingerode und ist ausgeschildert.
Öffnungszeiten: Ganzjährig täglich geöffnet. Führungszeiten: 10 Uhr, 12 Uhr, 14 Uhr, 16 Uhr. Andere Führungszeiten sind nur in Vorabsprache möglich. Für Rollstuhlfahrer und Besucher mit gesundheitlichen Einschränkungen besteht die Möglichkeit der Einfahrt über einen Personenaufzug. Eine entsprechende Vorabsprache ist dabei erforderlich.
Eintritt: Variiert je nach Tour. Beispiele:
Tour „Fahrschluck", Dauer 1,5 Std.
bis 60 Personen à € 7,50,
Tour „Berghenne", Dauer 2 Std.
ab 20 bis 60 Personen à € 10,–
Geologische Führung, Dauer 2 Std.
ab 10 bis 50 Personen à € 15,–
Verpflegung: Imbiss, Gastronomie auf Anfrage

So erfahren Sie den Harz

Der Harz, Deutschlands nördlichstes Mittelgebirge, wird seit 1887 von einem einzigartigen Schmalspurbahn-Streckennetz durchquert. Gelegen in den Bundesländern Sachsen-Anhalt und Thüringen erschließt das vorrangig mit Dampflokomotiven betriebene Netz auf einer Spurweite von 1.00 mm die zerklüftete Gebirgswelt zwischen Nordhausen, Wernigerode und Quedlinburg. Romantische Streckenführungen durch tiefe Harzwälder und Schluchten, über steile Berge und vorbei an ausgedehnten Wiesen bis hin zu wunderschönen Ortschaften kennzeichnen das Schienennetz.

Betrieben wird das Streckennetz, bestehend aus der Harzquer- und Brockenbahn sowie der Selketalbahn, seit 1993 von der Harzer Schmalspurbahnen GmbH (HSB). Mit einer Streckenlänge von insgesamt 140,4 km ist es das längste zusammenhängende Schmalspurbahnennetz in Deutschland.

Neben dem regulären Reisezugverkehr und dem täglichen Flair eines nostalgischen Dampfbetriebes bietet die HSB als eine der wichtigsten Attraktionen des Harzes auch eine breite Palette an touristischen Produkten. Zahlreiche thematische Sonderfahrten, Events wie die Rockoper „Faust auf dem Brocken", Souvenirverkäufe, Pauschalurlaubs-Angebote oder Erlebnisse rund um die Dampflok, wie z. B. Ausbildungen zum „Ehrenlokführer", runden das breitgefächerte touristische Angebot der HSB ab. In verschiedenen Bahnhöfen verfügt die HSB für Ihre Kunden über moderne Informations- und Verkaufsbüros und hat in den Städten Wernigerode sowie Quedlinburg jeweils „Dampfläden" in der Nähe der Marktplätze.

Wichtig!

Adresse:
Harzer Schmalspurbahnen GmbH
Friedrichstr. 151
38855 Wernigerode
Tel. 03943/558-0, Fax 03943/558-148
www.hsb-wr.de, info@hsb-wr.de
Saison:
Ganzjährig
Winterfahrplan bis 25.4.2014
Sommerfahrplan ab 26.4.2014
Fahrzeiten:
Umfangreicher Fahrtenplan, auch im Internet.
Verpflegung:
Ausgewählte Züge mit Buffetwagen,
Gastronomie jeweils im Ort

Sachsen-Anhalt

Reiterhof Mühlental in Wernigerode

Hier ist alles möglich! Von Kutschfahrten (5–7 Personen), Planwagenfahrten (10–15 Personen), historische Landauer (weiße Hochzeitskutsche) werden als Rundfahrten in und um Wernigerode angeboten. Die Fahrzeiten kann ab 2 bis 6 Std. vereinbart werden. Im Winter können die Pferdeschliffenfahrten ab 1 Std. gebucht werden. Die Wanderritte auf Haflingern in der Reitgruppe mit einer Reitbegleitung sind täglich möglich, sowie 2 Tagestouren, als Trekkingritt nach „Pullman City Harz" mit einer Übernachtung.

Wichtig!

Adresse:
Reiterhof Mühlental
Familie Veit Vaeckenstedt
Friederikental 1, 38855 Wernigerode
Tel. 03943/24144
www.reiterhof-wernigerode.de
info@reiterhof-wernigerode.de
Saison: Ganzjährig
Kosten: Je nach Tour unterschiedlich.
Verpflegung: Kleiner Imbiß im Saloon von April bis Oktober möglich

Wildpark Christianental

Wildpark und Streichelzoo! Insgesamt beherbergt der Park 200 Tiere aus 40 Arten. Die Greifvogel-Volieren zeigen Falken und Bussarde, zum „Geflügel" zählt auch das seltene Auerwild. Sind auch Rothirsche, Dam- und Schwarzwild „abgehakt", Wildkatzen, Luchse, Waschbären und Marder noch ausführlich betrachtet worden, dann steht der Besuch des Streichelzoos auf der Tagesordnung. Hier können sich die Kleinsten gar nicht mehr losreißen. In der Nähe des Spielplatzes am Ende des kleinen Rundweges befindet sich die Gaststätte. Von der Terrasse aus hat man die jungen Racker gut im Blick.

Wichtig!

Adresse:
Wildpark Christianental
Christianental 11, 38855 Wernigerode
Tel. 03943/25295, www.christianental.de
Anfahrt: Zum Tierpark gelangt man mit der „Bimmelbahn". Die Anfahrt mit dem PKW ist ausgeschildert.
Öffnungszeiten: Immer geöffnet
Saison: Ganzjährig
Eintritt: € 1,– (Kasse des Vertrauens)
Verpflegung: Picknick, Gastronomie

Nationalpark Harz

Erlebnisreiche Waldwildnis! Die Gebiete von zwei Nationalparks sind seit Januar 2006 zu einen Park vereinigt. Bundesländer übergreifend, dehnt sich die artenreiche Mittelgebirgslandschaft sowohl in Gebiete von **Niedersachsen** als auch in Regionen von **Sachsen-Anhalt** aus. Vom Südrand des Mittelgebirges bei Herzberg zieht sich die Region über die Hochlagen bis zum Nordrand bei Ilsenburg. Einbezogen sind alle charakteristischen Lebensraumtypen, alle Höhenstufen, alle Expositionen und die wichtigsten Gesteine. Der Nationalpark Harz steigt von seinen Randzonen bei ca. 230 m ü. NHN im Norden bzw. 270 m ü. NHN im Süden bis zum Brocken auf 1.141 m ü. NHN kontinuierlich an. Der Park ist eine ökologische Komplexlandschaft, umfasst verschiedene Vegetationszonen und ist Teil des europäischen Schutzgebietssystems „Natura 2000". Wälder, Moore, Granitklippen, Felsbiotope und Bergbäche garantieren einzigartige Ausflüge und Wanderungen. Wanderwege, wie z. B. rund um den Erdbeerkopf oder rund um das Ilsetal oder die Wanderung Drei Annen Hohne-Steinerne Renne-Ottofelsen und viele andere lassen Flora und Fauna auf ganz

besondere Weise erleben. Das pädagogische Konzept des Nationalparks Harz beschreitet mit seiner Wildnispädagogik bzw. Wildnisbildung einen innovativen Weg der Natur- und Umweltbildung. Durch das Erfahren der Waldwildnis im Nationalpark Harz wird der verantwortungsbewusste Umgang mit der Natur und allen darin ablaufenden dynamischen Prozessen gefördert. Hierzu kann man ergänzend verschiedene Veranstaltungen besuchen, die von den Nationalparkhäusern (www.torfhaus. info) angeboten werden.

Wichtig!

Adresse:
Nationalparkverwaltung Harz
Lindenallee 35, 38855 Wernigerode
Tel. 03943/5502-0, Fax 03943/5502-37
www.nationalpark-harz.de
info@nationalpark-harz.de
Wandervorschläge:
www.wandern-im-harz.de
www.harzinfo.de, www.harz-urlaub.de
Verpflegung: Mehrere Waldgaststätten im und am Nationalpark Harz sorgen für angenehme Ruhepausen während der Wanderungen.

Anhalt-Wittenberg

Die Träger vieler klangvoller Namen haben in Anhalt-Wittenberg gewirkt, zum Beispiel Luther, Händel, Goethe und Gropius. Auch die russische Zarin Katharina stammte von hier, sie war eine Prinzessin von Anhalt-Zerbst. Ein „Star" unter den Landschaftsgärten ist der Wörlitzer Park, der nach dem Willen seines Begründers ein „Paradies auf Erden" werden sollte. Und das, obwohl die Umgebung Dessaus mit den Auen der Mittleren Elbe ohnehin so reich gesegnet ist.

Auf der MS „Klabautermann"

Die besondere Schifffahrt! Der Klabautermann ist die international bekannteste Koboldgestalt in der Phantasie der Dichtung. Den Kobold an Bord zu haben, konnte nur Glück bedeuten. Verließ er das Schiff, brach Unglück über die Besatzung herein.

größten Wasserstraßenkreuz Europas in Magdeburg. Außerdem werden mehrtägige Schiffsreisen mit Hotelübernachtungen zum Bespiel „von der Elbe zum Wannsee (2 Tagesfahrt)" zum Erlebnis.

Vor etwa 100 Jahren war der Glaube an den Klabautermann so stark, dass man ihm bei Tisch stets ein Gedeck mit auflegte. Zwar legt man auf der MS „Klabautermann" heute kein Gedeck mehr für den Kobold auf, dennoch glaubt der Kapitän, mit der Wahl seines Schiffsnamens den geeigneten Schutzpatron gewählt zu haben. Angefangen von der stündlichen Rundfahrt bis zur Ganztagesfahrt, wird alles geboten. Sie durchfahren das größte zusammenhängend erhalten gebliebene Auenwaldgebiet Mitteleuropas. Ein Naturschutzgebiet mit seltenen Tier- und Pflanzenarten in einer noch natürlichen Umgebung. Weitere Angebote mit der MS „Klabautermann" sind die Fahrten am

Wichtig!

Adresse: Klabautermann Schiffsreisen Personenschifffahrts GbR
Inh. U. Wierschke
Gartenstraße 64, 06385 Aken
Tel. 034909/82780, Fax 034909/33657
Tel. an Bord: 0171/7727539
www.klabautermann-schifffsreisen.de
Anlegestellen: Wittenberg, Coswig, Dessau, Brambach, Aken, Barby, Schönebeck, Magdeburg
Saison: Von Ostern bis Silvester, im Winter nur Charterfahrten
Verpflegung: Bordgastronomie, vom landestypischen Tellergericht bis zum festlichen Buffet oder Menü
Drumherum: Tierpark in Dessau

Tierpark Dessau

Heimisch und exotisch! Im Dessauer Tiergarten begegnen den Besuchern 500 Tiere aus mehr als 120 Arten. Neben den Vertretern der heimischen Wildbahn finden sich auch Exoten wie Jaguar, Python und Zwergseidenäffchen im Zoo. Der direkte Kind-Tier-Kontakt wird im Streichelgehege hergestellt. Im Tierpark, der viele seltene Gehölze und Bäume beherbergt, haben sich viele seltene Tierarten sogar ganz freiwillig angesiedelt, so z. B. verschiedene

Spechtarten, Blindschleichen und Ringelnattern.

Wichtig!

Adresse: Tierpark Dessau
Querallee 8, 06846 Dessau-Roßlau
Tel. 0340/614426, Fax 0340/6612580
www.tierpark.dessau.de
info@tierpark.dessau.de
Anfahrt: Im Ort ist der Tierpark ausgeschildert, per Bus: Puschkinallee,
Bus 10, 11, 17
Saison/Öffnungszeiten: Ganzjährig, täglich von 9–18 Uhr, im Winter bis zum Einbruch der Dämmerung
Eintritt: Erwachsene € 3,50,
Kinder € 1,50, Ermäßigte € 2,50
Verpflegung: Picknick, Kiosk, Restaurant

Museum für Naturkunde

Urzeitliches! Hier kann der Besucher unterschiedliche naturkundliche und vorgeschichtliche Ausstellungen besuchen. Die paläontologische und vorgeschichtliche Ausstellung „Schätze aus dem Untergrund" zeigt, wie die Landschaft sich im Laufe von Millionen Jahren entwickelt hat. Fossilien und Rekonstruktionen von Tieren wie z.B. Mammut, Höhlenbär und ein rekonstruiertes Rentierjägerzelt versetzen den Besucher in vergangene Zeiten. Eine andere Ausstellung zeigt Tiere und Pflanzen in nachempfundenen Lebensgemeinschaften des Biosphärenreservates „Mittlere Elbe". Außerdem finden Sonderausstellungen statt.

Wichtig!

Adresse:
Museum für Naturkunde und Vorgeschichte,
Askanische Straße 32, 06842 Dessau
Tel. 0340/214824
Anfahrt:
Direkt an der Kreuzung der Bundesstraßen B 184 und B 185 mitten in der City gelegen
Saison/Öffnungszeiten:
Ganzjährig Di.–Fr. 9–17 Uhr, Sa., So. und feiertags 10–17 Uhr,
Eintritt:
Erwachsene € 3,–
Kinder ab 6 Jahren € 2,–
Familienkarte € 7,–

Sachsen-Anhalt

Halle und Umgebung

Ein Schweinehirt campierte am Ufer der Saale, etwa dort, wo heute die Marienkirche steht. Als er mit seiner Herde weiterziehen wollte, fielen ihm die silbrig glänzenden Borsten einer Sau auf. Es war Salz, und Salz war fast soviel wert wie Gold. So siedelten Salzwirker am Fluss, und es entstand Halle. Das weiße Gold brachte wirtschaftliche Stärke, die über die Jahrhunderte Bestand hatte.

Raumflug-Planetarium Halle

eine Reise durch Raum und Zeit. Der Simulationsflug führt am Jupiter vorbei hinaus aus unserem Sonnensystem. Mit Hilfe eines All-Skys werden ganz neue Dimensionen des Raumgefühls erschlossen. Den Besuchern wird dadurch ein tiefer Einblick in die unendlichen Weiten des Weltraums möglich. Das Planetarium befindet sich auf der Peißnitzinsel.

Sternengucker! Für alle Altersgruppen werden wochentags auf vorherige Anmeldung Vorführungen gezeigt. Aus einer Vielzahl von Themen können sich die Besuchergruppen ihre Wunschveranstaltung auswählen. Besonders häufig gewünschte Themen sind dabei „Eine Reise durch unser Sonnensystem", „Sind wir allein im All?" oder „Die schönsten Sternbilder und ihre Sagen". Die öffentlichen Vorführungen sonntags um 10.30 Uhr, 14.30 Uhr und 16.00 Uhr sind für Familien mit Kindern ab sechs Jahren geeignet. Mit dem Projektor des „Spacemasters" begibt man sich auf

Wichtig!

Adresse:
Raumflug-Planetarium
Peißnitzinsel 4a
06108 Halle (Saale)
Tel. 0345/8060317
Fax 0345/1317323
www.Planetarium-Halle.de
Saison/Öffnungszeiten: Ganzjährig, Mo.+Die. 9–16 Uhr, Mi.+Do. 9–12 Uhr, Fr. 19–21 Uhr, Sa. je nach Programm, So. 10.30–17 Uhr. Und nach vorheriger telefonischer Absprache unter: 0345/8060317
Eintritt: Bitte telefonisch erfragen
Verpflegung: Imbiss in der Nähe, Picknick
Drumherum: Spielplätze u.a. mit einer kleinen Drahtseilbahn, Schmalspurbahn

Bade- und Saunaparadies Maya mare

Rein ins sommerliche Vergnügen heißt es zu jeder Jahreszeit im halleschen Bade- und Saunaparadies Maya mare!

Von Leipzig ist das Spaßbad in einer guten halben Stunde bequem über die B 6 bzw. die Autobahnen 14 und 9 zu erreichen. Dort angekommen, überrascht es die Besucher mit traumhaftem mexikanischem Ambiente. Neben den Sprudelliegen, Whirlpools und einer weitläufigen Flusslandschaft laden vier Groß-Rutschen mit einer Gesamtlänge von 440 Metern zu rasantem Badespaß ein.

Familien mit Kleinkindern haben die Möglichkeit, die Kindererlebniswelt zu entdecken. Hier können die Kleinsten ausgiebig planschen und spielen.

Wer ruhige Momente und Entspannung sucht, den erwarten im Sauna- und Wellnessbereich entsprechende Angebote. Neun verschiedene Saunen und Dampfbäder bieten individuelle Möglichkeiten des Saunierens. Nach den Saunagängen lohnt ein Besuch des stilvollen Ruhehauses. Beim Ausblick in das Naturschutzgebiet Elsteraue kann man die Seele baumeln lassen. Darüber hinaus lohnt sich der Besuch des Wellness-Bereiches. Ob nun bei einer klassischen Massage, einem vitalisierenden Aromabad oder einer exotischen Abhyangamassage – für jeden Genießer findet sich hier die passende Anwendung.

Besonders empfehlenswert sind die regelmäßig stattfindenden Mitternachtssaunen. An jedem zweiten Freitag des Monats erwartet die Gäste ein buntes Programm, spezielle Themenaufgüsse und viele weitere Überraschungen.

maya mare

Sie kennen das Maya mare noch nicht? Dann nichts wie hin und ausprobieren! Ein Besuch lohnt sich bei jedem Wetter!

Wichtig!

Adresse:
Maya mare
Am Wasserwerk 1, 06132 Halle (Beesen)
Tel. 0345/7742-170
www.mayamare.de
Öffnungszeiten:
Bad+ Sauna: täglich 10–22 Uhr
(Dienstags Damensauna)
Verpflegung:
Bodegabar, Cancunbar und Außenterrassen

Sachsen-Anhalt

117

Gesundheits- und Fitnessclub Viva mare

Einzigartig in Halle und Umgebung – Trainieren, Baden und Entspannen – alles unter einem Dach.

Nutzen Sie das ganzheitliche Angebot des Viva mare, dem Club für Fitness und Gesundheit des Maya mare (vgl. S. 117), dem Bade- und Saunaparadies in Halle (Saale).

Qualität, Kompetenz und Individualität sind unsere Philosophie. Die persönliche Betreuung und ein angenehmer Service stehen bei uns an erster Stelle. Das Viva mare bietet Ihnen ein umfangreiches Trainings- und Gesundheitsprogramm.

Egal, welches Ziel Sie verfolgen, unser gesamtes Team wird alles dafür tun, dass Sie es erreichen. Wir möchten Sie auf Ihrem Weg begleiten, Sie motivieren und Ihnen bei allen Fragen zur Seite stehen.

Kraft und Ausdauer sind die Grundlage für einen gesunden und leistungsfähigen Körper. Auf insgesamt 700 qm und 3 Etagen bietet Ihnen das Viva mare über 50 moderne Trainings- und Ausdauergeräte. Im Erdgeschoss kön- nen Sie u.a. an Crosstrainern, Fahrrädern und Ruderergometern trainieren und so Ihr Herz-Kreislauf-System effektiv stärken. Im Obergeschoss des Clubs ist es möglich, an speziellen Kraftgeräten, die Muskulatur zu kräftigen und die Figur zu straffen.

Finden auch Sie Ihr passendes Bewegungsprogramm in über 50 Kursen wöchentlich. Sei es Pilates, Thai Bo, Yoga oder Easy Cycling – Sie haben die Wahl! Für unsere Kurse stehen zwei geräumige Kursräume und eine Dachterrasse mit Blick in das Naturschutzgebiet Elsteraue zur Verfügung. Ein besonderes Highlight ist die großzügigen Maya mare Wasserlandschaft, die zum Aquajogging und Aquagymnastik einlädt. Probieren Sie es aus!

Wichtig!

Adresse:
Viva mare –
Der Club für Fitness und Gesundheit
Am Wasserwerk 1, 06132 Halle (Saale)
Tel. 0345/7742-120, Fax 0345/7742-200
www.mayamare.de, info@viva-mare.de
Öffnungszeiten:
Mo.–Fr. 8.00–22.00 Uhr (alle Mitglieder),
7.00–22.00 Uhr (Gold Card Mitglieder);
Sa. 10.00–20.00 Uhr (alle Mitglieder)
8.00–20.00 Uhr (Gold Card Mitglieder);
So. 10.00–20.00 Uhr

Per ► Click in die Freizeit

Archäologische Museen Brandenburg
www.agibb.de/arch.de
www.paulikloster.de (Havel)

Diverse Museen Brandenburg
www.brandenburg-dom.de
www.friedenswarte.de
www.gartenland-brandenburg.de
www.museen-brandenburg.de
www.mwfk.brandenburg.de
www.industriemuseum-brandenburg.de
www.zeitgeschichte-im-museum.de

Zoos/Wildparks Brandenburg
www.greifvögel-falknerei.de (Rathenow)
www.heimattiergarten-fuerstenwalde.de
www.ponyhof-neuholland.de
www.sielmann-stiftung.de
www.tierpark-kunsterspring.com
www.wildpark-johannismuehle.de
www.wildpark-schorfheide.de
www.zoo.eberswalde.de

Schlösser Brandenburg
www.baerentouren.de (Schlosstouren)
www.brandenburg-info.com
www.gartenland-brandenburg.de
www.spsg.de

Diverse Freizeitparks Brandenburg
www.kart-templin.de (Templin)
www.tripledranch.de
www.snowtropolis.de (Indoor-Skihalle)

Archäologische Museen Berlin
www.museumsportal-berlin.de
www.smb.spk-berlin.de (Museen)

Diverse Museen Berlin
www.aktives-museum.de
www.berliner.medizinhistorisches.
museum.de
www.dhm.de
www.domaene-dahlem.de
(Freilichtmuseum Berlin Zehlendorf)
www.museumsinsel-berlin.de
www.hanfmuseum.de
www.s-bahn-museum.de
www.story-of-berlin.de

Diverse Freizeitparks Berlin
www.fez-berlin.de
www.jacks-fun-world.de
www.jolo-berlin.de
www.kinderbauernhof-pinke-panke.de
(Berlin Pankow)
www.legolanddiscoverycentre.com
www.kart-world-berlin.de
www.kulturportal-brandenburg.de
www.teamventure.de

Schlösser Berlin
www.berliner-schloss.de
www.schlossbritz.de
www.spsg.de (Stiftung Preußische
Schlösser und Gärten)

Zoos / Wildparks Berlin
www.aquarium-berlin.de
www.tiergaerten.de/berlin-tierpark
www.tierpark-berlin.de
www.waldsee-park-eichholz.de
www.wildpark-schorfheide.de
www.zoo-berlin.de

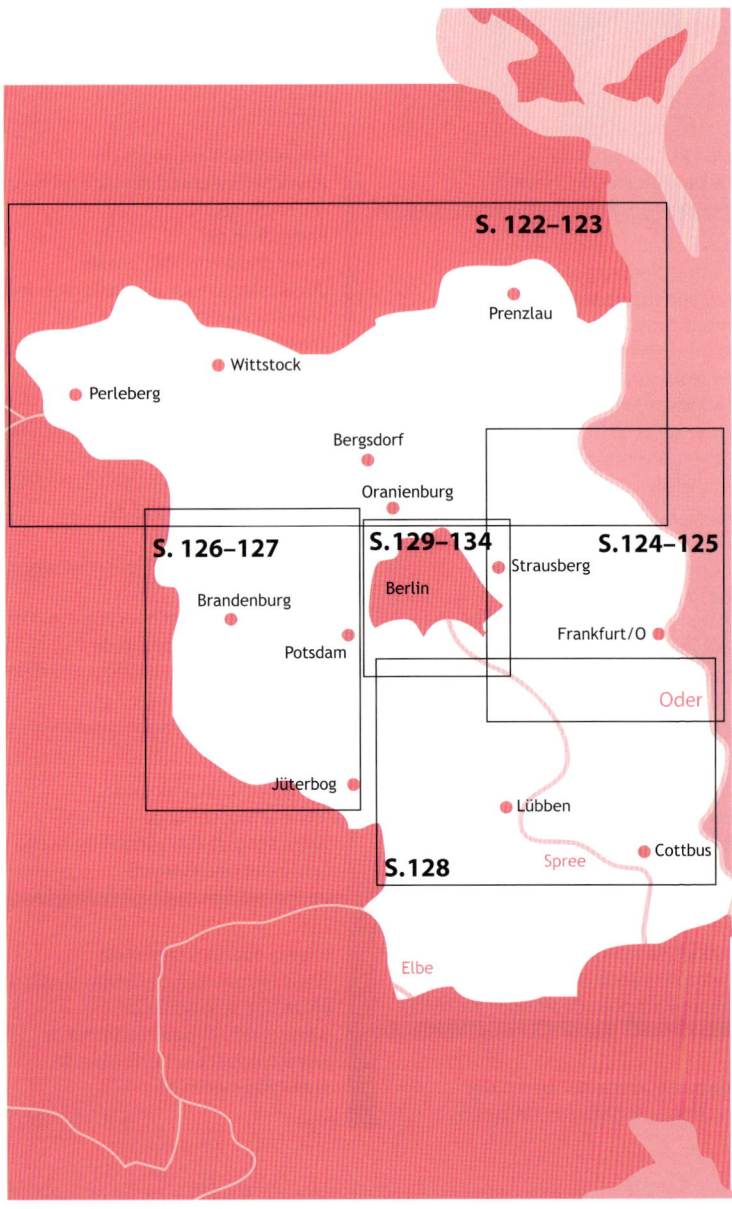

Nördliches Brandenburg

Prignitz, Uckermark und Ruppiner Schweiz formen das nördliche Brandenburg. Hier gibt es mehr als nur „Sand, Heide und Kiefern", wie ein gängiges Klischee es will. Theodor Fontane beschrieb die stillen natürlichen Reize des Landes vor mehr als 100 Jahren in seinen „Wanderungen durch die Mark Brandenburg". Auch heute noch erquickt sich der Besucher an alten Baumalleen, sanften Hügeln und ausgedehnten Wäldern. Selten gewordene Tiere haben hier eine Oase gefunden, zu ihnen gehören Seeadler, Sumpfschildkröte und Biber.

NABU Info-Zentrum Blumberger Mühle

Das Haus, in seiner Form einem Baumstumpf nachempfunden, ist Symbol für die Kreisläufe in der Natur und befindet sich unmittelbar am Naturschutzgebiet Blumberger Teiche im Biosphärenreservat Schorfheide-Chorin. Im Inneren offenbaren verschiedene Ausstellungen ungewohnte Einblicke in die Umwelt.

Den Besucher erwarten 12 ha gestaltete Naturerlebnislandschaft, ein begehbares Sumpfschildkrötenhabitat, Wollschweine, Schafe, Irrgarten und ein Naturspielplatz. Im hauseigenen Restaurant „Zum Grünen Wunder" kann der Besucher regional-ökologische Küche probieren. In Begleitung der versierten Natur- und Landschaftsführer des Hauses besteht die Möglichkeit, das Außengelände und auch das frisch nominierte Weltnaturerbe „Buchenwald Grumsin" zu entdecken.

Wichtig!

Adresse:
NABU Informationszentrum
Blumberger Mühle
Blumberger Mühle 2, 16278 Angermünde
Tel. 03331/26040, Fax 03331/260450
www.Blumberger-Muehle.de
Blumberger.Muehle@NABU.de
Öffnungszeiten:
1. April–31. Oktober: Mo.–So. 9.00–18.00 Uhr.
1. November–31. März: Mo.–Fr. nach Anmeldung, Sa./So. 10.00–16.00 Uhr
Eintritt: Eintritt frei
Verpflegung: Restaurant „Zum Grünen Wunder"

EL DORADO Templin

Der Wilde Westen beginnt gleich hinter Berlin – mitten in der wunderschönen Ucker- mark. Spannende Shows, jede Menge Attraktionen, Sonderveranstaltungen und Live-Musik erwarten Sie! Ganz gleich, ob auf- regende Kampfszenen zwi- schen Cowboys oder far- benfrohe Indianertänze mit einem „waschech- ten" Blackfoot-Indianer – das Tagespro- gramm der Westernstadt ist prall gefüllt mit vielen Shows und Attraktionen. Zwischen den Shows können kleine Westernhelden sich beim Ponyreiten, Goldwaschen, Hufeisenwerfen und Bo- genschießen vergnügen oder die Stadt mit der ganzen Familie in der histo- rischen Postkutsche erkunden. Gele- genheiten finden Sie im EL DORADO Templin buchstäblich an jeder Ecke – damit sich die ganze Familie mal wieder so richtig als Cowboy oder Indianer füh- len kann. Eintauchen in die einzigartige Atmosphäre der Westernstadt, seiner Fantasie freien Lauf lassen, genießen, anfassen und mitspielen, so lautet das Credo. Es gibt allerhand zu entdecken: die originalgetreu nachgebaute Main Street mit Saloon, großer Music Hall, General Store, Photoatelier, verschiedene Western-Shops, die Goldwaschanlage, den Streichelzoo, den Indianer- spielplatz und viele weitere Überraschungen für große und kleine Westernhelden.

Wichtig!

Adresse: Eldorado Abenteuer GmbH
Am Röddelinsee 1, 17268 Templin
Tel. 03987/2084-0, Fax 03987/2084-219
www.eldorado-templin.de
info@eldorado-templin.de
Anfahrt: Aus Richtung Berlin über den Ber- liner Ring (A 10), Abfahrt Wandlitz auf die B 1 über Zerpenschleuse, Liebenwalde und Zehdenick. Nach dem Ortsteil Hammelspring sind es noch 2 km zum EL DORADO Templin.
Saison: 16. April bis 12. Oktober 2014*
*Schließtage vorbehalten
Öffnungszeiten: Siehe Internet.
Eintritt: Erwachsene € 12,–, Kinder bis 14 J. € 10,–, Kinder bis 1,20 m frei, Familienkarte (2 Erw. + 2 Kinder) € 35,–
Veranstaltungen:
• Indianertreffen: 29. Mai – 1. Juni 2014
• El Dorado Nacht: 19. Juli 2014
• Rock'n Roll u. Rockabily Meeting: 3. Juli – 3. August 2014
• alle weiteren Veranstaltungen: siehe Homepage www.eldorado-templin.de

Östliches Brandenburg

Das östliche Brandenburg ist seit jeher Naherholungsgebiet der gebeutelten Städter aus Berlin. Die Landschaft ist nicht nur eine „Streusandbüchse", in diesem Gebiet der stillen Reize wechseln sich ausgedehnte Nadelwälder mit tiefen Buchen- und Eichenwäldern ab. Mancher der Höhenzüge hat fast schon Mittelgebirgscharakter. Immer wieder wird die Landschaft von Wasserläufen und Seen unterbrochen, von denen es in der Region mehr als 500 gibt.

Spaß- und Freizeitbad Schwapp

Wasserspaß pur! Über 270 m Rutschen, darunter die Abenteuer-Attraktionen 94 m Black Hole – abtauchen ins Dunkle – und 108-m-Master-Blaster – Wildwasserfahrt auf und ab, für alle, die das Risiko mögen (ab 10 Jahre), dazu der drachenpalast, umspült von einem 120-m-Action-River! Am Strand und im flachen Wasser findet man viel Unerwartetes wie Grotten-Wasserfall, Whirl-Pool und verschiedene Spielgeräte für Kind und Kegel. Auf einer ganzen Fitness-Etage können Sie überschüssige Kraft in erstklassige Geräte stecken. Spaß zum Relaxen bietet auch eine großzügige Saunalandschaft mit Meditationssauna, Finnischer Sauna, Blockhaussauna, Infrarotkabine, Tepidarium und Dampfbad. Unvorstellbar, aber wahr: Hier schneit es! Also, nichts wie ab in die Schneekabine nach der Sauna. Neu im Sauna-Außenbereich sind die Bayerische Sauna, Schwimmteich und Ruheteich.

Wichtig!

Adresse: Spaß- und Freizeitbad Schwapp
Große Freizeit 1, 15517 Fürstenwalde
Tel. 03361/36370, www.schwapp.de
info@schwapp.de
Anfahrt Über die A 12 (Berlin-Frankfurt/Oder), Abfahrt Fürstenwalde/West, nach rechts Richtung Stadtzentrum und dann der Beschilderung folgen.
Saison: Ganzjährig
Öffnungszeiten: Ganzjährig, allerdings unterschiedliche Zeiten für Sport- und Spaßbad sowie Saunalandschaft, genaue Übersicht auf www.schwapp.de
Eintritt: Preise variieren je nach Bereich und Wochentag. Beispiel Eintritt ins Spaßbad: Erw. 3 Std. Mo.–Do. € 12,–, Sa./So. und feiertags € 12,50, Kinder bis 16 Jahre 3 Std. Mo.–Do. € 8,–, am Sa./So. und feiertags € 8,50. Weitere Preise auf der Homepage
Verpflegung: Drei Gastronomiebereiche, je einer im Sportbad, im Spaßbad und in der Sauna.

Fischereierlebnishof Groß Schauen

Die Fischerei Köllnitz liegt nahe der Stadt Storkow (Mark) im Ortsteil Groß Schauen. Das ist nur ca. eine Autostunde vom Stadtzentrum Berlins entfernt. Dieser Ausflugsort liegt inmitten einer üppigen Natur mit vielen kleinen und großen Seen, Wäldern und Wiesen.

Die Schauener Seenkette ist ein vielfältiges Naturschutzgebiet. Dort gibt es breite Ufer- und Gelegezonen, die Lebensraum für bestandsbedrohte Pflanzen- und Tierarten wie Orchideen, Fischotter, Fisch- und Seeadler, Beutelmeise, Rohrdommel, Eisvogel und viele mehr bieten. Die Erlebniswelt auf dem Fischerhof bietet vielfältigste Erlebnisbereiche für die ganze Familie. Hier kann man auf reizvollen und informativen Pfaden wandern oder einen Blick vom Aussichtsturm über die Sielmanns Naturlandschaft Groß Schauener Seen schweifen lassen. Das erste Fischereimuseum des Landes Brandenburg präsentiert hervorragende Präparationen, die die Welt der Tiere sehr informativ und anschaulich näher bringen. Außerdem kann man eine Netzwerkstatt besichtigen, auf Angelabenteuer gehen, den Schauteich bewundern, in der rustikale Grillhütte feiern, Radfahren auf dem neu ausgebauten Radwegenetz,

reiten, mit der Kutsche fahren oder einfach die Seele baumeln lassen. Der Fisch-Erlebniswelt sind ein Hotel mit Sauna und ein Restaurant angeschlossen.

Jetzt neu: Märkische Fischgalerie und Ausstellung der Heinz Sielmann Stiftung.

Wichtig!

Adresse und Anfahrt:
Fischerei Köllnitz eG
Groß Schauener Hauptstraße 31
15859 Storkow (Mark) OT Groß Schauen
Tel. 033678/62006 und Hotel:
Tel. 033678/6960, Fax 033678/41773
Internet: www.koellnitz.de
Anfahrt: Groß Schauen erreicht man über den östl. Berliner Ring A 12, Abfahrt Storkow in Richtung Zossen auf der B 246 oder A 13 Abfahrt Bestensee
Saison/Öffnungszeiten:
Ganzjährig täglich geöffnet
Eintritt: Frei
Verpflegung: Picknick, Gastronomie vor Ort
Drumherum: Im nahen Umfeld befinden sich der Kurort Bad Saarow. Man kann beispielsweise noch die Saarow-Therme besuchen oder einen Ausflug in den nahen Spreewald machen.

Havelland und Fläming

Manchem Besucher kommt es so vor, als bestehe das Havelland nur aus zwei Elementen: aus Luft und Wasser. Die Havel gießt hier ihr Wasser ins weite Land, so entstehen großflächige Seen mit breiten Schilfgürteln und flachen, sandigen Ufern. Das Havelland ist auch bekannt für seinen Obstanbau, jeder kennt ja den Herrn von Ribbeck und seinen Birnbaum. Der nördlich gelegene Fläming bekam seinen Namen von flämischen Siedlern, die sich dort im 12. Jahrhundert niederließen. Der sandige Boden und die mitunter elefantenkopfgroßen Findlinge, die das Landschaftsbild prägen, sind Überbleibsel aus der Eiszeit.

Obstbaumuseum Werder (Havel)

Vor den Toren Berlins liegt Werder (Havel), auch bekannt als die Obstkammer Berlins. Nicht nur von der Hauptstadt aus ist das Havelstädtchen zu jeder Jahreszeit einen Besuch wert. Spazieren Sie durch die Gassen der historischen Altstadt, deren Pflaster größtenteils noch aus der Zeit Friedrich Wilhelm I., dem Soldatenkönig, stammt. Besuchen Sie das älteste Obstbaumuseum Deutschlands und lassen Sie die fast 700-jährige Geschichte der Stadt, der Fischerei, des Wein- und Obstanbaus und der dazugehörigen Gewerke auf sich wirken. Nachdem Sie ihren Wissensdurst gestillt haben, wählen Sie Eine aus zahlreichen Gaststätten und stärken sich dort.

Wichtig!

Adresse: Obstbaumuseum Werder (Havel) Kirchstraße 6–7, 14542 Werder (Havel). Informationen erhält man bei der Stadt Werder (Havel): Tel. 03327/783-371 oder -374 und www.werder-havel.de

Anfahrt: Von Berlin u. Potsdam aus gelangt man mit dem Regionalexpress RE1, dem Pkw über die A10 bzw. die B1 in Richtung Brandenburg aber auch auf dem Wasserweg nach Werder (Havel).

Öffnungszeiten: Anfang April – Anfang Oktober, Mi. 11–16 Uhr, Sa.–So. und feiertags 13–17 Uhr. Führungen nach Vereinbarung auch außerhalb der Saison.

Eintritt: € 1,50, ermäßigt € 1,–

Verpflegung: Gaststätten und Cafés im Ort

Stiftung Preußische Schlösser und Gärten Berlin-Brandenburg

Seit dem 17. Jahrhundert entstanden in den Residenzen der brandenburg-preußischen Herrscher großartige Schloss- und Gartenanlagen. Der Gartengestalter Peter Joseph Lenné fasste in der ersten Hälfte des 19. Jahrhunderts das ganze Ensemble zu einem Gesamtkunstwerk zusammen. Die von Sanssouci bis zur Pfaueninsel in Berlin reichende Gartenlandschaft wurde 1990 als Kulturdenkmal der Menschheit in die UNESCO-Liste des Natur- und Kulturerbes der Welt als höchstes internationales Kulturgut aufgenommen. Seit Anfang 1995 sind die Schlösserverwaltungen in Potsdam und Berlin in der gemeinsamen Stiftung Preußische Schlösser und Gärten Berlin-Brandenburg wieder vereint. Derzeit verwaltet die Stiftung 300 historische Gebäude, darunter 32 Museumsschlösser sowie knapp 800 Hektar Gartenanlagen. In Potsdam gehören Schloss und Garten Sanssouci, der Neue Garten mit Marmorpalais und Schloss Cecilienhof sowie Schloss und Park Babelsberg zur Stiftung. In Berlin sind es Schloss Charlottenburg, Schloss Schönhausen, das Jagdschloss Grunewald, Schloss und Park Pfaueninsel und Schloss und Park Glienicke. In Brandenburg werden Rheinsberg, Caputh, Königs Wusterhausen, Paretz, das Schlossmuseum Oranienburg sowie Schloss und Park Sacrow von der Stiftung verwaltet. Die preußischen Schlösser und Gärten wurden nach 1918 verstaatlicht

und als Museen zugänglich gemacht. Im Zuge der Vermögensauseinandersetzungen mit dem Hause Hohenzollern ist 1927 die preußische Schlösser-

verwaltung gegründet worden. Das seinerzeit entworfene Konzept der Museumsschlösser hat bis heute Bestand. Die Schlösser bilden demzufolge mit ihrem wertvollen Inventar gemeinsam mit den Gärten ein historisch gewachsenes Gesamtkunstwerk. (Auf dem Foto: das Neue Palais im Park Sanssouci in der Potsdamer Parklandschaft)

Wichtig!

Adresse: Stiftung Preußische Schlösser und Gärten Berlin-Brandenburg Besucherzentrum (an der Historischen Mühle/Park Sanssouci) An der Orangerie 1, 14469 Potsdam, Tel. (Information) 0331/9694-200, Fax 0331/9694-107, Internet: www.spsg.de, besucherzentrum@spsg.de

Brandenburg

127

Spreewald – Niederlausitz

Der Spreewald als Kulturlandschaft mit der Flusslaufverzweigung und die Spree gelten als eines der beliebtesten Reiseziele im Land Brandenburg.

Spreewelten – Pinguine, Bad, Sauna

Mitten im Spreewald ist ein einzigartiges Badeerlebnis möglich: Schwimmen mit echten Humboldt-Pinguinen im Spreewelten Bad in Lübbenau. Im beheizten Außenbecken, nur durch eine Glasscheibe getrennt, lassen sich die agilen Frackträger beobachten. Sie sind oft selbst sehr neugierig und kommen direkt an die Scheibe, um mit den Besuchern zu spielen. Weitere Abenteuer bieten der Wasserspielplatz oder das Beachvolleyballfeld gleich nebenan. Im Innenbereich können zwei Riesenrutschen erobert werden. Nach einem lebhaften Besuch im Wellenbecken und im Strömungskanal geht es anschließend zum Entspannen in die Saunawelt. Insbesondere die Erlebnissaunen mit ihren Holzschnitzereien im Saunadorf wirken sehr faszinierend. In spreewaldtypischem Stil nehmen sie die Besucher mit in eine frühere Zeit.

Wichtig!

Adresse:
Spreewelten GmbH
Alte Huttung 13, 03222 Lübbenau/Spreewald
Tel. 03542/8941-60, Fax 03542/8941-66
www.spreewelten-bad.de
info@spreewelten-bad.de

Öffnungszeiten:
So.–Do. 9.00–22.00 Uhr
Fr.+Sa. 9.00–23.00 Uhr

Eintritt:
Badebereich:
2 Std: Erw. € 11,–, Jugdl. (6–15 J.) € 6,–.
4 Std: Erw. € 15,–, Jugdl. (6–15 J.) € 10,–,
Familientarif (2 Erw.+1 Kind/Jugdl.) € 32,–.
Kinder (< 6 J.) € 3,–, Tageskarte Erw. € 18,–
Sauna- + Badebereich:
2 Std: Erw. € 17,–, Jugdl. (6–15 J.) € 13,–.
4 Std: Erw. € 22,–, Jugdl. (6–15 J.) € 17,–.
Kinder (< 6 J.) € 8,–, Tageskarte Erw. € 25,–
Ausführliche Infos zu Preisen u. Ermäßigungen im Internet.
Verpflegung: Erlebnisrestaurant „Baldura"

Berlin

Der Mauerspaziergang fällt aus – für diese Lektion deutscher Geschichte ist glücklicherweise das Anschauungsobjekt abhanden gekommen. Ob Riesenstädte wie Berlin ihrem Wesen nach überhaupt familienfreundlich sein können, ist eine Streitfrage, die die Erwachsenen am Kneipentisch ausdiskutieren können. Die entfesselten Knirpse finden den Theorie meist eher unattraktiv, wenn es gilt, sich mitten hinein ins volle Kinderleben der Hauptstadt zu stürzen. Für die Erwachsenen gibt es jede Menge Angebote im Bereich Shopping, Kultur und Musik.

Theater MIRAKULUM

Das THEATER MIRAKULUM bietet seit 1991 kontinuierlich in einer eigenen, festen Spielstätte professionelles Puppentheater. Gelegen am damaligen Mauerstreifen Bernauer Straße ist das kleine Theater mit seinem 75 Sitzplätzen bei den Berliner Kindern und Erwachsenen für seine Individualität und kreative Atmosphäre sehr geschätzt. In der Nähe befinden sich die Gedenkstätte Berliner Mauer und das Naturkundemuseum. Das Repertoire umfasst inzwischen 18 Stücke. Thomas Mierau – ausgebildeter Puppenspieler, der am 1.11.2013 sein 40-jähriges Berufsjubiläum feierte – leitet erfolgreich seit über 20 Jahren dieses Puppentheater im Bezirk Mitte. Sein Spielplan-Angebot bietet Märchenadaptionen, Fabelbearbeitungen und Alltagsgeschichten in den Spieltechniken Marionette, Handpuppe, Farbschemen und Schatten. Zielgruppen sind Kinder, Schüler und Familien. Weiterhin im Angebot: Satiren, Puppenshows und Schauspieladaptionen im Abendprogramm speziell für Erwachsene. Darüber hinaus: Workshops, Führungen, Blick hinter die Kulissen, privater Einzelunterricht, Gastspiele anderer Bühnen im eigenen Haus, Extraaufführungen für Gruppen, Mobilauftritte in und außerhalb von Berlin. Zu den Bürozeiten findet auch ein Puppenverkauf statt.

Wichtig!

Adresse:
THEATER MIRAKULUM
Brunnenstraße 35, 10115 Berlin – Mitte
Tel. 030/4490820, www.mirakulum.de
info@mirakulum.de, Tickets: Tel. 030/4490820
Eintritt:
Kinder- u. Familienaufführungen:
Kinder (bis 13 Jahre) € 6,–, Erwachsene € 9,–.
Abendvorstellungen: Erwachsene € 14,–,
ermäßigt € 12,–.
Preise für Gruppen, Führungen, Sonderaufführungen, Figurendemonstrationen und
weitere Ermäßigungen siehe im Internet.

Tropical Islands

Tropical Islands – Europas größte tropische Urlaubswelt

Weiße Strände, kristallklares Wasser, Traum-Temperaturen und ein tropischer Regenwald – seit 10 Jahren bietet Tropical Islands seinen Gästen „das Beste der Tropen". Nur 60 Kilometer südlich von Berlin erstreckt sich in der größten freitragenden Halle der Welt eine faszinierende Tropenlandschaft.

Die Südsee mit dem 200 Meter langen Sandstrand und die romantische Bali-Lagune mit Grotte und Wasserfall sind wahre Oasen für Badefreunde. Durch den weltweit größten Indoor-Regen-

wald führt ein Abenteuerpfad von rund einem Kilometer Länge.

Für Action, Spaß und Spannung sorgen Deutschlands höchste Wasserrutsche (Höhe: 27 Meter), Island Ballooning oder der African Jungle Lift. Echter Wohlfühlgenuss wartet zudem in Europas größter tropischer Sauna-Landschaft.

Am Abend runden ein faszinierendes Showprogramm und zahlreiche Übernachtungsmöglichkeiten in exklusiven Zimmern, Lodges und Zelten in der Halle sowie ein Campingplatz, Ferienwohnungen und Ferienhäuser in unmittelbarer Umgebung einen tropischen Urlaubstag ab.

Wichtig!

Adresse:
Tropical Islands
Tropical-Islands-Allee 1, 15910 Krausnick
Tel. 035477/605050, Fax 035477/606060
www.tropical-islands.de
welcome@tropical-islands.de

Öffnungszeiten:
Ganzjährig rund um die Uhr geöffnet.

Eintritt:
Erw. € 36,–, Kinder (6–14 Jahre) € 28,50, Kleinkinder (bis 5 Jahre) frei, Gruppen ab 20 Pers. € 24,–/p.P. Weitere Tarife u. Angebote entnehmen Sie bitte der Homepage.

Verpflegung:
13 Restaurants, Bars und Lounges in der Tropenlandschaft

Bunte Schokowelt Berlin

ERLEBEN SIE DIE EINZIGARTIGE WELT DER SCHOKOLADE.

Seit drei Generationen steht die Familie Ritter für innovative Ideen und höchste Qualität rund um Schokolade. Mit der BUNTEN SCHOKO**WELT** im Herzen von Berlin setzt RITTER SPORT einen weiteren Meilenstein. Auf drei Etagen und fast 1000 m² können große und kleine Schokoladenliebhaber nach Lust und Laune genießen, entdecken und kreieren.

Dabei verbindet die BUNTE SCHOKO-**WELT** innovative Schoko-Gastronomie mit spannendem Entertainment. Entspannen Sie in der **SchokoLateria** bei einer Tasse RITTER SPORT Schokolade zum Trinken oder genießen Sie unser ausgewähltes Speiseangebot in unserem **SchokoCafé** mit typisch moderner RITTER SPORT Atmosphäre.

Erkunden Sie den **SchokoPfad** und erfahren Sie alles über die Entstehung unserer Schokolade und über die lange Tradition der Marke RITTER SPORT. Kinder und Jugendliche können in der **SchokoWerkstatt** ihre Lieblingsschokolade selbst herstellen, wäh-

rend unsere Chocolatiers Ihnen an der **SchokoKreation** aus besten Zutaten Ihre ganz individuelle Wunschtafel kreieren. Und wenn Sie Ihre Eigenkomposition nicht verschenken, sondern lieber allein genießen möchten, finden Sie für Ihre Freunde und Familien in unserem **SchokoShop** noch viele weitere RITTER SPORT Geschenkideen. Kurzum: Erleben Sie Schokolade neu!

Wichtig!

Adresse:
BUNTE SCHOKO**WELT** BERLIN
Französische Straße 24, 10117 Berlin
Tel. 030/2009508-0
www.ritter-sport.de/berlin
BunteSchokowelt@ritter-sport.de
SchokoWerkstatt: Tel. 030/2009508-10
Öffnungszeiten:
Mo.–Mi. 10–19 Uhr, Do.–Sa. 10–20 Uhr, So. 10–18 Uhr (evtl. Änderungen im Laufe des Jahres – siehe unter www.ritter-sport.de/berlin)
Eintritt: Der Eintritt ist frei.

Britzer Garten in Berlin

Garten- und Spielplatz! Der Park wurde zur Bundesgartenschau 1985 gebaut, mit dem Ziel, dem Berli-

ner Süden ein Naherholungsgebiet zu schaffen, und hat sich seither zu einem riesigen Kinderspielplatz und einer Oase für Blumen- und Pflanzenliebhaber entwickelt, der durch das strikte Hundeverbot noch an Qualität gewonnen hat. Neben dem Minigolfplatz und den massenhaft vorhandenen Spielgeräten lädt auch eine Museumsbahn die Besucher

zu einer schönen Rundfahrt in den Britzer Garten ein. Das Freilandlabor Britz bietet viele Veranstaltungen für Kinder an: Workshops in den Ferien, wo die kleinen Forscher Tiere und Pflanzen entdecken und kennenlernen, spielen, basteln und praktischen Naturschutz üben können, Eltern-Kind-Veranstaltungen oder auch Kindergeburtstagsfeiern. In den Sommerferien startet alljährlich die Lehmbauaktion in der Spiellandschaft. Neu entstanden ist das Lehm-Spiele-Labyrinth. Im Herbst lässt man stundenlang den Drachen steigen. Auch die Freunde des nassen Elements kommen hier voll auf ihre Kosten, denn zum Park gehören zwei große Wasserspielplätze.

Wichtig!

Adresse:
Grün Berlin GmbH
Britzer Garten
Postfach 470328
12312 Berlin
Tel. 030/700906-80
www.britzer-garten.de
Anfahrt: Buslinie 179, Eingang Tauernallee und Sangerhauser Weg, Linie 181: Eingang Mohriner Allee. Metro-Bus M 44, Eingang Buckower Damm. Parkplätze (begrenzte Anzahl) vorhanden.
Saison/Öffnungszeiten:
Ganzjährig, 9 Uhr bis Abenddämmerung
Eintritt: (ausgenommen Sonderveranstaltungen) Kinder bis 5 Jahre frei
6 bis 14 Jahre € 1,–, ältere € 2,–, Schwerbehinderte € 1,–, Jahreskarte € 20,–
Verpflegung: Picknick, Café, Milchbar, Imbisskioske, Restaurants

Gärten der Welt

Als im Jahr 2000 der Chinesische „Garten des wiedergewonnenen Mondes" eröffnet wurde, ahnte niemand, dass mit diesem Garten der Grundstein für die Erfolgsstory der „Gärten der Welt" gelegt wurde.

Im Jahr 2003 folgten der Japanische „Garten des zusammenfließenden Wassers" im Stil eines Zen-Gartens und der Balinesische „Garten der drei Harmonien" mit seinen Schreinen und einer tropischen Pflanzenwelt. Der vierte asiatische Garten, der Koreanische „Seouler Garten", ist ein Geschenk der Stadt Seoul an Berlin. Seine Gestaltung wird geprägt durch traditionelle Lehmmauern und Figuren aus Holz und Stein. Der Orientalische „Garten der vier Ströme" mit dem angrenzenden „Saal der Empfänge" steht für die islamische Gartentradition verschiedener Länder und vermittelt uns eine Vorstellung vom Paradies. Zwei unterschiedliche, aber dennoch verwandte Formen der europäischen Gartenkunst – ein Heckenirrgarten und ein Bodenlabyrinth sowie der Karl-Foerster-Staudengarten – laden zum Staunen, Spielen und Verweilen ein. Der Italienische Renaissancegarten „Giardino della Bobolina" mit seiner überdachten Loggia, den Brunnen und antiken Skulpturen lässt uns von Italien träumen. Im Frühling 2011 wurde der Christliche Garten eröffnet, der – in eine moderne

Zeichensprache übersetzt – an den Urtypus des Klostergartens erinnert und dessen Thema die Beziehung zwischen Mensch und Natur ist.

© Fotos: Grün Berlin (links), Holger Koppatsch (oben)

Wichtig!

Adresse:
„Gärten der Welt" in Berlin-Marzahn
Eisenacher Str. 99, 12685 Berlin
www.gaerten-der-welt.de
Öffnungszeiten der Themengärten:
Tgl. ab 9 Uhr, Japanischer Garten: wochentags ab 12 Uhr
Ganzjährig geöffnet: Chinesischer Garten, Italienischer Renaissancegarten, Irrgarten und Labyrinth, Karl-Foerster-Staudengarten, Balinesischer Garten, Christlicher Garten
Eintritt: Hauptsaison: € 3,–, ermäßigt € 1,50 Anfang November bis Ende März: € 2,–, ermäßigt € 1,–
Gastronomie: April – Oktober
Winter: nur an schönen Tagen auf Anfrage
Spielmöglichkeiten für Kinder
Weitere Informationen, Führungsbuchung:
Tel. 030/28018-117
Fax 030/28018-540
fuehrungen@gaerten-der-welt.de

Zoo Berlin und Tierpark Berlin

Tierwelt aus 6 Kontinenten! Berlin hat gleich zwei Zoo-Anlagen: den „Zoologischen Garten" und den „Tierpark". Der Tierpark, mit rund 8.000 Tieren, ist der größte Landschaftstiergarten Europas. Auf 160 ha Fläche erlebt man die Tierwelt der 6 Kontinente. Gerne angesteuert werden das „Alfred-Brehm-Haus" mit den Zuchtgruppen von Großkatzen, das Dickhäuterhaus mit Elefanten, Seekühen und Nashörnern, das Giraffen- und Affenhaus, die Schlangenfarm sowie die modernen Anlagen für asiatische und europäische Gebirgstiere. Schauen Sie ins Schloß Friedrichsfelde, den historischen Mittelpunkt des Tierparks. Eine der Besonderheiten des Zoologischen Gartens ist die Kombination von historischen und modernen Tierhäusern. Hier lässt sich die Geschichte der Zootierhaltung von weit mehr als eineinhalb Jahrhunderten gut nachvollziehen. Der Berliner Zoo gilt mit seinen rund 14.000 Tieren in 1.400 Arten als der heute artenreichste Zoo der Welt. Für Begeisterung sorgen hautnah mitzuerlebende Tierfütterungen,

modernste Anlagen, wie das Pinguin- und Flusspferdhaus mit Unterwasserblick sowie das neu gebaute Vogelhaus. Das über 100 Jahre bestehende Zoo-Aquarium Berlin bietet eine einmalige Vielfalt an Fischen, Reptilien, Amphibien und Insekten. Natürlich gibt es neben den Gehegen auch reichlich Platz zum Spielen und Erleben für die jüngsten Zoobesucher.

Wichtig!

Adresse und Anfahrt:
1. Tierpark Berlin-Friedrichsfelde GmbH
Am Tierpark 125, 10319 Berlin
Tel. 030/515310, Fax 030/5124061
www.tierpark-berlin.de, info@tierpark-berlin.de
Parkplätze an beiden Eingängen.
2. Zoologischer Garten Berlin AG
Hardenbergplatz 8, 10787 Berlin
Tel. 030/25401-0, Fax 030/25401-228
www.zoo-berlin.de, info@zoo-berlin.de
Anfahrt: Jeweils mit öffentl. Verkehrsmitteln zu erreichen
Öffnungszeiten: Tierpark u. Zoo: tägl. ab 9 Uhr bis zum Einbruch der Dunkelheit
Zoo-Aquarium: täglich von 9–18 Uhr
Eintritt: Tierpark Berlin: Erwachsene € 12,–
Ermäßigte € 9,–
Kinder (5–15 Jahre) € 6,–
Zoo Berlin bzw. Aquarium:
Erwachsene € 13,–
Ermäßigte € 10,–
Kinder (5–15 Jahre) € 6,50
Verpflegung: Imbiss, Café, Restaurant

Per ↖ Click in die Freizeit

Archäologische Museen
www.afm-oerlinghausen.de
www.archaeologie-in-westfalen
-lippe.de
www.geschichtsverein-inden.de
www.museenkoeln.de/
roemisch-germanisches-museum
www.historisches-centrum.de
www.lwl-landesmuseum-herne.de
www.museenkoeln.de
www.siebengebirgsmuseum

Schlösser
www.burg-gemen.de
www.burghotel-pass.de
www.erbdrostenhof.de
www.fuerst-salm.de
www.habichtswald.com
www.schloss-anholt.de
www.schlosshotel-ahaus.de

Diverse Museen
www.alte-synagoge.essen.de
www.couven-museum.de
www.farina-haus.de
www.graphikmuseum-picasso
-muenster.de
www.hdg.de
www.hnf.de
www.izm.de (Zeitungsmuseum Aachen)
www.kollwitz.de
www.lepramuseum.de
www.museum-ludwig.de
www.odysseum.de
www.rueschhaus.de
www.skulpturenparkkoeln.de
www.sportmuseum.info

Diverse Freizeitparks
www.alpincenter.com
www.irrland.de
www.jever-skihalle.de
www.odysseum.de
www.tiki-kinderland.de
www.wunderlandkalkar.eu

Wildparks
www.allwetterzoo.de
www.moelln.de
www.natur-und-tierpark-brueggen.de
www.nibelungenhalle.de
www.wildgehege-hellenthal.de
www.wildpferde.de

Nordrhein-Westfalen   135–193

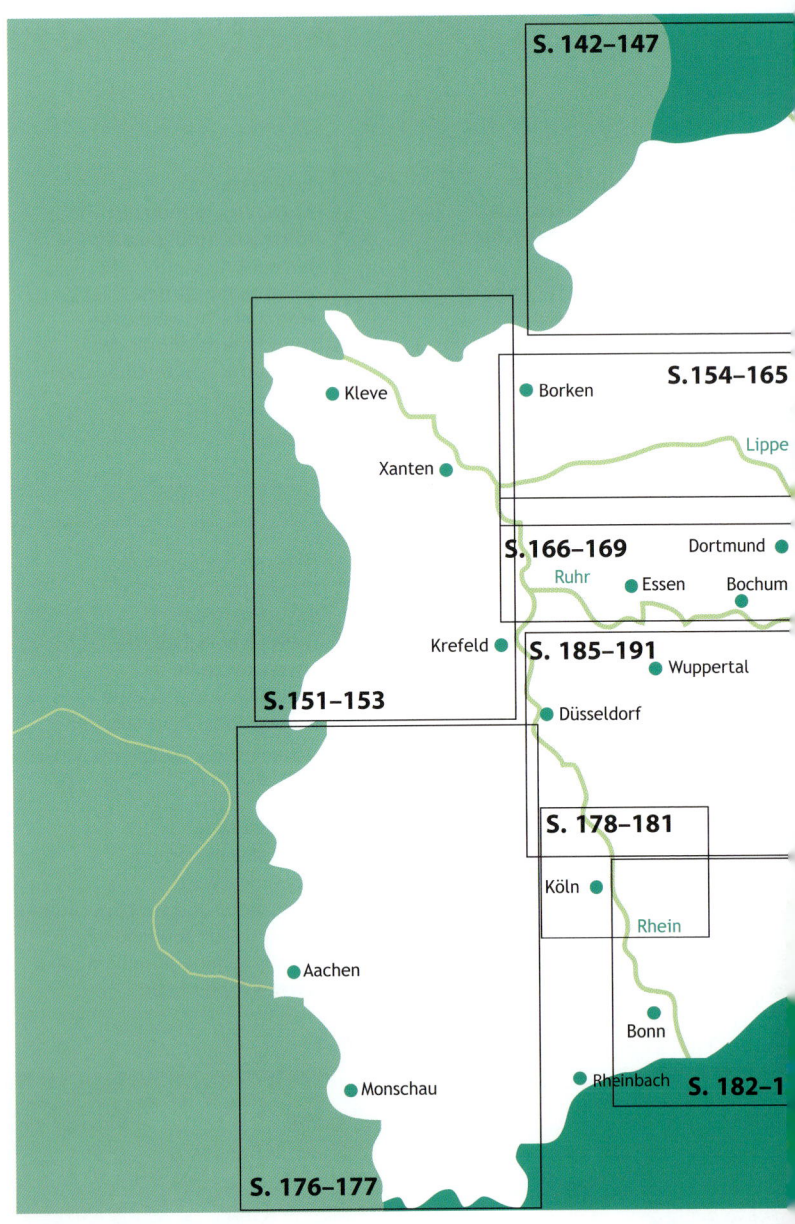

S. 142–147

S.154–165

Kleve

Borken

Xanten

Lippe

S.166–169

Dortmund

Ruhr

Essen

Bochum

Krefeld

S. 185–191

S.151–153

Wuppertal

Düsseldorf

S. 178–181

Köln

Rhein

Aachen

Bonn

Monschau

Rheinbach

S. 182–1

S. 176–177

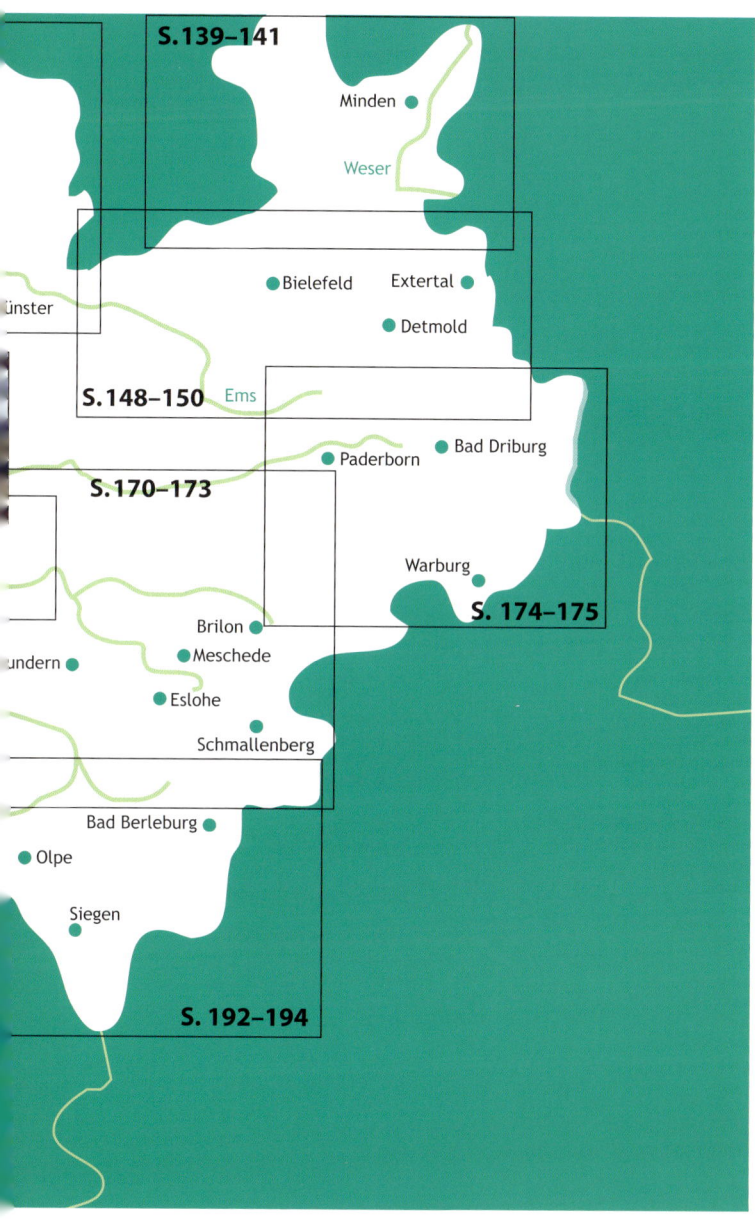

S.139–141

Minden ●

Weser

Bielefeld ● Extertal ●

● Detmold

S.148–150 Ems

ünster

Bad Driburg ●

● Paderborn

S.170–173

Warburg ●

S. 174–175

Brilon ●

● Meschede

undern ●

● Eslohe

Schmallenberg

Bad Berleburg ●

● Olpe

Siegen
●

S. 192–194

Westfälische Mühlenstraße

Deutschlandweit ist der Kreis Minden-Lübbecke bekannt unter dem Namen „Mühlenkreis". Einzigartig macht die Region die Menge und Vielfalt an historischen Wind-, Wasser- und Rossmühlen. Diese Zeugnisse der allerersten Industrialisierung auf dem Land sind heute wieder in Betrieb – das aber nicht mehr für das tägliche Brot, sondern für den Sonntagsausflug.

43 dieser Mühlen, darunter auch die einzige mahlfähige Schiffmühle Deutschlands als originalgetreuer Nachbau, bilden zusammen die Westfälische Mühlenstraße. Dieses einzigartige Freilichtmuseum erstreckt sich entlang Weser und Wiehengebirge über den gesamten Kreis Minden-Lübbecke und verbindet alle Ortschaften des Kreises miteinander. Per Rad oder Pkw kann man so Kulturgeschichte „erfahren", westfälische Spezialitäten probieren und kommt dabei zu den schönsten Orten und Landstrichen im Mühlenkreis. Der Wanderweg Mühlensteig durchzieht auf einer Länge von 70 km das Wiehengebirge und bietet neben herrlichen Ausblicken interessante Abstecher zu Mühlen beidseits des Mittelgebirgszuges.

Öffnungstage und Angebote der Mühlen werden jährlich im Mahl- und Backprogramm des Mühlenkreises veröffentlicht.

Wichtig!

Adresse:
Mühlenkreis Minden-Lübbecke
Postfach 2580, 32382 Minden
Tel. 0571/807-23170
www.muehlenkreis.de
info@muehlenkreis.de
Hier erhalten Sie Infos zur Westfälischen Mühlenstraße, Kartenmaterial und das Mahl- und Backprogramm.
Öffnungszeiten:
März–Oktober an Sonn- und Feiertagen; verschiedene Mühlen lt. Mahl- und Backprogramm
Eintritt:
Überwiegend kostenlos, teilweise mit Voranmeldung (für Gruppen)
Verpflegung:
An Mahl- und Backtagen; für Gruppen nach Absprache. Picknick immer möglich. Einige Mühlen sind mit einer Restauration verbunden.

Nordrhein-Westfalen

Schiffsfahrten auf der Weser

Wasserstraßen-Kreuz! Wer Minden besucht, sollte sich das weltweit bedeutendste Wasserstraßenkreuz anschauen. Hier geht es nämlich drunter zurück. Auf Wunsch ist dort auch ein Aufenthalt möglich. Bei gutem Wetter ist das ein besonders toller Ausflug. Regnet es, sollte man vielleicht das eine oder andere Gesellschaftsspiel in der Tasche haben, um „Längen" zu überbrücken.

und drüber mit den Schiffen: Der Mittellandkanal überquert auf der Kanalbrücke die niedriger gelegene Weser. Während der 105-minütigen Fahrt erlebt man eine Schleusung und sieht sich die Mindener Hafenanlagen an. 1³/₄ Stunden dauert die „Kanal-Weser-Rundfahrt", zu der noch ein Ausflug an die Weserpromenade und in die historische Fischerstadt führt. Für Kinder, die noch mehr Geduld aufbringen, ist die Ausflugsfahrt zur Porta Westfalica genau richtig.

Während der 3¹/₂-stündigen Tour werden alle vorangegangenen Programmpunkte abgehakt, hinzu kommt die Weserfahrt bis zur Porta Westfalica und

Wichtig!

Adresse:
Mindener Fahrgastschiffahrt GmbH + Co. KG
Sympherstraße 16
32425 Minden
Tel. 0571/648080-0
Fax 0571/648080-2
www.mifa.com, info@mifa.com
Anfahrt: Der Anleger liegt im Nordosten der Stadt am Mittellandkanal und ist ausgeschildert mit „Besucher Schachtschleuse".
Fahrzeiten: Täglich, außer Montags von April bis Oktober. Variieren je nach Saisons. Genaue Daten auf Homepage.
Kosten: Unterschiedlich, je nach Schiffstour
Verpflegung: Gastronomie an Bord

potts park in Minden-Dützen

Der Erlebnispark mit Science Center für Kinder und Erwachsene von 0–99 Jahren! Hier gibt es in einer gepflegten Parkanlage so abenteuerliche Fahrattraktionen wie die Hängegleiterbahn TURBO-Drachen, eine Wildwasserbahn und das Turm-Riesenrad, aber auch Karussells für Groß und Klein, eine Parkeisenbahn sowie ein Bauernstubenmuseum und noch viele weitere tolle Spiel- und Spaßattraktionen, bei denen besonders Wert auf Aktivität gelegt wird. Die einmalige Riesenwohnung mit 500 qm Fläche läßt die Großen (!) kaum über die Tischkante schauen. Im Science Center Terra phänomenalis locken über 130 Exponate, die mit dem Ames' Raum, verschiedensten Spiegeleien und dem beeindruckenden Spiegeldom ihren Höhepunkt finden. Etwa 5.500 qm der Parkangebote sind überdacht, so dass sich auch bei weniger gutem Wetter Kurzweil bietet. Hier fasziniert die neue Lasershow mit wechselnden Programmen in einem eigens hergerichteten ehemaligen Zechengebäude, das auch für Sonderveranstaltungen angemietet werden kann. Für den

Nachwuchs gibt es im überdachten Kinderland viele Spielanlagen (auch für die Kleinsten), Schwanenkarussell, Flugzeugkarussell, Kindereisenbahn und sogar eine Kindertoilette mit super Wickelräumen. Der Park bietet allen Altersklassen einen Riesenspaß und verändert ständig sein attraktives Angebot.

Wichtig!

Adresse:
potts park, Erlebnispark mit Science Center
Bergkirchener Straße 99
32429 Minden-Dützen
Tel. 0571/51088, Fax 0571/5800421
www.pottspark-minden.de
www.terra-minden.de
info@pottspark-minden.de
Anfahrt: In Minden und Porta Westfalica ausgeschildert („Minden-West" folgen)
Saison: 12. Aril –19. Oktober 2014
(April/Sept./Okt. nicht täglich geöffnet)
Tagesöffnungszeiten: März bis September 10.00–18.00 Uhr, Oktober 10.00–17.30 Uhr.
Eintritt: Personen ab 12 Jahren € 18,–, Senioren ab 60 Jahren € 15,50, Kinder (3–11 J.) € 16,–, Kinder unter 3 Jahren frei. Weitere Preisvarianten auf Homepage.
Verpflegung: SB-Gastronomie, Kioske, offene Grillhütten u. Picknickgelegenheiten

Nordrhein-Westfalen

Das Münsterland

Mehr als hundert Wasserschlösser und Wasserburgen verteilen sich über dieses klassische Bauernland, erbaut von mächtigen Adelsgeschlechtern. Aber auch die Gehöfte sind große Gebäude – die fruchtbaren Böden des Münsterlandes brachten stolze, wohlhabende Bauern hervor. Getreideanbau und Viehzucht begründeten den Reichtum dieser Landschaft, und besonders berühmt ist die hiesige Pferdezucht. Warendorf gilt als Zentrum des deutschen Reitsports, das Wildgestüt im Merfelder Bruch zieht jedes Jahr Zigtausende Besucher an, wenn die einjährigen Hengste eingefangen und versteigert werden.

Freizeitpark Ketteler Hof

Super Kinderspiele-Welt! Im Freizeitpark Ketteler Hof werden schon die ganz Kleinen mit einem großen Angebot bedient: Es gibt Tiergehege, das Wichteldorf, die Junior-Spielanlage und einen Märchenwald. Größere Kinder toben sich auf dem Riesen-Sprungkissen aus oder sind im Räubernest oder auf der neuen Reifenrutsche zu finden. Weitere Vergnügungen: Schlauchboot-Wasserrutsche, Wasser-Sand-Spielplätze, Abenteuer-Minigolf, Bauernhof, Wall Hollau, Wellenrutsche, Hafen mit Flößen, Spielpunkte am Fluss, das Bergwerklabyrinth und der Motorik Trail. Freunde der Bratwurst werden von den Allwetter-Grillplätzen angetan sein, Hunde sind allerdings nicht erlaubt. **Neu:** Felsenkletteranlage.

Wichtig!

Adresse: Freizeitpark Ketteler Hof
Rekener Straße 234
45721 Haltern-Lavesum
Tel. 02364/3409
www.kettelerhof.de, info@kettelerhof.de
Anfahrt: Über die A 43 Wuppertal-Münster, Abfahrt 7 – Lavesum. Dann noch 3 km in Richtung Reken.
Saison: 29. März bis 26. November 2014
Öffnungszeiten: Täglich von 9 bis 18 Uhr
Eintritt: Tageskarte (ab 2 Jahren) € 12,– p. P., Saisonkarte (ab 2 Jahren) € 58,– p. P., Sonderpreise für Schulen und Kindergärten, ab 20 Pers. (ab 2 Jahren) € 10,– p. P., Sommerrodelbahn: pro 2-Pers.-Schlitten € 1,–, Bollerwagen Tagesmiete € 5,–, Hunde nicht gestattet.
Verpflegung: Grillen (die Nutzung eines eigenen Grills ist aus Sicherheitsgründen nicht erlaubt), Picknick, Imbiss, Waffelhäuschen

Natur-Solebad Werne

In einem der größten Solebäder Deutschlands erwartet Erholungssuchende eine Oase zum Fit halten und Entspannen. Im ganzjährigen 6 %-igen Solefreibad mit Trimm- und Erlebnisbecken entspannt sich bei 32 °C warmen Wasser jede beanspruchte Muskulatur. Verwöhnen lassen kann man sich im Erlebnisbecken durch Nacken- oder Schwallduschen, Sprudel-Liegen oder dem Wasserfall. Kostenlose, tägliche Solegymnastiken sind eine willkommene Gelegenheit sich sportlich zu bewegen. Von Mai bis September ergänzt sich das Angebot im Freibad um ein 50m Sportbecken und einen Strandbereich. Für die Pause zwischendurch laden dort Deck-Chairs ein oder die Strandkörbe am Solebecken. Gesundheitsbewussten steht eine Kneippanlage zur Verfügung. Im Hallenbad erwartet ein 25m Becken mit einer ein und drei Meter Sprunganlage Schwimmbegeisterte zum Sprung ins Schwimmvergnügen. Ein 3%-iges Soleinnenbecken steht Erholungssuchenden für Solegymnastiken und entspannten Schwimmzügen zur Verfügung. In der Saunawelt kann man sich in verschiedenen Saunen vom Alltagsstress erholen. Egal ob urig und gemütlich in einer von zwei Erdsaunen bei flackerndem Kaminfeuer oder klassisch in der finnischen Blockhaussauna. Eine wohltuende Farblicht-Therapie erwartet den Besucher bei meditativer Musik in der Klangsauna. Das Dampfbad genießt man in entspannender Lichtgestaltung mit heilenden Kräfte des Bergkristalls. Der gemütliche Saunagarten lädt zum Verweilen ein, aber auch zu einem mittelalterlich-rustikalen Bierbadritual (gg. Aufpreis, Reservierung erforderlich). Eine Wohlfühl-Auszeit kann sich der Besucher bei einer Massage aus dem vielfältigen Wellnessangebot gönnen.

Wichtig!

Adresse: Natur-Solebad
Am Hagen 2, 59368 Werne
Tel. 02389/9892-0, Fax 02389/9892-200
www.natur-solebad-werne.de
info@solebad-werne.de
Anfahrt: Über die A 1, Abfahrt Hamm/Werne. Das Bad liegt im Stadtzentrum ausgeschildert
Saison/Öffnungszeiten:
Badelandschaft: Mo. 14–21 Uhr (nur Sommersaion), Di.–Mi. 6–20 Uhr, Do.–Fr. 6–21 Uhr, Sa. 7–21 Uhr, So./Feiertag 7–20 Uhr.
Saunawelt (inkl. Badewelt): Mo.–Do. 10–22 Uhr, Fr.–Sa. 10–24 Uhr, So./Feiertag 10–20 Uhr, Mo. Damensauna (außer an Feiertagen)
Eintritt: Natur-Solebad: Tageskarte Erw. € 7,30, Tageskarte Kind/Jugendl. (6–17 Jahre) € 2,–. Bad und Sauna: Tageskarte Erw. € 18,–, 3-Std-Karte € 14,90; Tageskarte Kind/Jugendl. (6–17 Jahre) € 10,–
Verpflegung: Im Café Sole und Sauna Bistro

Maximilianpark in Hamm

Der Maximilianpark ist anlässlich der ersten Landesgartenschau NRWs aus der ehemaligen Zeche Maximilian entstanden. Wahrzeichen des Parks ist der begehbare Glaselefant. Riesige Spielareale laden zu großen Abenteuern: Der Dschungelspielplatz bietet wirklich alles, was zu einem echten Urwaldabenteuer gehört und auch das „Tal der Tausend Wasser" hält, was es verspricht. Hier gibt es spritzende Wassergeister, speiende

Drachen, eine Abenteuerbrücke, Matschareale und schließlich sogar ein Piratenschiff! Wer lieber unter die Goldgräber geht, sollte sein Glück in der „Alten Mine" versuchen...

Während Kinder tollen und toben, finden Erwachsene u.a. Erholung vom Alltag bei floralen Streifzügen durch die deutschlandweit größte Stauden- und Gräserpflanzung von Piet Oudolf.

Groß und Klein begeistern sich gleichermaßen für das größte tropische Schmetterlingshaus in NRW, in dem von März bis November schillernde Falter frei umherflattern.

Das Parkgeschehen wird außerdem durch Kindertheater, Kabarett, Konzerte, Märkte und Ausstellungen bereichert. In diesem Jahr feiert der Park sein 30-jähriges Jubiläum mit vielen und tollen extra Veranstaltungen.

Wichtig!

Adresse:
Maximilianpark Hamm GmbH
Alter Grenzweg 2, 59071 Hamm
Tel. 02381/98210-0
www.maxipark.de
info@maximilianpark.de
Anfahrt: Im Osten Hamms, Ortsteil Uentrop-Werries. Im Ort ausgeschildert. Mit den Buslinien 1, 3, 6, 18 und 33 zur Haltestelle „Maximilianpark"
Saison: Ganzjährig (Glaselefant und Schmetterlingshaus März–November)
Öffnungszeiten:
April bis September 9–19 Uhr,
sonst 10–17 Uhr
Eintritt: Erwachsene € 4,50
Kinder (4–17 Jahre) € 2,50
Familien € 12,–
Verpflegung: Kiosk am See, Restaurant „Werkstatt", Picknick möglich, Grillhäuser gegen Anmeldung

Maximare – Erlebnistherme Bad Hamm

Willkommen in einem der größten Freizeitbäder Deutschlands mit einer außergewöhnlichen Vielfalt: einer Aquawelt mit Außensolebecken 33 °C, einem Sauna & Wellness Resort sowie einem überdachten 50-m-Sportbecken.

Spaß und Abwechslung bieten der 95-m-Wildwasserbach, eine 92-m-Reifenrutsche sowie ein Wellen- und/oder Erlebnisbecken. Nebenan plantschen die Kleinsten im Kleinkindbereich.

Wer es gemütlicher mag, steigt in den Whirlpool, den Kreislauf in Schwung hält das Kalt/Warmbecken. Gesunde Natursole bietet das Außensolebecken (33 °C) mit Sprudelliegen, Kaskaden, Massagedüsen und Unterwassermusik – über Ihnen nur der Himmel.

„Sauna erleben – die Ruhe neu entdecken" lautet das Motto in unserem Sauna & Wellness Resort.

Die Theatersauna „Arena Mare" (95 °C) bietet Platz für bis zu 100 Gäste. Die Aufgüsse in der multimedialen Sauna sind ein Event. Hinzu kommen Dampfbad (45 °C), Sinnesbad (65 °C), Salzsauna (85 °C), ein Meditationsbecken, ein Kalt/Warmbereich sowie ein Whirlpool.

Der Saunaaußenbereich bietet ein 31 °C warmes Außenbecken, eine Erdsauna (110 °C), das Fegefeuer in der Stollensauna (100 °C) sowie eine Solegrotte. Hinzu kommen ein Ruhe- und Liegehaus sowie ein Wohlfühlplateau.

Wählen Sie aus im Wellness Resort: Klassische Massagen oder Zeit für Zwei im Luxus-Badetempel, Well-Ensembles oder traditionelle China Massage.

Wichtig!

Adresse:
Maximare – Erlebnistherme
Bad Hamm GmbH, Jürgen-Graef-Allee 2
59065 Hamm, Tel. 02381/8780
www.maximare.com, info@maximare.com
Anfahrt: Über die A 1 Ausfahrt Hamm/Bergkamen, über die A 2 Ausfahrt Hamm/Werl oder Hamm/Uentrop
Saison: Ganzjährig,
5 Wohnmobilstellplätze am Maximare
Öffnungszeiten: Aquawelt: Mo.–Fr. 8–22 Uhr, Sa.+So.+Ft. 9–22 Uhr; Sauna Resort: tägl. 9–23 Uhr, montags Frauensauna
Eintritt: Aquawelt inkl. Sportbad: Erwachsene 3 Std. € 9,–, Kinder (ab 1 m Größe) 3 Std. € 5,50, Tageskarte Erwachsene € 10,–; Familientageskarte Flatrate (5 Pers.): Flatrate Mo.–Fr. € 21,–, Flatrate Sa./So. € 24,–.
Sauna inkl. Aquawelt & Sportbad: Mo.–Fr.: 4 Std. € 18,–/Tag € 20,–; Sa./So./Feiertage: 4 Std. € 20,–/Tag € 22,–
Weitere Eintrittspreise auf der Homepage
Verpflegung: Sauna Lounge (Saune Resort), Café Mare (Foyer), Freeflow (Aquawelt)

Die Dülmener Wildpferde

Abenteuer Wildpferde! Alljährlich am letzten Sonnabend im Mai ist es mit der beschaulichen Ruhe im Merfelder Bruch vorbei. Die dort frei lebenden Wildpferde werden dann zusammengetrieben und die einjährigen Hengste herausgefangen und anschließend versteigert. Zu diesem urwüchsigen, spektakulären Ereignis kommen rund 15.000 Besucher aus dem In- und Ausland. Deshalb ist es ratsam, für den Wildpferdefang möglichst früh Karten zu bestellen, denn die Sitzplatzkarten für die Veranstaltung sind Monate vor dem Termin schon ausverkauft.

Wer dagegen Ruhe und Entspannung sucht, kann von März bis 1. Nov. an Wochenenden und Feiertagen die friedlichen Pferde in der Wildpferdebahn besuchen. Hier leben die Tiere auf sich allein gestellt und müssen mit dem Nahrungsangebot in ihrem Lebensraum, mit Geburt und Krankheit selbst zurechtkommen. Vom Verkehrsamt der Stadt Dülmen werden kombinierte Radtouren und Planwagenfahrten zu den Wildpferden angeboten, die einfache Strecke misst rund 12 Kilometer.

Wichtig!

Adresse:
Wildpferdebahn Merfelder Bruch,
48249 Dülmen.
Auskunft bei Dülmen Marketing
Tel. 02594/12345, www.wildpferde.de

Anfahrt:
Über die A 43, Abfahrt Dülmen. Ab der Stadt ist Merfeld ausgeschildert.

Saison: März bis Oktober

Öffnungszeiten:
An Wochenenden und Feiertagen (NRW) von 10–18 Uhr

Eintritt:
Erwachsene € 2,50, Kinder € 1,25
außerdem Führungen für Gruppen: € 20,–

Verpflegung:
Gastronomie im Ort Merfeld, während des Fangtages ist das Angebot reichlich.

Karten-Infos:
Sitzplatz-Karten im Vorverkauf übers Internet (siehe oben), Stehplatz-Karten an der Tageskasse.

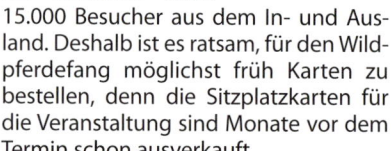

Sommerrodelbahn Ibbenbüren

Der Name des Freizeitparks ist eine Untertreibung, denn außer einer Rodelbahn gibt es hier noch einen Märchenwald. Die Sommerrodelbahn ist 100 Meter lang, die Fahrt ein kurzes, aber intensives Vergnügen, das Jung wie Alt Spaß macht. Bei den Kleinen beliebt ist natürlich die Fahrt mit der Oldtimer-Eisenbahn. Im Märchenwald sind viele Märchen in lebensgroßen Darstellungen zu bestaunen: Hänsel und Gretel, Rotkäppchen und Aschenputtel geben sich dort ein Stelldichein. Als neueste Attraktion bietet der Park die „Reise um die Welt". Familiengerechte Fahrzeuge bringen die Besucher ins alte Ägypten, in ein afrikanisches Hüttendorf, nach China und an den Nordpol. Am Ende der Reise wird der Besucher dann auf dem Mond verabschiedet. Zum Gelände gehören über 3.000 qm Spielplätze, die zur Pause einladen. Wenn der Magen einmal unüberhörbar knurrt, dann ist Picknicken angesagt. Für das leibliche Wohl sorgt unsere Service Station mit Kaffee und Kuchen, Speisen und Getränken.

85 Jahre
Sommerrodel-bahn
Ibbenbüren

Wichtig!

Adresse:
Sommerrodelbahn
Münsterstraße 265, 49479 Ibbenbüren
Tel. 05451/3226, Fax 05451/78002
www.sommerrodelbahn.de
info@sommerrodelbahn.de

Anfahrt:
Ibbenbüren liegt rund 30 km nördlich von Münster am Kreuzungspunkt der A 1 und der A 30

Saison/Öffnungszeiten:
Täglich von 10–18 Uhr
vom 12. April bis 19. Oktober 2014

Eintritt:
Der Zutritt zum Park ist frei. Bahnen müssen extra bezahlt werden. Beispiele pro Fahrt: Sommerrodelbahn € 0,50, Gruppen (ab 15 Pers.) € 0,30; Kinderautoscooter € 1,–; Oldtimer Express € 1,50, Gruppen (ab 15 Pers.) € 0,90: Märchenwald € 4,–

Verpflegung:
Picknick, Imbiss, Café

Nordrhein-Westfalen

Teutoburger Wald

Was waren das noch für Zeiten, als der Germane Arminius mit seinen Scharen nahe Detmold das Heer des Q. Varus vernichtend schlug – daheim in Rom greinte Kaiser Augustus: „Varus, gib mir meine Legionen wieder!" In Erinnerung an die Tat des Arminius ließ man in nationalistischen Tagen das Hermannsdenkmal bauen, immer noch Anziehungspunkt vieler Ausflugsfahrten. Der Teutoburger Wald, das „Grüne Dach Nordrhein-Westfalens", ist heute Naherholungsgebiet für Wochenendausflügler aus dem „Ruhrpott", die es ins Mittelgebirge und seine Mischwald- und Flurlandschaften zieht.

LWL – Freilichtmuseum Detmold

Lust auf eine Wanderung durch die westfälische Kulturgeschichte? Von der Wassermühle im Osnabrücker Land bis zum Lippischen Meierhof sind es hier nur wenige Meter: Auf 90 Hektar präsentiert das LWL-Freilichtmuseum Detmold mehr als 100 meist historisch eingerichtete Gebäude aus den verschiedenen Regionen Westfalens. 500 Jahre westfälische Vergangenheit an einem Tag: In Deutschlands größtem Freilichtmuseum sind neben einfachen Häusern armer Kötter über prachtvolle Hofanlagen bis hin zur Dorfgemeinschaft oder der Tankstelle aus den 1960er Jahren auch zahlreiche  alte Handwerke in Aktion zu erleben. Allesamt eingebettet in die reizvoll ursprüngliche und doch eigens angelegte Kulturlandschaft. Als Grundlage ländlichen Lebens werden hier die Äcker und Wiesen, die Hecken, Wälder und Gärten ebenso sorgsam gepflegt wie inzwischen selten gewordene Pflanzensorten und alte Haustierrassen. Mit Themenjahren und modernen Sonderausstellungen bietet das Freilichtmuseum aber ebenso einen aktuellen Bezug zur Gegenwart.

> ### Wichtig!
>
> **Adresse:** LWL – Freilichtmuseum Detmold
> Krummes Haus, 32760 Detmold
> Tel. 05231/706-0
> www.lwl-freilichtmuseum-detmold.de
> lwl-freilichtmuseum-detmold@lwl.org
> **Anfahrt:** Das Museum ist weiträumig ausgeschildert.
> **Saison/Öffnungszeiten:** 1. April bis 31. Oktober, täglich von 9–18 Uhr, montags geschlossen (wenn kein Feiertag)
> **Eintritt:** Erwachsene € 7,–, Kinder (6–17 Jahre) € 2,–, Kinder bis 6 Jahre frei
> **Verpflegung:** Picknickplätze, drei Gaststätten

Tierpark Nadermann

Viele Großkatzenarten! Eine beeindruckende Vielzahl von unterschiedlichen Tierarten bewohnt den Tierpark Nadermann. Zum Beispiel die vielen Großkatzenarten wie Tiger, Löwen, Jaguare, Leoparden oder Geparden, aber auch die Klein- und Schleichkatzen sind faszinierend anzusehen. Ihre Kraft und Agilität, die Eleganz und Gewandtheit, mit der sie sich bewegen, ziehen große und kleine Besucher immer wieder in ihren Bann. Auch bei den majestätischen Greifvögeln, bei Weißstörchen oder Papageien verweilt man gern. Auch Zebras, Lamas, Kamele, Guanacos, Rentiere und viele weitere Huftiere warten noch auf Besuch. Die kleinen Javaner-Affen sind, wie die Schimpansen, immer zu Späßen aufgelegt. Etwas gemächlicher gehen es die Ponys an, wenn sie mit ihren Reitern ein paar Runden drehen. Ponyreiten, Minibahnfahrt, der riesige Erlebnisspielplatz mit Klettergerüsten, Trampolinen, Mini-Scooter, Karussells, Riesenrutsche und Nautic Jet etc. machen den Tag für Kinder so richtig „rund". Das vielfältige Angebot ist auch der richtige Background, wenn man z. B. seinen persönlichen Erlebnis-Tag gestalten möchte. Vom Kindergeburtstag über Klassenausflug und Kegeltour bis Seniorennachmittag oder Betriebsausflug – hier wird der passende Rahmen geboten.

Wichtig!

Adresse:
Tierpark Nadermann
Grafhörsterweg 5
33129 Delbrück-Schöning
Tel. 05244/5163 oder 902930
Fax 05244/902931
www.tierpark-nadermann.de
info@tierpark-nadermann.de
Anfahrt: Der Delbrücker Ortsteil Schöning liegt an der B 64 zwischen Rheda-Wiedenbrück und Paderborn, ab dort ausgeschildert.
Saison: Die Saisondauer ist witterungsabhängig. Im Allgemeinen von Mitte/Ende März bis Anfang/Mitte November.
Öffnungszeiten: 9–19 Uhr
Eintritt:
Erwachsene ab 16 Jahren € 7,–
Kinder ab 3 Jahren € 4,–
Verpflegung: Café-Restaurant mit großer Terrasse mitten im Tierpark, jeden Samstag und Sonntag großes Frühstücksbuffet (Tischreservierung erforderlich).

Nordrhein-Westfalen

Zoo Safaripark Stukenbrock

Klettern über den Köpfen der Geparden. Über Europas größter Zooanlage für die Raubkatzen ist ein Hochseilgarten entstanden. Wildlife hautnah, Spaß, Shows und Action für die ganze Familie – das alles bietet der Zoo Safaripark Stukenbrock auf 65 Hektar in der Sennenlandschaft am Fuße des Teutoburger Waldes. Das Besondere, mit dem eigenen Auto das große Wildlife-Abenteuer „Safari" erleben: „Weiße Löwen, einzigartig in Deutschland, weiße und braune Tiger, Elefanten, Zebras, Giraffen, Antilopen und Gnus… ohne Gitter und Zäune, fast wie in freier Wildbahn – der etwas andere Zoo!". Hinein ins Vergnügen – auf Deutschlands höchster Wildwasserbahn, im „Cro-codile Ride", in den fliegenden Elefanten, auf der Marienkäferachterbahn oder im „Flying Tiger" mit seinen Loopings geht's so richtig rund. Zwanzig Fahrattraktionen und viel Platz zum Spielen und Toben in den Kids-Aktiv-Areas. Sogar eine Pool-Landschaft gibt's im Sommer für die Kleinen und eine Chill-out-Area mit Liegestühlen am Biergarten „weiße Löwen" – mit Kinderhüpfburg und Trampolin. Neu ist die 8000 Quadratmeter große Freianlage mit Geparden – die größte Zooanlage für Geparden Europas. Neu ist das Zoogehege für die Erdmännchen.

Wichtig!

Adresse:
Zoo Safaripark
Mittweg 16
33758 Schloss Holte-Stukenbrock
Tel. 05207/952425, Fax 05207/952426
www.safaripark.de, info@ safaripark.de
Anfahrt:
A 33, Abfahrt Nr. 23, Stukenbrock-Senne
an der B 68.
Saison: 5. April–19. Oktober 2014
Öffnungszeiten:
9–18 Uhr, Einlass bis 16 Uhr
22.7. –3.9.2014: Einlass bis 17 Uhr
Eintritt: Durchfahrt im eigenen PKW.
Erwachsene € 28,–, Kinder 4–14 Jahre
€ 24,–, Kinder unter 4 Jahren frei.
Sowie weitere Tarife auf der Homepage.

Der Niederrhein

Dem friedlichen, flachen Land im rheinischen Norden sieht man es so gar nicht an, dass hier der strahlendste Held der deutschen Sagenwelt geboren wurde: In Xanten erblickte der berühmte Drachentöter Siegfried das Licht der Welt. Die Region Niederrhein war schon früh in der Menschheitsgeschichte Siedlerland, mit fruchtbarem Boden und reichen Bodenschätzen. Heute konkurrieren kleine mittelalterliche Städte mit großen Industriemetropolen, lärmige Häfen mit stillen Rheintalarmen und Kolken.

Das Freizeitzentrum Xanten

An der Xantener Nord- und Südsee hat das Freizeitzentrum Xanten ein wahres Mekka für Wassersportler und Erholungsuchende geschaffen. Das Wegenetz rund um die beiden Seen lädt zum ausgiebigen Erkunden ein. In den Häfen Vynen, Wardt und Xanten geht's raus aufs Wasser: Ob in einem Segel-, Tret-, Elektroboot oder ein Kanu: Erkunden Sie eines der größten und reizvollsten Wassersportreviere in Nordrhein-Westfalen vom Wasser aus! Wer es ganz genau wissen will, findet in der Segelschule ein breites Kursprogramm vom Schnupper- bis zum amtlichen Sportbootführerschein-Kurs. Kommen Sie zur Feier mit Familie und Freunden, um auf einem Floß einen Grillabend zu veranstalten! In den Häfen finden Sie Gastronomien mit Seeterrassen und an Wochenenden ein buntes Veranstaltungsprogramm mit Musik und Unterhaltung. Urlaubs-Feeling pur bietet das Strandbad an der Xantener Südsee mit seinem feinen

Sandstrand und zahlreichen Sport- und Spielattraktionen für alle Altersgruppen. Direkt neben dem großzügigen Badeparadies erleben Anfänger und Profis „Gaudi pur" beim Wasserski fahren. Und im Hafen Xanten mit dem ganzjährig geöffneten Restaurant „Plaza del Mar" erwarten Sie Bootsverleih, Adventuregolf-Bahn, Boule- und Cross-Boccia-Verleih. Genießen und Abschalten vom Alltag – vielfältige Freizeitangebote für kleines Geld, ganz in Ihrer Nähe – das bietet Ihnen das Freizeitzentrum Xanten.

> ### Wichtig!
>
> **Adresse:** Freizeitzentrum Xanten, Info-Center, Strohweg 2, 46509 Xanten-Wardt Tel. 02801 715656, Fax 02801 715630 www.f-z-x.de, info@f-z-x.de
> **Anfahrt:** Autobahn A3 Oberhausen-Arnheim bis Abf. Wesel/Schermbeck, Autobahn A57 Köln-Nimwegen bis Abf. Alpen; dann B58 Richtung Wesel und B57 Richtung Xanten. Ab Xanten der Beschilderung folgen.
> **Öffnungszeiten und Eintritt:** Bitte Infos anfordern unter Tel. 02801/715656 oder im Internet: www.f-z-x.de

Nordrhein-Westfalen

Zoo Krefeld

Erleben Sie mit Ihrer Familie die außergewöhnliche Nähe zu den Tieren in naturnahen Freigehegen. Freuen Sie sich auf faszinierende Begegnungen dank unauffälliger Trockengräben: Blickkontakt mit der jungen Gorillafamilie, Auge in Auge mit dem Sumatratiger, Pinguin und Spitzmaulnashorn zum Greifen nah!
Entdecken Sie unser neues begehbares PinguinParadies. Eine riesige Panoramascheibe gibt den Blick frei auf die rasanten Unterwasserflüge der Humboldt-Pinguine. Einzigartig am Niederrhein ist der

Bild bietet die große Vogeltropenhalle. Erholen Sie sich bei einem geruhsamen entspannten Spaziergang durch die schöne gepflegte Parklandschaft mit ihrem alten interessanten Baumbestand. Gerne auch mit Ihrem vierbeinigen Freund, denn angeleinte Hunde sind bei uns auch gern gesehene Gäste. 364 Tage im Jahr Zoo erleben! Übrigens: Kostenlose Parkplätze für Ihren Aufenthalt gibt es direkt vor unserem Zootor!

SchmetterlingsDschungel mit rund 60 Arten. Farbenprächtige Falter, die in tropischer Vegetation frei umherschwirren, kann man beim Schlüpfen beobachten. Ein weiterer Publikumsmagnet ist der 1.200 Quadratmeter große GorillaGarten, in dem sich die größten lebenden Primaten seit letztem Jahr so richtig austoben können. Mit täglich neuem ,Affentheater' überrascht auch das Affentropenhaus. Die Welt des südamerikanischen Dschungels lockt im Regenwaldhaus, und ein herrlich buntes

Wichtig!

Adresse: Zoo Krefeld
Uerdinger Straße 377
47800 Krefeld
Tel. 02151/95520, Fax 02151/955233
www.zookrefeld.de, info@zookrefeld.de
Anfahrt: Der Zoo ist gut über die A 57 (Abfahrt Zentrum) zu erreichen und in der Stadt ausgeschildert. Kostenfreie Parkplätze.
Saison/Öffnungszeiten:
Mai bis September: Täglich von 8–19 Uhr.
Oktober bis April: Täglich von 9–17 Uhr.
Eintritt: Erwachsene € 10,50,
Kinder ab 3 Jahren € 5,50, Ermäßigte € 6,50,
Familienkarte (2 Erw. mit bis zu 4 Kindern)
€ 27,50, Hunde erlaubt € 2,50
Verpflegung: Picknick erlaubt, Restauration ganzjährig (außer Dez. und Jan.)

LVR-Archäologischer Park Xanten

Der LVR-Archäologische Park Xanten ist Deutschlands größtes archäologisches Freilichtmuseum. Dort wo

sich seit 100 n. Chr. die römische Stadt Colonia Ulpia Traiana erstreckte, werden seit 1977 die Überreste der antiken Metropole geschützt, erforscht und präsentiert. Lebensgroße, begehbare Rekonstruktionen römischer Bauten wie der Hafentempel, das Amphitheater, die Herberge, Stadtmauer, Wohnhäuser und Badeanlage vermitteln einen lebendigen Eindruck vom Alltag in römischer Zeit. Besuchermagnet im Park ist das

brandneue LVR-RömerMuseum, das anhand zahlreicher Ausgrabungsfunde die römische Geschichte Xantens erzählt. Über 2500 Exponate und moderne Medien laden zu einer spannenden Entdeckungsreise in die Antike ein. Unter den Objekten beeindrucken besonders ein frei im Raum hängendes römisches Schiff, eine prächtige Wandmalerei und der bedeutende Bestand an Ausrüstung und Waffen der römischen Armee. Viele Angebote zum Anfassen und Ausprobieren für Kinder machen den Museumsbesuch zu einem Erlebnis für große und kleine Römerfreunde. Das RömerMuseum erhebt sich über den ausgegrabenen Fundamenten des römischen Stadtbades. Der preisgekrönte Museumsbau macht die gewaltigen Dimensionen der römischen Architektur erfahrbar.

Wichtig!

Adresse und Anfahrt:
LVR-Archäologischer Park Xanten /
LVR-RömerMuseum
Am Rheintor, 46509 Xanten
Tel. 02801/9889213
www.apx.lvr.de, apx@lvr.de

Öffnungszeiten:
Park und RömerMuseum: März–Okt. täglich 9–18 Uhr, Nov. täglich 9–17 Uhr, Dez.–Febr. täglich 10–16 Uhr.
Von April bis Ende September bietet der Park an allen Wochenenden plus Feier- und Brückentagen Aktionen für die ganze Familie zum Zuschauen und Mitmachen.

Eintritt:
Park und Museum: Erwachsene € 9,–
Kinder unter 18 Jahren frei

Nordrhein-Westfalen

Nördliches Ruhrgebiet

An vielen Stellen zeugen nur noch die Monumente der Route der Industriekultur von der industriellen Vergangenheit des nördlichen Ruhrgebiets. Nicht mehr Kohle und Stahl, sondern Freizeit und Erholung werden hier groß geschrieben. Entspannen am See, Reiten, Mountainbiking und Wandern in der grünen Lunge des Ruhrgebiets oder vergnügliches Après-Ski nach einer Abfahrt auf der längsten Indoor-Skipiste der Welt laden ein zum Verweilen in einer Region, die mehr grün als grau ist und viel mehr zu bieten hat, als mancher denkt. Das nördliche Ruhrgebiet bietet aktive Erholung oder passive Entspannung fernab von Stress und Hektik des Alltags.

Die KAUE

Als strukturgewandelter Industriestandort mit rauem Zechencharme bietet die KAUE den idealen Rahmen für Kleinkunst-, Kabarett- und Comedyveranstaltungen sowie Konzerte. Seit 1992 haben bereits viele namhafte Künstler in der überregional bekannten Gelsenkirchener Institution Station gemacht. Kabarett- und Comedygrößen wie Michael Mittermeier, Herbert Knebel, Jürgen von der Lippe, Atze Schröder, Paul Panzer, Ralf Schmitz, Johann König u.a. nutzen die kommunikative Club-Atmosphäre gerne für ihre neuen Programme. Die KAUE ist technisch gut ausgerüstet und verfügt veranstaltungsbegleitend neben der Maschinenhalle auch über einen Gastronomiebereich mit echtem Zechenflair im ehemaligen Markenkontrollraum. Bewirtschaftet wird die KAUE exklusiv von der emschertainment GmbH.

Foto: ujesko.de

> ### Wichtig!
>
> **Adresse:** KAUE
> Wilhelminenstr. 176, 45881 Gelsenkirchen
> Kontakt: emschertainment GmbH
> Tel. 0209/95430, Fax 0209/9541101
> info@emschertainment.de
> www.emschertainment.de
> **Öffentlicher Nahverkehr:** Buslinie 383 und Nachtexpress, Haltestelle „Haldenstraße"
> **Verpflegung:** emschertainment GmbH.

Ruhrfestspiele Recklinghausen

Während der Festspielzeit vom 1. Mai bis Mitte Juni verwandelt sich Recklinghausen alljährlich in eine wahrhaft internationale Kulturmetropole. Die Ruhrfestspiele sind das älteste und zugleich eines der größten und renommiertesten Theaterfestivals Europas. Seit 2005 verbinden sich unter der Festspielleitung von Frank Hoffmann im und um das Ruhrfestspielhaus Inszenierungen namhafter Regisseure, Darbietungen preisgekrönter Schauspielgrößen sowie Aufführungen junger Talente der Theaterszene zu einem runden Gesamtkonzept.

Nicht zuletzt dank der zahlreichen Ur- und Erstaufführungen wird Recklinghausen alljährlich zu einem „kreativen Ort", der sich stets neu erfindet. Die Koproduktionen mit renommierten deutschen und internationalen Theatern lassen das Festival zudem weit über die Grenzen der Region hinausstrahlen. Großer Popularität erfreuen sich die fesselnden Lesungen namhafter Schauspielgrößen sowie das abwechslungsreiche Kabarettprogramm. Ferner präsentieren internationale freie Künstler beim FRiNGE Festival außergewöhnliche Darbietungen der Off-Szene. Neben dem Ruhrfestspielhaus werden viele weitere Schauplätze bespielt wie Zelte, Industriehallen, Aufführungsorte in der Stadt, die den Künstlern immer wieder neue szenische Räume eröffnen.

Dass es dem ambitionierten Festival gelingt, Qualität zu präsentieren und zugleich ein möglichst breites Publikum zu erreichen, belegen jährlich die rund 80.000 Besucher.

Wichtig!

Adresse:
Ruhrfestspiele
Recklinghausen GmbH
Otto-Burrmeister-Allee 1
45657 Recklinghausen
Tel. 02361/918-0, Fax 02361/13141
Spielpläne im Internet:
www.ruhrfestspiele.de
kartenstelle@ruhrfestspiele.de und
oeffentlichkeitsarbeit@ruhrfestspiele.de
Verpflegung:
Gastronomien vor Ort.

Nordrhein-Westfalen

Gesundheitspark Nienhausen

Gesundheit leben und erleben im neuen Gesundheitspark Nienhausen.

Der etwa 30 Hektar große Revierpark Nienhausen, der vielen als Freizeiteinrichtung mitten im Ruhrgebiet bekannt ist, wurde von Mitte 2009 bis zum Ende des Jahres 2011 zum Gesundheitspark umgebaut. In der ganzjährig kostenlos geöffneten Parkanlage mit Wasserspielplatz, Minigolfanlage und vielen Rasenflächen, die zum Toben und Spielen einladen, sind ergänzende Angebote in den Bereichen Gesundheit, Sport und Wellness entstanden.

Gesundheit leben und erleben

Nach dem Ausbau genießen die Gäste neun verschiedene Bereiche unter einem Dach: Eine Saunalandschaft mit Saunagarten, ein Solebad und ein Kursbecken, Wellnessangebote, eine physiotherapeutische Praxis, Sport- und Gesundheitsangebote, ein Freibad, Gastronomieangebote, ein Seminarzentrum und eine großzügige Parkanlage. Ein Barfußparcours, Walkingstrecken oder aber Kursräume im Freien laden zu Sport an der frischen Luft ein. Wer es lieber ruhiger mag, findet schon jetzt im Sauna- und Solebereich Erholung und Entspannung. Das Solebad (35°), die elf unterschiedlichen Saunen sowie

das im Sommer geöffnete Freibad mit Wellenbad bieten dem Besucher vielfältige Möglichkeiten zur Steigerung des körperlichen und seelischen Wohlbefindens. Ein Seminarzentrum lädt zum Tagen und Lernen in einer grünen Atmosphäre ein und zahlreiche Veranstaltungen im Park locken jährlich tausende Besucher ins Grüne!

Wichtig!

Adresse:
Gesundheitspark Nienhausen
Revierpark Nienhausen GmbH
Feldmarkstraße 201
45883 Gelsenkirchen
Tel. 0209/94131-0
Fax 0209/94131-99
www.nienhausen.de
Saison/Öffnungszeiten: Ganzjährig
Nienhausen Sauna und Sole: tägl. 9–22 Uhr,
Sa. und Fr. bis 23 Uhr, So. bis 20 Uhr
Freibad: Mai–August täglich 8–19 Uhr
Park: Ganzjährig geöffnet

Zoom Erlebniswelt Gelsenkirchen

Seit 2010 ist sie möglich: „Die Weltreise an einem Tag" mitten im Ruhrgebiet. Auf einer Fläche von mehr als 30 Hektar vereinen die Erlebniswelten Alaska, Afrika und Asien Tiere und Lebensräume ferner Welten. Die einzige konsequent naturnah gestaltete zoologische Erlebniswelt in Europa bietet mehr als 900 Tieren in über 100 Arten eine nahezu natürliche Heimat. Hier ermöglicht die beeindruckende Landschaftsarchitektur die spannendsten Begegnungen zwischen Mensch und Tier.

In der ZOOM Erlebniswelt sind authentischen Flussläufe, weitläufige Grassavannen und Felsmassive ohne sichtbare Grenzen und Stallungen entstanden. Besucher gelangen mitten in die Lebenswelt der Tiere und erleben die exotischen Bewohner hautnah. Zusätzliche Attraktionen wie das Alaska Ice Adventure – eine Motion Ride Simulation durch die Vegetationszonen Alaskas – machen die abenteuerliche Weltreise für Groß und Klein perfekt.

Wichtig!

Adresse:
Zoom Erlebniswelt
Bleckstraße 64, 45889 Gelsenkirchen
Tel. 0209/95450, Fax 0209/9545130
www.zoom-erlebniswelt.de
info@zoom-erlebniswelt.de
Anfahrt:
A 2 Oberhausen–Hannover, Abfahrt
Gelsenkirchen-Buer oder Abfahrt Herten,
Bundesstraße: B 226 und B 227, dann
Hinweisschildern „Zoom Erlebniswelt" folgen.
Öffnungszeiten:
März + Okt. 9–18 Uhr, Apr.–Sep. 9–18.30 Uhr,
Nov.–Feb. 10–17 Uhr
Eintritt: Erw. € 17,50, Kin. (4–12 J.) € 11,50

Stand Oktober 2014

Jüdisches Museum Westfalen Dorsten

Jüdisches Leben! Das Jüdische Museum in Dorsten präsentiert in seiner Dauerausstellung ausgesuchte Exponate und Informationen über jüdisches Leben, vor allem in Westfalen. Einzelne und Gruppen können hier Grundlegendes über Vergangenheit und Gegenwart der Juden in Deutschland, über jüdische Religion und das Zusammenleben von jüdischen und anderen Deutschen erfahren. Kostbare Sachzeugnisse, Fotos und Dokumente sowie eine qualifizierte Museumspädagogik erlauben Einblick in die Vielfalt jüdischer Lebensweisen, die durch die nationalsozialistische Herrschaft zerstört wurde. Die Villa mit einem großzügigen Anbau bietet außerdem Wechselausstellungen aus den Bereichen Kunst, Geschichte, Literatur, vielfältige Veranstaltungen und Studientage für Schulgruppen, einen Skulpturengarten, eine Fachbibliothek und eine hervorragende Buchhandlung mit Literatur zum Judentum.

Wichtig!

Adresse:
Jüdisches Museum Westfalen
Julius Ambrunn-Str. 1, 46282 Dorsten
Tel. 02362/45279
www.jmw-dorsten.de
info@jmw-dorsten.de
Anfahrt: Mitten im Stadtzentrum gegenüber dem Bahnhof/Busbahnhof, Autoanfahrt über B 223 und B 224 von Süden, B 225 von Marl und A 52 sowie über die A 31.
Öffnungszeiten: Dienstag bis Freitag: 10–12.30 Uhr und 15–18 Uhr, Samstag, Sonntag, Feiertage: 14–17 Uhr
Eintritt: Erwachsene: € 4,–
(in der Gruppe ab 12 Personen € 3,–)
Schüler, Studenten und Auszubildende: €1,50
Verpflegung: Kaffee- und Teeautomat im Foyer, Cafés und Restaurants in der Innenstadt sind im Umkreis von 5 Minuten zu Fuß erreichbar.

Musiktheater im Revier Gelsenkirchen

Das Musiktheater im Revier ist ein Stück Baukunst, das vor 50 Jahren visionär war, heute ungeheuer modern wirkt und in 50 Jahren ein Klassiker des 20. Jahrhunderts sein wird.

Werner Ruhnau hat wie im Bauhüttenwesen des Mittelalters alle Künste zusammengefasst, Bildende Künstler integriert und so ein Gesamtkunstwerk geschaffen. Die filigranen Röhrenplastiken von Norbert Kricke, die kinetischen Arbeiten von Jean Tinguely, Robert Adams weißes Betonrelief vor dem Eingang, das Relief von Paul Dierkes an der Rundwand des Auditoriums oder die größten Monochrome der Welt, die Schwammreliefs im „Gelsenkirchener Blau" von Yves Klein. Das denkmalgeschützte Gesamtkunstwerk ist aber auch für sein künstlerisches Programm weit über die Grenzen der Ruhr-Region bekannt. Neben wegweisenden Musiktheatern und einem profilierten Kinder- und Jugendprogramm kommen hier neben Konzertveranstaltungen nicht zuletzt die Ballettabende des neuen Ballett im Revier zur Aufführung.

Fotos: MiR / Fotograf: Pedro Malinowski

> ### Wichtig!
>
> **Adresse und Anfahrt:**
> Musiktheater im Revier GmbH
> Kennedyplatz45881 Gelsenkirchen
> Tel. 0209/4097-200
> Fax 0209/4097-250
> www.musiktheater-im-revier.de
> theaterkasse@musiktheater-im-revier.de
> **Öffnungszeiten**:
> Theaterbetrieb ganzjährig
> (Theaterferien Anfang Juli bis Mitte August)
> Theaterkasse: Mo + Sa 10.00–14.00 Uhr,
> Di–Fr 10.00–18.30 Uhr und jeweils 1 Std. vor
> Aufführungsbeginn (nur Abendkasse)
> **Eintritt:**
> Erwachsene ab € 11,– bis € 50,–
> **Verpflegung:**
> Jeweils 1 Std. vor und 1 Std. nach jeder
> Vorstellung

Nordrhein-Westfalen

Schiffshebewerk Henrichenburg

Aus Kaiserzeiten! Nicht nur für Technik-Fans ist das Alte Schiffshebewerk Henrichenburg im Schleusenpark Waltrop ein beliebtes Ausflugsziel. Umjubelt von Tausenden von Menschen weihte Kaiser Wilhelm II. am 11. August 1899 das größte und spektakulärste Bauwerk am Dortmund-Ems-Kanal ein. Heute ist es ein Industriedenkmal von europäischem Rang in der Trägerschaft des Landschaftsverbandes Westfalen-Lippe. Dreiundsechzig Jahre lang trug das Hebewerk Frachtschiffe bis zu 600 t mühelos über einen Höhenunterschied von 14 m, bis direkt nebenan ein größeres und schnelles Hebewerk seinen Betrieb aufnahm. Über den Bau des Hebewerks und die 100-jährige Tradition der Binnenschifffahrt im Ruhrgebiet informiert die Dauerausstellung im alten Maschinenhaus. Attraktion des Museumshafens am „Oberwasser" sind eine historische Werft, Dampfschiffe und schwimmende Arbeitsgeräte. Im unteren Vorhafen hat das Museumsschiff MS „Franz-Christian" festgemacht. Die Ausstellung an Bord gibt einen Einblick in den Arbeitsalltag der Binnenschiffer und ihrer Familien. Über einen Rundgang können Museumsgäste den gesamten Schleusenpark mit der alten Schachtschleuse von 1914, dem neuen Hebewerk von 1962 und der neuen Schleuse von 1989 erkunden. Eine Ausflugsfahrt auf der „Henrichenburg" rundet den Tag ab.

Wichtig!

Adresse und Anfahrt:
LWL-Industriemuseum
Schiffshebewerk Henrichenburg
Am Hebewerk 2, 45731 Waltrop
Tel. 02363/97070
www.lwl-industriemuseum.de
schiffshebewerk@lwl.org
Öffnungszeiten: Di.–So. sowie an Feiertagen 10–18 Uhr, letzter Einlass 17.30 Uhr. Von Weihnachten (24.12.) bis Neujahr (1.1.) geschlossen.
Eintritt: Zur Zeit Erwachsene € 4,–
Kinder/Schüler (6–17 J.) € 2,–
Gruppen ab 16 Person pro Person € 3,50
Ermäßigte € 2,50
Familientageskarte € 9,–
Führungen: Während der Öffnungszeiten nach vorheriger Anmeldung.
Auch Museumspädagogik sowie spezielle Führungen (z. B. für Blinde und Sehbehinderte).

SPORT-PARADIES Gelsenkirchen

Unter einem Dach findet man im SPORT-PARADIES eine Vielfalt an Sport- und Erholungsmöglichkeiten. Ob Eislaufen, Schwimmen, Kegeln, Relaxen oder Fitness – auf einer Gesamtfläche von ca. 100.000 qm bleiben keine Wünsche offen. Das Badeparadies mit Wellen-, Aus- und Kinderschwimmbecken sowie im Sommer zusätzlich das Freibad mit insgesamt 5 Schwimmbecken, macht Baden zum Vergnügen. Die 10 Meter hohe Sprungturmanlage lädt zum Eintauchen ins Wasser ebenfalls ein, so wie die innenliegende Wasserrutsche. Für alle, die sich nicht nur durch Schwimmen fit halten wollen, finden verschiedene Aquakurse statt. Auf alle kleinen Badegäste wartet SPORTIS Wasserzirkus. Auf einer zusätzlichen Fläche von 500 Quadratmeter vereint sich hier feuchtfröhlicher Badespaß mit der faszinierenden Zirkuswelt. Bereits beim Betreten des Beckens durch einen Wasservorhang werden die kleinen Badegäste auf die Zirkuswelt eingestimmt. Wasserspielgeräte wie Zirkuswagen mit Kletternetzen, Clowns und

Seehunde laden zum Spielen ein. Alle sicheren Schwimmer nimmt ein 100 Meter langer Wildwasserbach auf eine Fahrt durch Schluchten und steile Kurven mit. Einzigartig auch die 22 Meter lange Hochseilbrücke. Hier geht es in schwindelnder Höhe über das Wasser. Wen es statt ins kühle Nass eher aufs Eis zieht, kann sich in der Wintersaison schon mal die Kufen unterschnallen. Die 30 x 60 m große Eisfläche bietet Platz für Hobbysportler und Eisköniginnen. 8 Sport- und 6 Gesellschaftskegelbahnen stehen Vereinen und Hobbykeglern um „alle Neune" fliegen zu lassen zur Verfügung. Auch für Konferenzen oder Schulungen findet man hier das ideale Ambiente. Der lichtdurchflutete Tagungsraum verfügt über Sitzplätze für bis zu 80 Personen und einen exklusiven Blick auf die Grünflächen und in die Eishalle.

Wichtig!

Adresse: SPORT-PARADIES
Adenauerallee 118, 45891 Gelsenkirchen
Tel. 0209/954-40, Fax 0209/954-3150
www.sport-paradies.de
info@sport-paradies.de
Anfahrt: Hinweisschilder Richtung Arena Park folgen, dort weisen weitere Hinweisschilder auf das SPORT-PARADIES hin.
Öffnungszeiten + Eintritt: Aktuelle Infos unter www.sport-paradies.de
Verpflegung: Snacks, Speisen, Getränke und Eis im Restaurant Paradiso, an der Badebar und Grönlandbar

Nordrhein-Westfalen

LWL-Römermuseum | Haltern am See

Vor etwa 2.000 Jahren geriet der heutige westfälische Raum in den Blickpunkt der Weltgeschichte, als römische Truppen die Lippe aufwärts marschierten. Damals wurden Militärlager in Holsterhausen (Stadt Dorsten), Haltern, Olfen, Oberaden, (Stadt Bergkamen), Beckinghausen (Stadt Lünen) und Anreppen (Stadt Delbrück) angelegt. Das Vorhaben, Germanien zu einer römischen Provinz zu machen, scheiterte im Jahre 9 n. Chr. mit der Varusschlacht. Im LWL-Römermuseum Haltern werden erstmals alte und neue Funde aus den Römerlagern an der Lippe unter einem gemeinsamen Dach gezeigt. Ergebnisse aus mehr als 100 Jahren archäologischer Forschung sind hier zu erleben. Die Exponate, die nicht mehr in ihrem ursprünglichen historischen Zusammenhang verfügbar sind, ergeben im Kontext mit Abbildungen, erläuternden Texten und Modellen ein lebendiges Bild der Zeit um Christi Geburt in unserem Raum. Frei aufgestellte Großexponate und Rekonstruktionen wichtiger Fundzusammenhänge ergänzen die Stücke in den Vitrinen. Texte antiker Schriftsteller vermitteln ein Bild der Germanen in jener Zeit. Tonprogramme und Videos lassen den Besucher teilnehmen an Ereignissen, die damals die Welt bewegten.

Wichtig!

Adresse:
LWL-Römermuseum
Weseler Str. 100
45721 Haltern am See
Tel. 02364/93760
roemermuseum@lwl.org
www.lwl-roemermuseum-haltern.de

Anfahrt:
VRR Linien 208, 297 Haltestelle Römermuseum, PKW: A 43, Abfahrt Haltern (B 58) Richtung Haltern, dann ausgeschildert.

Saison/Öffnungszeiten:
Ganzjährig, Di.–Fr. 9–17 Uhr, Sa. und So. 10–18 Uhr, Montag Ruhetag.

Eintritt:
Erwachsene € 5,–
Kinder/Schüler/Studenten € 1,50
Familien € 9,–
Ermäßigte € 2,–
Gruppen € 3,50

Verpflegung:
Café im Römermuseum

Skulpturenmuseum Glaskasten Marl

Imposante Skulpturen! Anfang der 1950er Jahre begann die Stadt Marl mit dem Ankauf von Kunstwerken. Schon recht früh lag ein Schwerpunkt auf Außenskulpturen und ein zweiter auf Werken jener Künstler, deren Arbeiten noch wenige Jahre zuvor als entartet galten. Der bis in die 1980er Jahre vorhandene Etat für den Ankauf ermöglichte die kontinuierliche Vergrößerung des Kunstbesitzes; eine notwendige Systematik unterblieb jedoch. Obwohl dann und wann von einem Museum gesprochen wurde, nahmen diese Überlegungen erst Mitte der 1970er Jahre konkrete Formen an. Nachdem 1978 ein Kunsthistoriker mit der Betreuung der Sammlung beauftragt worden war, kam es im gleichen Jahr zur Gründung des Museums, das sich 1982 als Skulpturenmuseum Glaskasten institutionalisierte. In der Folgezeit wurden die Ausstellungsräume für die ständige Sammlung wie auch für die Wechselausstellungen wiederholt erweitert. Das transparente Konzept des Museums erlaubt es dem Besucher, auch außerhalb der Öffnungszeiten viele der ausgestellten Werke zu sehen. 1990 wurde das Klinikum Vest offiziell Teil des Museums.

Wichtig!

Adresse:
Skulpturenmuseum Glaskasten
Städtisches Museum – Rathaus
Creiler Platz 1
45765 Marl
Tel. 02365/992-257
www.marl.de/skulpturenmuseum
Saison:
Ganzjährig
Öffnungszeiten:
Dienstag–Sonntag 10–18 Uhr
Eintritt: Frei
Kostenlose Führungen durch die ständige Sammlung donnerstags 16.30 Uhr
Verpflegung:
Picknick und Restaurant der gehobenen Preisklasse im Stadtpark
Drumherum:
Spielplätze im Stadtpark

Alpincenter Bottrop

Das alpincenter Bottrop ist mit 640 Metern Länge die längste Skihalle der Welt. Zahlreiche neue Attraktionen haben das alpincenter in den vergangenen Jahren zu einem kompletten „Erlebnisberg" wachsen lassen. Der höchste Biergarten des Ruhrgebietes mit seinem fantastischen Ausblick, die spektakuläre Sommerrodelbahn mit einer Gesamtlänge von über einem Kilometer und der 10 Meter hohe Hochseilklettergarten bieten für jeden Geschmack etwas, von Nervenkitzel bis Entspannung. Auch Deutschlands erste Indoor-Skydiving-Anlage sowie das im Sommer 2010 neu eröffnete Indoor-Paintballfeld lassen den Tag zu einem echten Erlebnis werden. Den Abend kann man dann auf einer der zünftigen

Aprés Ski Partys ausklingen lassen.

Das alpincenter ist übrigens das einzige allinclusive Skigebiet der Welt. Sämtliche Tickets (ab € 25,–) beinhalten den Materialverleih, die Pistennutzung sowie unbegrenzt Getränke (z.B.: Softdrinks, Bier, Wein, Säfte) und alle Speisen vom Buffet.

Alle weiterführenden Informationen finden Sie im Internet unter www.alpincenter.com.

Wichtig!

Adresse:
Alpincenter Bottrop
Prosperstraße 299–301
46238 Bottrop
Telefon 02041/7095-0
www.alpincenter.com

Öffnungszeiten:
September–April: 9–23 Uhr,
Mai–August: 11–23 Uhr

Eintritt:
Ski-Tickets: Erwachsene ab € 25,–,
Kinder ab € 19,–

Verpflegung:
all-inclusicve im Eintrittspreis enthalten

Movie Park Germany

Movie Park Germany, einer der größten Freizeitparks in Deutschland, bietet rund 40 Attraktionen und Shows rund um das Thema Film. Ein großer Spaß für die ganze Familie ist das NICKland. Die beliebten Serienhelden des Kindersenders NICK SpongeBob Schwammkopf, Patrick, Jimmy Neutron und Dora bezaubern ihre Gäste. Jimmy Neutron lädt zur Fahrt in seiner Achterbahn ein, SpongeBob liefert sich eine Wasserschlacht mit seinen Freunden und mit Luftbändiger Avatar können die Gäste kann man sich auf einem weltweit einzigartigen Karussell in luftige Höhen schwingen. Ebenfalls neu: Shrek, der tollkühne Held aus drei erfolgreichen Kino-Filmen,

sorgt im Bottroper Film- und Entertainmentpark ebenfalls für Wirbel. Der grüne Oger bestreitet in einem rasanten 4D-Film gemeinsam mit Esel und Gattin Fiona ein aufregendes Abenteuer. Durch computergesteuerte Sitze, viele Spezial-Effekte und 3D-Brillen wird das 15-minütige Abenteuer zu einer Reise in eine neue Dimension.

Im Movie Park Germany lassen sich nicht nur halsbrecherische Stunteinlagen in der Stunt-Show verfolgen, exklusive Film-Exponate im Film-Museum bestaunen oder im „Movie Magic" die besten Filmtricks aus Hollywood erleben. Spektakuläre Attraktionen wie der 60 Meter hohe Freifallturm, die erste Holzachterbahn Deutschlands oder die 80 km/h schnelle Looping-Achterbahn bieten Thrill-Freaks den ultimativen Kick.

Beste Noten für den Film und Entertainmentpark gab es von dem Deutschen Kinderschutzbund NRW und dem TÜV Nord mit der Auszeichnung „OK für Kids". Der gesamte Movie Park Germany erhält nun das Prädikat für kinderfreundlichen Freizeitspaß.

Wichtig!

Adresse:
Movie Park Germany
Warner Allee 1, 46244 Bottrop-Kirchhellen
www.moviepark.de
Anfahrt: Von der A 2 beim Autobahnkreuz Bottrop auf die A 31 Richtung Emden/Dorsten, Abfahrt Kirchhellen-Nord. Es ist auch eine DB-Haltestelle (Feldhausen) mit direkter Verbindung nach Essen und Oberhausen vorhanden.
Saison: April bis November 2014
Öffnungszeiten: Während der Hochsaison im Sommer sowie an Halloween Horror Fest gelten verlängerte Öffnungszeiten (10–20 Uhr, 10–22 Uhr). Nebensaison 10–18 Uhr
Eintritt: Es gibt verschiedene Tarife, die auf der Homepage dargestellt sind.
Verpflegung: 20 Themenrestaurants, Bars und Cafés

Nordrhein-Westfalen

Westliches Ruhrgebiet

Die Schlote stehen still, und plötzlich merkt man, dass es im Ruhrgebiet viel Grün gibt. Ehemalige Industriegebiete sind innerhalb der letzten zehn Jahre umgenutzt worden. Dafür finden sich in unserer Auswahl an Ausflugsmöglichkeiten schöne Beispiele.

Der Strukturwandel hat sich wohl unter Ausschluss der Öffentlichkeit abgespielt, denn Nicht-Ruhrgebietler glauben noch immer, dass man dort eher eine Staublunge als erholsame Ferien bekommt – weit gefehlt!

Revierpark Wischlingen

Freiraum ohne Zäune! Das Angebot fürs Freizeitvergnügen ist groß und reicht von Bootsfahrten auf dem See, Tennis, Minigolf, Disc-Golf, Spiel- und Sportanlagen, Hochseilklettergarten, Wasserspielplatz bis hin zu Spaziergängen und Wanderungen. Für Gesundheit und Wellness sorgt das Solebad. Auf über 4000 qm präsentiert sich hier eine Saunalandschaft mit 12 verschiedenen Saunen, Salzgrotte und weitläufigem Saunagarten mit Panorama-Ebene. Die Solehalle bietet Entspannung und Erholung in tropischem Ambiente: Unter einem UV-durchlässigen Dach in ca. 33° warmer Natursole baden, das Sprudelbecken genießen, den Solewasserfall oder die Massagedüsen... Aktivarium: Ein ganzjährig beheiztes Außenbecken und ein zusätzliches Hallenbecken bieten genug Platz zum Planschen, Toben und Schwimmen. Ansonsten: gemütlicher Gastronomiebereich, großzügige Liege- und Ruhezonen, Kinderspielbereich und mehr. Eishalle: Lightshow und fetziger Sound

bei coolen Drinks auf zwei durch Rampen verbundenen Eislaufflächen, regelmäßige DJ-Parties und Eislaufkurse für Anfänger und Fortgeschrittene. Im Sommer Veranstaltungen. Im ehemaligen Freizeithaus gibt es ein Fitnesscenter und eine physiotherapeutische Praxis. Für Wohnmobilisten gibt es einen Stellplatz mit 49 Plätzen.

> **Wichtig!**
>
> **Adresse:** Revierpark Wischlingen Höfkerstraße 12, 44149 Dortmund Tel. 0231/917071-0, www.wischlingen.de info@wischlingen.de
> **Anfahrt:** Im Dortmunder Stadtteil Wischlingen. Anfahrt über die B 1, Dortmund Ri. Bochum, Abfahrt Dorstfeld
> **Saison:** Ganzjährig, Freibadbereich von Mai bis September, 10–19 Uhr
> **Öffnungszeiten:** Allwetterbad/Sauna: Mo.–Do. 8–22 Uhr, Fr. 8–23 Uhr, Sa. 9–23 Uhr, So. 9–22 Uhr. Weitere Öffnungszeiten für Eishalle im Internet.
> **Eintritt:** Verschiedene Tarife für Sauna, Sole etc. Preisbeispiel: Sole Tageskarte Erw. € 9,– Kinder/Jugendl. (5–17 J.) € 4,–
> **Verpflegung:** Picknick im Park, Bistro

Der Grugapark in Essen

Freizeit und Unterhaltung! Die Essener Stadtväter und -mütter nennen den Grugapark ganz unbescheiden „eine der größten und schönsten Parkanlagen Europas" – und übertreiben nicht: Der Park beherbergt nämlich nicht nur den Botanischen Garten und eine große Vogel-Freifluganlage, er ist auch ein bekannter Skulpturenpark mit Werken international bedeutender Künstler. Im Nordosten des Parks befindet sich ein großzügiges Spielareal mit Extrabereich für Kleinkinder. Unweit davon stehen Grillplätze zur Verfügung, ferner Restaurants und Cafés. Im weitläufigen Botanischen Garten ist z. B. ein „Garten der Sinne" zu bestaunen. In den nahegelegenen Tropenhäusern können 3 unterschiedliche Klimazonen mit den für sie typischen Pflanzen besichtigt werden. Den südlichen Teil des Parks teilen sich Rollschuhbahn, Spielplätze und Ponybahn. Hier befinden sich auch Basketball- und Beachvolleyballfelder. Die insgesamt 60 ha große Parkanlage kann man mit der Grugabahn auskundschaften. Im ehemaligen Blumenhof befindet sich nun die Einrichtung „Kur vor Ort". Hier dreht sich alles um die Themen Gesundheit und Fitness. In den Som-

mermonaten sorgen im Musikpavillon Musikgruppen an den Sonntagnachmittagen für Unterhaltung.

Wichtig!

Adresse: Grugapark-Verwaltung Virchowstraße 167a, 45147 Essen Tel. 0201/8883106, Haupteingang: Alfredstraße/Norbertstraße 2 www.grugapark.de
Anfahrt: A 52, Ausfahrt Rüttenscheid. Straßenbahnen U 11 und U 17 alle 10 Min. Anschluss zum Hauptbahnhof, Haltest. Messe Ost/Gruga u. Margaretenhöhe Endstation
Öffnungszeiten: Täglich ab 9 Uhr bis Anbruch der Dunkelheit
Eintritt: Tageskarte Erwachsene € 4,–, Kinder/Jugendliche 6–14 Jahre € 1,20, Schüler ab 16 Jahren, Studenten etc. € 2,50, Kinder unter 6 Jahren in Begleitung Erw. frei.
Verpflegung: Restaurants, Kioske und Grillplätze (letztere müssen angemietet werden)

Zoo Dortmund

Ein Hauch Exotik in der Stadt der Parks! Eindeutiger Schwerpunkt des Zoos in Dortmund ist der südamerikanische Subkontinent mit seiner verschwenderischen Fauna und Flora,

die in ihrer Vielfalt vor allem im riesigen Amazonashaus zu sehen ist: Auf 3 Ebenen können sich die Besucher fühlen, als wären sie direkt im Urlaub im Regenwald. Eine naturidentisch nachempfundene Atmosphäre, angefangen von der Wärme, dem Licht, den Pflanzen und Geräuschen – und natürlich bis hin zu den tropischen Tieren. Besuchermagneten sind die kostbaren südamerikanischen Riesenotter, die seit 1998 in einem eigens für sie gebauten besucherbegehbaren Otterzentrum mit einer großzügigen und wunderschönen Freianlage leben. Außerhalb Südamerikas sind sie nur in drei Zoos zu sehen. Insgesamt leben hier ca. 1.500

Tiere in 240 Arten exotischer, aber auch heimischer Herkunft und von allen Kontinenten. Interessante Führungen, Vorträge, unterhaltsame Fütterungen und natürlich für Kinder genügend Raum zum Spielen und Tollen runden den Zoobesuch ab.

Wichtig!

Adresse:
Zoo Dortmund
Mergelteichstraße 80
44225 Dortmund
Tel. 0231/50-28593
www.dortmund.de/zoo
zoo@dortmund.de

Anfahrt:
Über den Autobahnring (Abfahrt DO-Süd) oder über die Bundesstraßen B 236, B 1 und B 54 (Abfahrt Wellinghofen/ Tierpark). Im Stadtgebiet ist der Zoo gut ausgeschildert. Oder ab Hauptbahnhof mit der U 49 (Endstation Hacheney/Zoo).

Saison:
Ganzjährig

Öffnungszeiten:
März–Oktober täglich 9.00–18.30 Uhr
November–Februar täglich 9.00–16.30 Uhr

Eintritt:
Normaltarif (ab 18 J.) € 8,–,
Ermäßigter Tarif (Kinder ab 4 J., Schüler, Studenten, Zivil- u. Wehrdienstleistende bis 27 J. mit Ausweis) € 4,50
Gruppenkarte (ab 10 Personen):
Normaltarif € 6,50, ermäßigter Tarif € 4,–
Kleingruppenkarte 1: € 13,50
Kleingruppenkarte 2: € 21,50

Verpflegung:
2 Restaurants, 2 Kioske, Wurst-, Eis- und Süßigkeitenstände. Picknick ist möglich.

Vier-Jahreszeiten-Park in Oelde

Am Anfang stand die Landesgartenschau „Blütenzauber und Kinderträume" 2001. Aus ihr wuchs eine zauberhafte Parklandschaft mit einem herrlichen Arrangement aus Kindermuseum, Spielplätzen, Konzertbühne, Freibad und Gastronomie. Ob Früh-

ling, Sommer, Herbst oder Winter – der Vier-Jahreszeiten-Park ist immer eine Attraktion. Hier können Kinder ihrer Abenteuerlust freien Lauf lassen. Spielburg und Matschspielplatz laden genauso zum Toben und Staunen ein wie Waldspielplatz, Floßfähre oder Erlebnisfarm. Im Vier-Jahreszeiten-Park können sich Besucher der Natur aus ganz neuen Perspektiven nähern: Mal aus luftiger Höhe bei der Waldentdeckungstour über Hängebrücken von Baumhaus zu Baumhaus, mal ganz aus der Nähe beim Erforschen der Lebewesen im Axtbach. Der kindliche Entdeckertrieb wird im Kindermuseum KLIPP KLAPP befriedigt. Hier ist anfassen erlaubt, darf alles ausprobiert werden, hier wird experimentiert und geforscht. Im historischen Teil der Wassermühle aus dem Jahr 1726 werden Kinder zum Müller, mahlen Getreide und lernen die Arbeitsschritte in einer Mühle mit dem Mühlespielgerät kennen. Im

Obergeschoss des Kindermuseums wird das alltägliche Wetter zu einem spannenden Erlebnis. In der neuen Mitmach-Ausstellung „Wetter machen, messen und melden" werden kleine und große Forscher zu echten Wetterexperten. Und in der Gläsernen Küche backt und kocht man nach Herzenslust.

Für unbeschwerte Stunden sind inmitten blühender Natur Bänke, Stühle und Sonnenliegen vorhanden. Das Oelder Freibad im Parkareal sorgt für Abkühlung an heißen Sommertagen. Auch das Unterhaltungsprogramm ist hochkarätig. Das Gelände ist herrliche Kulisse für zahlreiche Veranstaltungen. Ruhe und Idylle auf der einen Seite, Erlebnis und Spannung auf der anderen – der grüne Park ist zu jeder Jahreszeit eine Reise wert.

Wichtig!

Adresse:
Vier-Jahreszeiten-Park
Konrad-Adenauer-Allee 20, 59302 Oelde
Telefon 02522/72800
www.vier-jahreszeiten-park.de
forum@oelde.de

Anfahrt:
PKW: A2 – Abfahrt Oelde. Bahn: Hamm – Bielefeld, Stadtzentrum Oelde. Fußweg vom Bahnhof zum Haupteingang: ca. 15 Minuten.

Saison: Ganzjährig

Öffnungszeiten: Park: ganzjährig 9–19 Uhr. Museum: abweichende Öffnungszeiten

Eintritt: Tageskarte Hauptsaison mit Freibad: Kinder (bis 6 J.) frei, Kinder (7–17 J.) € 2,–, Erwachsene € 4,–, Familien € 8,–

Verpflegung:
Restaurant „Ulithi", Kiosk, Picknick-Plätze

Das Sauerland

Das Sauerland

Höhere Berge als die des Hochsauerlandes gibt es in ganz Nordrhein-Westfalen nicht. Seit einmal ein fleißiger Zeitgenosse gezählt hat, wie viele Erhebungen über 300 Meter es dort gibt, weiß man es ganz genau: 1.755. In den warmen Monaten ist das „Land der tausend Berge" genau richtig für Wanderer. Im Winter fallen jedes Jahr Tausende Skifahrer hier ein. Wasserratten können hier gar nicht zu kurz kommen, denn im Sauerland gibt es einige Talsperren, darunter auch die größte des Bundeslandes, die Biggetalsperre. Auf fast allen Seen darf Wassersport betrieben werden, an vielen gibt es auch Gastschifffahrtsbetriebe. Und wo Wasser ist, da ist auch Erholung nicht weit.

Wildwald Vosswinkel

In diesem Walderlebnisgebiet dreht sich alles um den Wald und seine Bewohner, ob Groß oder Klein. Entlang weitläufiger Wanderwege kann das heimische Wild in natürlicher Umgebung beobachtet werden. Fütterungen mit Wildhegerinformation: Rotwild, Damwild und Mufflons um 11.30 Uhr, Wildschweine mit Jagdhornruf um 14.30 Uhr, Nachtjäger (Marderhunde, Waschbären und Uhus) um 15.00 Uhr.
Neueste Nachrichten aus dem Wildwald durch einen Waldlehrer um 10.30 Uhr. Abwechslungsreiche Rundwege erschließen die Laub- und Mischwälder des Lüerwaldes. Ein Abenteuerspielplatz lädt Kinder zum Toben ein. Die Waldakademie bietet nach Voranmeldung Exkursionen, Weiterbildungen, Klassenführungen, Kindergeburtstage etc. an.

> ### Wichtig!
>
> **Adresse:** Wildwald Vosswinkel
> 59757 Arnsberg-Vosswinkel
> Tel. 02932/97230
> www.wildwald.de, info@wildwald.de
> **Anfahrt:** Vosswinkel liegt unweit der A 445 Richtung Arnsberg, Abfahrt Arnsberg-Neheim, ab Vosswinkel ausgeschildert.
> **Öffnungszeiten:** Das Waldeingangshaus mit Empfang, Waldshop und Waldgasthaus ist täglich von 9 bis mindestens 17 Uhr geöffnet (eingeschränkte Öffnungszeiten von November bis Februar)
> **Eintritt:** Erwachsene Mo.–Fr. € 4,50, Sa./So. € 6,50, Kinder (4–14 Jahre) Mo.–Fr. € 4,– Sa./So. € 5,–
> Familie Mo.–Fr. € 16,–, Sa./So. € 21,–
> **Verpflegung:** Waldgasthaus, Picknick möglich, besondere Gruppenprogramme nach Anmeldung

Center Parcs Park Hochsauerland

Vor den Toren der Stadt Medebach bietet die weitläufige Ferienanlage eine ideale Erlebniswelt für einen attraktiven Kurzurlaub.

Wählen Sie Ihre Unterkunft von komfortabel bis luxuriös, von Hotelzimmer bis

Kinderferienhaus. Das Herzstück des Parks ist der Market Dome. Unter einem Dach von Palmen finden Sie Cafés, Restaurants für jeden Geschmack, vielfältige Einkaufsmöglichkeiten sowie Live-Unterhaltung für Groß und Klein.

Die atemberaubende Welt des Wassers, das Aqua Mundo mit Wellenbad, 4 unterschiedlich langen Wasserrutschen (die längste ist 112 m), Stromschnellen, Kleinkindbecken bietet reichlich Raum zum Toben und Planschen. Im riesigen Water-Playhouse gibt es viel zu erleben: Klettern, Rutschen und mit Wasserpistolen Mama und Papa nass spritzen! Die Wilde Welle, ein abenteuerlicher Strömungskanal vervollständigt das Angebot des subtropischen Schwimmbads. Und wer's etwas ruhiger mag, dem bietet die Sauna im römisch-griechischen Design mit Pool, Dampfbad, Blockhaussauna, Sanarium und Saunabar Raum für Erholung.

Darüber hinaus bieten sich erstklassige Möglichkeiten für ein abwechslungsreiches Sportprogramm drinnen und draußen. Aktive werden sich über die professionellen Indoor-Fußballfelder mit Fußballschule im Sportcenter oder die Outdoor-Sport-Arena freuen sowie über die Bowling- und Kegelbahnen. Für die Kleinen im Alter von 4–8 Jahren ergibt sich hier die Möglichkeit, einmal etwas zu sein, was sie schon immer werden wollten: z.B. Wannabe ein Fußballprofi! Der Verleih von Mountainbikes und Langlaufski im Cycle Center rundet das Ganzjahresangebot ab.

Wichtig!

Adresse:
Center Parcs Park Hochsauerland
Sonnenallee 1
59964 Medebach
Tel. 02982/9500
www.tagesausflugcenterparcs.de/SL
parkhochsauerland@centerparcs.com
Anfahrt: Im Internet mehrere Anfahrtsmöglichkeiten dargestellt.

FORT FUN Abenteuerland

Das FORT FUN Abenteuerland bietet Freizeitpark-Spaß im Sauerland mit außergewöhnlichen Attraktionen wie Wasser-Rafting, Wasserbob, Achterbahnen und Riesenrad in beeindruckender Berglandschaft. Ob hoch hinaus im Drachenflieger WILD EAGLE oder steil bergab mit der 1,3km langen Rodelbahn Trapper SLIDER – diese Kombination aus einmaligen Fahrgeschäften in wunderschöner Lage bietet nur das FORT FUN!

Für alle, die das Abenteuer verlängern wollen, empfiehlt sich das direkt am Park gelegene „Davy Crockett Camp". Urige Blockhäuser, ausgestattet mit eigener Dusche, WC und kleiner Küche, bieten idyllische „WILDWEST"-Stimmung.

Wichtig!

Adresse:
FORT FUN Abenteuerland
59909 Bestwig/Hochsauerland
Tel. 02905/81-123
Fax 02905/81-118
www.fortfun.de, post@fortfun.de
Saison/Öffnungszeiten:
12.4.–2.11.2014
Ruhetage unter FORTFUN.de
Eintritt:
Gast (ab 150 cm) € 24,90
Gast (90–150 cm) € 20,90
Gast (bis 90 cm/bis 3 Jahre) frei
Übernachtung:
Idyllisch im Wald in urigen Blockhäusern mit direktem Parkzugang.

Panorama-Park Sauerland Wildpark

Der Panorama-Park Sauerland Wildpark, ein wildes Erlebnis, kombiniert mit Spiel-, Spaß und Action. Riesen Spaß garantiert die Abfahrt mit dem „Fichtenflitzer" über 1,2 km talwärts durch spannende Tunnel und Röhren. Viele weitere Spielattraktionen wie Rutschenparadies, Tretkettcaranlage, Softballarena, Fun-House, Sandoase, Riesen-Trampolin, Piratenburg, Klettervulkan, Biberburg, Wichteldorf u.v.m. lassen keine Langeweile aufkommen und fördern dazu die Bewegung und die Motorik besonders der kleinen Besucher. Die

täglichen Fütterungen bei den Ottern, Wölfen, Luchsen und Waschbären verbinden Spaß-, Spannung und Lehrreiches. Eine Fahrt mit dem Pano-Express durch das Tiergehege, mit dem direkten Kontakt zu den verschiedenen Wildarten, läßt jedes Kinderherz höher schlagen. Zu Rast und Erholung laden die zahlreichen Ruhebänke an den Wildgehegen, die Spielplätze und Grillplätze ein. Neu ab 2014: „Im Reich der Libelle".

Paderborner Land

Paderborn – „Leben an den Quellen". Erkunden Sie mit Ihrer Familie, was sich hinter diesem Motto verbirgt – zum Beispiel in einem der Spaßbäder wie der „Schwimmoper" oder der Westfalen-Therme. Wer es ein wenig trockener mag, erforscht die alte Königs-, Hanse- und Bischofsstadt und ihre landschaftlich reizvolle Umgebung zu Fuß oder auf einer von über 2000 km ausgeschilderten Radrouten.

Das Heinz Nixdorf MuseumsForum

Faszinierende Zeitreise! Im größten Computermuseum der Welt, dem Heinz Nixdorf MuseumsForum, erwartet die Besucher eine Zeitreise durch 5.000 Jahre Informationstechnik:

radtouren mit nahezu Lichtgeschwindigkeit machen oder Roboter programmieren kann. Auch für Erwachsene werden zahlreiche Workshops angeboten.

von alten Tontafeln über antike Rechen- und Schreibmaschinen bis zu Robotik. Im HNF bieten sich viele Möglichkeiten, selbst aktiv zu werden, z. B in der Unterhaltung mit dem Avatar Max über Fußball oder Glückszahlen. Für Kinder und Jugendliche gibt es interessante Angebote, bei denen man Geheimschriften lernen, virtuelle Fahr-

Wichtig!

Adresse:
Heinz Nixdorf MuseumsForum
Fürstenallee 7, 33102 Paderborn
Tel. 05251/306600, Fax 05251/306609
www.hnf.de
Öffnungszeiten:
Di. bis Fr. 9–18 Uhr,
Sa., So. und Feiertage 10–18 Uhr
Eintritt:
Erwachsene € 7,–
Kinder € 4,–,
Familienkarte € 14,–
Verpflegung: Bistro-Restaurant
Drumherum:
Informationen zu Paderborn gibt es bei der Tourist Information Paderborn,
Marienplatz 2a, 33098 Paderborn
Tel. 05251/882980, www.paderborn.de

Burg Desenberg bei Warburg

Auch wenn auf der Burgruine kein weiteres Programm wartet, kein Museum und kein Imbiss, so ist die Desenburg trotzdem ein lohnendes Ausflugsziel. In der absolut flachen Umgebung sieht man sie schon

von weitem, und je näher man kommt, desto unbezwingbarer erscheint sie. Vor Jahrmillionen hob sich der heute nicht mehr aktive Vulkan aus dem Boden. Zur Zeit der Germanen soll hier eine Kultstätte der „Idisen" gewesen sein. Später geriet der Bergkegel immer wieder in

den Blickpunkt der Geschichte. Nach Karl dem Großen und Heinrich dem Löwen trieben hier im hohen Mittelalter die Raubritter des Geschlechtes „von Spiegel" ihr Unwesen. Es lohnt sich also, die Ritterausrüstung oder wenigstens einige Figuren mitzunehmen, um die alten Sagen und Geschichten nachzuspielen: Zum Beispiel die vom Kampf mit dem wilden Drachen, der einem jungen Recken die Desen Burge als Lehen einbrachte. Und der böse Ritter Bruno benahm sich so gründlich daneben, Mönchsmord inbegriffen, dass Gott die Burg mit einem Blitz zerstörte, wobei Bruno von einem gewaltigen Stein erschlagen wurde.

Im Rahmen des Projekts „Erlesene Natur im Kulturland Kreis Höxter" wurde ein neuer Schneckenweg für einen leichteren Aufstieg angelegt. Der Weg beginnt ca. 130 m links vom Parkplatz und ist ca. 1 km lang.

Wichtig!

Adresse und Anfahrt:
Die Burg Desenberg ist von weitem zu sehen und liegt etwa zwei Kilometer nordöstlich von Warburg. In der Stadt Richtung Bahnhof fahren, dann weiter Richtung Daseburg. Schnell erreicht man den unterhalb der Burg gelegenen Parkplatz.
Saison: Ganzjährig
Eintritt: Frei
Verpflegung: Picknick auf der Burg, Gaststätte in Daseburg, alle Verpflegungsmöglichkeiten in Warburg

Nordrhein-Westfalen

Die Nordeifel

Die Landesgrenze zwischen Nordrhein-Westfalen und Rheinland-Pfalz verläuft mitten durch die Eifel. In diesem Kapitel beschreiben wir deshalb nur den nördlichen Teil der Eifel. Wenig fruchtbar ist das Land hier, die vielen Hänge sind für den Ackerbau nicht nutzbar. Und trotzdem zog es Siedler in das Land, das Ufer des Rheins und viele heilende Quellen zogen sie an. Heute ist dieser Teil der Eifel Erholungsraum für viele Reisende aus dem Ruhrgebiet und auch für Touristen aus den Niederlanden und Belgien.

Greifvogelstation & Wildgehege Hellenthal

Eine besondere Attraktion inmitten des Nationalparks Eifel ist das Wildfreigehege Hellenthal. Ein großzügiger und freier Lebensraum für viele Tierarten und zugleich ein Erholungspark mit hohem Freizeitwert für seine Besucher. Der Park beherbergt vorwiegend einheimische Wildarten wie Rotwild, Damwild, Schwarzwild, Muffelwild, Luchs, Wildkatzen, Waschbären, Marderhunde, Wildpferde um nur einige zu nennen. Die großräumig angelegten Kontaktgatter mit Dam- und Sikawild geben dem Besucher die Möglichkeit Tiere hautnah zu erleben. Für Kinder ist der Kontakt zu den Schafen, Ziegen, Esel, Ponies Kaninchen und vielen anderen Tieren, im Kinderland ein besonderes Vergnügen. Der Abenteuerspielplatz bietet reichlich Platz zum Toben. Schaufütterungen bei den Wildschweinen, Waschbären und Luchsen finden täglich statt. Hier kann man die Tiere aus nächster Nähe beobachten, Anekdoten erfahren und bei den Wildschweinen und

Waschbären sogar mithelfen. In dem neu eingerichteten Frischlingsgatter können die Besucher die kleinen Schweinchen füttern und streicheln! Mitten im Park liegt die Greifvogelstation. Hier können die Besucher dreimal täglich die majestätischen Adler, segelnden Bussarde, Milane und die pfeilschnellen Falken im freien Flug erleben. *Foto: Sven Dzubiel*

> ### Wichtig!
>
> **Adresse:** Wildfreigehege Hellenthal
> 53940 Hellenthal, Tel. 02482/2292 od. 7240
> www.greifvogelstation-hellenthal.de
> **Anfahrt:** Hellenthal liegt an der B 265 rund
> 15 Kilometer südlich des Rursees
> **Saison:** Ganzjährig
> **Öffnungszeiten:** 1.4.–14.11. von 9–18 Uhr
> und vom 15.11.–31.3. 10–17 Uhr
> **Eintritt:** Erw. € 8,–, Kinder (3–16 J.) € 6,–
> Familienkarten (2 Erw./2 Ki.) € 26,–, jedes
> weitere Kind € 5,–
> **Verpflegung:** Picknick, Café-Restaurant,
> Imbiss, Grillplatz
> **Drumherum:** In der Nähe gibt es ein Be
> sucherbergwerk zu besichtigen, nach Mon
> schau und dem Rursee sind es ca. 20 Min.

Phantasialand Brühl

Das Phantasialand in Brühl steht für ausgezeichnete Unterhaltung: In sechs einzigartigen Themenbereichen warten weltweit einmalige Attraktionen, preisgekrönte Shows und phantastisches Open-Air-Entertainment. Eine prämierte Gastronomie und das Vier-Sterne-Erlebnishotel LING BAO, das Drei-Sterne-Plus Erlebnishotel MATAMBA sowie Smokey's Digger Camp machen das Phantasialand zu einem Ausflugsziel, das für jeden Geschmack und jede Altersgruppe das Passende bereithält. Deep in Africa lauert die Black Mamba, die auf einen höllischen Ritt durch tiefe Schluchten einlädt, in Mexico wird die Macht der aztekischen Gottheit Tlaloc im Talocan spürbar. Winja's Fear und Winja's Force in Wuze Town, Colorado Adventure, River Quest sowie Mystery Castle sorgen für Nervenkitzel und Action. Die interaktive Attraktion Maus au Chocolat verspricht den großen Spaß für Groß und Klein. Die Besucher helfen Meisterkammerjäger Oskar Koslowski bei der Mäuse-Jagd in der kaiserlichen Tortenfabrik in Berlin. Der interaktive Fun-Ride in 3D. Auch die kleinen Gäste kommen hier voll auf ihre Kosten: Das Reich der Wuze lädt mit unzähligen Details zu spannenden Erkundungstouren ein. In Bolles Flugschule und Bolles Riesenrad kommen die Kleinen wahrhaftig hoch hinaus. Mit 70%

überdachten Attraktionen trotzt das Phantasialand selbst schlechten Witterungen und bietet auch im Winter mit eigens kreierten Shows und zusätzlichen Winter-Attraktionen grenzenlosen Spaß. Familien können sich das ganze Jahr auf spezielle Angebote freuen.

Wichtig!

Adresse:
Phantasialand Brühl
Schmidt-Löffelhardt GmbH & Co. KG
Berggeiststraße 31–41, 50321 Brühl
Tel. 01805/366200*, Fax 02232/36-236
www.phantasialand.de
Anfahrt:
Über die A 553, Abfahrt Brühl-Süd, dann ausgeschildert
Saison: 1. April – 2. November 2014
Eintritt: Spezieller Kinderpreis für Kinder bis 12 Jahren! Aktuelle Tarife entnehmen Sie bitte der Homepage.
Verpflegung: 9 Restaurants, mehrere Cafés, Snacks und Picknickmöglichkeiten
* 14 Cent/Min. aus dem dt. Festnetz, abweichende Mobilfunknetzpreise möglich.

Nordrhein-Westfalen

Köln und Umgebung

Die Kölner sind sehr stolz darauf, seit fast 2.000 Jahren die Stadtrechte zu besitzen. Kaiserin Agrippina verhalf dem antiken „Colonia" 50 n. Chr. zu dieser Auszeichnung. Köln hat außer dem majestätisch vorbeifließenden Rhein und dem berühmten Dom einiges zu bieten, und Familien mit Kindern wissen die hohe Lebensqualität der Stadt mit ihren Parkanlagen zu schätzen. Ausgedehnte Grünflächen ziehen sich quer durch Köln. An erster Stelle ist der Rheinpark zu nennen: ein wahres Schatzkästchen für Erholungssuchende.

Das Schokoladenmuseum

Leckeres Museum! Im Schokoladen Museum gehen Sie auf eine Entdeckungsreise durch über 3.000 Jahre Kulturgeschichte der Schokolade – vom Kakaokult der Maya und Azteken bis zur modernen Produktion. Die Entdeckung der Schokoladenseite des Lebens fängt bei den Kakaobäumen an, die in der Wärme eines begehbaren Tropenhauses heranwachsen. Zu den Attraktionen des Museums gehört eine Miniaturproduktionsanlage, die sich über zwei Ebenen erstreckt.Man kann den Produktionsverlauf von der Kakaobohne bis zu feinster Tafelschokolade, erlesenen Trüffelpralinen, Osterhasen und Weihnachtsmännern verfolgen. Es gibt außerdem ein buntes Kindergeburtstagsangebot. Am Schokoladenbrunnen dürfen nicht nur Kinder flüssigwarme Schokolade auf Waffeln naschen! Spezielle Kinderführungen bringen den kleinen Besuchern das Thema Schokolade in all seinen Aspekten nahe.

> ### Wichtig!
>
> **Adresse:**
> Schokoladenmuseum
> Am Schokoladenmuseum 1a
> 50678 Köln
> Tel. 0221/931888-0
> www.schokoladenmuseum.de
> **Anfahrt:** Das Museum liegt am linken Rheinufer zwischen Severins- und Deutzer Brücke.
> **Öffnungszeiten:** Di. bis Fr. 10–18 Uhr, Sa. und So. 11–19 Uhr
> **Eintritt:** Erwachsene € 7,50
> Ermäßigte € 5,–
> Gruppen ab 15 Personen € 6,50
> freier Eintritt unter 6 Jahren.
> **Verpflegung:** Restaurant mit Café. Picknicken am Rheinufer.
> **Drumherum:** Wenige Minuten entfernt befindet sich der Dom.

Der Kölner Zoo

Begeistert für Tiere. Diesen Leitspruch hat der Kölner Zoo nicht ohne Grund: Der Zoo will damit auf die große Aufgabe des Tierschutzes und der Tierpflege von modernen Zoos hinweisen, die oft zur letzten Heimstatt aussterbender Tierarten geworden sind. Von der Blattschneiderameise bis zum Elefanten werden im Kölner Zoo rund 750 Tierarten gezeigt, dies von allen Kontinenten und aus allen Weltmeeren, denn zum Zoo gehört auch das Aquarium. Große, alte Bäume und viele Wasserflächen sorgen für den Parkcharakter des Zoos. Auf rund 20 Hektar sind biotopartige Freianlagen für Bären, Großkatzen, Seelöwen und Affen bis hin zum Tropenhaus zu finden. Bei schlechter Witterung kann man sich in den Tierhäusern vergnügen, die Elefanten, Giraffen und die Halbaffen Madagaskars unter Dach und Fach bringen. Auf dem weitläufigen Gelände gibt es außerdem einen großen Kinderspielplatz. Zum 150. Geburtstag des Zoos 2010 eröffnete der Zoo ein neues Highlight: den Hippodom. Hier können die Besucher Flusspferde, Nilkrokodile, Antilopen und andere Bewohner der Flussebenen Afrikas hautnah erleben. Dabei erhalten sie einen einmaligen Einblick in die Tierwelt von Afrika.

Wichtig!

Adresse:
Kölner Zoo
Riehler Straße 173, 50735 Köln
Tel. 01805/280101 (0,14 €/Min aus dem deutschen Festnetz)
Fax 0221/7785111
info@koelnerzoo.de
www.koelnerzoo.de
Anfahrt: Vom Hauptbahnhof aus erreichen Sie den Zoo mit der U-Bahnlinie 18 oder vom Ebertplatz aus mit der Buslinie 140, Haltestelle Zoo/ Flora. Am Zoo, der nördlich des Doms am linken Rheinufer liegt, gibt es ein Parkhaus und mehrere Parkplätze.
Saison/Öffnungszeiten: Sommer 9–18 Uhr (März–Oktober) und Winter 9–17 Uhr (Oktober–März) – Aquarium immer 9–18 Uhr
Eintritt: Erwachsene € 15,–
Kinder (4–14 J.) € 7,50
Studenten € 10,–
Verpflegung: Gastronomie im Zoo, vom Imbiss bis zum Restaurant, Picknick möglich

Nordrhein-Westfalen

Duftmuseum im Farina-Haus Köln

Im Geburtshaus der Eau de Cologne kann man eintauchen in die Welt der Düfte und des Parfums. Sie erleben drei Jahrhunderte Duft- und Kulturgeschichte, beginnend mit der Welt des Rokoko. Kunstgegenstände, Bilder und Möbel zeugen von den weltweiten Verbindungen der Parfum Dynastie Farina.

Vorbei an unglaublichen Fälschungen und Plagiaten aus den vergangenen zwei Jahrhunderten werden Ihnen im Vitrinensaal Gläser und Flacons von der Antike bis zur Neuzeit präsentiert. In der Kammer der Düfte tauchen Sie ein in die kreative Arbeit des Parfumeurs. Auf Wunsch dürfen die Besucher die unterschiedlichsten Essenzen erschnuppern. Ausführliche Erläuterungen – zur Gewinnung von Essenzen oder beispielsweise über die Entstehung einer Enfleurage – vermitteln anschaulich einen Eindruck vom Schaffen, der Kreativität und dem unabdingbaren Talent eines Parfumeurs. Über eine Treppe führt der Museums-Rundgang in das historische Kellergewölbe hinunter, wo vor 300 Jahren die Düfte produziert wurden.

Natürlich können Sie das Original Eau de Cologne im Farina-Haus kaufen.

Wichtig!

Adresse:
Duftmuseum im Farina-Haus
Obenmarspforten 21
50667 Köln
www.farina-haus.de

Öffnungszeiten:
Mo.–Sa. 10–18 Uhr, So. 11–16 Uhr

Eintritt: € 5 / Person incl. Duftpräsent. Führungen finden zu jeder vollen Stunde statt. Kinder bis 6 Jahre frei.

Historische Kostümführungen:
€ 9 / Person incl. Duftpräsent
Der Parfumeur Johann Maria Farina (1685–1766), dargestellt durch einen Schauspieler, führt Sie durch seine Räume. Donnerstag 17 Uhr, Samstag 16 Uhr, Sonntag 15 Uhr.
Kinderkostümführung: Sonntag 14 Uhr. Anmeldung empfohlen unter
Tel. 0221/399 89 94 oder per Email:
museum@farina-haus.de

Historischer Verkauf:
Mo.–Sa. 10–19 Uhr, So. 11–16 Uhr

monte mare Bedburg

Genießen Sie Wellness wie auf Bali! Ob süßes Nichtstun oder aktives Verwöhnprogramm – das monte mare Saunaparadies und WellnessResort in Bedburg-Kaster bietet alle Möglichkeiten, individuell abzuschalten und zu genießen. Aufenthalts- und Ruhebereiche im balinesischen Stil verwandeln Ihren Aufenthalt im monte mare Bedburg zum unvergesslichen „Urlaub zwischendurch". Warme Farben, edle Materialien und aromatische Düfte verströmen eine Behaglichkeit, die alle Sinne anspricht. Ob wohltuende Gesichts- und Körperbehandlungen oder entspannende Massagen und Badezeremonien in privater Atmosphäre: Erliegen Sie dem Zauber erlesener Anwendungen.

Das Saunaparadies bietet verschiedenste Schwitz-Angebote: Traditionelles Tempelbad, Tropisches Regenbad, Balinesisches Schwitzbad (Infrarotsauna), Meditations-, Zeremonien-, und Savannen-Sauna, Indonesisches Schlammbad sowie Ruhe-, Schlaf- und Meditationsräume, Business-Lounge mit Internetzugang, Kneippbecken, Erlebnisduschen und Saunarestaurant mit Lounge und den Zugang zum Saunagarten. Im monte mare haben Sie die Wahl zwischen Außenbecken mit warmem Salzwasser, Whirlpools, großzügigen Aufenthalts-, Schlaf- und Ruheräumen, Solarien, Massagen u.v.m. Im Saunagarten am See befinden sich Feuersauna, Wassersauna auf dem Teich und eine Gartensauna. Eine Kaminlounge mit Ruhe- und Liegeflächen, Whirlpools sowie das Solebecken mit

Unterwassermassagen laden zum Träumen ein.

Wellness: Entspannende Massagen, exotische Dampfbadzeremonien und exklusive Wellness-Arrangements für Ihre ganz persönliche Pause vom Alltag.

Wichtig!

Adresse und Anfahrt:
monte mare Bedburg
Betriebs GmbH & Co. KG
Monte-Mare-Weg 1, 50181 Bedburg (Erft)
Tel. 02272/90680-0, Fax 02272 90680-40
bedburg@monte-mare.de
www.monte-mare.de/bedburg
Öffnungszeiten: Sauna- und Wellnessresort: Täglich ab 9 Uhr, Mo.–Do. bis 23 Uhr, Fr.–Sa. bis 24 Uhr, So. bis 21 Uhr. Hallenbad: Mo.–Fr. 6–8 Uhr (Frühschwimmen), 14–21 Uhr (Ferien ab 10 Uhr), Sa., So. 10–18 Uhr
Eintritt: Sauna- und Wellnessresort (ab 16 Jahre): 2 Std. € 16,–, 4 Std. € 22,–, Tageskarte € 27,–. Wochenendzuschlag: € 2,–/p.P. Hallenbad: (Kinder bis 1 Meter frei), 2 Std.: Jugendl. (bis 16 J.) € 3,–, Erwachsene € 4,–; 4 Std.: Jugendl. (bis 16 J.) € 4,–, Erwachsene € 5,–, Tageskarte Jugendl. (bis 16 J.) € 4,50, Erwachsene € 5,50

Das Siebengebirge

Sieben Riesen reinigten nach getaner Arbeit am Abend ihre sieben Spaten, und so entstand das Siebengebirge. Diese alte Sage enthält eine grobe Fehleinschätzung, denn die „Hausberge" der Stadt Bonn zählen nicht nur sieben, sondern insgesamt weit über 30 Hügel. Dreißiggebirge wäre aber wirklich ein zu blöder Name, und so beließen die Altvorderen es beim „Siebengebirge". Während man auf den Wanderwegen in Deutschlands ältestem Naturschutzgebiet normalerweise kaum eine Menschenseele erblickt, darf sich der Drachenfels „Europas meistbestiegener Berg" nennen. Hier nimmt man die Zahnradbahn oder auch einen Esel.

monte mare Kreuzau

Erholen, entspannen, die Seele baumeln und sich verwöhnen lassen! Im monte mare Saunaparadies in Kreuzau genießen Sie Urlaubsgefühle an über  360 Tagen im Jahr. 5 Themen-Saunen mit unterschiedlichen Temperaturen und Luftfeuchtigkeiten sowie Ruhezonen, Wärmeliegen, Whirlpools, ein Dampfbad und eine schöne Außenanlage garantieren unvergessliche Stunden. Die vielfältigen Wellnessanwendungen spenden neue Kraft.

Im Textil-Wellnessbereich wird in Badekleidung sauniert.

> ### Wichtig!
>
> **Adresse und Anfahrt:**
> monte mare Kreuzau
> Windener Weg 7, 52372 Kreuzau
> Tel. 02422/94260
> Kreuzau@monte-mare.de
> www.monte-mare.de/kreuzau
> **Öffnungszeiten:** Täglich ab 10 Uhr.
> Sport- und Freizeitbad sowie Textilsauna:
> Mo.–Sa. bis 22 Uhr, So. bis 19 Uhr.
> Saunaparadies: Mo.–Do. bis 23 Uhr,
> Fr. + Sa. bis 24 Uhr, So. bis 21 Uhr.
> **Eintritt:** Sauna: Tageskarte Erw. € 18,–
> 4 Std. Erw. € 16,–, 2 Std. Erw. € 14,–
> Freizeitbad: Kinder bis 4 Jahre frei
> Tageskarte Erwachsene (ab 17 Jahre) € 5,90
> Tageskarte Jugendliche (bis 16 Jahre) € 4,40
> Wochenendzuschlag: € 1,–
> Zuschlag Textilwellness: € 3,50

monte mare Rheinbach

Willkommen in der fantatischen Welt von monte mare. Eingebunden in eine großzügige Architektur, eröffnet sich in Rheinbach eine Vielfalt an Attraktionen rund um „Wasser, Wärme, Wellness".

Insgesamt warten 12 verschiedene Saunen, Dampf- und Schwitzbäder darauf, entdeckt zu werden. Großzügige Ruhe- und Schlafräume, das monte mare Wellness-Haus, Whirlpools und ein Mentalruheraum lassen einen Besuch im monte mare zu einem unvergleichlichen Erlebnis werden.

Das Wellnessangebot mit Massagen, Dampfbad-Zeremonien und Kosmetikanwendungen rundet einen erholsamen Urlaubstag im monte mare ab. Hier finden Sie ein Wellness-, Gastronomie- und Service-Angebot, das allen Wünschen gerecht wird.

Saunalandschaft: Niedertemperatursauna, Mentalsauna, Schlammbad, Aromazisterne, Laconium, Kräuterbad, Dampfbad, Finnische Aufguss-Sauna, Brechl-Bad, Erdsauna (außen), Teichsauna (außen), Erlebnisduschen, Single-Badewannen, Kneipp-Strecke, Fußwärmbecken, großes Bewegungsbecken (innen und außen), Mentalruheraum mit Wasserbetten.

Wellnesshaus: Hier erwartet Sie auf 2 Etagen eine Urlaubswelt aus 1001 Nacht. Gemütliche Massageräume für wohltu-

ende Anwendungen wie Ayurveda, Hot Stone oder Lomi Lomi, ein original türkisches Hamam sowie ein Kamin- und Lesezimmer und exklusive Schlaf- und Ruheräume erwarten Sie.

Wichtig!

Adresse und Anfahrt:
monte mare Rheinbach
Münstereifeler Str. 69, 53359 Rheinbach
Tel. 02226/9030-0, Fax 02226/9030-99
www.monte-mare.de/rheinbach

Öffnungszeiten:
Sauna- und Wellnessresort: Mo.–So. ab 9 Uhr. Mo.–Do. bis 23 Uhr. Fr.–Sa. bis 24 Uhr. Sonntags bis 21 Uhr.

Sport- und Erlebnisbad: Täglich ab 10 Uhr. Mo.–Fr. bis 21 Uhr, Sa.–So. bis 19 Uhr.

Freibad (Sommersaison): Mo.–So. 10–20 Uhr

Eintritt: Kinder bis 1 m frei.

Sauna- und Wellnessresort:
2 Std. € 18,–, 4 Std. € 22,–, Tageskarte € 26,–, Feierabendtarif ab 19 Uhr € 19,–, Wochenend-/Feiertagszuschlag: € 2,–/p.P.

Freizeitbad (inkl. Sportbad):
3 Std.: Jugendliche bis 17 Jahre € 6,–, Erwachsene € 8,–. Familienrabatt (ab 2 Erw. + 1 Jugendlicher) 25 % Ermäßigung auf 3-Std.-Karte (für Sport- und Freizeitbad). Wochenend- u. Feiertagszuschlag: € 2,–/p.P. Feierabendtarif/werktags ab 18 Uhr: Erw. € 5,–, Jugendliche bis 17 Jahre € 4,–

Indoor-Tauchzentrum monte mare Rheinbac

Angenehme 28 Grad Celsius und über zwei Millionen Liter Wasser: Das Indoor-Tauchzentrum im monte mare Rheinbach lädt zum Abtauchen ein.

Mit einer Wasserfläche von über 10 x 20 Metern und einer Wassertiefe von 10 Metern ist es in seiner Art und in der Kombination mit einem Erlebnisbad sowie einer Saunaanlage einzigartig.

Die künstlich angelegte Riff- und Grottenlandschaft, ein versunkenes Boots-Wrack, sprudelnde Unterwasser-Vulkane oder ein betauchbares senkrechtes Röhrensystem machen das Ganze zu einem Tauch-Erlebnis der besonderen Art. Bei einer Wassertemperatur von 28 °C und drei verschiedenen Trainingsebenen steht dem Tauchvergnügen nichts mehr im Weg. Bereits Kinder ab einem Alter von 8 Jahren können im Tauchclub allerlei Action und Abenteuer rund ums Wasser erleben. Wer noch nie getaucht ist und seine ersten Unterwasser-Erfahrungen sammeln will, für den ist „Schnuppertauchen" genau das Richtige. Durch das etwa zweistündige Programm führen speziell dafür ausgebildete Tauchlehrer.

Das Ausbildungsprogramm reicht von klassischen Einsteigerkursen über spezialisierte Trainings bis hin zur Ausbildung zum Profi oder sogar Tauchlehrer.

Neu: e-learning, weitere Infos unter www.monte-mare.de/tauchen.

Wichtig!

Adresse und Anfahrt:
monte mare Rheinbach
Münstereifeler Straße 69
53359 Rheinbach
Tel. 02226/9030-11, Fax 02226/9030-99
tauchen@monte-mare.de
www.monte-mare.de/tauchen

Öffnungszeiten:
Täglich ab 10 Uhr.
Mo.–Sa. bis 22 Uhr, So. bis 21 Uhr.

Eintritt:
Wochentags 4 Std. € 32,–
Tageskarte € 39,–
Wochenend- und Feiertagszuschlag: € 10,–.
Alle Preise inkl. Sport- und Freizeitbad, Sauna- und Wellnessparadies, Blei sowie Flasche und Non-Limit-Füllung.
Ausrüstung kann vor Ort geliehen werden.
Für Taucher ist eine telefonische Anmeldung unter 02226/9030-11 oder per Mail an tauchen@monte-mare.de erforderlich.

monte mare Reichshof-Eckenhagen

Erholen, entspannen, die Seele baumeln und sich verwöhnen lassen! Im monte mare Saunaparadies in Reichshof-Eckenhagen genießen Sie Urlaubs-Gefühle an über 360 Tagen im Jahr. Die Welt um sich herum vergessen, die Zeit anhalten und Körper und Geist in Balance bringen – das ist perfekte Erholung auf höchstem Niveau.

Das breite Angebot an neun verschiedenen Saunen und Dampfbädern mit unterschiedlichen Temperaturen und Luftfeuchtigkeiten sowie gemütliche Ruhe- und Schlafräume garantieren unvergessliche Stunden. Für das leibliche Wohl sorgt eine große Auswahl an Speisen und Getränken im Gastronomiebereich. Hier erwartet Sie unter anderem …

Saunalandschaft: Kelosauna, Dampfbad sowie eine Niedertemperatursauna. Sibirisches Saunadorf mit Erdsauna

Wellness: Umfangreiches Angebot mit Massagen, Dampfbad-Zeremonien und exklusiven Wellness-Arrangements. Weitere Informationen unter www.monte-mare/reichshof.de

– Banja-Sauna – Blockhaus-Sauna, „SaunaGarten Eden" mit Rosensauna und Trockensauna. Genießen Sie die authentischen Badezeremonien und Erlebnisaufgüsse: Beim Wenik-Aufguss werden die getrockneten Birkenreisen in das heiße Wasser getaucht und damit wird die Haut des Badenden abgefächelt. Außerdem werden die Weniks auch auf den Ofen geschlagen und die erhitzten Blätter entfalten dabei einen angenehmen Duft.

> ### Wichtig!
>
> **Adresse und Anfahrt:**
> monte mare Reichshof
> Hahnbucher Str. 21
> 51580 Reichshof-Eckenhagen
> Tel. 02265/99740-0, Fax 02265/99740-40
> reichshof@monte-mare.de
> www.monte-mare.de/reichshof
> **Öffnungszeiten:**
> Saunaparadies: Täglich ab 10 Uhr,
> Mo.–Do. bis 23 Uhr, Fr.–Sa. bis 24 Uhr und
> So. bis 21 Uhr. Hallenbad: Mo.–Fr. 14–21 Uhr,
> Sa.–So. 10–18 Uhr.
> **Eintritt:**
> Saunaparadies (inkl. Hallenbad):
> 4 Std. € 16,–, Tageskarte € 18,–
> Wochenendzuschlag € 2,–.
> Hallenbad: Kinder bis 1 m frei,
> Erwachsene € 4,–
> Jugendliche bis 17 Jahre € 2,50

Affen- & Vogelpark Reichshof-Eckenhagen

Jedes Kind träumt davon, einmal Herrn Nilsson von Pipi Langstrumpf zu begegnen oder einen Wellensittich aus der Hand zu füttern. Im Affen- und Vogelpark Eckenhagen treffen die Besucher die Totenkopfaffen, andere Säugetierarten wie Erdmännchen oder Berberaffen und exotische Vögel in naturnah gestalteten Anlagen. Auf Gartenfreunde warten farbenfrohe Gärten wie der Bauerngarten oder der weiße Garten.

Aufgrund der allwettersicheren Indoorhalle mit Tropenambiente, 3D-Klettergerüst, Trampolin u.v.m. wird der Besuch in jedem Fall ein Erlebnis. Spannende Fahrgeschäfte und ein Grillparadies mit über 20 Grillhütten für jedermann (Reservierung genügt) machen den Park zum idealen Ausflugsziel für die ganze Familie – bei jedem Wetter.

Wichtig!

Adresse:
Affen- & Vogelpark Eckenhagen
Am Bromberg 6
51580 Reichshof
Tel. 02265/8786
www.affen-und-vogelpark.de

Anfahrt:
A 4 Köln-Olpe, Abfahrt Eckenhagen oder A 45 Dortmund-Gießen bis Kreuz Olpe, dann A 4 Richtung Köln, Abfahrt Eckenhagen, dann den Hinweisschildern folgen.

Öffnungszeiten:
Ganzjährig geöffnet (außer Heiligabend und 1. Weihnachtsfeiertag). Täglich 9–19 Uhr, im Winter reduziert (s. Internet).

Eintritt:
Erwachsene € 11,–
Kinder (90 cm–14 J.) € 9,–
In den Wintermonaten reduziert.

Sonstiges:
Jeden 1. Sonntag im Monat (März–Oktober) findet ein Bauern- und Kleintiermarkt direkt neben dem Park statt.

Neanderthal Museum Mettmann

parkähnlich gestaltet. Neben dem Museumsbesuch bietet sich ein Spaziergang durch das nahegelegene eiszeitliche Wildgehege oder über den Kunstweg „Menschenspuren" an. Das Museumscafé mit unserer schönen großen Sonnenterasse und der attraktive Museumsshop laden dann im Anschluss zum Verweilen ein.

Unweit des Ortes, an dem vor mehr als 150 Jahren der Neanderthaler gefunden wurde, steht heute eines der modernsten Museen Europas. Es erzählt die Geschichte der Menschheit von den Anfängen in den afrikanischen Savannen vor mehr als vier Millionen Jahren bis in die Gegenwart. Multimediale Inszenierungen, Hörerlebnisse, aber auch klassische Medien wie Exponate und Lesetexte vermitteln anschaulich die aktuellen Forschungsergebnisse aus Archäologie und Paläoanthropologie.

Regelmäßig wechselnde Sonderausstellungen widmen sich den unterschiedlichsten Themen. In der Steinzeitwerkstatt werden Mitmachaktionen und Workshops für Kinder, Jugendliche und Erwachsene angeboten. Die Feldhofer Grotte, in der die Überreste des Neanderthalers gefunden wurden, ist durch Steinbrucharbeiten zerstört. Nach erneuten Ausgrabungen wurde der weltberühmte Fundort

Wichtig!

Adresse:
Neanderthal Museum
Talstraße 300
40822 Mettmann
Tel. 02104/979797
Fax 02104/979796
www.neanderthal.de
museum@neanderthal.de

Anfahrt:
Das Museum liegt verkehrsgünstig an den Autobahnen A3 und A46. Mit öffentlichen Verkehrsmitteln erreichen Sie das Museum bequem mit den S-Bahn Linien S8 und S28 und den Buslinien 741 und 743.

Saison/Öffnungszeiten:
Ganzjährig, Di.–So. 10–18 Uhr, montags geschlossen Anmeldungen für Führungen und Veranstaltungen in der Steinzeitwerkstatt unter: Tel. 02104/979715 oder E-Mail: fuehrungen@neanderthal.de

Eintritt:
Preise variieren je nach Ausstellung. Familien: 20 % Ermäßigung.

Verpflegung:
Cafeteria im Museum,
Gastronomie im Neanderthal

Nordrhein-Westfalen

Tropfsteinhöhle in Wiehl

Ausflug für Höhlenforscher! Phantastisch, was Baumeisterin Natur in der Tropfsteinhöhle Wiehl zustande gebracht hat. Während Jahrmillionen tropfte kalkhaltiges Wasser von der Höhlendecke herab und formte eine phantastische Welt stetig wachsender Gebilde. Die Preisfrage lautet: Was unterscheidet Stalaktiten und Stalagmiten voneinander? Im rechten Licht betrachtet, glitzern die aufstrebenden Türmchen und herabhängenden Zapfen in märchenhaften Farben – und so wird die Tropfsteinhöhle Wiehl zu einem unterirdischen Palast. Die Führungen in der Höhle dauern bis zu einer Dreiviertelstunde. Anschließend kann man das nahegelegene Tiergehege besuchen oder sich auf den ab Eingang der Höhle ausgeschilderten Waldlehrpfad begeben. Im nahegelegenen Freizeitpark kann man Minigolf oder Beachvolleyball spielen, außerdem stehen Grillplätze zur Verfügung.

Wichtig!

Adresse:
Tropfsteinhöhle
51674 Wiehl
Tel. 02262/7920
Information zur Höhle:
www.wiehl.de/touristeninfo/
sehenswuerdigkeiten

Anfahrt:
Wiehl liegt südlich von Gummersbach und der A 4, 5 Minuten von der Ausfahrt Gummersbach entfernt. Die Höhle ist ausgeschildert.

Saison:
Ganzjährig

Öffnungszeiten:
April–November: täglich von 10–17 Uhr,
November–April: samstags, sonntags und feiertags von 11–16 Uhr
Gruppen nach Vereinbarung

Eintritt:
Erwachsene € 3,50
Kinder € 3,–
Gruppen ab 20 Personen/p.P. Erw. € 3,–
Gruppen/p.P Kind € 2,50

Verpflegung:
Picknick, außerdem Waldhotel Hartmann in der Nähe, Restaurants im Ort, Grillen im Freizeitpark.

Drumherum:
1,8 km langer Rundweg/Waldlehrpfad/ Wildgehege

LVR-Freilichtmuseum Lindlar

Wie's früher war! Vor den Toren Lindlars, im Herzen des Bergischen Landes und etwa 30 km östlich von Köln befindet sich das ökologische Freilichtmuseum. Das ganze Jahr kann man hier nachempfinden, wie das Leben und Arbeiten für die bergische Landbevölkerung vor 100 bis 150 Jahren war. Träger ist der Landschaftsverband Rheinland (LVR). Im Mittelpunkt steht die bergische Kulturlandschaft, wie sie im 19. Jahrhundert ausgesehen hat. Auf 25 ha wird das Gelände nach historischem Vorbild bewirtschaftet. Alte Tierrassen und Feldfrüchte gehören ebenso zur Präsentation wie die traditionellen Bewirtschaftungsmethoden der Felder mit Pflug und Pferd. Das Museumsgelände wurde konsequent in den Zustand zwischen 1850 und 1900 zurückversetzt. Alte Wege wurden wieder angelegt, Gärten eingerichtet und Ackerparzellen wieder auf die Größe gebracht, die im 19. Jahrhundert üblich war. So hebt sich das Museumsgelände wie ein bunter Flickenteppich von seiner Umgebung ab. Durch die kleinteilige Parzellierung entstanden vielfältige Lebensräume für Tiere und Pflanzen, die im Bergischen Land einst heimisch waren.

Wichtig!

Adresse:
LVR-Freilichtmuseum Lindlar
Bergisches Freilichtmuseum für Ökologie und bäuerlich-handwerkliche Kultur
51789 Lindlar
Kulturinfo Rheinland:
Tel. 02234/9921-555
Verwaltung:
Tel. 02266/9010-0, Fax 02266/9010-200
Anfahrt: Von Kreuz Köln-Ost über die A 4 Ri. Olpe bis Ausfahrt Untereschbach, dann L 299 Ri. Lindlar, dort ausgeschildert.
Saison/Öffnungszeiten:
1. Mär.–31. Okt. Di.–So. 10–18 Uhr
1. Nov.–28. Feb. Di.–So. 10–16 Uhr
Montags geschlossen. Heiligabend,
1. Weihnachtsfeiertag, Silvester und Neujahr geschlossen. An allen anderen Feiertagen (auch montags) geöffnet. Auch außerhalb der Öffnungszeiten ist ein Museumsbesuch für Gruppen möglich.
Tel. 02266/9010-0
Eintritt: Erwachsene € 5,50
ermäßigt € 3,50
Kinder unter 18 Jahren haben freien Eintritt
Gruppen Erw. pro Person € 5,– (ab 10 Pers.)
www.freilichtmuseum-lindlar.de
Verpflegung: Restaurant mit Biergarten im Museumsgelände, Picknickplätze vorhanden

Zoologischer Garten Wuppertal

Der Wuppertaler Zoo gilt mit seiner baumreichen Parklandschaft als einer der landschaftlich schönsten Zoologischen Gärten. In großzügigen Freigehegen und modernen Tierhäusern leben etwa 4.500 Tiere in rund 450 Arten, darunter zoologische Kostbarkeiten wie Mittelamerikanische Tapire, Pudus, Asiatische Goldkatzen, Brillenlanguren, Kolibris und Rote Felsenhähne. Durch große Unterwasserbeobachtungsscheiben kann Eisbären, Pinguinen und Tapiren beim Schwimmen und Tauchen zugesehen werden. Auf einer großzügigen Anlage lebt die fantastische Herde Afrikanischer Elefanten mit ihren Jungtieren. Die neue Brillenpinguinanlage ist einem Strandabschnitt Südafrikas nachempfunden. Orang Utans und Gorillas stehen naturnah gestaltete, gitterlose Freianlagen zur Verfügung. Die großartige Freianlage für Sibirische Tiger und die größte Freianlage für Löwen in einem deutschen Zoo wurden 2007 eröffnet. Königs- und Eselspinguine bewohnen seit 2009 gemeinsam eine der größten und modernsten Pinguinanlagen Europas. Weltweit einmalig ist der 15

Meter lange Unterwassertunnel, durch den man die Tiere aus außergewöhnlicher Perspektive im Wasser beobachten kann. Besonders spannend für die kleinen Besucher sind die täglichen Fütterungen der Seelöwen, Pinguine und Großkatzen sowie der große Spielplatz. Vor allem in den Sommermonaten wird ein buntes Programm für Groß und Klein

mit Konzerten, Führungen, Kinderfesten und vielen anderen Aktionen angeboten. Da der Park landschaftlich so schön angelegt ist, lohnt es sich, genügend Zeit einzuplanen.

Wichtig!

Adresse: Zoo Wuppertal
Hubertusallee 30, 42117 Wuppertal
Tel. 0202/563-3600, www.zoo-wuppertal.de
kontakt@zoo-wuppertal.de
Anfahrt: Der Zoo ist gut mit öffentlichen Verkehrsmitteln zu erreichen. Mit dem Auto über die A46, Abfahrt Wuppertal Sonnborn, in der Stadt ist der Zoo ausgeschildert.
Öffnungszeiten: Ganzjährig geöffnet, tägl. 8.30–18.00 Uhr, im Winter bis 17.00 Uhr.
Eintritt: Erw. € 12,– (ermäßigt € 10,–), Kinder (4–16 Jahre) € 6,– (ermäßigt € 5,–)
Verpflegung: Picknick möglich, Restaurant-Cafeteria.
Drumherum: Empfehlenswert ist die Anreise mit der weltberühmten Schwebebahn, der Haltepunkt Zoo/Stadion ist nur wenige Schritte vom Eingang entfernt.

Aquazoo Düsseldorf

Fast wie selbst tauchen! Der Aquazoo liegt im Düsseldorfer Nordpark unweit der Messe, ist also leicht zu finden und bietet auch nach dem Besuch vielfältige Freizeitmöglichkeiten. Gezeigt werden Fische jeglicher Art, von kleinen Tropenbewohnern bis zu den etwas größer geratenen Haien. Kinder haben besonderen Spaß, wenn sich Pinguine in Slapstick-Manier in die Becken stürzen. Viel Platz wird auch den Bewohnern des Insektariums eingeräumt, ebenso den Reptilien.

Dazu gibt es noch weiterführende naturwissenschaftliche Ausstellungen. Insgesamt kann man schon einige Stunden für den Rundgang einplanen, mit einem Spielaufenthalt im Park ist ein Nachmittag perfekt verplant! Fischfans können übrigens auch ihren Geburtstag hier im Aquazoo feiern.

Nordrhein-Westfalen

Siegerland und Wittgensteiner Land

Wie Perlen einer Kette reihen sich kleine Fachwerkorte in den Tälern des Siegerlandes aneinander. Schwarze Balken, weiße Gefache und ein schiefergedecktes Dach sind typisch für den Baustil in diesem Landstrich. Nicht selten sieht man auf einer Fahrt durchs Wittgensteinische ein Plakat an der Wand des einzigen Bushäuschens im Dorf, auf dem ein „Backes" angekündigt wird. Gemeint ist das gemeinsame Backen im Dorfbackhaus, eine alte Tradition, die wiederbelebt wurde.

Der Stahlberger Erbstollen

Im Bauch der Erde! Der Stahlberger Erbstollen, auch „Tiefer Müsener Stollen" genannt, wurde in den Jahren 1740 bis 1780 ursprünglich als Wasserableitungsstollen gebaut und hatte eine Länge von 1.144,5 m. Ab 1833 wurde über diesen Stollen das Erz aus der Grube gefördert. Von der gesamten Länge sind heute 380 m zur Besichtigung freigegeben. Bei Stollenmeter 310 berührt der Stollen ein Grauwackenlager. Dieses Lager wurde teilweise abgebaut, die dort gewonnenen Steine wurden beim Bau der Hochöfen in Müsen und Umgebung als Gestellsteine (Sedimentgestein) verwendet. In diesem Abbau werden heute ein Firstenstoßbau um 1930 und ein Abbau aus dem 17. Jahrhundert dargestellt, nachdem zwischen 1976 und 1979 der Stahlberger Erbstollen von der Arbeitsgruppe Stahlbergstollen in unzähligen Feierabend- und Wochenendschichten aufgewältigt und neu hergerichtet worden war. Im Jahre 1979, bei der 900-Jahrfeier in Müsen, wurde der Stollen dann als Schaubergwerk eröffnet. Im Stahlbergmuseum sind Erzstufen, Gezähe, Karten und Grubenwagen ausgestellt.

Wichtig!

Adresse:
Schaubergwerk Stahlberger Stollen
Auf der Stollenhalde 4
57271 Hilchenbach-Müsen
Tel. 02733/60264
www.stahlbergmuseum.de
Anfahrt: Der Ort liegt zwischen Kreuztal und Hilchenbach an der B 508, das Bergwerk ist ausgeschildert.
Öffnungszeiten: Jeden 2. So. im Monat von 14.30 bis 16.30 Uhr. Während der Sommerferien jeden Sonntag. Dez. bis März geschlossen.
Ansprechpartner für Museums- und Stollenführungen: Rolf Golze (Tel. 0170/4114260), für Schulklassen: Gerhard Klein (Tel. 02733/128340).
Verpflegung: Picknick vor dem Bergwerk, Gaststätten in der Nähe

maritimo Saunaparadies & WellnessResort Oer-Erkenschwick

Eingebunden in eine großzügige Architektur, eröffnet sich im maritimo eine Vielfalt an Attraktionen rund um Wasser, Wärme und Wellness.

Preisgekrönt als eine der besten Wellness-Adressen in Europa, bietet Ihnen das maritimo ein perfektes Ambiente für Ihren Urlaub zwischendurch. In einem maritimen Ambiente warten 11 unterschiedliche Schwitzbäder – vom Soft-Dampfbad bis zur feurig heißen Aufguss-Sauna – darauf, vom Besucher entdeckt zu werden.

Großzügige Aufenthalts- und Ruhezonen, der terrassenförmig angelegte Außengarten sowie die exzellente Gastronomie ergänzen das Angebot und lassen einen Besuch im maritimo zu einem unvergleichlichen Erlebnis werden.

Saunalandschaft: Dampfbad, Strandsauna, Kajütensauna, Kräuterbad im Innenbereich werden von Banja, Panoramasauna, Stollensauna, Kelo-Sauna und Baumsauna im Außenbereich ergänzt. Solebecken mit Unterwassermusik (AquaSound), Erlebnisduschen, Cleopatrabad, Fußwärmbecken, großes Wärmebecken (innen und außen), Mentalruheraum und Gradierwerk vermitteln Wohlbefinden rundum.

Wellness: Umfangreiches Angebot wie z. B. Hamam, Ayurveda, Massagen, Dampfbad-Zeremonien und exklusive Wellness-Arrangements.

Wichtig!

Adresse und Anfahrt:
maritimo Oer-Erkenschwick
Am Stimbergpark 80
45739 Oer-Erkenschwick
Tel. 02368/698-0, Fax 02368/698-199
kontakt@maritimo.info, www.maritimo.info

Öffnungszeiten:
Sauna- und Wellnessresort: Täglich ab 9 Uhr, Mo.–Do. bis 23 Uhr, Fr./Sa. bis 24 Uhr, So. und Feiertage bis 21 Uhr.
Sport- und Freizeitbad: Täglich 9–19 Uhr.

Eintritt:
Sauna- und Wellnessresort:
(inkl. Sport- und Freizeitbad):
4 Std. € 22,–, Tageskarte € 27,–
Wochenend-/Feiertagszuschlag € 2,–
Sport- und Freizeitbad:
Kinder bis 1 m frei.
Jugendl. bis 15 J. € 5,50, Erw. € 6,50
Familienrabatt ab 2 Erw. + 1 Kind 10 %
Wochenend-/Feiertagszuschlag € 2,–
Freibad: Jugendl. bis 15 J. € 2,50, Erw. € 4,–

Per ► Click in die Freizeit

Diverse Museen:
www.mmk-frankfurt.de
www.goethehaus-frankfurt.de
www.schlossphilippsruhe.de
www.dam-online.de
www.goethehaus-frankfurt.de
www.gedenkstaette-trutzhain.de
www.dam-online.de
www.liebig-museum.de
www.dialogmuseum.de
www.grimm-museum.de
www.mathematikum.de
www.fridericianum-kassel.de

Archäologische Museen:
www.archaeologisches-museum.frankfurt.de
www.saalburgmuseum.de
www.archaeologie-im-gleiberger-land.de (Biebertal)
www.hlmd.de (Darmstadt)

Diverse Freizeitparks:
www.erlebnispark-steinau.de
www.funtastic-linden.de
www.lochmuehle.de
www.taunuswunderland.de
www.wildpark-willingen.de

Schlösser:
www.das-fuerstliche-gartenfest.de
www.garvensburg.de
www.schloss-buedingen.de
www.schloss-hotel-waldeck.de

Zoo / Wildparks:
www.alaris-schmetterlingspark.de
www.bergwildpark-meissner.de
www.kisselmuehle.de
www.kobelt-zoo.de
www.opel-zoo.de
www.umweltbildung.de
www.vogelpark-biebesheim.de
www.wildpark-buedingen.de
www.zoo-darmstadt.de
www.zoo-vivarium.de

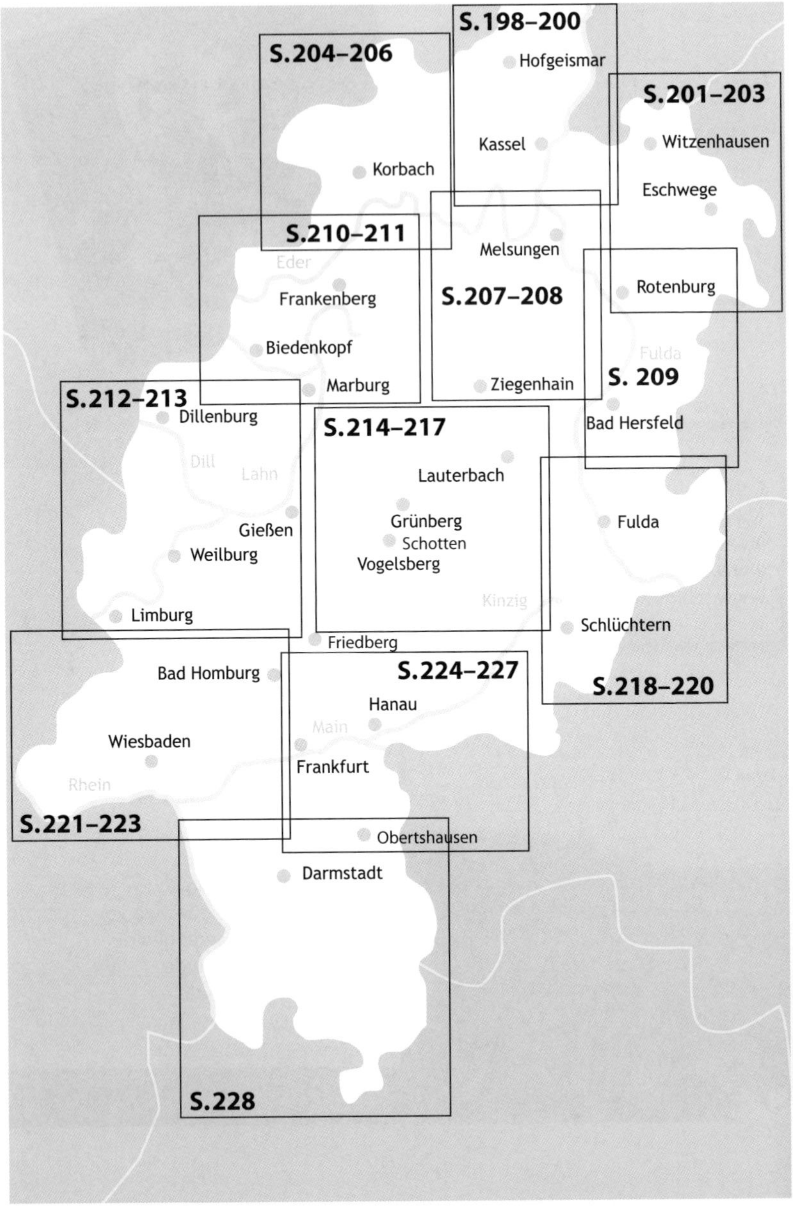

S.198–200

S.204–206

Hofgeismar

S.201–203

Kassel

Witzenhausen

Korbach

Eschwege

S.210–211

Eder

Melsungen

S.207–208

Rotenburg

Frankenberg

Biedenkopf

Fulda

Marburg

Ziegenhain

S. 209

S.212–213

Dillenburg

Bad Hersfeld

S.214–217

Dill

Lahn

Lauterbach

Gießen

Grünberg

Schotten

Fulda

Weilburg

Vogelsberg

Kinzig

Limburg

Schlüchtern

Friedberg

S.218–220

Bad Homburg

S.224–227

Hanau

Wiesbaden

Main

Frankfurt

S.221–223

Obertshausen

Rhein

Darmstadt

S.228

Im Märchenland der Brüder Grimm

Wer kennt es nicht, das Märchen von Dornröschen. Nur wenige wissen: Es gab das Schloss des hundertjährigen Schlafes wirklich! Als Vorbild diente den Brüdern Grimm die Sababurg unweit von Hofgeismar. Und tatsächlich wirkt das Land zwischen den Flüssen Weser, Diemel und Fulda auch heute noch märchenhaft und verzaubernd auf seine Besucher. Es gibt verwunschene kleine Täler mit klaren Bächen, langgezogene, majestätische Laubwälder und viele entzückende Dörfer, die zu besuchen sich lohnt.

Die Sababurg bei Hofgeismar

Burgromantik! Wer hier einschläft, der muss damit rechnen, dass er erst nach hundert Jahren wieder aufwacht! Die Burg diente den Brüdern Grimm schließlich als Vorbild ihres „Dornröschenschlosses". Heutzutage hat der Tierpark Sababurg die wichtige Aufgabe, bedrohte europäische Tierarten zu züchten und bereits ausgestorbenen Tierarten durch Rückzüchtung ein zweites Leben zu schenken. Man sieht prächtige Wisente, drei europäische Wildpferdarten und viele andere seltene Tiere. Kinder freuen sich über den Streichelzoo. Es gibt eine Kindereisenbahn und eine Fischotteranlage. Interessant zu beobachten sind die Fütterungen von Pinguinen, Fischottern Vielfraßen und Luchsen. Einmalig schön am Burgberg gelegen, ist die Greifvogelanlage.

Von März bis Oktober finden dreimal täglich (außer montags) Flugvorführungen statt. Die fast 30-minütige Flugschau beginnt jeweils um 11.30 Uhr, 14.00 Uhr und 16.15 Uhr.

Wichtig!

Adresse: Tierpark Sababurg
Sababurg 1, 34369 Hofgeismar
Tel. 05671/766499-0, Fax 05671/766499-99
www.tierpark-sababurg.de
Anfahrt: Über die B 83 in Richtung Trendelburg, gleich kurz hinter der Stadt rechts abbiegen auf die Straße nach Sababurg. Dann ausgeschildert.
Öffnungszeiten:
Januar bis Februar 10–16 Uhr
März 9–17 Uhr
April bis September 8–19 Uhr
Oktober 9–18 Uhr
November bis Dezember 10–16 Uhr
Eintritt von März bis Oktober:
Erwachsene € 7,–
Kinder (4–15 Jahre) € 3,50
Verpflegung: Das rustikale Restaurant „Zum Thiergarten" mit regionalen Spezialitäten
Drumherum: In unmittelbarer Nähe liegt der Urwald Sababurg

Museumszug Hessencourrier

Mit einer Dampflok und über 100 Jahre alten Personenwagen befährt der Hessencourrier von Januar bis Dezember die alte Bahnstrecke von Kassel nach Naumburg. Los geht's um 11 oder 12 Uhr. Die einfache Fahrt dauert 90 Minuten. Rückkehr in Kassel gegen 17:30 Uhr. Während der Fahrt wird im Buffetwagen für das leibliche Wohl gesorgt. Schaffner in historischen Uniformen sorgen für ein Reisegefühl  wie zu Zeiten der Großeltern. In Naumburg laden der Kurpark mit Spiel-platz, Eisenbahnmuseum, Schwimmbad und die gut erhaltene Fachwerkaltstadt zum Verweilen ein.

Wichtig!

Adresse: Hessencourrier e.V.
Bahnhof Kassel-Wilhelmshöhe
Hessencourrier, Johanna-Waescher-Straße, 34131 Kassel, Tel. 0561/8075700
Anfahrt: Beste Verbindungen mit öffentlichen Verkehrsmitteln, da nur zehn Minuten Fußweg vom ICE- Bahnhof Kassel Wilhelmshöhe. Fahrtzeiten und Preise im Internet unter: www.hessencourrier.de
Verpflegung: Buffetwagen im Zug, Grillen, Picknick und Restaurants in Naumburg.

Die Kurhessen Therme in Kassel

Die 4 Elemente „Wasser, Luft, Feuer und Erde" standen Pate bei der Gestaltung der wunderschönen Anlage der Kurhessen Therme, die mitten im Kurbezirk von Bad Wilhelmshöhe liegt. 1.200 Quadratmeter Wasserlandschaft im Innen- und Außenbereich erwarten den Gast. Dazu zählen Thermalsolebecken, Bewegungstherapie, Whirlpools, Quellen, Wasserfälle und eine groß angelegte Kurabteilung. Wellnessbehandlungen, Fitness-, Entspannungs- und Sportmassagen sowie viele gesundheitsfördernde Kurse bieten ein Rundum-Gesundheitsprogramm, zu dem auch die vielseitige Saunawelt beiträgt.

Wichtig!

Adresse: Kurhessen Therme
Wilhelmshöher Allee 361, 34131 Kassel
Tel. 0561/318080
www.kurhessen-therme.de
info@kurhessen-therme.de
Anfahrt: Mit der S-Bahn Linie 1 zu erreichen, für PKW-Anfahrt großräumig gut ausgeschildert.
Öffnungszeiten: Tägl. 9–23 Uhr, Mi., Fr./Sa. bis 24 Uhr
Eintritt: Erw.: 1,5 Std. € 13,–, 2 Std. € 15,–, 3 Std. € 17,50, 4 Std. € 19,–, Tageskarte € 25,–; Kinder (bis 5 Jahre) freien Eintritt, Kinder (6 bis 12 Jahre) € 10,–
Verpflegung: Restaurants im Nass- und Trocken-Bereich, Picknick im nahen Schlosspark Wilhelmshöhe möglich.

Der Bergpark Wilhelmshöhe

Stilepochen der Gartenkunst! Der Park ist 245 Hektar groß und bietet Gelegenheit, einen ganzen Tag sowohl auf den Spuren der hessischen Geschichte als auch in der

Geschichte der Gartenkunst zu wandeln. Das Oktogon mit der aus Kupfer getriebenen Herkulesstatue (erbaut um 1696–1717), die dem Mittelalter nachempfundene Löwenburg (erbaut 1793–1801), das klassizistische Schloss (erbaut 1786–1798) und das Große Gewächshaus (erbaut 1822) sind nur einige Beispiele der Bau- und Gestaltungskunst aus der Geschichte der Kasseler Landgrafen. Die üppigen Wiesen, die seltenen Bäume, der schattenspendende Wald und die sich stets abwechselnden Wasserflächen lassen die verschiedenen Stilepochen der Gartenkunst beim Spazierengehen durch den Park hautnah erleben. Die Wasserkünste im Park Wilhelmshöhe sind eine einmalige Attraktion. Deren Inszenierungen können mittwochs,

sonn- und feiertags besichtigt werden. Die einzelnen Stationen: 14.30 Uhr Start (und Treffpunkt) Oktogon, 15.05 Uhr Steinhöfer Wasserfall, 15.20 Uhr Teufelsbrücke, 15.30 Uhr Aquädukt, 15.45 Uhr Abschluss Große Fontäne.

Wichtig!

Adresse: Museumslandschaft Hessen Kassel Postfach 41 04 20, 34066 Kassel Tel. 0561/31680-123, Fax 0561/31680-111 www.museum-kassel.de info@museum-kassel.de
Info: Über das Besucherzentrum Wilhelmshöhe im historischen Stationsgebäude der Endhaltestelle der Straßenbahnlinie 1 (April–Okt., Di.–So. 10–17 Uhr, Mo. geschlossen). Das Besucherzentrum Herkules dient als Informationszentrum für die Besucher des Herkules-Monuments. Täglich von 10–17 Uhr, Mo. geschlossen, besucherdienst@museum-kassel.de, Tel. 0561/31680-123
Anfahrt: Der Bergpark Wilhelmshöhe befindet sich am Ende der Wilhelmshöher Allee und ist von der Stadtmitte aus und vom ICE-Bahnhof mit der Linie 1 bis Endstation zu erreichen. Für Autofahrer gut ausgeschilderte Parkplätze vorhanden.
Wasserspiele: Mi., So., Feiertage 14.30 Uhr; 1. Mai bis 3. Oktober
Öffnungszeiten: Der Park ist frei zugänglich, die einzelnen Attraktionen sind aber nicht durchgehend geöffnet. Weitere Informationen unter www.museum-kassel.de
Eintritt: Für den Park frei
Verpflegung: Herkulesterrassen, Museumsbistro, Schlosscafé u. Kaskadenwirtschaft, Grillen nicht gestattet.
Drumherum: Die Kurhessen Therme liegt in unmittelbarer Nähe

Werra-Meißner-Land

Das Land um den Hohen Meißner, den „König der hessischen Berge", ist das Land der Frau Holle – so wollen es jedenfalls alte Sagen wissen. Der Feriengast erlebt hier eine heile Welt mit ausgedehnten Wäldern, bunten Wildgraswiesen und blühenden Kirschplantagen. Der Naturpark Meißner-Kaufunger Wald zieht Jahr um Jahr Wanderer und Radfahrer an, die die Stille und Einsamkeit dieser Landschaft zu schätzen wissen. Man würde sich kaum wundern, träfe man auf einem Spaziergang durch Wald und Wiesen die Brüder Grimm auf der Suche nach ihrem Schneewittchen.

Der Wildpark in Meißner-Germerode

Mit Waldwichtelhaus! Ein kleiner, aber interessanter Tierpark mit fast allen heimischen Wildarten, Vogelvolieren und zwei großen Fischteichen. Alles kann man in Ruhe abwandern. Die Wege im Park sind buggytauglich, auch das Damwild möchte unbedingt gestreichelt werden. Wenn das noch nicht reicht, geht es auf den großen Kinderspielplatz. Dort gibt es noch das „Waldwichtelhaus", das sich als Museum entpuppt und das Natur zum Sehen, Fühlen und Staunen ausstellt. Der Eintritt ist inklusive.

Wichtig!

Adresse:
Wildpark Germerode
37290 Meißner-Germerode
Tel. 05657/7591
www.wildpark-germerode.de
Anfahrt: Germerode liegt in der Nähe von Eschwege, zwischen den Bundesstraßen B 7 und B 27, dort ausgeschildert.
Saison/Öffnungszeiten:
April–Oktober: Di.–So. 10–18 Uhr
Nov.–März: Sa., So., Feiertage 10–17 Uhr
Eintritt: Erwachsene € 3,50
Kinder € 1,50
Familienkarte € 9,50
Verpflegung: Grillhütte und gemütliche „Wildparkstube".

Hessen

Kanu-Fahrten auf der Werra

Wasser-Abenteuer! Die Werra ist der östliche Quellfluss der Weser. Sie entspringt im Thüringer Wald und ist einer der schönsten und abwechslungsreichsten Wanderflüsse im Mittelgebirge mit zahlreichen stillen Plätzen, Fachwerkstädtchen, Burgen und fast keiner Industrie. Flussgeschwindigkeiten und auch die verschiedenen Arten der Wehre machen den Fluss in-

teressant für Kanufahrten. Mal muss umtragen werden, mal kann eine Schwallstrecke durchfahren werden, mal kann geschleust werden. Kanu-Touren auf der Werra versprechen viel Spaß und ein unvergessliches Erlebnis! Kanus werden tageweise verliehen. Man kann sich also entspannt auf den Wasserweg machen und fremde Ufer erforschen. Wo es gestattet ist, legt man an. Erfahrung mit Booten ist von Vorteil.

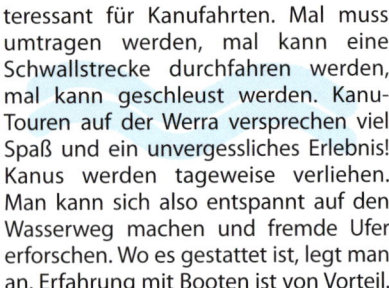

Es werden Rettungswesten für jedes Gewicht angeboten, für Kinder bereits auch unter 10 kg. Am günstigsten fährt, wer das Boot selbst abholt und wieder zurückbringt. Es werden aber auch komplette Touren mit Abholservice angeboten. Ebenso möglich sind Rücktouren mit Leihfahrrädern. Und wer nach einer schönen Kanutour nicht gleich wieder nach Hause fahren möchte, quartiert sich auf dem Campingplatz Werratal ein. Er liegt idyllisch direkt am Fluss und kann Basis für einen kurzen oder längeren Urlaub sein.

Wichtig!

Adresse:
Campingplatz Werratal
Familie Rudolph
Am Sande 11, 37213 Witzenhausen
Tel. 05542/1465
www.campingplatz-werratal.de
info@campingplatz-werratal.de
Anfahrt: Genaue Beschreibung siehe im Internet.
Touren-Saison: Empfiehlt sich für Anfänger nur in den Sommermonaten
Kosten: Je nach Boot und Transport. Beispiel Kanu bei Selbsttransport ab € 12,– pro Person. Mit Transfer von Organisator ab € 20,– pro Person.
Verpflegung: Es gibt einen kleinen SB-Laden. Entlang dem Ufer stößt man immer wieder auf Restaurants und Cafés, gepicknickt wird, wo man will.

Hessen

Familien-Erlebnispark Ziegenhagen

Im Erlebnispark Ziegenhagen heißt das Motto: Die Familie soll miteinander spielen und Spaß haben und Vergangenes bewundern. Deshalb wird für jede Altersgruppe etwas geboten: Man kann sich im Irrgarten verlaufen, sich in der Gespensterburg gruseln, sich im Dornröschenschloss und dem Frau-Holle-Land verzaubern lassen, Tiere füttern oder im Wasserspringboot „Aquajet" abdüsen. Für die Eltern ist sicherlich die Oldtimer-Ausstellung interessant, die viele alte Autos und Motorräder präsentiert. Ebenso das Kunstgussmuseum mit den Ofenplatten und die volkskundlichen Sammlungen mit der Puppenausstellung. Der Museumsbereich macht unabhängig vom Wetter – es darf ruhig auch einmal ein paar Tropfen regnen. Im Gruselkeller stehen die Haare zu Berge, im Babyland dürfen die Kleinsten nach Lust und Laune spielen. Im Abenteuer-Simulator erlebt man Motorradrennen und Achterbahnfahren sowie ein Weltraumabenteuer. Über 60 Spiel-, Fahr- und Unterhaltungsmöglichkeiten gibt es zum Mitmachen. Viele Blumen erfreuen die Seele. Ein besonderes Plus: Der Erlebnispark ist für Rollstuhlfahrer geeignet, es werden sogar Leih-Rollstühle und ein Karussell für Rollis angeboten.

Wichtig!

Adresse:
Erlebnispark Ziegenhagen
37217 Witzenhausen
Tel. 05545/246, Fax 05545/6372
www.erlebnispark-ziegenhagen.de
Anfahrt: Der Park liegt zwischen Kassel und Göttingen an der A 7, ca. 3 km von der Ausfahrt Nr. 75, Hann. Münden–Hedemünden.
Öffnungszeiten:
5. April bis 19. Oktober 2014: 10–17 Uhr
1. Mai bis 31. August 2014: 10–18 Uhr. Letzter Einlass 2 Std. vorher. Montags und freitags geschlossen, außer in den hessischen, niedersächsischen und thüringischen Ferien sowie an Brücken- und Ferientagen. Bei Dauerregen, Sturm, Eis und Schnee bleibt der Park geschlossen.
Eintritt: Besucher bis 90 cm frei
Körpergröße: 90–115 cm € 10,–,
über 115 cm € 11,50, ab 60 Jahren € 9,–,
ab 70 Jahren € 6,–
Verpflegung: SB-Gaststätte, Grillhütten zum Mieten, Picknick möglich

Das Waldecker Land/Ederbergland

Irgendwann im Mittelalter, als die Ritter und Räuber noch unterwegs waren, wurde hoch über dem Edertal eine Burg erbaut, die dem Land seinen Namen gab: Burg Waldeck. Heute thront dort das Schloss gleichen Namens, und zu seinen Füßen liegt der Edersee. Dominiert wird das Waldecker Land vom Grün der dichten Wälder, die das beliebte Feriengebiet zu einem guten Drittel bedecken. Hier ist der König des Waldes, der prächtige Rothirsch, noch zu Hause und mit ihm auch einige Tierarten, die anderswo längst selten geworden sind. Im Herbst schallt sein Brunftruf weit durchs Land, und das ist schön und schaurig zugleich.

Freizeitanlage Heloponte

Freibad, Hallenbad, Saunalandschaft, Gastronomie… all das findet der Gast in der Freizeitanlage Heloponte. Wassertemperaturen von 25 °C bis göttliche 32 °C lassen Stress und Hektik schnell vergessen. Wärmer ist es nur noch in der klassischen Sauna-Landschaft des Heloponte. Dort finden Sie eine Finnische und Kräuter-Sauna, sowie ein Dampfbad und Wasseranwendungen. Einmal auf der 80 m langen Riesenrutsche hinunter oder bei einem Beach-Volleyball Match dabei sein… jeder kommt hier auf seine Kosten. Die großzügige Anlage misst 6.000 qm Freigelände und bietet so genügend Platz für Veranstaltungen verschiedener Art. Für das leibliche Wohl sorgt das Team vom HeloInn. Heloponte mehr als nur ein Schwimmbad!

Wichtig!

Adresse:
Freizeitanlage HELOPONTE
Stresemannstraße 2, 34537 Bad Wildungen
Tel. 05621/1600, Fax 05621/73237
www.heloponte.de, heloponte@t-online.de
Anfahrt:
Der Kurort liegt zwischen Frankenberg und Fritzlar, hier schneiden sich die B 485 und die B 253
Öffnungszeiten:
Hallenbad:
Mo. 14.00–21.30 Uhr, Di.–So. 8.00–21.30 Uhr. Übersicht weiterer Öffnungszeiten für Sauna und Eisbahn im Internet.
Eintritt: Unterschiedlich je nach Bereich. Beispiele Hallenbad: 2 Std. Erw. € 3,–, Kinder (3–15 J.) € 2,–, 4 Std. Erw. € 5,50 Kinder (3–15 J.) 4 Std. € 3,–
Verpflegung: Gastronomie im Bad

Wild- und Freizeitpark Willingen

Der Wild- und Freizeitpark Willingen am Ettelsberg bietet im Sommer und Winter ein Erlebnis für die ganze Familie und ist garantiert immer eine Reise wert. Lassen Sie sich auf Ihrem Ausflug verzaubern und entdecken u. a. ein Wildgehege mit Schalenwild (Dam-, Rot-, Sikawild), exotischen Tieren (Berberaffen, Papageien) und Raubwild (Braunbären, Wildkatzen).

Eine Besonderheit eines jeden Besuchertages (außer Donnerstag) ist eine Greifvogelvorführung, die von fachkundigen Erläuterungen unseres Berufsfalkners begleitet wird. Er informiert über ökologische Bedeutung der verschiedenen Greifvögel, deren Jagd und Zucht. April–Oktober: Freitag–Mittwoch um 12 und 14 Uhr, Eulenschau 16.15 Uhr. November–März: Freitag–Mittwoch um 13 Uhr.

Farbenfroh, spaßig und zugleich lehrreich präsentiert sich das neue Informationsprogramm (außer Freitag) im Papageiendschungel. Amazonen, Edelpapageien, Kakadus und viele weitere farbenreiche Exoten überraschen Euch mit ihrer Lernfähigkeit und kleineren Kunststücken. April–Oktober täglich außer Fr. um 11.15, 13.15, 15.15 Uhr. November–Februar täglich außer Fr. um 12.00 und 15.00 Uhr.

Auf der Streichelwiese kann man eine Vielzahl von Tieren hautnah erleben, und bei einem Rundgang auf dem Waldlehrpfad informieren zahlreiche Lehrtafeln über die Vielfalt und den Artenreichtum des Waldes. Im Jagdmuseum kann die Unterwasserwelt von einheimischen Fischen in zwei Großaquarien beobachtet werden.

Das Dinoland, der Märchen- und Wichtelwald, Fahr- und Freizeitgeräte sowie ein alljährlich wechselndes Programmangebot sind nur einige der vielen Sensationen, die Euch im Wild- und Freizeitpark Willingen am Ettelsberg erwarten.

Wichtig!

Adresse:
Wild- und Freizeitpark Willingen
Am Ettelsberg 2, 34508 Willingen
Tel. 05632/69198, Fax 05632/69062
www.wildpark-willingen.de
info@wildpark-willingen.de
Anfahrt: An der B 252 zwischen Brilon und Korbach. Im Ort ist der Park ausgeschildert.
Saison: Ganzjährig
Öffnungszeiten: April–Oktober von 9–18 Uhr, November–März von 10–16 Uhr. Im Februar sowie bei schlechter Witterung keine Greifvögelvorführung, Ermäßigung/Erstattung des Eintrittspreises nicht möglich.
Eintritt: Erw. € 9,50 (Nov.–März € 8,50)
Kinder 4–14 J. € 8,–, (Nov.–März € 6,–)
Jahreskarte Erw. € 29,–, Kinder € 22,–
Ermäßigte Eintrittspreise für Rentner, Schwerbehinderte, Schüler, Studenten und Gruppen ab 15 Personen.
Verpflegung: Imbiss und Snacks im Pack, Gaststätte 100 m entfernt, Picknick möglich
Drumherum: Fahrten mit dem Sessellift auf den Ettelsberg möglich.

Hessen

Mit dem Schiff auf dem Edersee

See- und Bergwelt! Was für ein schöner See: Wie eine lange Schlange windet sich der Edersee durch die Berglandschaft, die ihn umgibt. Oft reicht der Wald bis dicht ans Ufer, hier plätschert ein klarer Bach in eine stille Bucht, dort stehen regungslose Graureiher und warten auf ihre Mahlzeit. Das alles sieht

man am schönsten vom Wasser aus. Die Fahrgastschiffe „Stern von Waldeck" und „Edersee-Star" sind zwei schmucke neue Kreuzer. Spannend sind die Ablegemanöver – vielleicht lässt sich der Kapitän ja über die Schulter schauen.

Wenn der Wasserstand der Talsperre niedrig ist, gibt der See alte Ruinen frei, denn für den Bau wurden damals vor rund hundert Jahren zahlreiche Dörfer aufgegeben und versanken. Es gibt Rundfahrten ab 1 Stunde Dauer, die von unterschiedlichen Punkten ablegen.

Wichtig!

Adresse: Personenschiffahrt Edersee GmbH & Co. Betriebs KG
Ederseerandstraße 8 b, 34513 Waldeck-West
Tel. 05623/5415, Fax 05623/5149
www.personenschiffahrt-edersee.de
personenschiffahrt-edersee@t-online.de
Saison: <u>Vorsaison</u>: Ende März bis Anfang Mai, <u>Hauptsaison</u>: Anfang Mai bis Ende August, <u>Nebensaison</u>: Anfang September bis Anfang Oktober, <u>Nachsaison</u>: Anfang Oktober bis Ende Oktober. Lassen Sie sich einen detaillierten Fahrplan zusenden oder drucken Sie ihn auf unserer Internetseite aus.
Eintritt: Einfache Fahrt Erwachsene ab € 4,50, Kinder (4–14 Jahre) ab € 3,–
Verpflegung: Günstige Gastronomie an Bord, im Bereich der meisten Anlegestellen gibt es Imbisse oder Kioske.
Drumherum: Das Schloss Waldeck kann besichtigt werden. Auf dem gegenüberliegenden Ufer liegt der Wildpark Edersee. Imposant sind die riesige Staumauer des Sees und die Kaverne des Kraftwerkes.

Kurhessisches Bergland

Von hier kommen die „Rotkäppchen"
– so heißen die Trachten, die in
der Schwalm, dem südöstlichen Teil
des Kurhessischen Berglandes, getragen werden. Zum großen Gebiet des
Berglandes zählen der Knüllwald, der
Habichtswald und der Kellerwald –
man sieht das Land vor lauter Bäumen nicht! Schon vor Tausenden von
Jahren siedelten hier Jäger der Eiszeit;

der heilige Bonifatius (der „Apostel der
Deutschen") hatte es später sehr schwer,
die heidnischen Germanen zu bekeh-
ren. Er griff kurzerhand zur Axt und
fällte deren Heiligtum, die Donareiche
bei Geismar nahe Fritzlar. Das impo-
nierte den Heiden, und fortan hatte
man es in der Gegend mit friedlichen,
gottesfürchtigen Christen zu tun.

Das Naturzentrum Wildpark Knüll

Hier darf ausgiebig gestreichelt
werden! Schafe, Esel, Ziegen und
Minipferde bevölkern den Streichelzoo
des schönen Wildparks. Rot-, Dam-
und Sikawild sowie Muffelwild können
freilaufend beobachtet werden. Eine
große Attraktion ist auch das Bären-
und Wolfsgehege, welches zu den
meist besuchten Anlagen im Wildpark
gehört. Hier kann man gespannt zusehen, wie Bär und Wolf friedlich zusammen leben. Zu den gefährdeten oder
in Deutschland ausgestorbenen Arten,
die im Wildpark gezeigt werden, gehören zum Beispiel Luchs und Uhu. Es gibt
auch einen Spielplatz, wo sich die kleinen Naturforscher austoben können.

Im Naturentdeckerhaus kann man sich
über die Natur- und Kulturlandschaft
der Region und über weitere Themen
informieren. Auf der großzügigen
Anlage und großen Gehegen kann man
Natur hautnah erleben.

Wichtig!

Adresse: Naturzentrum Wildpark Knüll
Im Seckenhain 10
34576 Homberg (Efze)-Allmuthshausen
Tel. 05681/2815, Fax 05681/921092
www.wildpark-knuell.de
info@wildpark-knuell.de
Anfahrt: A 7 Abfahrt Homberg (Efze) und
Knüllwald–Remsfeld sowie über die B 254
über Homberg (Efze)-Lützelwig.
Saison/Öffnungszeiten: 1.4.–31.10. täglich
9–19 Uhr, 1.11.–31.1. Sa. und So. von
10 Uhr bis Einbruch der Dunkelheit.
Eintritt: Kinder ab 3 Jahren € 1,50
Erwachsene € 5,–, Familienkarte € 10,–
Verpflegung: Restauration und Kiosk im
Park, Picknick möglich.

Hessen

Hessisches Braunkohle Bergbaumuseum

Besucherstollen und Bergbauge-
schichte:
Auf Ihrem „Ausflug Untertage" führt Sie
das Besucherbergwerk „vor Ort" mitten in die Arbeitswelt der Bergleute.
Unterirdische Stollen, bergmän-
nisches Gerät, Kumpelfänger und ein
Kindererlebnisstollen – all das lässt
sich Untertage erleben. Originale Berg-
baugeräte werden Ihnen „in Arbeit"
vorgeführt.

Wichtig!

Adresse:
Hessisches Braunkohle Bergbaumuseum
Am Rathaus 7, 34582 Borken
Besucherservice Tel. 05682/808271
www.braunkohle-bergbaumuseum.de
Internet für Kinder: www.kohlekids.de
Anfahrt: A 49, Autobahnabfahrt Borken.
Borken liegt rund 35 Kilometer südlich von
Kassel. Die Museumsbereiche sind innerört-
lich gut ausgeschildert.
Öffnungszeiten: <u>Besucherstollen</u> ganzjährig
geöffnet von Di.–So. 14–17 Uhr
<u>Themenpark „Kohle & Energie"</u> und Natur-
schutzinformationszentrum Saison vom
ersten Sonntag vor Ostern bis 31. Oktober
Di.–So. 14–17 Uhr
Eintritt: <u>Besucherstollen/Themenpark:</u>
Erwachsene jew. € 4,–
Rentner/Jugendliche jew. € 3,–
Kinder (7–12 Jahre) jew. € 1,50
Kinder unter 7 Jahren: freier Eintritt
Familienkarte jew. € 8,–
ermäßigte Gruppenkarten ab 15 Personen
Verpflegung: Museumscafé „Kohldampf"
Drumherum: Borkener Seeland, Braunkohle-
rundweg, Gedenkstätte Stolzenbach.

Im Themenpark „Kohle & Energie" veranschaulichen rasselnde Schaufelrad-
und Eimerkettenbagger, dröhnende
Turbinen und rauchende Kraftwerks-
kessel die raumgreifenden Prozesse
des übertägigen Kohleabbaus und
bringen Sie in Tuchfühlung mit der
Lebens- und Arbeitswelt der Kumpel
und Kraftwerker.
Für sechs- bis zwölfjährige Kinder gibt
es besonders gestaltete Spiel- und
Experimentierbereiche. Das Natur-
schutzinformationszentrum „Borkener See" und ein 32 km langer Braun-
kohle-Rundweg widmen sich dem
Landschaftswandel.

Kur- und Festspielstadt Bad Hersfeld

Mitten in Deutschland – in Nordhessen gelegen – ist Bad Hersfeld verkehrstechnisch gut erreichbar. Besondere Aufmerksamkeit wird der Stadt alljährlich durch die international bekannten Bad Hersfelder Festspiele zuteil. Die Stiftsruine, größte romanische Kirchenruine Europas, als Kulisse der Aufführungen, lässt jeden Gast die besondere Atmosphäre spüren. Schauspiel, Musical, Oper und Konzert prägen die Stadt von Juni bis August. Die Stiftsruine ist ebenso authentische Wirkungsstätte Martin Luthers, der am 1. Mai 1521 hier predigte. Viele mittelalterliche Fachwerkhäuser, das Rathaus, die alte Stadtmauer und nicht zuletzt die Stiftsruine zeugen von einer interessanten Vergangenheit. Erfahren Sie mehr bei einem Besuch in den Bad Hersfelder Museen oder bei einer Stadtführung entlang der historischen Mauern von Bad Hersfeld. Der „Park der Jahreszeiten", Deutschlands zweitschönster Park 2008, ist beliebtes Ausflugsziel zu jeder Jahreszeit. Regelmäßige Führungen durch den Kurpark informieren über das Konzept und die Gestaltung der Anlage. Mit ca. 7 Hektar ist der Park die größte zusammenhängende Grünfläche in Bad Hersfeld und wird von Stadthalle, Kurhaus und Kurbad Therme flankiert. Wellness und Entspannung pur – das verspricht ein Besuch in der Kurbad Therme. Neben Badelandschaft und Saunaparadies runden verschiedene Wellnessbehandlungen wie Massagen, Kosmetikbehandlungen oder Bäder, das Angebot ab. Ein Highlight für Kinder und Jugendliche ist der Jahnpark, ein Freizeit- und Sportpark, der kostenlos attraktive Betätigungsmöglichkeiten bietet. Die Palette der sportlichen Möglichkeiten

reicht von Ballspielen, Kletterwald, Minigolf und Kleinspielarena bis zum grünen Klassenzimmer oder der Erlebniswelt der Sinne. Kommen Sie nach Bad Hersfeld – dem Urlaubsort für Sie. Atmen Sie tief durch und machen Sie Urlaub vom Alltag. Bad Hersfeld hat eine Menge zu bieten … überzeugen Sie sich selbst!

Wichtig!

Adresse:
Tourist Information Bad Hersfeld
Am Markt 1, 36251 Bad Hersfeld
Tel. 06621/201274, Fax 06621/201244
touristikinfo@bad-hersfeld.de
info@bad-hersfeld.de, www.bad-hersfeld.de
Internetseiten:
www.tourist-hef.de
www.bad-hersfeld.de
www.nordhessen.de
www.waldhessen.de
www.mittleres-fuldatal.de
www.rotkaeppchenland.de

Hessen

Marburger Land

Als der Maler Otto Ubbelohde damals im Luftkurort Wetter ausspannte, ließ er sich zu seinen berühmten Illustrationen der Grimmschen Märchen inspirieren. In Marburg, der alten Universitätsstadt, stritten sich Martin Luther und Huldrych Zwingli. Von hier stammt auch die Legende von der heiligen Elisabeth, einer der berühmtesten Frauengestalten des Mittelalters, die ihr Leben den Armen und Kranken widmete. Sie starb 24-jährig im Jahr 1231, ihr zu Ehren wurde vier Jahre später der Bau der Elisabethenkirche begonnen, die heute jedes Jahr Tausende von Besuchern anzieht.

Wildgehege Dautphetal-Hommertshausen

Dieser kleine private Tierpark ist immer frei zugänglich und bietet die Möglichkeit, einige Waldtierarten bei einem kleinen Spaziergang zu sehen. Der jetzige Besitzer hat das Anwesen von seinem Vater übernommen und hält dort Rotwild, Damwild, Hängebauchschweine und Ziegen. Insgesamt etwa 25 Tiere

und vier Arten. Eine „Streichelabteilung" wird nicht angeboten. Es gibt einen kleinen Rundweg mit Bänken, in der Nähe eine Gaststätte und zwei Spielplätze. Einen Sonntag Nachmittag kann man hier leicht verbringen.

Wichtig!

Adresse:
Wildgehege
35232 Dautphetal-Hommertshausen
Tel. 06466/91380
Anfahrt:
Dautphe liegt 7 km südlich von Biedenkopf, von dort fährt man über Silberg weitere 6 km. Im Ortsteil Hommertshausen ist das amerikanische Camp ausgeschildert, direkt darunter liegt das Gehege.
Saison/Öffnungszeiten:
Das Gehege ist jederzeit zugänglich.
Eintritt: Frei
Verpflegung:
Picknick möglich, kein Kiosk oder Gastronomie. Nächste Gaststätte in Dautphe.

Freizeitzentrum Sackpfeife

Die Sackpfeife, Biedenkopfs Hausberg, ist mit 674 Metern die ausgeprägteste und höchste Erhebung im Landkreis Marburg-Biedenkopf und einer der schönsten Aussichtspunkte. Für Fahrradfahrer und Mountainbiker sowie für Wanderfreunde ist die Sackpfeife ein beliebtes Ausflugsziel. Von der Plattform des Aussichtsturms reicht der Rundblick über die Höhenzüge des Rheinischen Schiefergebirges, das Marburger Bergland und – an klaren Tagen – sogar bis zum Taunus. Eine Attraktion ist die Sommerrodelbahn. Auf Gleitschlitten geht die Abfahrt 480 Meter in Kurven steil bergab, bergauf schwebt man bequem mit dem Sessellift. Die Berggaststätte auf dem Gipfel liegt in unmittelbarer Nähe zum Kinderspielplatz. Beliebt ist auch die Bungee-Trampolin-Anlage mit 4 Sprungplätzen. Wie fühlt sich Rindenmulch unter den Füßen an? Wie geht man auf Fichtennadeln? An den Stationen des Sinnespfads auf der Sackpfeife können große und kleine Besucher barfuß unterschiedliche Bodenbeläge – einschließlich eines Schlammbeckens – erfühlen und ertasten. Im Winter ist die Sackpfeife ein beliebtes Wintersportgebiet. Skischule und gespurte Loipen, Skiabfahrt mit Flutlicht und Schlepplift erwarten die Besucher und lassen Stress und Hektik vergessen.

Lahn-Dill mit Weilburg/Limburg

Die schönen Flüsse Lahn und Dill geben dieser Region ihren Namen. Die herrliche Erholungslandschaft wird geprägt von vielen prächtigen Burgen und Schlössern, die von den Bergen aus Wacht halten oder sich zur Schau stellen. Hier würde man sich nicht wundern, wenn hinter der nächsten Talkehre ein Ritter in voller Rüstung erschienen.

Kneipp-Barfußpfad Bad Endbach

Bei diesem Freizeitvergnügen stehen Ihre Füße im Mittelpunkt. Nicht selten staunen wir, wie sensibel unsere Füße fühlen, tasten und spüren können. Tun Sie Ihren Füßen etwas Gutes und probieren Sie den Kneipp-Barfußpfad in Bad Endbach aus. Ihre Schuhe können Sie gleich am Startpunkt des 550 m langen Pfades stehen lassen, denn es heißt ja schließlich „Barfuß"-Pfad. Mit befreiten Füßen geht es über verschiedene Beläge wie Holz, Rindenmulch, Kiesel, Sand und Steinplatten. Spüren Sie die unterschiedlichen Untergründe auf Ihren Fußsohlen, wobei sich Ihre Füße jederzeit auf dem sanften Wiesenboden erholen können. Sie haben die Möglichkeit durch ein Lehmbecken zu waten, und das anschließende Durchqueren des Baches „Salzböde" dient nicht nur zum Säubern, sondern ist auch frische Abkühlung für Ihre Beine.

Zum Abschluss des Pfades können Sie im Kneipp-Tretbecken eine Runde Wassertreten und anschließend auf der Wiese zum Trocknen umhergehen. Dass sich das Barfuß-Gehen positiv auf Leib und Seele auswirkt, ist spätestens seit dem Wirken Sebastian Kneipps bekannt, dessen Lehren sich das mittelhessische Kneipp-Heilbad Bad Endbach verschrieben hat. Tipp: Der Unterwasser-Barfußpfad im Saunagarten der Lahn-Dill-Bergland-Therme.

Wichtig!

Adresse: Tourismus & Marketing Bad Endbach, Herborner Str. 1, 35080 Bad Endbach, Tel. 02776/80113, Fax 02776/1042 www.bad-endbach.de, info@bad-endbach.de
Anfahrt: Von der A 45 in Höhe Herborn bzw. Dillenburg Richtung Bad Endbach. Der Kneipp-Barfußpfad ist bei den Kuranlagen.
Saison/Öffnungszeiten: Ganzjährig, je nach Wetterlage nutzbar, empfohlen ab 18 °C
Preise: frei zugänglich
Verpflegung: Restaurants und Cafés unweit
Drumherum: Spaziermöglichkeiten im Kurpark, Nordic-Walking-Wege und die nahegelegene neue Lahn-Dill-Bergland-Therme (www.lahn-dill-bergland-therme.de)

Der Vogelpark in Herborn-Uckersdorf

Am Ostrand des Westerwaldes liegt im Ortsteil Uckersdorf der Vogel- und Naturschutztierpark, welcher mit seiner naturnahen Parkanlage als eine Perle unter den kleineren Tiergärten gilt. In teilweise begehbaren Gehegen, Volieren und Teichanlagen leben in Herborns Naturerlebniszoo über 100 heimische und exotische Vogel- und Tierarten aus aller Welt. Haben Sie schon mal ein Schwätzchen mit einem Papagei gehalten? Hier können Sie es. Ebenso können Sie die Störche oder die farbenprächtigen Roten Ibisse beim Nestbau und bei der Aufzucht ihrer Jungen beobachten. Bewundern Sie grazile Flamingos, elegante Kraniche oder die seltenen Balistare und lauschen Sie dem dumpfen Gurren der exotischen Krontauben. Der Vogelpark Herborn beteiligt sich außerdem am Europäischen Erhaltungszuchtprogramm (EEP) für die possierlichen Lisztäffchen, die die Lieblinge von Groß und Klein sind. Besonders mögen die Kinder – nicht zuletzt seit Harry Potter – die eindrucksvollen Bartkäuze, Schneeeulen und Uhus. Ebenso die kniehohen Chinesischen Muntjakhirsche, die Bennettkängurus und die Erdmännchen sowie die Zwergziegen, Meerschweinchen und Frettchen des Streichelgeheges. Neben exotischen beleben auch einheimische Kriechtiere – von der Europäischen Sumpfschildkröte über die Ringelnatter bis zur Zauneidechse – den Naturerlebniszoo im Naturpark Lahn-Dill-Bergland. Hinzu kommen verschiedene Lurche, Fische und Wirbellose. Täglich um 15 Uhr findet eine kostenlose Führung „Mit dem Tierpfleger unterwegs" statt, die dannum 16 Uhr mit der kommentierten Fütterung der Erdmännchen ihren krönenden Abschluss findet. Sie vermittelt dem Besucher spannende Einblicke in das Netzwerk der Natur. Ein Kinderspielplatz und Gartencafé mit herrlichem Ausblick runden unser familienfreundliche Angebot ab.

Wichtig!

Adresse:
Vogelpark Herborn GmbH,
Im Beilsbach 16, 35745 Herborn-Uckersdorf,
Tel. 02772/42522, www.vogelpark-herborn.de, info@vogelpark-herborn.de
Anfahrt: 5 km nordwestl. von Herborn entfernt. Von der BAB A 45 Abfahrt Herborn-West, auf die B 255 Ri. Bad Marienberg. Nach 500 m ausgeschildert
Saison/Öffnungszeiten: März–November täglich von 9.30–19.00 Uhr
Eintritt: Erw. (ab 16 Jahre) € 6,–, Kinder € 2,50, Ermäßigte € 5,–, Familien € 15,–, Gruppenpreise (ab 15 Personen): Erwachsene € 5,–, Kinder € 2,–
Verpflegung: Gartencafé mit Terrasse im Park (auch an den Wo./Feiert. u. während der hessischen Ferien 12.30–17.30 Uhr geöffnet)

Hessen

Vogelsberg-Wetterau

Eigentlich ein ungemütliches Gefühl, ganz in der Nähe von Europas größtem Vulkan zu sein – doch keine Angst, der Vogelsberg hat schon seit sieben langen Jahrmillionen keine Lava mehr ausgespuckt. Dichte Wälder und weite Täler umgeben den markanten Kegel.

Die Wetterau ist wegen ihres fruchtbaren Lößbodens berühmt, in der langgestreckten Senke finden sich zahlreiche, vom Mittelalter geprägte Städte und eine ganze Reihe von Kurorten.

Alligator-Action-Farm in Friedberg

Persönliches Alligator-Video! In den geheizten Hallen können Sie bei jeder Witterung ständig auf ca. 3.000 m^2 insgesamt 40 Alligatoren erleben, die sich in mehreren Becken mit ca. 2 Millionen Liter Wasser tummeln. Hinzu kommen noch Leguane, Vogelspinnen und Tigerpythons in verschiedenen Terrarien. Eine besondere Rarität ist das seltene Kuba-Krokodil. Das Highlight für Besucher mit Mut und ein Event für besonders Wagemutige: der sogenannte „Kopftrick" bei einem 3,5 m langen Alligatorbullen. Stecken Sie Ihren Kopf in den Rachen eines ausgewachsenen Alligatorbullens! Oder gehen Sie – mit einem Neoprenanzug bekleidet (wird gestellt) – zu den Alligatoren ins Becken. Oder lassen Sie sich eine ausgewachsene Python um den Hals hängen und fühlen Sie die Kraft und

das Gewicht dieser faszinierenden Riesenschlangen. Auf Wunsch wird Ihr gesamter Besuch oder Teile davon (Kopftrick, Schwimmen mit Alligatoren, Tierfütterung usw.) auf Foto oder Video festgehalten! Andere Zeitgenossen machen Extremsport wie Rafting, Bungee-Springen, Fallschirmspringen und ähnliches – aber wer kann schon von sich behaupten, mit einer Alligatorengruppe geschwommen zu sein?

Wichtig!

Adresse: Alligator-Action-Farm
Usinger Str. 50, 61169 Friedberg-Ockstadt
Tel. 06031/687697
www.alligator-action-farm.de
info@alligator-action-farm.de
Anfahrt: Plan siehe Homepage
Saison/Öffnungszeiten: Ganzjährig, täglich 11–18 Uhr, nur nach tel. Voranmeldung, damit die Besuchergruppen besser organisiert werden können.
Eintritt: Erwachsene € 12,–
Kinder (2–12 Jahre) € 7,–
Schwimmen mit Alligatoren mit Videoaufnahmen € 300,–.

Hessen

Halligalli Family-Fun-Center Alsfeld

Spielen und Toben erwünscht! Das Halligalli Family-Fun-Center ist ein Paradies für Kinder. Es darf gespielt und getobt werden – eine bewusst ganzheitliche Philosophie setzt auf gleichgewichtige Reize für Körper und Geist. Auf dem Klettergerüst oder am Kletterturm können motorische Fähigkeiten entdeckt und entwickelt werden. Herrlich weich ist es auf dem Wabbelberg und viel Spaß gibt es garantiert im Snappy-Wal, auf den Trampolinen oder in der Hüpfburg. Hier kann man sich richtig austoben! Beim „Vier gewinnt" ist strategisches Denken und Kombinationsgabe gefragt. Auch gibt es eine Kinderbaustelle sowie einen Malcomputer, wo die Juniors kreativ ans Werk können. Ein spezielles Softplayareal bietet erste Anregungen für Krabbelkinder. Kleinere Kids haben Spaß mit den Elektrokarts, der Eisen-

bahn, den Bobbycars oder tauchen ins Bällebad ein. Die überwiegende Mehrheit der Geräte eignet sich jedoch für fast alle Altersgruppen. Kicker, Airhockey oder der kreative Kletterturm bieten selbst Erwachsenen spannende Herausforderungen. Übrigens: Auch Kindergeburtstage (rechtzeitig buchen!) können hier gefeiert werden. Inmitten des Spielelands werden sie zum unvergesslichen Erlebnis. Feiern für Erwachsene Tanzparties, Betriebs- und Familienfeiern können in der 60 Personen fassender Bar und bis zu 500 Personen in der Partyhall Platz finden.

Wichtig!

Adresse:
Halligalli Alsfeld
An der Siechkirche 13
36304 Alsfeld
Tel. 06631/5335, Fax 06631/708285
www.halligalli-alsfeld.de
Öffnungszeiten: Di.-Fr. 14.30–19.00 Uhr
Sa., So. und in den Schulferien: 11–19 Uhr
Montags Ruhetag
Eintritt: Kinder € 5,90 (ab dem voll.
2. Lebensjahr), Erwachsene: € 2,90,
Schwerbehinderte und Happy Hour
(nach 18 Uhr): halber Eintrittspreis (Ausweis)
Gruppen: € 2,90 (mind. 15 Kinder/nur nach
Voranmeldung)
Verpflegung: Gastronomietheke und Sitz-
bereich vom Eingangsbereich bis in die
Spielhalle

Hessen

Vogelpark Schotten

Lustiges Tierleben! Der Vogelpark Schotten gehört zu einem der beliebtesten Ausflugsziele der Region. Hier haben neben zahlreichen heimischen und exotischen Vögeln auch Tiere wie Kängurus, Affen, Erdmännchen u.v.m. ihr Zuhause gefunden. Im Außenbereich mit seinen rollstuhlgerechten Wegen kann man auch Lamas und Emus entdecken, die sich auf den saftigen Weiden im Vogelsberg „pudelwohl" fühlen. Im

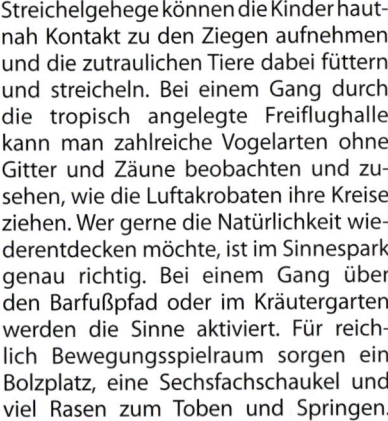

Streichelgehege können die Kinder hautnah Kontakt zu den Ziegen aufnehmen und die zutraulichen Tiere dabei füttern und streicheln. Bei einem Gang durch die tropisch angelegte Freiflughalle kann man zahlreiche Vogelarten ohne Gitter und Zäune beobachten und zusehen, wie die Luftakrobaten ihre Kreise ziehen. Wer gerne die Natürlichkeit wiederentdecken möchte, ist im Sinnespark genau richtig. Bei einem Gang über den Barfußpfad oder im Kräutergarten werden die Sinne aktiviert. Für reichlich Bewegungsspielraum sorgen ein Bolzplatz, eine Sechsfachschaukel und viel Rasen zum Toben und Springen.

Die alljährlichen Events können auch in dieser Saison fest in den Terminkalender eingetragen werden. So haben die Kinder im Sommer beim

Spielfest wieder mit vielen Aktionen ihren Spaß oder im Oktober, wenn zur Halloweenparty die Geister durch den Park ziehen und es richtig gruselig wird.

Für den Hunger zwischendurch können Sie sich im Café-Restaurant Vogelpark mit kalten und warmen Snacks oder hausgemachten Kuchen verwöhnen lassen. Oder kommen Sie zum Osterbrunch oder zum Muttertagsbrunch mit ausgiebigem Frühstücksbuffet und warmen Köstlichkeiten. Falls Sie an diesen Tagen keine Zeit haben, können Sie sich auch jeden Sonntag ab 10 Uhr bis 12 Uhr mit einem reichhaltigen Frühstücksbuffet verwöhnen lassen.

Wichtig!

Adresse und Anfahrt:
Vogelpark Schotten
Vogelsbergstraße 212
63679 Schotten
Tel. 06044/6009-144
Fax 06044/4394
www.vogelpark-schotten.de
info@vogelpark-schotten.de

Öffnungszeiten:
16. April bis 23. Oktober, täglich 10–18 Uhr, Einlass bis 17 Uhr

Eintritt:
Erwachsene (ab 16 Jahren) € 3,50
Kinder (ab 3 Jahren) € 2,–
Familientageskarte € 10,50

Verpflegung:
Café-Restaurant, Grillen möglich nach Voranmeldung.

Märchenhaftes Schloss Braunfels

Zurück in die Ritterzeit! Vom mittelalterlichen Marktplatz geht es die Reitertreppen hoch zum Schloss, das durch ein mächtiges Portal hindurch betreten wird. Wer sich auf die spannende Erkundungstour durch das Märchenschloss begibt, erfährt viel Interessantes über das 750 Jahre alte Schloss, seine Geschichte und seine Bewohner. Die große Führung durch Rittersaal, Gemäldegalerie- und Gesellschaftsräume ist für die Besucher gedacht, die in einer knappen Stunde einen schönen Eindruck von den reichhaltigen Fürstlichen Sammlungen gewinnen wollen. Auch eine 1/2 stündige Turmführung wird angeboten. 142 Stufen geht's hinauf auf den Bergfried mit toller Aussicht bis weit in Taunus und Westerwald.

Kinder von 6–12 Jahren können übrigens im Bergfried, dem höchsten Turm des Schlosses, Kindergeburtstag feiern! Weitere Erlebnisprogramme mit Such- und Rollenspielen lassen Kinder mit ihren Eltern das Schloss und seine zahlreichen Ausstellungsstücke neu entde-

Wichtig!

Adresse: Fürstliche Rentkammer Belzgasse 1, 35619 Braunfels
Tel. 06442/5002, Fax 06442/5306
www.schloss-braunfels.de
info@schloss-braunfels.de
Öffnungszeiten: Ausstellungsräume: 15. März bis 31. Oktober. Führungen tägl. ab 11 Uhr jew. zur vollen Stunde. 1. November bis 14. März an Wochenenden, Feiertagen u. in den hess. Schulferien ab 11 Uhr, an Werktagen flexibel nach Voranmeldung. Familienmuseum: täglich durchgehend von 8–19 Uhr
Verpflegung: Cafés u. Restaurants am Marktplatz u. im Tiergarten, Picknick möglich
Drumherum: Tiergarten, Kurpark mit Spielplatz

cken und verstehen. So können sie auch alles über die Geschichte erfahren, „wie die Prinzessin Luise den bösen Ritter Gustav besiegte".

Das „Familienmuseum" ist das ganze Jahr über durchgehend geöffnet und zeigt in 14 Räumen ausgesuchte Sammlerstücke der Familie, Waffen, Uniformen, Porzellane, Münzen und verschiedenste Historika dieses ehemals selbständigen Fürstentums.

Nach dem Besuch im Schloss erreichen Sie in wenigen Minuten den Fürstlichen Tiergarten. Bei freiem Eintritt dürfen Kinder während der Wildfütterung zwischen 16 und 17 Uhr zuschauen und auch selber Mais an die Wildschweine verfüttern.

Die Rhön mit Fulda

Die Rhön wartet mit einer ganzen Zahl markanter Erhebungen auf, und jede hat ihre Geschichte: So liegt einer Sage zufolge unter der Milseburg der mächtige Riese Mils begraben. Auf der 950 Meter hohen Wasserkuppe wurde die Segelfliegerei erfunden. Der Wallfahrtsort Kreuzberg, „Heiliger Berg der Franken", beherbergt knorrige Franziskanermönche, die das dunkle Kreuzbergbier brauen. Die Rhön ist eine der markantesten Vulkanlandschaften in unseren Breitengraden mit schattigen Wäldern und bizarren Hochmooren.

Der Wildpark Gersfeld

Selbst füttern erwünscht! Zu den sehenswerten Ausflugszielen in der Rhön zählt der Wildpark Gersfeld. Zu jeder Jahreszeit bereitet das Beobachten und das Füttern der zahlreichen Tiergattungen viel Freude. Besonders für die Kinder ist der Gang um die Gehege lustig, oftmals sogar richtig spannend. Für die Vierbeiner selbst ist der Wildpark ein wahres Paradies. Die großzügig angelegte Gatterfläche von ca. 50 ha bietet genügend Platz für die nötige Bewegungsfreiheit der Tiere. Über 150 Tiere bevölkern das weitläufige natürliche Revier.

Rot-, Dam-, Silka-, Reh-, Muffel- und Schwarzwild, Dybowskihirsche sowie Gemsen und Steinböcke können ohne Störung des Wildes aus nächster Nähe beobachtet werden. An ein-gerichteten Futterstellen besteht die Möglichkeit, das Wild mit Spezialfutter anzulocken. Dies erhalten die Besucher an der Kasse und an Automaten. In Kleingattern findet man Waschbären, Eichhörnchen, Kaninchen, Fasane, Rebhühner und einheimische Singvögel. Für Kinder gibt es einen Spielplatz und viele Streicheltiere.

Wichtig!

Adresse: Wildpark Gersfeld
36129 Gersfeld/Rhön
Tel. 06654/680 oder Tourist-Information
Gersfeld, Tel. 06654/1780, Fax 1788
www.gersfeld.de/g_wildpark.html
tourist-info@gersfeld.de
Anfahrt: Gersfeld liegt an den Bundesstraßen 279 und 284 rund 30 km südlich von Fulda. Über die A 7 Frankfurt–Kassel, Abf. Fulda Süd/Eichenzell.
Öffnungszeiten: Wildpark täglich von 9–18 Uhr, im Winter 10–16 Uhr
Eintritt: Bitte tel. erfragen
Verpflegung: Gaststätte, Grillhütte, Kiosk

Kinder-Akademie Fulda

Studieren macht Spaß! Wenn die Museumsleitung sagt, sie habe ein Herz für Kinder, dann ist das keine bloße Floskel, denn die Hauptattraktion im Dauerausstellungsbereich ist das europaweit einzigartige „Begehbare Herz". Bei den Führungen – einem Lehrprogramm für Besucher ab 6 Jahren – durchwandert man das Riesenherz als „rotes Blutkörperchen" und kann so den Motor des Lebens erforschen. Und so, wie Kinder sich mit Hand und Fuß biologisches Verständnis aneignen können, gibt es viele interaktive Objekte aus Naturwissenschaft und Technik, an denen gerade spielerisch die Zusammenhänge auch entdeckt werden können. Neben Projekten gibt es wechselnde Sonderausstellungen, Sommerakademien und Fortbildungen für Multiplikatoren. Letztere z. B. zu den verschiedenen Themen: Chemie im Vorschulalter, der elektrischer Strom, die Astronomie, Mathematik-Zahlenwerkstatt und weitere.

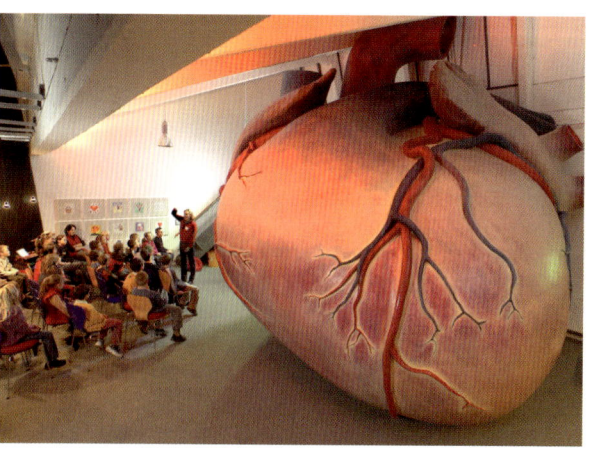

Wichtig!

Adresse: Kinder-Akademie Fulda
Mehlerstraße 4, 36043 Fulda, Tel. 0661/90273-0, www.kaf.de, info@kaf.de
Anfahrt: Der Fußweg ab Bahnhof zur Akademie beträgt rund 15 Minuten.
Saison/Öffnungszeiten: Ganzjährig, Mo. bis Fr. 10.00–17.30 Uhr, So. 13.00–17.30 Uhr, Okt. bis April: auch samstags 13.00–17.30 Uhr. Sonderführungen für Vorschulkindergruppen, Patientengruppen und medizinisches Fachpersonal. Geeignet für Fortbildungsveranstaltungen. Führungen durch das Herz Mo.–Fr. 16 Uhr, So. 14, 15 und 16 Uhr, (Sa. 14, 15 und 16 Uhr nur Okt. bis April)
Eintritt: Es gibt verschiedene Preisvarianten, einige Beispiele: Museumsbesuch: Einzelbesucher ab 3 Jahren pro Person € 3,–, Familien € 9,–, Museumsbesuch + „Herz" Einzelbesucher € 6,50, Familien € 19,50, Bei Sonderaustellungen ab 3 Jahren pro Person inkl. Museum € 4,–, Familien € 12,– Austellungsbesuch inkl. Museum und „Herz" € 7,50, Familien € 22,50
Verpflegung: MuseumsKAFé, nach Anmeldung gibt's für Gruppen Mittagessen.

Hessen

Takka-Tukka-Abenteuerland Künzell

Spiel-, Sport- & Spaß bei jedem Wetter auf über 6000 qm in Hessen's größter In- und Outdoor-Spielewelt!

Bei uns finden kleine und große Kids Spielgeräte der besonderen Art und können sich nach Herzenslust austoben: Mit unserem Riesenvulkano, dem größten Spielturm weit und breit, der neuen Air-Joe-Arena u.v.m. sind wir einzigartig in der Region. Die Trampolinanlage, der Wabbelberg und der Riesenlöwe begeistern Klein und Groß jeden Tag aufs Neue. Nicht zu vergessen die Mini-Kartbahn für alle kleinen Schumis. Und wer gerne klettert, tut dies im Indoor- Hochseilgarten oder an unserer Kletterwand.

Das „Urwaldbistro" bietet leckere Speisen und Getränke zu familienfreundlichen Preisen an. Unser Extra-Service: Der Hit: feiert euren Kindergeburtstag im Takka-Tukka-Land ... begeisterte Freunde und entspannte Eltern!

Sollte dann die Sonne hinter den Wolken hervor blitzen, heißt es ab nach draußen. Im Außenbereich warten eine 17 m lange Wasserrutsche, der Wasserspielplatz und die neuen Wasserkanonen auf Euch! In der Takka-Tukka-Sportwelt können alle kleinen und großen Sportbegeisterten wetterunabhängig unter Dach Badminton, Tennis oder Soccer spielen. **Das Takka-Tukka-Abenteuerland ist ein ideales Ausflugsziel für Familien mit Kindern jeder Altersstufe und natürlich alle Sportfans.** Es ist garantiert für Jeden etwas dabei! Also. Worauf wartet ihr noch? ... nix wie hin!

Wichtig!

Adresse:
Takka-Tukka-Abenteuerland
Alfons-Schwab-Str. 2
36093 Künzell bei Fulda
Tel. 0661/29266-11
www.fulda.takka-tukka.com
Anfahrt: A7, Abfahrt Fulda Nord bzw. Fulda Süd/Eichenzell auf die B27 bis Abfahrt Künzell. Oder die A66 und B40 zur B27.
Öffnungszeiten: <u>Abenteuerland:</u> Mo.–Fr. 14–19 Uhr, Sa./So./Feiert. 10.30–19.00 Uhr. <u>Sportwelt:</u> Mo.–Fr. 10–22 Uhr, Sa./So./Feiert. 11–22 Uhr (Winter); im Sommer bis 20 Uhr.
Eintritt: <u>Abenteuerland:</u> Kinder (< 1 Jahr) frei, Kinder (1–3 Jahre) € 4,50, Kinder (ab 4 Jahre) € 6,50, Erwachsene € 4,–.
Sonstiges: Takka-Tukka Abenteuer Mobil, Kindergeburtstage, Happy Hour, Familientag.

Rheingau-Taunus mit Wiesbaden

Die Römer hatten viele Probleme mit den wilden Germanen. Was lag da näher, als sie mit dem Grenzwall des „Limes" einfach „wegzusperren". Das ehemalige Römerkastell Saalburg erzählt noch heute von den wilden Zeiten in den Jahrhunderten nach Christi Geburt. Große landschaftliche Vielfalt zeichnet das Gebiet Rheingau-Taunus aus: Sonnige Südhänge, tiefe Täler und viele kleine Hügel und Berge wechseln hier ab. Weinbau hat hier seit Jahrhunderten Tradition. Geschichtsfans können das mittelalterliche Kloster Eberbach besuchen, wo die Innenaufnahmen des Kinofilmes „Der Name der Rose" gedreht wurden.

Der Opel-Zoo bei Kronberg

Tiere und viele Attraktionen! Die große Attraktion des Zoos sind die afrikanischen Elefanten. Daneben findet man viele andere Tierarten, die man sonst nur aus dem Fernsehen kennt: Geparde, Flusspferde, Zebras, Affen, Giraffen, Elche, Erdmännchen, Braune Hyänen, Warzenschweine und zahlreiche Antilopenarten. Hautnahen Kontakt kann man im Streichelzoo aufnehmen. Neben den Tieren – insgesamt 1.400 Exemplare, rund 200 verschiedener Arten – gibt es weitere tolle Kinderattraktionen: Abenteuerspielplätze mit Kletterwald, Rutsche, Trampoline und vielen weitere Spielgeräte. Ponys laden die Kinder zu einem Ritt ein (für Kinder bis 6 Jahre) – ein schönes Motiv für das Familienalbum!

Wichtig!

Adresse: Opel-Zoo
Köngsteiner Str. 35
61476 Kronberg im Taunus
Tel. 06173/79749
www.opel-zoo.de, info@opel-zoo.de
Anfahrt: Der Opel-Zoo liegt an der B 455 und verfügt über zahlreiche, kostenfreie Parkplätze. Mit dem ÖPNV: Mit der S 4 nach Kronberg, vom Kronberger Bahnhof mit dem Linienbus 261 Richtung Falkenstein.
Saison/Öffnungszeiten: Ganzjährig täglich geöffnet. Während der Winterzeit von 9–17 Uhr, während der Sommerzeit von 9–18 Uhr, im Juni/Juli und August (bzw. bis Ende der hessischen Sommerferien) von 9–19 Uhr. Die Besucher können bis zum Einbruch der Dunkelheit im Zoo bleiben.
Eintritt: Erwachsene € 12,50
Kinder (3–14 Jahre) € 6,50
Gruppen ab 20 Personen:
Erwachsene € 9,50, Kinder € 5,50
Verpflegung: Viele Picknick- und Rastplätze oder im Zoorestaurant Sambesi mit großer Sonnenterrasse.

Freizeitpark Taunus Wunderland

Adresse:
Taunus-Wunderland, 65388 Schlangenbad,
Tel. 06124/4081, Fax 06124/4861
www.taunuswunderland.de
info@taunuswunderland.de

Anfahrt: Über die A 66 von Wiesbaden in
Richtung Rüdesheim, Ausfahrt Schlangenbad
und dann auf der B 260 der Beschilderung
folgen. Von der A 3 Ausfahrt Idstein Richtung
Bad Schwalbach, weiter auf der B 275 der
Beschilderung folgen.
Das Wunderland liegt ca. 10 km westl.
von Wiesbaden und 5 km südlich von Bad
Schwalbach

Öffnungszeiten/Saison: März bis Oktober
2014 von 9.30–18.00 Uhr geöffnet
(Einlass bis 17.00 Uhr). Die Fahrgeschäfte
sind von 10–18 Uhr in Betrieb.

Eintritt: Tageskarte € 17,–
Kinder unter 1 m frei
Kinder von 1 –1,30 m € 15,50
Senioren ab 60 Jahren € 17,–
Rollstuhlfahrer frei
Jahreskarte, Gruppen, Vereine, Kindergärten,
Schulklassen Preis auf Anfrage

Verpflegung: Panoramarestaurant, versch.
Imbiss-Stationen, Crepestand, kostenlose
Grillplätze (bitte reservieren).

Im Freizeitpark Taunus Wunderland
bleibt die Langeweile vor den Ein-
gangspforten. So heißt es auch „Raus in
die Natur – rein ins Abenteuer", und das
bei nahezu jedem Wetter und natürlich für die ganze Familie. Die individuelle Atmosphäre und die einzigartige
Lage vor den Toren Wiesbadens und
in Mitten der Wälder der Taunushöhen
machen das Wunderland so beliebt bei
Jung und Alt, bei Groß und Klein. Das
Taunus Wunderland ist der ultimative
Kick mit viel Action und Nervenkitzel.
Hoch hinaus, steil hinab, erleben, staunen, gruseln,
danach Feste
feiern. Mit dem
Taunusblitz, im-
mer hart an der
Kurve, in der
riesigen Pira-
tenschaukel be-
kommt man das
große Kribbeln,
auf der 22 Me-
ter hohen Wild-
wasserrutsche
heißt es bloß
trocken bleiben!
Für die Klein-
sten gibt es ein
Spielhaus zum
Toben, den Rie-

senballpool, die Minirutsche oder auch
das Käferkarussell und vieles mehr. Vor
der beeindruckenden Kulisse purster
Natur, liegt das Panorama-Restaurant
mit wunderschöner Terrasse und seinen
saisonalen kulinarischen Spezialitäten.
So lässt es sich leben.

Freizeitpark Lochmühle

Kunterbuntes Vergnügen! Aus einem ehemaligen Bauernhof ist ein ausgewachsener Freizeitpark für die ganze Familie geworden: Ponyreiten und Parkbahnfahrten sind ebenso möglich wie Fahrten mit Wasserbob oder dem Floß. Es gibt einen Streichelzoo, viele, viele weitere Tiere zum Anschauen und ein richtiges Landwirtschaftsmuseum. Bei schlechtem Wetter verlegt man seine Aktivitäten in die Allwetterhalle. Weitere Attraktionen sind die Springburg, die Hubschraubertretbahn, Minigolfanlage, Eichhörnchenbahn, Berg- und Talbahn, Riesenrutsche, die Maxi- und Mini-Autoscooteranlage sowie das Kettenkarussell! Es gibt eine Traktor-Schienenbahn, überdachte Streichelzoohalle, sowie Spiel- und Kletteranlagen für Kleinkinder. Wenn man an einem Nachmittag alles abgeackert hat, dann fällt das Einschlafen abends sicher nicht schwer.

Wichtig!

Adresse: Freizeitpark Lochmühle
61273 Wehrheim/Taunus, Tel. 06175/790060
www.lochmuehle.de
Anfahrt: Wehrheim liegt nördlich von Bad Homburg, Anfahrt z. B. über die B 465 Bad Homburg–Usingen, Wehrheim
Saison/Öffnungszeiten: 23.3.–27.10.13 täglich von 9–18 Uhr. Kassenschluss und letzter Einlass ist um 16.30 Uhr, der Fahrbetrieb läuft von 10–17.30 Uhr. (Saisonale- und witterungsbedingte Änderungen vorbehalten.)
Eintritt: Besucher ab 120 cm € 12,–
Besucher von 90–120 cm € 10,50
unter 90 cm frei.
Verpflegung: 50 Grillplätze und Grillhütten (bitte Voranmeldung unter: 06175/790060) sowie in den Gaststättenbetrieben Kiosk, Speisepavillon am Teich und in der Brezelbäckerei. In den Ferien und an Sonntagen sind zusätzlich die beiden Verkaufsstellen Polo-Grill und SB-Café Lochmühle geöffnet.

Hessen

Halligalli Kinderwelt MyZeil – Frankfurt/M.

Neu renoviert und umgebaut, eröffnet sich die herrliche Halligalli Kinderwelt in Frankfurt mit einer geballten Ladung an Abenteuer, Spiel und Spaß und macht nicht nur Kinderherzen staunen – und dies mit pädagogischer Finesse und höchsten Sicherheitskriterien auf stattlichen 1500 m² und zwei Etagen. Abenteuerlabyrinth, Wellen- und Röhrenrutschen, Fun-Shooter, dazu Airhockey-, Baketball- und Fußballfeld sind nur ein kleiner Teil der über 50 Aktivitäten, die Kreatives hier, ausgelassenes Toben da, aber auch Ruhephasen zulassen. Dabei erstreckt sich das Spektrum über alle Altersklassen, angefangen vom Softplayareal für Krabbelkinder, den Trampolins, Malcomputer und Kicker für die jungen Wilden bis hin zum Ufo-Stomper und Renn-Simulator, die auch Erwachsenen spannende Herausforderungen bieten. Sämtliche Geräte und das Ambiente sind auf dem brandaktuellsten Stand. Zudem sorgen extra Partybereiche, aber auch die Cafeteria mit familienfreundlichen Preisen für einen aufregenden und „voll"versorgten Aufenthalt. Ein definitiver Renner sind die Kindergeburtstage, die nicht nur dem Sprössling, sondern auch Eltern und Freunden einen unvergesslichen Tag bescheren.

Auch Eltern, die für sich das Shopping-Center MyZeil erobern wollen, können währenddessen ihre Kinder dem Halligalli-Team in seine Obhut geben.

Wichtig!

Adresse:
Halligalli Kinderwelt MyZeil Frankfurt
Zeil 106–110, 60313 Frankfurt/Main
Telefon 069/13384773
www.halligalli-myzeil.de
info@halligalli-myzeil.de

Öffnungszeiten:
Mo.–So. 11–20 Uhr, Feiertage u. hessische Schulferien 11–20 Uhr.
Sonderöffnungszeiten auf Anfrage.

Eintritt:
<u>Mo.–Do.:</u> Kleinkinder (12–24 Monate) € 4,50; Kinder (2–16 Jahre) € 7,50; Erwachsene € 4,–; Happy Hour (19–20 Uhr) 50% Ermäßigung. <u>Fr.–So.:</u> Kleinkinder (12–24 Monate) € 5,50; Kinder (2–16 Jahre) € 8,50; Erwachsene € 5,–; VIP-Dauerkarten und ermäßigte Gruppentarife im Internet.

Halligalli Kinderwelt Kelkheim

Tolle Spiel- und Tobelandschaft!! In Alsfeld, Frankfurt und Kelkheim gibt es einen Halligalli-Indoorpark mit vielen Sport- und Spielaktivitäten für die ganze Familie. Zum Beispiel gibt es in Kelkheim ein riesiges Abenteuer-Labyrinth mit Wellenrutsche, Fun-Shooter und 50 Aktivitäten. Man kann sich viele Stunden hier aufhalten und es wird kein bisschen langweilig. Im Gegenteil, man entdeckt immer wieder etwas Neues. Viele Fahrzeuge, elektronisches Basketball, das Spinnenspiel, einen Wabbelberg, eine Trampolin-Anlage und ganz neu, eine Rodelbahn. All dies sorgt für Spaß und gute Laune – und das bei den Kids und den Eltern. In dem ebenfalls neu angelegten Kleinkindbereich vergnügen sich die Allerkleinsten. Nebenbei lernen die Kinder. Sie entwickeln ihre motorischen Fähigkeiten und Sozialkompetenz. Das Halligalli ist auch der ideale Ort für fröhliche Feste, z.B. bei Schulausflügen, Vereinsfeiern oder Kindergeburtstagen. Die Lage ist einzigartig – direkt am Wald mit Freibad und Außengastronomie!! Im Rahmen einer Geburtstagspauschale sorgt das Halligalli-Team für einen einmalig unvergesslichen Tag.

Wichtig!

Adresse und Anfahrt:
Halligalli Kelkheim
Lorsbacher Str. 41, 65779 Kelkheim
Tel. 06195/672850, Fax 06195/672851
www.halligalli-kelkheim.de
Öffnungszeiten: Ganzjährig,
Mo.–Fr. 14.30–19 Uhr; Sa., So., Feiertage und in den hessischen Schulferien: 11–19 Uhr
Eintritt: Kinder € 6,90 (ab dem 2. Lebensjahr), Erwachsene € 3,60, Schwerbehinderte (mit Ausweis) halber Eintrittspreis;
Gruppen (mind. 15 Kinder/nur nach Voranmeldung): € 3,90/pro Kind. Für Kindergärten, Schulen oder Vereinsausflüge gibt es Sonderarrangements
Verpflegung: Unser Safari-Bistro bietet Essen und Trinken zu familienfreundlichen Preisen, mitgebrachte Speisen und Getränke sind nicht gestattet!

Hessen

Der Frankfurter Zoo

Mitten in der Stadt, auf einer Fläche von 11 Hektar, findet man, im angenehmen Kontrast zum regen Treiben der Main-Metropole, den Frankfurter Zoo. Unweit der Zeil, einer von Deutschlands bekanntesten Einkaufsstraßen, erhält man hier einen eindrucksvollen Einblick in die Vielfalt und Schönheit der Tierwelt, mit der wir uns diesen Planeten teilen. Über 900.000 Besucher zieht es jährlich in den Frankfurter Zoo, wo sie Erholung, Unterhaltung und Informationen finden. Der Zoo hat sich zudem den überaus wichtigen Natur- und Artenschutz als Ziel gesetzt. Neben imposanten Großkatzen wie Tigern und Löwen im naturnah gestalteten Katzendschungel faszinieren vor allem die Menschenaffen im 2008 neu eröffneten Borgori-Wald. Im Grzimekhaus, wo der Tag zur Nacht gemacht wird, besteht die einmalige Gelegenheit, nachtaktive Tiere zu beobachten. Eine Reise vom Polarmeer zum Amazonas kann der Besucher im Exotarium unternehmen. Fische, Echsen, Krokodile und andere Reptilien sowie Insekten sind hier zu sehen. Neben diesen lassen sich rund 5.000 Tiere aus 450 verschiedenen Arten bestaunen. Ein

großer Spielplatz und der Streichelzoo machen den Zoobesuch für die kleinen Gäste zu einem besonderen Erlebnis. Über das Jahr verteilt laden zudem viele attraktive Veranstaltungen zu einem Zoobesuch ein. *Foto: Sabine Binger*

Wichtig!

Adresse:
Zoo Frankfurt
Bernhard-Grzimek-Allee 1
60316 Frankfurt am Main
Tel. 069/212-33735, www.zoo-frankfurt.de

Lage:
Am östlichen Rand der Innenstadt, östlich der Einkaufsstraße Zeil

Anfahrt:
Anfahrt am besten mit öffentlichen Verkehrsmitteln, mit den Linien U 6 und U 7 oder der Straßenbahnlinie 14.

Saison/Öffnungszeiten:
Ganzjährig, Sommerzeit täglich 9–19 Uhr, Winterzeit täglich 9–17 Uhr. Schließung der Tierhäuser und des Eingangs: 18.30 Uhr (Sommer), 16.30 Uhr (Winter)
Weitere Informationen:
www.zoo-frankfurt.de

Halligalli Kinderwelt Rosbach

Spielen und Toben erwünscht! Wirklich megastark, der Halligalli Indoorspielpark in der Sportwelt Rosbach. Hier kann Langeweile erst gar nicht aufkommen. Tolle Spielideen und Klettergeräte, jede Menge Spaß und Action und immer wieder überraschende Highlights. Hier kann man nach Herzenslust toben und spielen. Beispielsweise kann man eine weiche Rutschpartie auf dem Wabbelberg erleben, auf der Kinderbaustelle kreativ sein, auf dem Trampolin oder in der Hüpfburg toben oder an der großen Kletter- und Boulderwand testen, wie Bergsteigen geht. Ein Heidenspaß ist Snappy, das luftgefüllte Riesenkrokodil. Es sperrt sein Maul weit auf, damit die Kids hineinklettern können. Torschützen können sich an der Shoot-Out Torwand oder dem Electronic Basketball versuchen. Elektrokarts, Kickertische, Mal- und Lerncomputer und vieles mehr gibt es außerdem zu entdecken. Abgesehen vom Spielen lernen die Kinder ganz nebenbei. Sie entwickeln ihre motorischen Fähigkeiten und Sozialkompetenz. Das Halligalli ist auch der ideale Ort für fröhliche Feste. Hier kann man herrlich

coole Kindergeburtstage und -partys feiern und all das tun, was woanders verboten oder zu gefährlich ist. Im Rahmen einer Geburtstagspauschale sorgt das Halligalli-Team für einen schönen unvergesslichen Tag.

Wichtig!

Adresse:
Halligalli Rosbach
Sportzentrum Ober-Rosbach, 61191 Rosbach
Tel. 06003/8290282, Fax 06003/810290
www.halligalli-kinderwelt.de
info@halligalli-kinderwelt.de
Öffnungszeiten: Ganzjährig,
Mo.–Fr. 14.30–19 Uhr, Sa., So., feiertags und in den Schulferien: 11–19 Uhr
Eintritt: Kinder € 6,90 (ab dem vollendeten 2. Lebensjahr), Erwachsene € 2,90, Schwerbehinderte und Happy Hour (nach 18.00 Uhr) halber Eintrittspreis (Ausweis); Gruppen (mind. 15 Kinder/nur nach Voranmeldung): Mo.–Do. € 3,90; Fr.–So.,Feiertagen € 4,90. Für Kindergärten, Schulen oder Vereinsausflüge gibt es Sonderarrangements
Verpflegung: Eine Cafeteria bietet Essen und Trinken zu familienfreundlichen Preisen

Hessen

monte mare Obertshausen

Urlaubszeit ist die schönste Zeit! Erholen, entspannen, die Seele baumeln und sich verwöhnen lassen. Im monte mare Obertshausen genießen Sie dieses Urlaubs-Gefühl an über 360 Tagen im Jahr.

Die Welt um sich herum vergessen, die Zeit anhalten und Körper und Geist in Balance bringen – das ist Erholung auf höchstem Niveau.

Das Sauna-Paradies erwartet Sie mit den verschiedensten Schwitz-Angeboten vom Soft-Dampfbad bis zur feurig-heißen Aufguss-Sauna. Das umfangreiche Wellnessangebot rundet Ihren unvergesslichen und erholsamen „Urlaubstag" im monte mare Obertshausen ab.

Innenbereich

Neben dem umfangreichen Wellness- und Massageangebot erwarten Sie im Innenbereich auf mehr als 1.200 qm: Schlammbad, Bauernsauna, Saunarium mit Licht-, Ton- und Aromaeffekten, Damensauna, Saline, Kristalldampfbad, Eisbrunnen, Whirlpool, Ruhebereiche und Sauna-Gastronomie.

Saunagarten

Der großzügige Außenbereich bietet Ihnen: Aufguss-Sauna, Erdsauna, Bio-Sauna, Ruhehaus, Entspannungsbecken und ein Kalttauchbecken.

Wellness

Entspannende Massagen, exotische Dampfbadzeremonien und exklusive Wellness-Arrangements für Ihre ganz persönliche Pause vom Alltag.

Wichtig!

Adresse und Anfahrt:
monte mare Obertshausen
Badstraße 19, 63179 Obertshausen
Tel. 06104/8019-0
Fax 06104/8019-99
obertshausen@monte-mare.de
www.monte-mare.de/obertshausen
Öffnungszeiten:
Sport- und Freizeitbad:
täglich 10–21 Uhr, Frühschwimmer (€ 3,–)
immer Mi. 7.30–9.00 Uhr
Eintritt: Sport- und Freizeitbad:
Tageskarte Erwachsene € 10,–
Tageskarte Ermäßigte € 7,50
Wochenend-/Feiertagszuschlag € 1,50

Seit dem 1. Juli 2013 ist der gesamte Sauna- und Wellnessbereich aufgrund von Sanierungs- und Umbau-Arbeiten geschlossen und soll 2014 wiedereröffnet werden. Aktuelle Informationen finden Sie unter www.monte-mare.de/obertshausen.

Per ↖ Click in die Freizeit

Archäologische Museen
www.archlsa.de
www.dieschranne.de
www.thueringen.de/de/
museen/weimar (Weimar)

Schlösser
www.burg-bodenstein.de
www.burg-creuzburg.de
www.burg-greifenstein.de
www.schloss-heringen.de
www.schlossgoseck.de
www.schloss-wernigerode.de

Diverse Museen
www.kunstsammlungen-weimar.de
www.lutherhaus-eisenach.de
www.meiningermuseen.de
www.museumsloewen.de
www.naturkundemuseum-erfurt.de
www.optischesmuseum.de
www.stadtmuseum-erfurt.de
www.volkskundemuseum-erfurt.de
www.wartburg-eisenach.de

Diverse Freizeitparks
www.familienpark-sottrum.de
www.maerchenwald-sambachshof.de
www.meeresaquarium-zella-mehlis.de
www.themenpark-weltentor.com
www.tierschule-memleben.de
www.tirica.de
www.wunderland.de

Zoo / Wildparks
www.exotarium-oberhof.de
www.tiergarten.eisenberg-thuer.de
www.zoopark-erfurt.de
www.zoo-nordhausen.de
www.zwergen-park.de

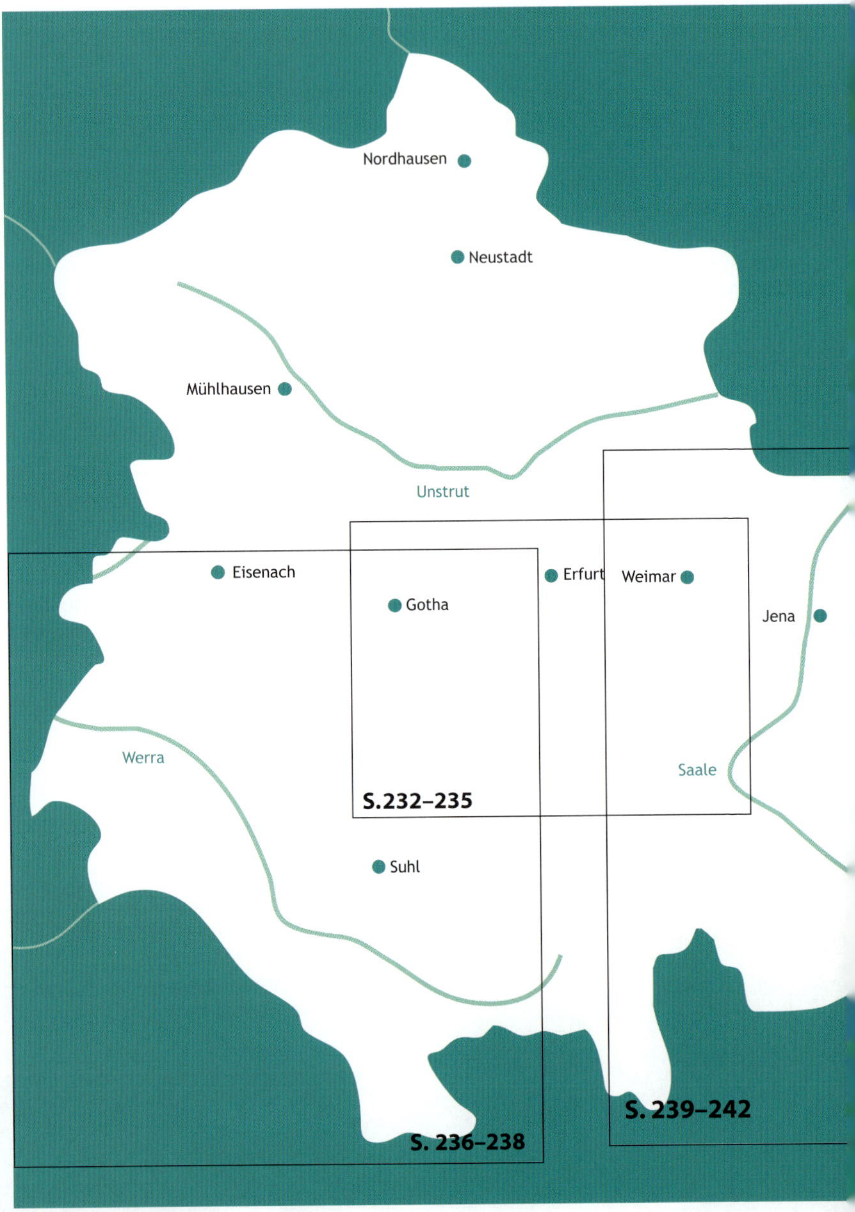

Nordhausen

Neustadt

Mühlhausen

Unstrut

Eisenach

Gotha

Erfurt

Weimar

Jena

Werra

Saale

S.232–235

Suhl

S. 236–238

S. 239–242

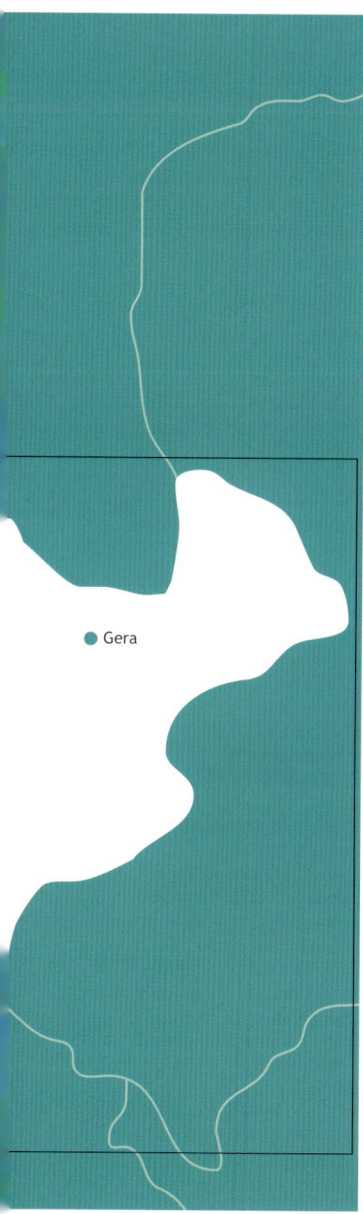

● Gera

Erfurt und Umgebung

Die Landeshauptstadt Thüringens führt viele Beinamen: So ist sie als „Luther-, Dom- und Blumenstadt" benannt und weit hin bekannt. Ihren Aufschwung im Mittelalter verdankt sie ihrer günstigen Lage am Schnittpunkt europäischer Handelsstraßen. Zeugen der vergangenen Tage sind auch heute noch überall vorhanden – ein Besuch in Erfurt und Umgebung lohnt sich!

Theater Waidspeicher

Längst ist Puppentheater eine eigenständige Form, die verschiedene Künste miteinander verbindet und von der menschenähnlichen Puppe bis zum bloßen Gebrauchsgegenstand alles zum Akteur werden lässt. Seit 1979 kommen

jedes Jahr tausende Besucher in das Theater Waidspeicher. Inzwischen mitten in der Altstadt gelegen, ist seine Spielstätte ein früheres Speichergebäude, das einst der Lagerung und Verarbeitung der Färbepflanze Waid diente. Die Vorstellungen richten sich an Kinder, Jugendliche und Erwachsene. Das Repertoire des Theaters reicht vom Mär-

chen über den literarischen Klassiker bis zum modernen Erzähltheater.

Wichtig!

Adresse:
Theater Waidspeicher e.V.
Domplatz 18, 99084 Erfurt
Tel. 0361/5982924
Fax 0361/59829-23
kasse@waidspeicher.de
www.waidspeicher.de
Anfahrt:
In der Stadt ausgeschildert.
Saison:
Ganzjährig, Sommerpause meist Juli und August
Vorverkauf:
Domplatz 18, 99084 Erfurt
Di. bis Fr. 10–14 Uhr u. 15.00–17.30 Uhr
Sa. 10–13 Uhr unter obiger Tel.-Nummer
Vorstellungen:
Täglich, meist 10 Uhr, sonntags 11 Uhr, Abendvorstellungen 19.30 Uhr oder 22 Uhr
Eintritt:
Preise und Gruppenpreise sowie Ermäßigungen bitte telefonisch erfragen
Verpflegung:
Gastronomie in der Innenstadt

Thüringer Zoopark Erfurt

Rückzugsmöglichkeiten. Neue Wegebereiche gewähren den Besuchern dabei einzigartige Einsichten in die faszinierende Welt der Tiere.

Bei vielen neuen Anlagen nimmt die Gemeinschaftshaltung verschiedener Tierarten eine immer wichtigere Stellung ein. Auf der 4500 Quadratmeter großen Afrikasavanne beispielsweise leben Zebras, Strauße, Impalas und Rappenantilopen zusammen. Auf der Südamerikaanlage wurden Lamas, Nandus und Maras miteinander vergesellschaftet. Einige Anlagen sind sogar begehbar, so dass die Besucher den Tieren direkt begegnen können. Dazu gehören der Damhirschwald, das Streichelgehege mit Westafrikanischen Zwergziegen, die Ibisvoliere, der Berberaffenberg, das KangarooLand und der Lemurenwald.

Der Thüringer Zoopark Erfurt liegt im Norden der thüringischen Landeshauptstadt Erfurt auf dem Roten Berg und ist mit fast 63 Hektar der flächenmäßig drittgrößte Zoo Deutschlands. Zusammen mit seinem Aquarium am Nettelbeckufer beherbergt er insgesamt fast 3000 Tiere aus aller Welt in rund 400 Arten.

Unter dem Thema „Zoo der großen Tiere" hat sich der Thüringer Zoopark Erfurt auf die großen Pflanzenfresser, wie Elefanten, Giraffen, Bisons, Kamele, Zebras und Nashörner, sowie deren Begleittierarten spezialisiert. Daneben gehören auch Raubtiere wie Berberlöwen und Südliche Geparden zu den größten Bewohnern.

Die Besonderheiten des Zoos sind die vielen großzügig gestalteten Anlagen, die dem natürlichen Lebensraum der Tiere nachempfunden wurden. Ob Löwensavanne, Nashornhaus, Flamingolagune oder die neue Pampaslandschaft und Gepardenanlage – die modernen Gehege bieten ausreichend Platz und

---

Wichtig!

Adresse:
Thüringer Zoopark Erfurt
Am Zoopark 1, 99087 Erfurt
Tel. 0361/751880, Fax 0361/7518822
www.zoopark-erfurt.de, zoopark@erfurt.de
Aquarium des Zooparks, Nettelbeckufer 28a, 99089 Erfurt, Tel. 0361/7313710

Anfahrt:
Zoopark: Stadtbahnlinie 5, Haltestelle „Zoopark". Aquarium: Stadtbahnlinien 1 + 5, Haltestelle „Wendenstraße"

Kassenöffnungszeiten:
Zoopark: März–Oktober täglich 9–18 Uhr, November–Februar täglich 9–16 Uhr
Aquarium: Ganzjährig täglich 10–18 Uhr

egapark Erfurt

Freizeitparadies! Thüringens Besuchermagnet Nummer 1: Der egapark Erfurt ist eine junge und zugleich traditionsreiche Ausstellung. Der Name ega ist eng mit dem Image der Thüringer Landeshauptstadt Erfurt als „Blumenstadt" verbunden. So wurde das Areal rund um die Festung Cyriaksburg bereits in den 20er Jahren des vorigen Jahrhunderts als Parkanlage genutzt. Eine vielfältige Gartenwelt ist das besondere Markenzeichen des Parks. Das 6.000 m² große Blumenbeet ist die größte ornamental gestaltete Fläche dieser Art in Europa. Tropische Pflanzenschauhäuser, Schmetterlingshaus, herrliche Staudenanlagen, interessante Themengärten und ein großzügig angelegter Rosengarten werden jeden Naturfreund begeistern. Ein Paradies für Kinder ist der größte und schönste Spielplatz Thüringens. Hier können Kinder nach Herzenslust spielen, toben, aber auch lernen. Der Spielplatz bietet neben dem Planschbecken und der Riesenwasserrutsche, dem Matschplatz, den Seilpyramiden, ein Skulpturengarten, dem Bootsscooter und dem Kleinkinderspielplatz viele weitere Spiel- und Spaßgeräte. Jährlich sorgen mehrere Veranstaltungen und Ausstellungen für absolute Abwechslung, vor allem Spaß und Unterhaltung für die ganze Familie.

Wichtig!

Adresse: Erfurter Garten- und Ausstellungs GmbH (ega) egapark Erfurt, Gothaer Straße 38, 99094 Erfurt, Tel. 0361/5643737, Fax 0361/5643722, info@egapark-erfurt.de, www.egapark-erfurt.de
Anfahrt: Der Park ist über die Bundesautobahnen A4 und A 71 zu erreichen.
Saison/Öffnungszeiten: Ganzjährig
Eintritt: Tageskarte Erwachsene € 8,–, Tageskarte Ermäßigte € 6,50, Kinder (bis 6 Jahre) frei, Familientageskarte (2 Erw. + bis 3 Kinder, 7–16 J.) € 22,–, Familientageskarte Mini (1 Erw. + bis 3 Kinder, 7–16 J.) € 14,–
Veranstaltungen- und Ausstellungshöhepunkte 2014: 1. März – 27. April: Frühlingsträume, 8. – 9. März: Schätze unterm Schnee (Raritätenbörse), 4. – 6. April: Spezialmarkt „du und dein garten", 20. April: Ostersonntagsfest, 1. Mai – 17. August: Lichtspiele (Kinder-Erlebnisausstellung), 11. Mai: Japanisches Gartenfest, 29. Mai – 15. Juni: Ein Sommernachtstraum, 1. Juni: Kinderspielfest, 16. August: egapark Lichterfest, 30. – 31. August: Gärtnertage, September/Oktober: Kürbisausstellung „Wilder Westen", November/Dezember: Florales zur Weihnachtszeit.
Verpflegung: Café-Restaurant Orchidee, Weinrestaurant Caponniere, Parkcafé, Pflanzencafé

Eissportzentrum Erfurt

Eislaufen in der Erfurter „Gunda-Niemann-Stirnemann-Halle" ist eine Attraktion. Top-Athleten aus vielen Ländern loben sie als eine der schönsten Hallen der Welt, die noch dazu schnelles Eis bietet. Jedermann kann zwischen Oktober und März beim Öffentlichen Eislaufen seine persönlichen Eis-Erfahrungen sammeln oder bei den Wettkampfhighlights wie dem Weltcup im Eisschnelllauf und den Deutschen Eisschnelllaufmeisterschaften zuschauen. Schlittschuhausleihe und Imbiss direkt an der Bahn komplettieren das Angebot

für den privaten Besuch oder in Gruppen (Schulklassen). Für Eislaufanfänger stehen kostenfrei Eiswichtel zur Unterstützung bereit.

Fotos: Reinhard Lemitz

Wichtig!

Adresse:
Eissportzentrum Erfurt
Arnstädter Straße 53
99096 Erfurt
Tel. 0361/6554695
www.gunda-niemann-stirnemann-halle.de
eissportzentrum@erfurt.de
Anfahrt: Die Arnstädter Straße führt als B 4 in Richtung Arnstadt und Autobahn, Erfurt-West (Parkhaus „Am Stadion")
Öffnungszeiten: Zeiten für öffentliches Eislaufen auf der Homepage.
Eintritt: Erwachsene € 4,–
Ermäßigte € 2,50
Evtl. kommt zum Eintrittspreis noch die Schuh-Leihgebühr von € 3,– hinzu.
Verpflegung: Imbiss direkt an der Bahn.

Thüringen

Thüringer Wald

Mitten im Thüringer Wald, über der Stadt Eisenach, thront die „deutscheste aller Burgen", die Wartburg. Hier übersetzte Martin Luther, der sich „undercover" Junker Jörg nannte, die Bibel ins Deutsche. Der Teufel wollte ihn versuchen, Luther warf mit dem Tintenfaß nach ihm – so erklären jedenfalls die Burgführer den kleinen dunklen Fleck an der Wand von Luthers Schreibstube. Unweit der Wartburg zieht sich der kahle Hörselberg durchs Land: Hier sollen sich nach alten Sagen der germanische Göttervater Wotan und Frau Holle ihre Unterkunft in der „Venushöhle" teilen.

Sandstein- und Märchenhöhle

Zauberhafte Höhlenwelten! Der Eingang zur Sandsteinhöhle ist eine alte eisenbeschlagene Tür, die mit lautem Krachen ins Schloss fällt. Dann ist man drin, in dem riesigen unterirdischen Labyrinth, einer der größten von Menschenhand geschaffenen Höhlen Europas, das wie kaum ein anderer Ort allein mit seiner Atmosphäre bezaubert und die Fantasie anregt. Hier wurde schon in den 50er Jahren jede Nische genutzt, um Märchenszenen darzustellen. So warten im Sandsteinberg Rapunzel und der Froschkönig auf Besucher sowie die alte Märchenerzählerin, die in ihrem Ohrensessel von lauschenden Mäuschen und einer Katze umringt ist. Der Rundgang durch die Höhle dauert eine knappe halbe Stunde. In der Außenanlage befinden sich eine Gaststätte, Imbiss, Eisbar sowie ein kleines Tiergehege mit Ziegen und Minihängebauchschweinen, bei denen man unbedingt ein Päuschen einlegen sollte. Im Anschluss an den Höhlengang

lädt der Minifreizeitpark der Familie Heinig – direkt auf dem Höhlengelände, mit Kinderanimationsgeräten wie Minibaggeranlage, Kinderautoscooter, Elektro-Go-Cart-Bahn, Bumper-Bootanlage (alle Geräte mit Münzeinwurf) – zum weiteren Verweilen ein.

Wichtig!

Adresse: Sandstein- und Märchenhöhle Bernd Hartung, An der Sandsteinhöhle 4 98639 Walldorf, Tel. 03693/881277 Fax 03693/890163, www.sandsteinhoehle.de sandsteinhoehle@t-online.de
Anfahrt: Walldorf liegt nördlich von Meiningen an der B 19 nach Eisenach, mit Auffahrt zur A 71, Ortsausgang Meiningen, Ri. Suhl. Die Höhle ist ausgeschildert.
Saison/Öffnungszeiten:
Vorsaison: 1.3.–31.5. 10.00–16.30 Uhr
Hauptsaison: 1.6.–31.8. 10.00–17.30 Uhr
Nachsaison: 1.9.–1.11. 10.00–16.30 Uhr
Eintritt: Inklusive Führung Erw. € 5,–
Kinder (3–14 J.) € 2,50
Verpflegung: Restaurant, Imbiss, Eisbar an der Sandsteinhöhle.
Tipp: Übernachtungen sind in der Pension Sandsteinhöhle möglich.

Tierpark Suhl

In einem idyllischen Wiesental, eingebettet zwischen dem Döllberg und
dem Ringberg, liegt der Tierpark Suhl.
Die rund 500 Bewoh-
ner in 100 Arten des
Parks sind an 38 ver-
schiedene „Anlauf-
stellen" anzutreffen.
Hierzu zählen z.B.
das Terrarium, die
Haustieranlage, das
große Freigehege
der Wildkatzen bis
hin zu den Möglich-
keiten der direkten
Begegnung mit den
Tieren in der begeh-
baren Lorianlage,
dem Ferkelhof und
Streichelgehege mit
Zwergziegen.

Eine langjährige und immer willkommene Tradition ist das jährlich im August stattfindende Tierparkfest. Gerne
besucht werden auch die angebotenen Veranstaltungen, die besonders
auf Kinderwünsche abgestimmt sind.
Dazu zählen die 4 Nachtführungen, die
Spiel- und Bastelstraße zum Kindertag,
der Zootag bis hin zur Halloweenparty.

Einen Veranstaltungskalender findet
man im Internet.

Wichtig!

Adresse: Tierpark Suhl
Carl-Fiedler-Str. 58, 98527 Suhl
Tel. 03681/760441, Fax 03681/305724
www.tierpark-suhl.de, info@tierpark-suhl.de
Anfahrt: Suhl liegt an der B 247, man durch-
fährt Suhl bis Ortsausgang Ri. Ilmenau (aus-
geschildert).
Saison/Öffnungszeiten: Ganzjährig täglich
ab 9 Uhr. April–Sept. Mo.–Fr. bis 18 Uhr. Sonn-
abend/Sonntag und an den Feiertagen bis
19 Uhr. Okt.–März Mo.–So. bis 16.30 Uhr
Während den Sommermonaten an den
Wochenenden ab 13.30 Uhr Pony- und Esel-
reiten.
Eintritt: Erwachsene € 6,–
Kinder 3–16 Jahre € 3,–
Familienkarte € 14,– (2 Erw./2 Kinder)
Führung nach Vereinbarung.
Verpflegung: April–Okt. Bistro geöffnet

Thüringen

UNESCO-Welterbe Wartburg

die Burganlage und in den Thüringer Wald ein. Die Wartburg ist aber auch Kulisse für eine Vielzahl von Veranstaltungen – ob Konzerte im großen Festsaal, Sommernächte oder historischer Weihnachtsmarkt. Das besondere Erlebnis für Kinder ist der traditionelle Eselritt zur Wartburg. Die Eselstation wird bei gutem Wetter in den Sommermonaten betrieben.

Majestätisch! Die Wartburg in Eisenach blickt auf eine fast tausendjährige Geschichte und zählt zweifellos zu den bekanntesten und beliebtesten Burgen. Seit 1999 gehört sie zu den ausgewählten Stätten des UNESCO-Welterbes. Beim Betreten der Räume öffnet sich dem Besucher ein wahrhaftiges Geschichtsbuch – man wird erinnert an den sagenhaften Streit der Minnesänger, wandelt auf den Spuren der heiligen Elisabeth und fühlt sich in der Lutherstube zurückversetzt in die Zeit der Reformation, da sich Martin Luther als Junker Jörg auf der Burg verbarg. Nach einer Führung durch den romanischen Palas erwarten den Besucher im Museum Kunstschätze aus acht Jahrhunderten und der Südturm lädt zu einem einzigartigen Blick auf

Wichtig!

Adresse: Wartburg-Stiftung
Auf der Wartburg 1, 99817 Eisenach
Tel. 03691/2500, Fax 03691/203342
www.wartburg.de, info@wartburg.de
Anfahrt: Autobahn A 4 Dresden–Frankfurt/ Main, Abfahrt Eisenach
Öffnungszeiten: Führungen April–Okt. 8.30–17 Uhr, Schließung des Burgtores 20 Uhr. Führungen Nov.–März 9–15.30 Uhr. Schließung des Burgtores 17 Uhr.
Eintritt: Museumsbesuch mit Palastführung Erwachsene € 8,–
Angemeldete Gruppen ab 25 Pers. € 7,50
Familienkarte € 21,–
Schüler und Studenten € 5,–
Empfehlung: Wer einen Eselritt machen möchte, sollte vorher anrufen, ob die Station besetzt ist, dies unter Tel. 03691/210404

Ostthüringen/Raum Gera

Gera feierte 1995 Geburtstag, die Stadt wurde 1000 Jahre alt. Heute ist sie, die durch ihre Textilmanufakturen zu Wohlstand gelangte, das Zentrum Ostthüringens, wo man nicht nur die dickste Eiche Deutschlands mit einem Umfang von 12,80 Meter, sondern auch den Wohnsitz derer von Münchhausen findet – beides ist nicht gelogen. Die Heimat der Spielkarte ist nicht fern, sie wird in Kaiser Barbarossas Residenz in Altenburg sogar mit einem Museum gewürdigt.

Waldzoo Gera

Tiere des Nordens! Obwohl der Geraer Tierpark hauptsächlich Tieren der nördlichen Erdhalbkugel ein Heim bietet, darf doch der König der Tiere nicht fehlen – aus naheliegendem Grund: Ein goldener Löwe ist das Wappentier der tausendjährigen Stadt. Ansonsten erwarten den Besucher auf dem 20 Hektar großen Gelände 500 Tiere in 80 Arten, darunter Säuger wie der Chinesische Leopard und der Berberaffe, aber auch Federvieh wie Eulen und Greife. Für Kinder gibt es ein Streichelgehege mit Schafen und Ziegen sowie altersgerechte Spielplätze. Auf dem Bauernhof können sie ihre tierischen Altersgenossen kennenlernen. Besonders begehrt ist der begehbare Affenwald. Führungen sind nach Absprache möglich, die Parkeisenbahn verkehrt täglich außer montags und freitags.

Wichtig!

Adresse:
Waldzoo Gera
Straße des Friedens 85
07548 Gera
Tel. 0365/810127
www.unser-waldzoo-gera.de (Link Tierpark)
waldzoo@gera.de
Anfahrt: Der Tierpark liegt an der B 2 in Richtung Schleiz, im Stadtgebiet ausgeschildert.
Mit den Straßenbahnen 1, 2, 3 bis Haltestelle „An der Spielwiese".
Mit den Buslinien 10, 17, 19 in Richtung Klinikum, Frankenthal und Weißig.
Saison/Öffnungszeiten:
März bis Oktober 9.00–17.30 Uhr,
November–Februar 9.00 Uhr bis Dämmerung
Eintritt: Erwachsene € 4,–
Kinder € 2,–
Familienkarte € 11,–, Gruppen ermäßigt.
Verpflegung: Fischspezialitäten, Kiosk

Botanischer Garten in Jena

haus sowie das Victoria-Haus gehören. Sie umgeben einen freien Innenhof mit einem beheizbaren Wasserbecken. Im Eingangsgebäude präsentieren dauerhaft regionale Künstler ihre Werke.

Blumen-Eldorado! Der Botanische Garten Jena wurde bereits im Jahre 1586 gegründet und ist damit nach Leipzig (1542) und noch vor Heidelberg (1593) die zweitälteste Einrichtung dieser Art in Deutschland. Heute ist der Garten als Abteilung des Instituts für Spezielle Botanik ein auch der Öffentlichkeit verpflichteter und zugänglicher Teil der Friedrich-Schiller-Universität und gilt mit Recht als eine touristische Attraktion der Stadt Jena. Durch seine zentrale Lage im Herzen der Stadt kommt dem Garten zudem eine wichtige Funktion als Grüne Lunge bei der Verbesserung des Stadtklimas zu. Auf 4,5 Hektar Grundfläche werden in Frei- und Gewächshausanlagen rund 10.000 Pflanzenarten aus allen wichtigen Vegetationseinheiten der Erde kultiviert und ästhetisch präsentiert. Die Gewächshäuser wurden in den Jahren 1980 bis 1983 rekonstruiert und erweitert. Ein Eingangsgebäude mit Terrarium und Paludarium verbindet einen Komplex von mehreren Glashäusern, zu denen das Kakteen- und Sukkulentenhaus, Hartlaub- und Lorbeerwaldhaus, Palmen- und Tropenhaus, Evolutions-

Wichtig!

Adresse:
Botanischer Garten
Fürstengraben 26
07743 Jena
Tel. 03641/949274
www.botanischergartenjena.de
Saison/Öffnungszeiten:
Ganzjährig täglich geöffnet.
1. April bis 31. Oktober 10–19 Uhr,
1. November bis 31. März 10–18 Uhr,
Führungen: Tel. 03641/949271 (Auskunft)
Eintritt: Erwachsene € 3,–
Ermäßigte € 1,50
Jahreskarte € 20,–
Familienkarte € 7,50
Führungen nach Voranmeldung
Verpflegung: Gaststätten, Cafés und Bistros in unmittelbarer Nähe

Labyrinthehaus Altenburg

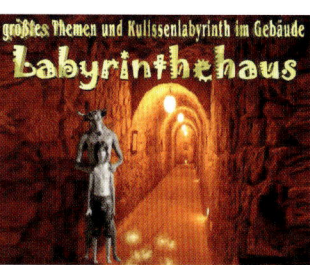

LABYRINTHEHAUS – größtes Themen- und Kulissenlabyrinth im Gebäude. Besuche die faszinierendsten begehbaren Labyrinthe, die es je gab. Auf über 2000 Quadratmetern gibt es Spaß und Spannung. Durchwandere vier Labyrinthe/Themenbereiche mit Kulissen, Spezialeffekten und Musik im Gebäude.

Erlebe unsere Attraktionen: Tinka Tempel, Kongo King, Zauberlabyrinth und neu ab Frühjahr 2014, Tiefseelabyrinth. Jede für sich eine Sehenswürdigkeit.

Trete ein in das Labyrinthehaus, verpasse nicht eine der spannendsten Freizeitanlagen unserer Zeit. Weltweit einmalig!

Egal bei welchem Wetter und zu welcher Jahreszeit. Entdecke alle Geheimnisse im LABYRINTHEHAUS.

Wie James Bond fühlt sich der Besucher wenn er gegen die Sicherheitsanlage in der Fort Knox Box antritt, viel Spaß bereitet der Elektro Thriller.

Das einmalige ägyptische Wabenlabyrinth TINKA TEMPEL sorgt für jede Menge Fun. Die Spannung steigt bei allen, die sich den Weg durch das Zauberlabyrinth bahnen, es geht nicht immer mit rechten Dingen zu...

Und was erwartet den mutigen Besucher im Kongo-King? Hörst Du die Trommeln? Sie rufen! Folge ihnen ins dunkle Herz Afrikas.

Tief, tiefer, Tiefseelabyrinth heißt es in der Neuheit 2014. Tauche in einem überdimensionalen U-Boot ab, in eine traumhaft schön simulierte Unterwasserwelt. Begegne hier, unter anderem, dem legenden umwobenen Riesenkraken, lausche der Musik der Wale und finde dich im wohl größten Antihaikäfig wieder, umgeben von unzähligen Haien. Gibt es ein Entkommen? Komm erlebe das LABYRINTHAUS!

Wichtig!

Adresse:
Labyrinthehaus
Leipiger Straße 1d–e, 04600 Altenburg
(Zufahrt nur über Husweg 40)
Telefon 03447/511273, Mobil 01785112963
www.labyrinthehaus.de
info@labyrinthehaus.de

Öffnungszeiten:
Ganzjährig von 10–20 Uhr.

Eintritt:
Erwachsene + Kinder (> 1,40 m) € 11,–
Kinder (< 1,40 m) € 9,–
Kinder (< 1 m) frei
Gruppen (ab 15 Pers.) 10% Rabatt

Hörst Du die Trommeln?
Sie rufen!
Folge ihnen, ins dunkle Herz Afrikas.
Entdecke seine Geheimnisse.

Historische Höhler in Gera

in den Geraer Höhlern kann man viel Abwechslung in eine Familienfeier (Schuleinführung, Kindergeburtstag usw.) bringen. Nach Voranmeldung begeben sich die Kinder (Alter 6–10 Jahre) auf Schatz- und Gespenstersuche oder erfahren so manches aus der Märchen- und Sagenwelt.

Wichtig!

Adresse:
Historische Geraer Höhler
Eingang Steinweg/Ecke Geithes Passage
Voranmeldung von Führungen und Veranstaltungen Tel. 0365/55249954
Stadtmuseum Gera
Museumsplatz 1, 07545 Gera
Telefon 0365/8381470
Fax 0365/8381473
stadtmuseum@gera.de

Öffentliche Führungen:
Dienstag–Freitag: 11, 13, 15 Uhr
Samstag, Sonntag und Feiertag: 11, 13, 15, 17 Uhr und nach Vereinbarung
Eintritt: Erwachsene € 4,–
Ermäßigte € 2,50
Tagesfamilienkarte € 7,50 (bis zu 2 Erw. und 5 Ki. einer Familie).

Unterirdische Gänge! Die „Höhler" – in Gera und Umgebung so bezeichnet – sind unterirdische Gänge und Nischen, in denen vor Jahrhunderten Bier lagerte und reifte. Sie wurden tief unter der Erde, unter den eigentlichen Hauskellern, angelegt und boten auf Grund der gleichbleibenden kühlen Temperaturen ideale Lagermöglichkeiten für die nicht unbeträchtlichen Biermengen. Einen Teil davon – zehn Höhler mit insgesamt 250 m Länge – kann man heute noch in ihrer Ursprünglichkeit besichtigen. Für Besucher gut nachvollziehbar werden der Transport und das Lagern des Bieres, aber auch die spätere Nutzung der Höhler in Inszenierungen dargestellt. Diese Historischen Höhler, eine Einrichtung des Stadtmuseums Gera, sind täglich (außer Montag) im Rahmen von Führungen zugänglich (Dauer ca. 45 Min.). Mit einer spannenden Kinderveranstaltung

Per ↖ Click in die Freizeit

Archäologische Museen
www.archaeologie.sachsen.de
www.besucherbergwerk-zinnwald.de
www.kaisertrutz.de (Görlitz)
www.plauen.de/vogtlandmuseum
www.uni-leipzig.de
www.voelkerkunde-dresden.de
(Japan. Palais Dresden)

Schlösser
www.albrechtsburg.de
www.die-sehenswerten-drei.de
www.schloss-colditz.com
www.schloss-moritzburg.de
www.schloss-weesenstein.de
www.schloesser-dresden.de
www.schlossschwarzenberg.de
www.wasserschloss-klaffenbach.de

Diverse Museen
www.albrechtsburg-meissen.de
www.bach-leipzig.de
www.bautzen.de/stadtmuseum.asp
www.dhmd.de
(Hygienemuseum Dresden)
www.kunsthausdresden.de
www.mdbk.de
(Leipzig-Museum d.Bild.Künste)
www.meissen.com
www.oberlausitz-museum.de
www.zinngrube.de

Diverse Freizeitparks
www.adorf-vogtland.de
www.belantis.de
www.freizeitpark-plohn.de
www.schatzhoehle.com
www.sonnenlandpark.de
www.sportpark-nordicc.de
www.trixi-park.de

Zoo / Wildparks
www.falkenhof-augustusburg.de
www.schmetterlingshaus.info
www.tiergehege-dornreichenbach.de
www.tierpark-zittau.de
www.wildpark-osterzgebirge.de
www.zooderminis.de

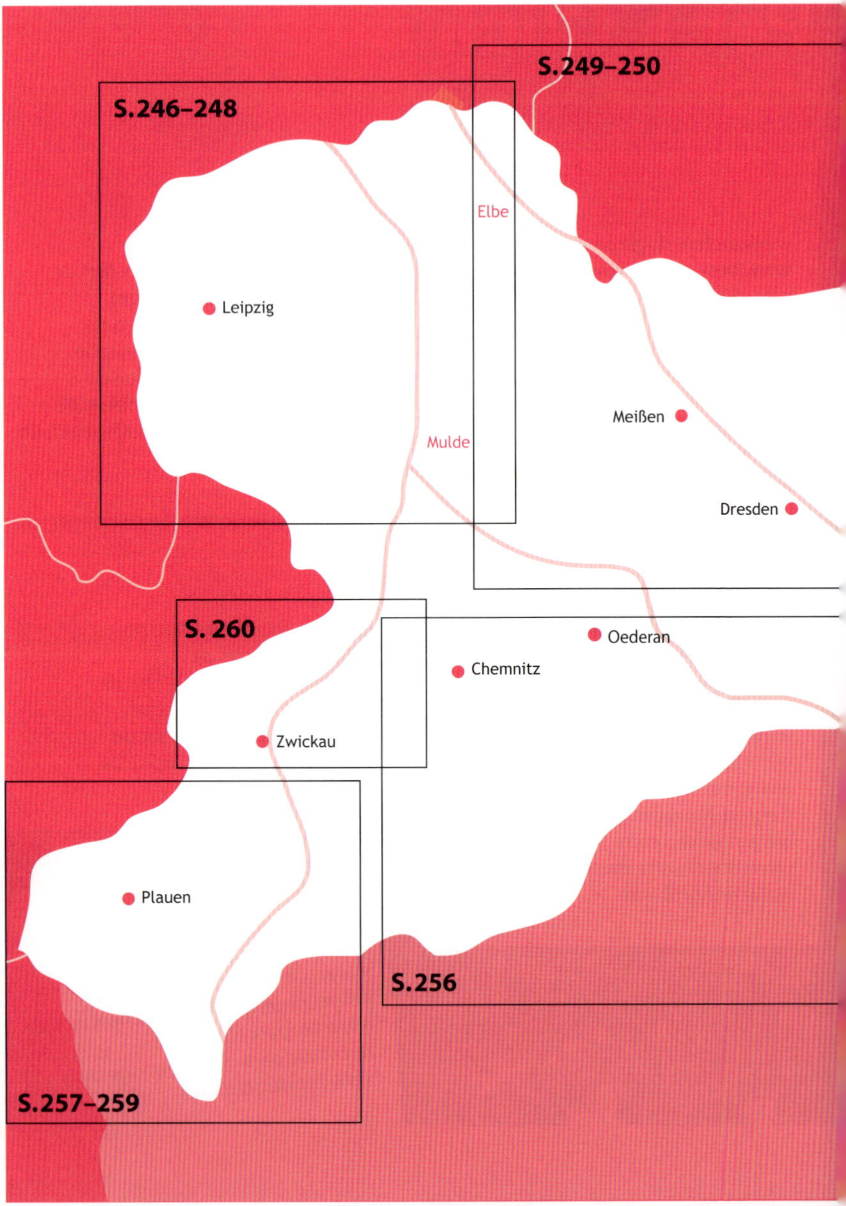

S.249–250

S.246–248

Elbe

Leipzig

Mulde

Meißen

Dresden

S. 260

Oederan

Chemnitz

Zwickau

Plauen

S.256

S.257–259

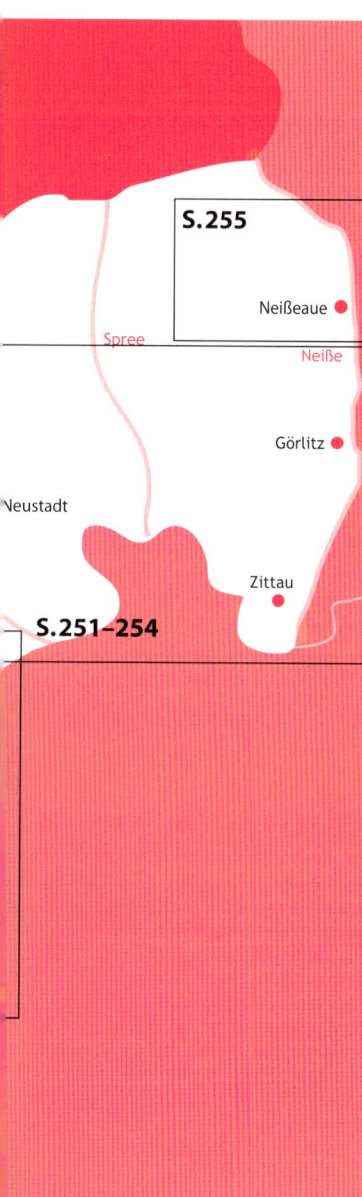

Neißeaue ●

Spree

Neiße

Görlitz ●

Neustadt

S.255

S.251–254

Zittau ●

Leipzig und Umgebung

Schon im Mittelalter war Leipzig als Messestadt berühmt, ein Ruf, um den die Stadt heute mit dem Slogan „Leipzig kommt" kämpft. Um den Weltruf als Stadt der Musik muss Leipzig nicht kämpfen: Das Gewandhausorchester dirigierte ab 1835 Felix Mendelssohn-Bartholdy, der während seiner Schaffenszeit die Talente Chopins, Schumanns und Liszts erkannte. Er war es auch, der das Werk Johann Sebastian Bachs wiederentdeckte.

Um das Maß voll zu machen: Auch Richard Wagner, umstrittener Meister der romantischen Oper in Deutschland, wurde in Leipzig geboren.

Museum für Musikinstrumente Leipzig

Musikgeschichte! Leipzig wird gern als „Stadt der Musik" bezeichnet, und diesem Namen macht das Museum für Musikinstrumente alle Ehre. In einer umfangreichen und sehr interessanten Ausstellung kann man hier viele Jahrhunderte Musikgeschichte und die Entwicklung der Musikinstrumente verfolgen. In 12 Kapiteln werden die markanten Epochen der Renaissance, des Barock, der Klassik und der Romantik bis hin zur Gegenwart dargestellt. Die Namen berühmter Komponisten wie Bach oder Mendelssohn und Oberbegriffe wie „das Wiener Pianoforte" oder „Sächsischer Instrumentenbau" weisen auf wichtige Meilensteine der Musikgeschichte hin. Im Klanglabor laden Instrumente aus aller Welt zum Anfassen und Ausprobieren ein.

Wichtig!

Adresse:
Museum für Musikinstrumente der Universität Leipzig,
Johannisplatz 5–11, 04103 Leipzig,
Tel. 0341/9730750, Fax 0341/9730759,
www.grassimuseum.de
musik.museum@uni-leipzig.de
Öffnungszeiten:
Di. bis So. 10–18 Uhr geöffnet, montags, 24. und 31. Dez. geschlossen.
Eintritt:
Erwachsene € 5,–
Ermäßigte € 3,– (bis 16 Jahre frei).
Verpflegung:
Bistro-Restaurant

Landschaftsmuseum Burg Düben

Die Kurstadt Bad Düben wird auch das „Tor zur Dübener Heide" genannt, jener unverwechselbaren Landschaft zwischen Unterer Mulde und Mittlerer Elbe. Am Ufer der Mulde nördlich von Leipzig gelegen, sieht man schon von weitem die Burg und den Burgturm „Lug ins Land." Der Burgturm stellt das älteste Gebäude (1206) im Burgareal dar. Im Jahre 981 fand Düben – zu jener Zeit noch mit slawischen Namen Burg Dibni – die erste urkundliche Erwähnung, als der Magdeburger Erzbischof einige Burgwarte vom Bistum Merseburg übernahm.

Im Jahre 1533 fand der berühmte Gerichtsstreit zwischen dem Junker von Zaschnitz und dem Pferdehändler Hans Kohlhase statt. Im Gerichtszimmer des Burgturmes erfährt man heute viel Wissenswertes über diese Begebenheit. Bedeutende Personen, die in die Geschichte eingegangen sind und in Verbindung mit der Burg Düben genannt werden können, sind Gustav Adolf II. von Schweden (1631) und Napoleon (1813). Das Verlies , in dem 1669 die als Hexe bezichtigte Elisabeth Mann an den Folgen der Folterungen verstarb, kann heute noch besichtigt werden.

Seit 1953 findet man auf der Burg das Landschaftsmuseum der Dübener Heide. Im Mittelpunkt steht dabei die Entwicklungsgeschichte der Dübener Heide aus volkskundlicher Sicht. Ein Diorama zum Lebensraum des Bibers ergänzt diese Darstellung. In 16 Räumen erfährt der Besucher Interessantes zur Historie und Entwicklung von Stadt und Region sowie zum Naturpark Dübener Heide. Neben der Dauerausstellung finden regelmäßig Sonderausstellungen zum Thema Kunst und Kulturgeschichte statt.

Im Burggarten der Burg Düben befindet sich als technisches Denkmal die Bergschiffmühle.

Wichtig!

Adresse:
Landschaftsmuseum der Dübener Heide
Burg Düben, Neuhofstraße 3
04849 Bad Düben
Tel. 034243/23691, Fax 034243/23612
Landschaftsmuseum.Bad.Dueben@t-online.de,
www.museumburgdueben.de
Öffnungszeiten: Di.–Do. 9.00–16.00 Uhr,
Sa. 13.00–17.00 Uhr*, So. 10.00–17.00 Uhr*,
Montag und Freitag geschlossen.
*November–Februar bis 16.00 Uhr
Eintritt:
Erwachsene € 3,–, ermäßigt € 2,–,
Schüler in Gruppen € 1,–, Projektgebühr
für Schulklassen € 10,–, Führung je Gruppe
€ 20,–, Gruppen ab 20 Pers. € 2,–/p. P.,
Familienkarte € 8,–,
Sonderausstellungen € 2,–, Burgturm € 1,–,
Foto-/Videogebühr € 3,–

Sachsen

Die Museen von Leipzig

Historisches Gedächtnis! Die Museen der Stadt Leipzig erzählen die Wandlungen der Zeit und des Zeitgeistes in allen Fassetten. An geschichtlich bedeutenden Orten werden Liebe und Krieg, Tod und Teufel, Reichtum und Armut, Glauben und Verbrechen, Kunst und Wissenschaft thematisiert.
Einige Beispiele:

Altes Rathaus: Das Alte Rathaus ist ein Wahrzeichen der Bürgerstadt Leipzig. Der Renaissancebau mit dem im barocken Stil veränderten Turm dominiert den Markt. Von den Resten alter Gefängniszellen im Keller über die historischen Räume des Hauptgeschosses bis zu Turmkugel und Wetterfahne ist das Haus gleichsam ein Kompendium Leipziger Stadtgeschichte und damit das wertvollste Museumsobjekt selbst.
Die Ständige Ausstellung lädt zum Rundgang durch die bewegte Leipziger Geschichte von der Frühzeit bis zur Völkerschlacht, von der Revolution 1848 bis hin zur Friedlichen Revolution 1989 und Wiedervereinigung ein.
Stadtgeschichtliches Museum – Neubau: Das Gebäude (Böttchergäßchen 3) ist das Zentrum und der Tresor für die Schätze des Stadtgeschichtlichen Museums. Die moderne Funktionsarchitektur beherbergt Direktion, Sammlungen und Service-Einrichtungen und ist Bühne für zahlreiche Sonderausstellungen. Für die Öffentlichkeit zugänglich sind außerdem die stadtgeschichtliche Bibliothek und die Fotothek.

Museum Zum Arabischen Coffe Baum: Im Herzen der Leipziger Altstadt, wenige Meter vom Alten Rathaus entfernt, befindet sich das älteste Kaffeehaus (Kleine Fleischergasse 4) Deutschlands. Seit 1711 wird hier der Sachsen liebstes Getränk, der Kaffee, ausgeschenkt. Das außergewöhnliche Hauszeichen gab dem Haus seinen Namen „Zum Arabischen Coffe Baum". In den oberen Stockwerken vermitteln mehr als 500 Exponate die glänzenden Höhepunkte und charakteristische Besonderheiten der sächsischen Kaffeekulturgeschichte.

Wichtig!

Info-Telefonnummern der Museen:
Altes Rathaus: Tel. 0341/965130
Öffnungszeiten: Di.–So., Feiertage 10–18 Uhr
Stadtgeschichtliches Museum – Neubau:
Tel. 0341/9651340, Fax 0341/9651352
E-Mail: stadtmuseum@leipzig.de
Öffnungszeiten: Di.–So., Feiertage 10–18 Uhr
Museum Zum Arabischen Coffe Baum:
Tel. 0178/8592199
Öffnungszeiten:
Täglich 11–19 Uhr
www.stadtgeschichtliches-museum-leipzig.de

Sachsen

Dresden

Das „Elbflorenz" profitiert heute noch vom Wirken Augusts des Starken, der eine ganze Reihe beherrschender Gebäude entlang des Stromes bauen ließ. Wer Dresden besucht, der wird angetan sein von der stillen Eleganz, die die Stadt ausstrahlt. Die Semperoper, sowie die Frauenkirche sind imposante Gebäude in der Stadt. Das architekto-nische Glanzlicht hinterlässt bei vielen einen bleibenden Eindruck. Nur eine Stunde entfernt von der Hektik der Business-Stadt Leipzig, demonstrieren die Dresdener ihr Savoirvivre. Und wer der Stadt dann doch entfliehen will, der ist nach kurzer Zeit im idyllischen Elbtal mit seinen traditionsreichen Weingütern.

Dampfschifffahrten auf der Elbe

Größte Raddampferflotte! In Dresden ist eine weltweit einmalige Flotte beheimatet: Mit neun historischen Raddampfern ist die Sächsische Dampfschiffahrt die älteste und größte Raddampferflotte der Welt. Die Schiffe, die fast alle aus dem 19. Jahrhundert stammen, werden noch mit echten Dampfmaschinen betrieben. Im Fahrtgebiet zwischen Diesbar/Seulitz bei Meißen und Bad Schandau in der Sächsischen Schweiz bietet die Sächsische Dampfschiffahrt ein umfangreiches Programm an Linien- und Veranstaltungsfahrten an, so zum Beispiel Ausflüge in die Sächsische Schweiz und ins Sächsische Elbland. Als Rundfahrten werden die „Schrammsteintour" im Nationalpark Sächsische Schweiz, die „Stadtrundfahrt zu Wasser" und die Meißner Elbtour ab Dresden angeboten. Dampferfahren mit Musik macht besonders viel Spaß. Die Sächsische Dampfschiffahrt bietet Dixielandfahrten, Lunchfahrten und Sommernachtsfahrten an. Und die Mütter können sich am 11. Mai bei einem

Muttertagslunch mit Buffet und Live-Musik so richtig verwöhnen lassen. Anlässlich der Schuleinführung findet die ABC-Mittags- und Kaffeetour am 24. August statt.

Wichtig!

Adresse:
Sächsische Dampfschiffahrt
Hertha-Lindner-Straße 10
01067 Dresden, Tel. 0351/866090
www.saechsische-dampfschiffahrt.de
info@saechsische-dampfschiffahrt.de
Anfahrt: Anlegestelle Dresden, Terrassen-ufer, unterhalb der Brühlschen Terrasse
Saison: Sommer 11.4.–2.11.2014
Winter 7.11.–4.1.2015
Fahrzeiten: Stündl. Abfahrt, Mai–Okt.
Preise: z.B. Dixielandfahrt: Erwachsene € 22,–, Kinder € 14,– oder Sommernachts-fahrt: Erwachsene € 49,50, Kinder € 34,–

Zoo Dresden

Erleben Sie mehr als 2.000 Tiere in ca. 300 Arten mitten im Herzen der Elbmetropole. Eingebettet in den Großen Garten bietet der Zoo Dresden nur wenige Minuten von den barocken Sehenswürdigkeiten entfernt eine spannende Reise durch eine faszinierende und farbenprächtige Tierwelt quer durch die Kontinente. Entdecken Sie Orang-Utans und Elefanten, Humboldt-Pinguine und seltene asiatische Huftiere, Erdmännchen und Kängurus, Nacktmulle, Kleine Pandas und Seychellen-Riesenschildkröten. Absolutes Besucher-Highlight sind unsere Koalas im Prof.-Brandes-Haus. Die faszinierenden Beuteltiere erhalten täglich 10.30 Uhr frischen Eukalyptus gereicht und werden mittwochs und sonntags 11 Uhr gewogen. Das als Tropenhaus konzipierte Prof.-Brandes-Haus beherbergt zudem Affen, Zweifingerfaultiere, verschiedene Insekten und Besucherliebling „Max" – das mehr als 4,50 m große Leistenkrokodil. Im viertältesten Zoo Deutschlands laden heute moderne und themenspezifisch gestaltete Anlagen zu einem ungestörten Tier- und Naturerlebnis ein und ermögli-chen verschiedene Blickwinkel auf die Tiere. So haben Besucher auf der begehbaren Kattainsel das Gefühl, inmitten der sprunggewaltigen Halbaffen Madagaskars zu sein und können auf einer Art Landzunge tief in die Giraffen- und Zebraanlage vordringen. Der historische Raubtierfelsen ist in das Löwengehege integriert und gewährt den Besuchern einen fantastischen Überblick über den Zoo und in die Löwenanlage hinein. Top für Kinder: Sieben Spielplätze zum Hangeln, Klettern und Toben. Auf einer Rutsche geht es in den Zoo unter der Erde, im Streichelgehege warten Kamerunschafe, Minischweine und eine Speisekammer voller Mäuse. Täglich Tierpflegertreffpunkte und kostenlose Zookasper-Vorstellungen.

Wichtig!

Adresse: Zoo Dresden
Tiergartenstraße 1, 01219 Dresden
Tel. 0351/478060, Fax 0351/4780660
www.zoo-dresden.de, info@zoo-dresden.de
Anfahrt: Der Zoo liegt südlich der Elbe und ist mit den Straßenbahnen 9, 13 und der Stadtbuslinie 75 erreichbar. Kostenpflichtige Hauptbahnhof Parkplätze am Bahnhof
Saison/Öffnungszeiten:
Ganzjährig geöffnet. Sommer: 8.30–18.30Uhr
Frühling/Herbst: 8.30–17.30 Uhr
Winter: 8.30–16.30 Uhr
Eintritt: Erwachsene € 12,–, Kinder (3–16 J.) € 4,–, Ermäßigte € 8,–, Familien (2 Erw. + 4 Kinder) € 30,–
Zootouren und Kindergeburtstage:
Kontakt: 0351/4780618
Verpflegung: Picknick, Gastronomie im Zoo

Die Oberlausitz

Nur wenige wissen, dass es auf deutschem Boden eine ethnische Minderheit mit eigener Sprache und Kultur gibt: die slawischen Sorben. Bis heute lebt diese katholische Volksgruppe im wunderschönen Dreiländereck der Oberlausitz. In dieser urtümlichen Naturlandschaft wird vom Radwandern bis zum Wintersport alles geboten. Dörfer wie Großschönau, Waltersdorf, Jonsdorf und Obercunnersdorf sind durch eine in Europa einmalige, für diese Gegend charakteristische Bauweise geprägt: die Umgebindehäuser. Sie verweisen auf eine Jahrhunderte alte Tradition der Weberkunst. Aber auch das tausendjährige Bautzen, Görlitz an der Neiße und das Riesengebirge sind reizvolle Ausflugsziele im Dreiländereck von Deutschland, Polen und der Tschechischen Republik.

Zittauer Schmalspurbahn

Seit 1980 „schnauft" die Zittauer Schmalspurbahn durchs Zittauer Gebirge, und zwar bis zu 7mal täglich die Strecke Zittau–Kurort Oybin–Kurort Jonsdorf und zurück. Die Fahrt dauert etwa 50 Minuten. Ein längerer Zwischenstopp in Oybin mit einer Wanderung zur romantischen Bergkirche, der Burg und Klosterkirche auf dem Gipfel lohnt sich auf alle Fälle. Auf den Spuren von Caspar David Friedrich bieten sich dem Wanderer beeindruckende Motive. Im Sommer finden auf dem Gipfel Konzerte, Ritterspiele und historische Mönchszüge statt. In Jonsdorf kann man sich auf der Waldbühne nochmal voll der Muse widmen. Beachten Sie bitte auch das große Veranstaltungsangebot.

Wichtig!

Adresse:
Sächsisch-Oberlausitzer
Eisenbahngesellschaft
Bahnhofstraße 41, 02763 Zittau
Tel. 03583/540540, Fax 03583/516462
www.soeg-zittau.de
Anfahrt: Zittau liegt an den B 178 und
B 96 an der Grenze zu Polen, die Bahn ist im
Ort ausgeschildert.
Fahrzeiten: Bis zu 9 Fahrten täglich, genaue
Zeiten und Fahrpreise tel. erfragen, Pläne
auch im Internet, siehe oben.
Verpflegung: Picknick, Gastronomie vor Ort

Sachsen

Das TRIXI-Bad in Großschönau

Sommerfreuden! Schroffe Felsen, steile Berggipfel, markante Sandsteingebirge und malerische Täler laden zum unbeschwerten und abwechslungsreichen Urlaubsvergnügen ins Zittauer Gebirge ein. Zu Füßen der knapp 800 m hohen Lausche zwischen saftig grünen Wiesen und weiten Wäldern breitet sich auf einem 23 ha großen Areal Sachsens größter Ferienpark aus. „Vergnüg' dich gesund!" – so lautet hier das Motto und dies begleitet einen durch den ganzen Urlaub. Mit einem Bad im Waldstrandbad oder im subtropischen Freizeitbad könnte der Tag beginnen. Auf einer 20.000 qm großen Wasserfläche, umgeben von Liegewiesen, breitet sich das Waldstrandbad aus und mitten im Wasser thront das Walross „Trixi" – das Maskottchen des Ferienparks. Bestehen Sie die Mutprobe mit einem Sprung vom 10-m-Turm oder gehen Sie es eher beschaulich an? Verweilen Sie bei einem leckeren Eis, Kaffee und Kuchen genießen Sie einen fantastischen Ausblick auf das Zittauer Gebirge. Eine großzügige Saunalandschaft, ein ebensolches Wellness-Angebot und viele andere Freizeitaktivitäten lassen keine Wünsche zum Erholen und Wohlfühlen offen.

Wichtig!

Adresse:
Trixi-Park Zittauer Gebirge
Jonsdorfer Straße 40
02779 Großschönau
Tel. 035841/6310
Fax 035841/631118
www.trixi-park.de
info@trixi-park.de

Anfahrt: Aus Richtung Dresden über die A 4, Abfahrt Bautzen-Ost, B 6 bis Löbau, in Löbau B 178 bis Herrnhut, Richtung Oberoderwitz Großschönau/Zittauer Gebirge.

Saison/Öffnungszeiten:
Ferienpark ganzjährig,
Freizeitbad: Mo.–Mi. 10–22 Uhr,
Do.–Sa. 10–23 Uhr, So. 8–21 Uhr.

Eintritt: Erwachsene 3 Std. € 7,50
Tageskarte € 9,–
Kinder 3 Std. € 6,50
Tageskarte € 8,–

Verpflegung: Restaurant, Badgastronomie, Saunabar

Querxenland Seifhennersdorf

Tolle Ferienfreuden! In der Oberlausitz werden kleine Kobolde „Querxe" genannt, im Querxenland in

Grüße aus dem Querxenland

Bei schlechtem Wetter gibt es die Möglichkeit zum Basteln, bei schönem Wetter stehen ein Besuch des Waldbades „Silberteich" oder Ausflüge auf dem Programm. Die Auswahl an Ausflugszielen in der näheren Umgebung ist sehr groß. Eine besondere Unterkunft ist das rollstuhlgerechte Bettenhaus. Somit ist das Querxenland eine barrierefreie Gruppenunterkunft und es heißt alle recht herzlich willkommen!

Seifhennersdorf zu Füßen des Zittauer Gebirges sind alle Sorten von Kobolden stets willkommen! Das Querxenland ist eine Gruppenunterkunft für Schulklassen, Kinder- und Jugendgruppen, Sport- und Kulturvereine sowie Familien. Die Möglichkeiten zur Freizeitgestaltung sind sehr vielfältig, es beginnt beim Freizeitzentrum mit Sauna, Fitnessraum und Computerkabinett und endet noch längst nicht beim kleinen Park mit Abenteuerspielplatz, BMX-Strecke, Mehrzwecksportfeld und Kletterberg.

Wichtig!

Adresse:
KiEZ Querxenland
Viebigstraße 1
02782 Seifhennersdorf
Tel. 03586/4511-0
Fax 03586/451116
www.querxenland.de
info@querxenland.de

Anfahrt:
Seifhennersdorf liegt südlich der B 96 zwischen Bautzen und Zittau. Im Ort ausgeschildert.

Saison: Ganzjährig

Preise für Gruppenunterkunft:
Auf Anfrage

Verpflegung: Eigene Küche, Voll- und Halbpension möglich, Cafeteria

Saurierpark

Spannung, Spaß & Abenteuer! Jedes Jahr laden neue Attraktionen Jung und Alt ein, aktiv und fantasievoll eine längst vergangene Zeit zu erkunden. Über 200 detailgetreue Urzeitechsen im Saurierpark stellen typische Vertreter der Saurierwelt in verschiedenen Erdzeitaltern dar. Nicht nur Kinder und Jugendliche sind begeistert, wenn sie in der Netzkletteranlage den Giganten der Urzeit in einer Höhe von 10 m ganz nah sind. Sie können auch wie kleine Wissenschaftler in der Ausgrabungsstätte nach einem T-Rex Skelett suchen. Immer wieder werden dem Besucher neue Einblicke in die Erdgeschichte geboten. Auf dem Planetenspielplatz erlebt man in einem „Flugmobil" eine virtuelle Reise durch den Mittelpunkt der Erde. Flugsaurierschaukel, Niedrigseilgarten, eine 8 m hohe Klettwand sowie Matschtische und eine Riesenrutsche sorgen für aktive Urzeitabenteuer. Neu ist seit dem Sommer 2013 die „Vergessene Welt". Erleben Sie hier Einzigartiges und Spektakuläres mit allen Sinnen in einem alten Forschungsareal. Mit der Eintrittskarte vom Saurierpark kann man auch den Sauriergarten besuchen – eine Anlage von Franz Gruß, der den Grundstein für den heutigen Park legte. Der Sauriergarten schließt sich unmittelbar an den Saurierpark an und widmet sich speziell dem Thema Urmenschen, deren Lebensweise in verschiedenen Szenen veranschaulicht wird.

Wichtig!

Adresse und Anfahrt: Saurierpark, Saurierpark 1, 02625 Bautzen OT Kleinwelka
Tel. 035935/3036, Fax 035935/21504
www.saurierpark.de, info@saurierpark.de
Anfahrt: 4 km nördlich von Bautzen in Kleinwelka an der B 96 in Richtung Hoyerswerda, A 4 Ausfahrt Salzenforst. Der kostenfreie Parkplatz ist ausgeschildert.
Öffnungszeiten: Ab 1.4.–31.10. täglich 9–18 Uhr geöffnet. Wenn Ostern im März ist, bereits ab Karfreitag geöffnet. In den Sommermonaten Juli und August öffnet der Saurierpark von 9–19 Uhr.
Eintritt: Erwachsene € 10,–, Kinder € 7,–, Familienkarte € 30,–
Gruppen 20 % Ermäßigung
Verpflegung: umfangreiches Imbissangebot, Grillhütte (Grillhütte nur bei Voranmeldung) zur „Selbstverpflegung"

Kulturinsel Einsiedel

Natur pur und Entschleunigung – ein exotisches Erlebnis ohne 8 Stunden Flug im Herz der ZentralLausitz.

Am östlichsten Punkt Deutschlands wächst seit 20 Jahren die Kulturinsel Einsiedel – der Grüngeringelte Abenteuerfreizeitpark mit dem 1. BH-Hotel am Busen der Natur. Ein Ort, der allen offen steht und wo Kunst, Kultur und Natur spielerisch verbunden sind!

Hier heißt es Durchklettern, Durchkriechen, Erforschen und Ausprobieren der Verschlungenen Wege, unterirdischer Geheimlabyrinthe, des sagenhaften Zauberschlosses und der fast verschollenen Kultur des Volkes der Turiseder, welches vor 1000 Jahren auf dem heutigen Gebiet der Kulturinsel Einsiedel lebte.

Ein kulinarische-kultureller Höhepunkt ist das Theater zum Essen mit 8-Gänge-Verwöhnmenü im original rekonstruierten KRÖNUM. Die Dinnershow der neuen Generation entführt in eine andere Zeit und lässt Gaumen und Herzen höher schlagen.

Anschließend kann abenteuerlich genächtigt werden: Wipfelluftig in den neuen Baumbetten, unterirdisch im Erdhaus, ebenirdisch in orientalisch anmutenden Alkoven, dem Waldsiedlum, gemeinschaftlich in gemütlichen Behütummis oder in luftiger Höhe im Baumhaushotel.

Von der Kulturinsel Einsiedel aus können am nächsten Tag zahlreiche Entdeckungstouren gestartet werden: Dort wo sich Biber und Wolf die Hände reichen gelangt man mit der NeißeFähre über den Grenzfluss und mit Neiße-Tours direkt hinein: Spannende Schlauchbootfahrten von rasant bis ruhig! Aber auch das Flugzeugmuseum Rothenburg, die Ciuchia-Bahn, der östlichste Punkt Deutschlands oder das vergessene polnische Dorf Bielawa Dolna sind eine Reise wert.

Wichtig!

Adresse: Kulturinsel Einsiedel – Grüngeringelter Abenteuerfreizeitpark
Kulturinsel Einsiedel 1
02829 Neißeaue/OT Zentendorf
Tel. 035891/49113
www.kulturinsel.de, buchung@kulturinsel.de
Öffnungszeiten: März–Okt., tägl. ab 10 Uhr
Eintritt: Erw. ab € 9,–, Kinder (4–14 J.) ab € 6,–, Ermäßigte ab € 8,–, Familien ab € 27,–
Abenteuernächte (Preise pro Erw.)**:**
Baumhaus-Hotel pro Haus ab € 186,50,
Baumbett pro Bett ab € 120,–, Waldsiedlum € 49,–; Erdhaus € 44,–, Behütum € 42,–,
Camping ab € 33,50

Sonnenlandpark Lichtenau

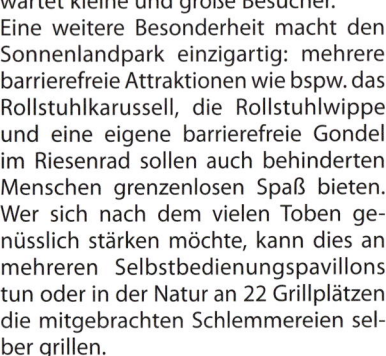

Wer einen tollen Tag inmitten einer farbenprächtigen Landschaft mit natürlichen Waldgebieten und Attraktionen verbringen will, sollte sich

auf den Weg zum Sonnenlandpark nach Lichtenau machen. Jährlich ab Ostern bietet der Familienpark für seine Besucher Unterhaltung für Groß und Klein.

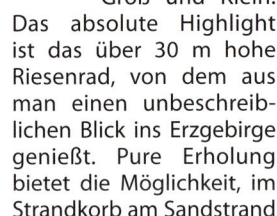

Das absolute Highlight ist das über 30 m hohe Riesenrad, von dem aus man einen unbeschreiblichen Blick ins Erzgebirge genießt. Pure Erholung bietet die Möglichkeit, im Strandkorb am Sandstrand zu liegen, während sich die Kinder auf dem Wasserspielplatz mit Matsch-Straße, auf Miniflößen oder in einem der Miniruderboote vergnügen.

Nebenan beim „Nautic-Jet" springen kleine Boote, die zuvor auf eine Höhe von acht Metern gezogen wurden, auf die Wasseroberfläche. Weitere Attraktionen sind Butterfly, eine kleine Gondel, die aus drei Meter Höhe auf einer Schiene hin und her pendelt und das große Schlauchrutschparadies, Außerdem beliebt der „Komet" – eine Art Schiffsschaukel in der sich 4–6 Personen gleichzeitig in die Lüfte schwingen können – das Beste ist: die Höhe steuert man selbst.

Eine Kinder-Quad-Bahn, Tretautos, zwei große Panoramaschaukeln und die Parkbahn „Anton" sorgen für viel Unterhaltung! Das große Wildfreigehege mit einer Rothirsch- und Mufflon-Herde, freilaufenden Sika-hirschen, ein Streichelgehege mit Kamerunschafen, Ziegen und Eseln erwartet kleine und große Besucher.

Eine weitere Besonderheit macht den Sonnenlandpark einzigartig: mehrere barrierefreie Attraktionen wie bspw. das Rollstuhlkarussell, die Rollstuhlwippe und eine eigene barrierefreie Gondel im Riesenrad sollen auch behinderten Menschen grenzenlosen Spaß bieten. Wer sich nach dem vielen Toben genüsslich stärken möchte, kann dies an mehreren Selbstbedienungspavillons tun oder in der Natur an 22 Grillplätzen die mitgebrachten Schlemmereien selber grillen.

NEU: IN-Sola – der parkeigene, 1000 m² große Indoorspielplatz mit tollen Kletter- und Hüpfattraktionen, Klein-Kind-Bereich uvm.

Wichtig!

Adresse: Sonnenlandpark Lichtenau
Sachsenstraße 6, 09244 Lichtenau
Tel. 037208/883978
www.sonnenlandpark.de
Anfahrt: Direkt an der A4 Chemnitz-Dresden, Abfahrt Chemnitz-Ost/Lichtenau.
Öffnungszeiten: Ostern–Oktober: Täglich 10–18 Uhr; Winter an ausgewählten Tagen.
Eintritt: Erw. + Kinder (ab 4 Jahre) € 10,–; Familienkarte (Eltern/Großeltern + 2 Kinder 4–16 Jahre) € 35,–, jedes weitere eigene Kind € 7,–. *Stand 1.2014*

Bockauer Wurzelstube

Wurzelbucke – so nennt man auch die Erzgebirgsgemeinde Bockau im Landkreis Aue-Schwarzenberg. Seine sprichwörtliche Berühmtheit erlangte das Dorf durch eine fast 500-jährige Tradition – den Angelika-Anbau, deren Wurzel der Gemeinde den Beinamen einbrachte. Anbau und Sammeln von Heilpflanzen, ihre Verarbeitung zu Arzneien und Kräuterlikören war einer der ältesten Erwerbszweige der Bockauer. Noch heute zeugen das jährliche „Wurzelfest", die Wahl der „Wurzelkönigin" und der „Angelikawettstreit", d.h. die Prämierung der größten Angelika-Pflanze, von dieser Tradition.

Früher beschäftigte sich in Bockau eine ganze Reihe Destillerien mit der Likörherstellung. Heute hält diese Tradition vor allem die Erzgebirgische Destillerie und Liqueurmanufaktur aufrecht. Ihre Erzeugnisse wie „Aecht Bockauer Angelika", „Aecht Bockauer Wilde Sau" oder „Der Erzgebirgskräuter" sind weit über das Erzgebirge und Sachsen hinaus bekannt. Legendäre Berühmtheit für seine wohltuende, magenfreundliche Wirkung genießt der nach einem alten Rezept hergestellte „Stoughtons – Aecht Bockauer Magentropfen". Für die alkoholischen Spezialitäten, Longdrinks und alkoholfreie Getränke wird das Felsquellwasser der firmeneigenen St. Johannes-Quelle genutzt, die aus einer ehemaligen Silbermine sprudelt. Am Brunnenpavillon kann man es genießen. Gleich in der Nähe wachsen im Laborantengarten die heilkräftigen Kräuter. In der „Bockauer Wurzelstube", dem ersten Spirituosenmuseum Sachsens, sind alte Destillierblasen, Kräutermühlen, historisches Bildmaterial, Kräuter- und Wurzelproben sowie viele andere interessante Zeitzeugen der jahrhundertealten Likörherstellung im „Laborantendorf" Bockau zu besichtigen. Es versteht sich, dass man hier auch die Spezialitäten der Erzgebirgischen Destillerie verkosten und günstig kaufen kann. „Filmstübel" und Kaffeestübel" laden zum Verweilen ein. Im Mai findet auf dem Gelände der Destillerie der „Erzgebirgische Kräutertag" statt, ein bekanntes regionales Volksfest. Bei dieser und anderen Gelegenheiten wird der traditionelle Steinbackofen angeheizt.

> ### Wichtig!
>
> **Adresse:** Erzgebirgische Destillerie und Liqueurmanufaktur GmbH Zechenhausweg 6, 08324 Bockau, Tel. 03771/454121, Fax 03771/454122 www.bockauer-likoerfabrik.de, kontakt@bockauer-likoerfabrik.de
> **Öffnungszeiten:** Spirituosenmuseum Mo. geschlossen, Di.–Fr. 10–16 Uhr; Sa., So. und Feiertage 13–17 Uhr. Gruppen ab 10 Personen auch außerhalb der Öffnungszeiten. Reservierungen bitte während der Geschäftszeiten: Mo.–Fr. 7.30–17.00 Uhr. Werksverkauf: Mo.–Fr. 10–16 Uhr.
> **Eintritt:** Incl. Verkostung (ab 18 Jahre) € 3,– pro Pers. Kinder haben freien Eintritt.

Das Vogtland

Plauen ist eine Spitzenstadt! Die einstige Tuchmacher- und Webermetropole ist kultureller und wirtschaftlicher Mittelpunkt der Region Vogtland ganz im Westen Sachsens. „Plauener Spitze" war Ende des vorletzten Jahrhunderts ein Produkt von Weltgeltung, heutzutage ist diese alte Tradition ein wenig in Vergessenheit geraten. Das Vogtland hat aber noch viel zu bieten. Einen Besuch wert ist beispielsweise der Ort Tannenbergsthal, genauer gesagt den kleinen Ortsteil Schneckenstein. Dort gibt es einen unterirdischen See zu erkunden, auch kann man Edelsteine dort schleifen. Ob Wandern, Urlaub zu Pferde oder Kuren und Baden, die Region hält für jeden Geschmack das Richtige bereit.

Die Drachenhöhle in Syrau

Vor über 85 Jahren wurde die Drachenhöhle – die einzige Schauhöhle Sachsens – entdeckt. In 15 Metern Tiefe unter der Erdoberfläche erwartet den Besucher der Drachenhöhle die Märchenwelt der Tropfsteinformationen. Bizarr, was da von der Decke herab- und vom Boden heraufwächst. Die Kalksteingebilde haben im Volksmund Namen wie „Der steinerne Wasserfall" und „Elefantenohr" bekommen. Diese werden durch den Einbau einer neuen LED Beleuchtung noch effektvoller in Szene gesetzt, dadurch wirkt die Höhle mystischer. In den Sommermonaten begrüßt Drache Justus während einer tollen Lasershow alle großen und kleinen Gäste. Nach dem Rundgang, der in der Regel die Kinderphantasie zu Höhenflügen inspiriert, schaut man sich noch schnell die Windmühle an oder macht sich auf dem Spielplatz breit. Während die Kids die Strapazierfähigkeit der Geräte und den neuen Erlebnisgarten „Terra Viva – lebendige Erde" testen, machen es sich die Eltern auf der mitgebrachten Decke bequem oder bauen das Kalte Buffet auf. Die Kinder wollen natürlich lieber „Pommes", und die gibt es am Kiosk, der ebenfalls nicht weit ist.

Wichtig!

Adresse: Drachenhöhle Syrau, Höhlenberg 10, 08548 Syrau
Eingabe Navi: Paul-Seifert-Straße
Tel. 037431/3735, Fax 037431/80912
www.drachenhoehle.de, info@syrau.de
Anfahrt: Die Höhle liegt im Zentrum des Ortes. Bis zur Windmühle ist es etwa 1 km in Richtung Fröbersgrün. Sie ist schon von weitem sichtbar.
Saison: Höhle ganzjährig, Mühle 1. 5.–3.10.
Öffnungszeiten: Drachenhöhle: April–Okt. 9.30–17 Uhr, Nov.–März 10–16 Uhr, Dez.–Jan. auch auf Anfrage
Eintritt: Erw. € 5,50, Kinder (4–14 J.) € 3,–, Familienkarte (Eltern + eig. Kinder 4–14 J.) € 15,– (mit Lasershow + € 1,50/p.P.) Gruppen ab 15 Personen € 5,–/p. P.
Verpflegung: Picknick, Imbiss, Grillmöglichk.

Freizeitpark Plohn und Plohnidorf

Deutschlands wildeste Holzachterbahn „El Toro" ist der ultimative Renner im Freizeitpark Plohn. Doch auch die anderen 70 Attraktionen bieten eine geballte Ladung Action, Fun und Abenteuer – wie der Höhenflug ins Nest des Flugsauriers, die Floßfahrt durch die Plohner Urzeit oder Entdeckungstour durchs zauberhafte Plohnidorf. Besucher werden auf der fantastischen Reise durch die Unterwasserwelt begeistert sein und können in interaktiven Austausch mit dem Parkmaskottchen Plohni treten. Höhepunkt der Saison sind die „Mystischen Mittsommernächte". An allen Samstagen der Sächsischen Schulferien hat der Park bis 23 Uhr geöffnet, Besucher finden im urigen Heuhotel, den Ferienwohnungen oder in der Themenpension mit Märchenzimmern das passende Übernachtungsflair.

> ## Wichtig!
>
> **Adresse:**
> Freizeitpark Plohn GmbH
> Rodewischer Straße 21, 08485 Lengenfeld
> Tel. 037606/34163, Fax 037606/33599
> www.freizeitpark-plohn.de
> info@freizeitpark-plohn.de
> **Öffnungszeiten/Eintritt/Verpflegung:**
> Genaue Informationen erhalten Sie im Internet.

Klein-Erzgebirge Oederan

Das ganze Erzgebirge auf einen Blick – wie in einem plastischen Bilderbogen reihen sich in der idyllischen Umgebung des Oederaner Stadtparks kleine Häuschen, große Sehenswürdigkeiten sowie die sächsischen Burgen und Schlösser. Die detaillierten Modelle, handgeschnitzten Figuren, Häuser, Brücken und Bahnen erzählen spannende Geschichten mit Feuerwehrleuten, Holzhackern etc.

Dazu gibt es die Parkeisenbahn, den Erlebnisbereich und viele Veranstaltungen.

> ## Wichtig!
>
> **Adresse:** Miniaturenpark Klein Erzgebirge Ehrenzug, 09569 Oederan, Parkplatzzufahrt über die Gerichtsstraße, Tel. 037292/599-0, www.klein-erzgebirge.de
> info@klein-erzgebirge.de
> **Anfahrt:** A 4, Abfahrt: Frankenberg bzw. Hainichen, Richtung Oederan, B 173, dann ausgeschildert.
> **Öffnungszeiten:** April–Oktober, täglich 10–18 Uhr, Juni–August täglich 9–18 Uhr
> **Eintritt:** Erw. € 10,–, Senioren € 9,–, Erm. € 8,–, Familienk. € 26,– (2 Erw. + max. 3 Ki.), Singleticket € 15,– (1 Erw. + 1 Ki.), Geburtstagsk. frei (Änderungen vorbehalten)
> **Verpflegung:** Restaurant und Café am Park

Tierpark Hirschfeld

der Kinderspielplatz, die Kegelbahn und die Minigolf-Anlage. Durch ein vielfältiges Veranstaltungsprogramm ist immer etwas los im Zoo. Im Sommer gibt es beispielsweise ein tolles Kinderfest mit einer Kinderdisco, Feuerwehr, einer Ponykutsche und vielen weiteren Überraschungen. Auch können bei uns auf Anfrage Kindergeburtstage oder auch Führungen gebucht werden.

Der kleine Tierpark in ländlicher Lage ist auf einem alten Parkgelände von besonderer Schönheit entstanden. Zahlreiche Bäume wurden bereits seit Jahrhunderten geschützt, und so kann man viele alte Buchen und Eichen hier finden. Waren es ursprünglich nur einheimische Wildtiere, die hier lebten, so sind mittlerweile viele andere Tierarten hinzugekommen. Insgesamt präsentiert der Tierpark etwa 600 Tiere in 100 verschiedenen Tierarten. Wie wär's zunächst mit einem Besuch bei Familie Waschbär? Oder lieber die größere Variante Bär? Dann auf zu den Braunbären, die auch gerne Besuch haben. Ruhig und langsam geht's im Vivarium voran, wo Schildkröten gemütlich in der Sonne dösen. Beliebt sind das Hüpfkissen,

Wichtig!

Adresse:
Tierpark Hirschfeld
Tierparkstr. 3, 08144 Hirschfeld
Tel. 037607/5239
Fax 037607/85661
www.tierpark-hirschfeld.de
tierpark@hirschfeld-sachsen.de
Anfahrt:
In unmittelbarer Nähe der Autobahnabfahrt Zwickau West A 72
Saison/Öffnungszeiten:
Ganzjährig, täglich 9–18 Uhr, im Winter bis 17 Uhr, Kassenschluss jeweils 1 Std. vorher
Eintritt:
Erwachsene € 5,–
Kinder bis 17 Jahre € 2,–
Familienkarte € 14,–
Verpflegung:
Gaststätte „Bärenschenke"

Sachsen

Per ⬉ Click in die Freizeit

Archäologische Museen RLP
www.landesmuseum-mainz.de
www.landesmuseum-trier.de
www.museum-alzey.de
www.pellenz-museum.de
www.welterbe-trier.de

Archäologische Museen SL
www.hasler.net/museum
www.helmsmuseum.com
www.historisches-museum.org
www.saarl-bergbaumuseum-bexbach.de
www.saarlandmuseum.de

Diverse Museen RLP
www.freilichtmuseum-badsobernheim.de
www.Kunsthalle-karlsruhe.de
www.museumdiez.de
www.vulkaneifel.de/eifel-vulkanmuseum
www.westwall-museum.de

Diverse Museen SL
www.ausstellung.biz/Museum+Pachten
www.bosener-muehle.de
www.deutsches-zeitungsmuseum.de
www.museum-schloss-fellenberg.de
www.segelflugmuseum.de

Schlösser RLP
www.burg-sterrenberg.de
www.burgen-rlp.de
www.burgenwelt.de/buerresheim
www.festungehrenbreitstein.de
www.hunsrueck-naheland.de
www.schloss-engers.de
www.stolzenfels.de

Schlösser SL
www.blieskastel.de
www.burg-montclair.de
www.schloss-saareck.de
www.schlossberg-nennig.de
www.schlossdagstuhl.de
www.spukwelten.de
www.teufelsburg1.de

Diverse Freizeitparks RLP
www.freizeitparkbell.de
www.freizeitpark-klotten.de
www.maerchenwald-bad-breisig.de
www.nuerburgring.de
www.tolli-park.de
www.trampolino-andernach.de

Diverse Freizeitparks SL
www.ac1-nk.de
www.baum-action.de   (St. Wendel)
www.freizeitzentrum-blieskastel.de
www.kinderwelt-sb.de   (Saarbrücken)
www.maerchen-park.de
www.voelklinger-huette.org/de

Zoo/Wildparks RLP
www.falknerei-sayn.de
www.wildpark-daun.de
www.wildpark-silz.de
www.wildpark.potzberg.de

Zoo/Wildparks SL
www.naturwildpark-freisen.de
www.wolfspark-wernerfreund.de
www.zoo-neunkirchen.de
www.zoo.saarbruecken.de

Rheinland-Pfalz	**261–286**
Saarland	**287–290**

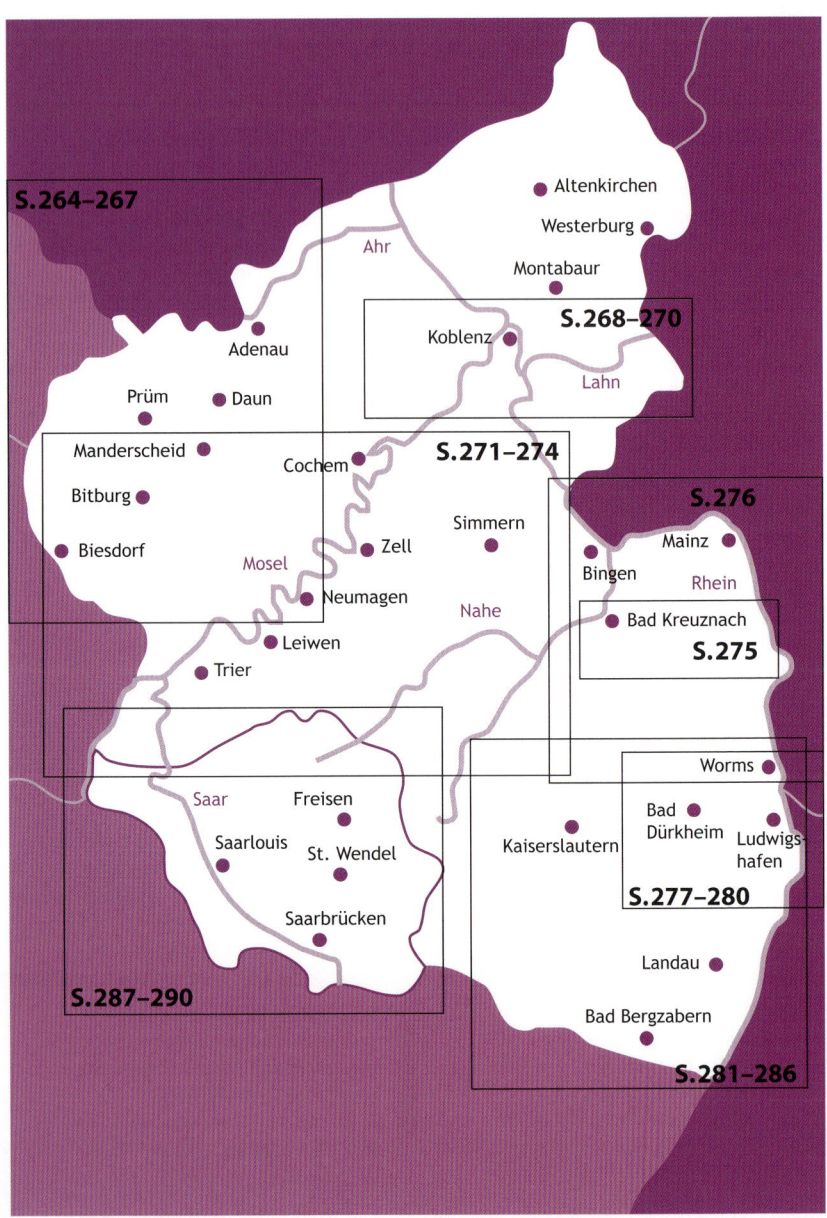

Südliche Eifel

Alljährlich am letzten Augustwochenende bestimmen eiserne Gestalten das Bild der Zwei-Burgen-Stadt Manderscheid: Dann nämlich wird das Burgenfest begangen, bei dem mutige Recken in ihren Rüstungen hoch zu Ross ihre Kräfte messen. Wer sich dafür interessiert, der sollte Kontakt mit dem Verkehrsverein aufnehmen, Tel. 06572/8949. Neben den vielen Burgen, die die bewegte Geschichte des Landes erzählen, sind erloschene Vulkane und die Vulkanseen, sogenannte Maare, typisch für das südliche Eifelland.

Der Wallende Born

Die Eifel ist reich an Naturdenkmälern, die aus der Vulkanzeit stammen. Eines der seltsamsten ist der „Wallende Born", eine ruhige kleine Kohlensäurequelle, die alle halbe Stunde Schwefelblasen hervorbringt und dabei meterhohe Fontänen ausstößt. Es ist fast wie im Yellowstone-Nationalpark. Der praktische Naturkundeunterricht ist für Kinder ab etwa sechs Jahren sehr spannend. Man muss sich mindestens zweimal die Fontäne anschauen. Die Zwischenzeit vertreibt man sich beim kleinen Picknick, derweil der Nachwuchs den Spielplatz hinter der Quelle in Anspruch nimmt. Anschließend kann man noch einen Spaziergang durch den Wald machen, Wanderwege gibt es überall. Neu angelegt ist der Mineralquellenwanderweg, ein Rundweg, der vom Wallenden Born ca. 3,5 km durch die Germarkung führt.

> ## Wichtig!
>
> **Adresse:**
> Wallender Born
> 54570 Wallenborn
> Info-Tel. 06599/7291
> **Anfahrt:** Wallenborn liegt an der B 257 zwischen Daun und Bitburg, die Quelle ist im Ort ausgeschildert.
> **Öffnungszeiten:**
> Ganzjährig zugängig
> **Eintritt:** € 1,50, Kinder (bis 14 Jahre) frei
> **Verpflegung:** Picknick, Gaststätte im Ort
> **Drumherum:** Im Ort kann auch die Großimkerei Mehler besucht werden.

Der Eifelpark Gondorf

Tiere, Shows + Spiele! Im Eifelpark erwarten den Besucher atemberaubende Naturschauspiele, lustige Shows und spannende Abenteuer auf über 750.000 qm. Auf den vielseitigen Spielplätzen mit Spielgeräten aller Art, sowie Hüpfkissen und vieles mehr, können sich die Kinder unbeschwert richtig austoben. Die kleinen und großen Gäste können Bären, Wölfe, Luchse und Wildschweine in freier Wildbahn erleben, hautnahen Kontakt zu Mufflons, Steinböcke oder Sikawild aufnehmen. Für diejenigen, die das große Kribbeln im Bauch brauchen, dürfte der Spaß beim freien Fall im Rutschenparadies oder bei einer rasanten Fahrt mit dem über 800 m langen Eifelcoaster das Richtige sein. Entspannung pur bietet dann anschließend eine gemütliche Fahrt mit dem Eifel-Express quer durch den Park – so entgeht Groß und Klein keine Attraktion. Unsere neue Greifvogelstation zeigt Ihnen interessante Tiere, die Sie auch täglich, bei einer Flugschau, bewundern können. Der Kasperle im Puppentheater auf der Bergstation begrüßt ebenfalls unsere kleinen Gäste wieder von April bis Oktober. Und wer sorgt für den Zauber im Eifelpark? „Filu" (David Paschke) sowie „Stracciatella" (Betty Langhoff) Künstler der Jonglage und Comedy freuen sich über viele Besucher im Waldtheater.

Neugierig geworden? Dann hinein ins große Eifelpark-Vergnügen.

Wichtig!

Adresse:
Eifelpark GmbH
Weißstraße 12, 54647 Gondorf bei Bitburg
Tel. 06565/956633
www.eifelpark.de, info@eifelpark.de
Anfahrt: Gondorf liegt östlich von Bitburg u. südl. der B 50, der Park ist ausgeschildert.
Saison/Öffnungszeiten:
Nur Wildpark: November 2014 – März 2015, Wild- und Freizeitpark: 1.4.–19.10.2014 (ausgenommen vorgen. Wildparkzeiten). Einlass täglich ab 9.30 Uhr, Fahrattraktionen ab 10.00 Uhr geöffnet.
Eintritt: Erwachsene € 16,–, Kinder (3–14 Jahre) € 10,50, Familien-Tageskarte (2 Erw. u. 2 Kinder, 3–14 Jahre) € 45,–, Besucher ab 65 Jahre € 12,50, Saisonkarte Erw. € 45,–, Saisonkarte Kinder (3–14 Jahre) € 40,–. Wildpark (außerhalb der Saison): Erwachsene € 5,–, Kinder € 4,–
Verpflegung: Mehrere Imbissstände mit Sonnenterrasse auf der Berg- und Tal-Station, Grillmöglichkeiten.

Center Parcs Park Eifel

Park Eifel liegt inmitten der wunderschönen und landschaftlich reizvollen Vulkaneifel mit seinen jahrtausend alten Maaren und lädt zu Ausflügen in die Natur ein. Aber auch

Kultur und Geschichte kommen bei einem Besuch der nahe gelegenen Städte Cochem, Trier und Koblenz nicht zu kurz. Der Park ist 26 ha groß und verfügt über 460 Ferienhäuser. Im Park erwartet Sie das Aqua Mundo, ein abwechslungsreiches Badeparadies mit Wasserspaß für die ganze Familie. Der Market Dome ist der stimmungsvolle Mittelpunkt, eine grüne Oase mit verschiedenen Geschäften, Cafés und Restaurants. Das Highlight des Parks ist die 800 m² große Kids Factory mit BALUBA, ein Indoor-Spielplatz, der Kinderherzen garantiert höher schlagen lässt. Und die gemütlichen Ferienhäuser sorgen dafür, dass Sie sich auch im Urlaub wie zu Hause fühlen.

Wichtig!

Adresse:
Center Parcs Park Eifel
Am Kurberg
56767 Gunderath
Tel. 02657/8090
Fax 02657/809800

Anfahrt:
Anreise aus dem Süden: Folgen Sie der A3 bis zum Autobahndreieck Dernbach. Dort fahren Sie auf die A48 Richtung Trier. Bei der Ausfahrt Ulmen abfahren und weiter auf die B257 in Richtung Kelberg/Nürburgring. Kurz vor Kelberg der Ausschilderung „Center Parcs" folgen.
Anreise aus Richtung Köln: Folgen Sie der A 4 Richtung Aachen bis zum Kreuz Kerpen. Folgen Sie der A 61 in Richtung Koblenz bis zum Autobahnkreuz Bliesheim. Dort auf die A 1 in Richtung Trier/Euskirchen. In der Nähe von Blankenheim endet die A 1, am Ende der Ausschilderung in Richtung Gerolstein/Ahrhütte/Nürburgring folgen. Bei der 1. Ampel in der Nähe von Ahrhütte auf die B 258 in Richtung Koblenz/Nürburgring. Der B 258 weiter folgen bis kurz vor den Nürburgring. Dort folgen Sie der Straße über die B 257 in Richtung Kelberg Cochem. In Kelberg können Sie der Ausschilderung „Center Parcs" folgen.

Öffnungszeiten: Ganzjährig

Unterkunft:
Ferienhäuser in verschiedenen Kategorien

Verpflegung:
Verschiedene Essensarrangements sind zubuchbar, Restaurants im Market Dome, Selbstverpflegung

Weitere Informationen:
www.tagesausflugcenterparcs.de/eifel

Adler- und Wolfspark Kasselburg

Greifvogelschau! Der Adler- und Wolfspark Kasselburg hat sich ganz auf die räuberischen Vertreter der heimischen Natur eingestellt, die es in der freien Wildbahn Deutschlands nicht mehr oder kaum noch gibt. Größte Attraktionen sind natürlich die Greifvogelschau und die Wolfsfütterung. Vormittags bekommt man bereits um 11 Uhr die Adler und Falken zu sehen. Meistens drehen sie ein paar Trainingsrunden. Nachmittags beginnt das Programm um 15 Uhr mit der Flugvorführung, bei der die mächtigen Greife, Könige der Luft, ihre Flügel spreizen. Um 15.45 Uhr findet die Wolfsfütterung statt. Zum Park gehören auch Gehege mit Schafen und Ziegen. Für die kleinen Gäste gibt es auch einen tollen Abenteuerspielplatz. Die Nahrungsaufnahme für die Großen und Kleinen ist ebenfalls gesichert, man kann im Park picknicken oder eine der zwei Gaststätten aufsuchen.

Wichtig!

Adresse:
Adler- und Wolfspark Kasselburg
54570 Pelm/Gerolstein
Tel. 06591/4213
www.adler-wolfspark.de
Anfahrt:
Der Park ist ab Gerolstein ausgeschildert.
Saison/Öffnungszeiten:
1. März bis 31. Oktober täglich 10–18 Uhr,
1. November bis 23. Dezember Samstag/
Sonntag 11–16 Uhr,
26. Dezember bis 14. Januar
täglich 11–16 Uhr,
15. Januar bis 28. Februar
Samstag/Sonntag 11–16 Uhr.
Flugvorführung täglich 11 + 15 Uhr
außer montags.
Wolfsfütterung vom 1. Nov. bis Feb.
um 14 Uhr
Eintritt:
Erwachsene € 6,–
Kinder € 4,50
Schulklassen pro Schüler € 4,–
Gruppe (pro Erw.) € 5,50
Verpflegung:
Picknick, Gaststätten

Rheinland-Pfalz

Koblenz und Umgebung

Am Deutschen Eck in Koblenz mündet die Mosel in den Rhein. Sie hat sich vorher einen windungsreichen Weg durch das rheinische Schiefergebirge gebahnt. An den steilen, sonnigen Uferhängen wird ebenso wie am Rhein seit Jahrhunderten Weinbau betrieben. Sollten Sie sich am zweiten Samstag des Augusts nahe Koblenz befinden, dann ist das Feuerspektakel „Rhein in Flammen" einen Ausflug wert: Bengalische Feuer lassen die Burgen und Berge erglühen, zum Abschluss des Abends wird ein Riesenfeuerwerk auf der Festung Ehrenbreitstein abgebrannt.

Burg Eltz bei Münstermaifeld

Sie ist der Inbegriff der deutschen Ritterburg. Burg Eltz wurde nie zerstört und die beeindruckende vieltürmige Anlage bietet nicht nur von außen einen unversehrten Eindruck, auch

> ### Wichtig!
>
> **Adresse:** Burg Eltz
> 56294 Münstermaifeld, Tel. 02672/950500
> www.burg-eltz.de, burg@eltz.de
> **Anfahrt:** B 416 von Koblenz nach Cochem,
> ab Münstermaifeld ausgeschildert
> **Saison/Öffnungszeiten:**
> 30. März bis 2. November,
> täglich von 9.30 – 17.30 Uhr (letzter Einlass)
> **Eintritt** (inkl. Führung u. Besuch der
> Schatzkammer): Erw. € 9,–; Erw. (in Gruppen
> ab 20 Pers.) € 8,–; Schüler, Studenten,
> Behind. € 6,50; Familienkarte
> (2 Erw. + Kinder) € 26,–
> **Verpflegung:** In der Vorburg gibt es zwei
> schöne Burgschänken

die Innenräume laden zu einer Entdeckungsreise durch acht Jahrhunderte ein. Einerseits ziehen Bilder eines Lukas Cranach d. Ä. und bezaubernde Wandmalereien die Erwachsenen in den Bann, andererseits lauschen die Kleinen umso interessierter, wenn im großen Rittersaal die Rüstungen, Waffen und Modellkanonen erklärt werden. Spannend wird es in den Gewölben der Schatzkammer, dort werden über 500 Kostbarkeiten gezeigt.

Emser Therme

Hier fängt Ihre Entspannung an! Im Herbst 2012 wurde eine der modernsten und attraktivsten Wohlfühlthermen Deutschlands in Bad Ems eröffnet. Zentral in der Stadt und trotzdem landschaftlich sehr reizvoll am Lahnufer gelegen, fügt sich die Emser Therme herausragend und zeitlos in die Natur ein. Der attraktive Standort ermöglicht es den Gästen, beim Relaxen die Blicke über die weite, romantisch anmutende Flusslandschaft schweifen zu lassen.

Die weitläufige ThermenLandschaft wird mit dem wertvollen und über die Landesgrenzen hinaus bekannten Emser Thermalwasser gespeist. Insgesamt sieben Becken mit unterschiedlichen Temperaturen laden zum Abtauchen und Abschalten ein. Das Sidroga® Kräuterdampfbad, die Emser® Salzinhalation mit dem bekannten Emser Salz sowie ein Regenfeld runden das attraktive Angebot ab.

Der SaunaPark erstreckt sich über einen atmosphärischen Innenbereich mit Saunen, Kaminlounge und Tauchbecken sowie einem großen Saunagarten mit Gartensauna. Egal ob die Gäste eher das traditionelle finnische Saunavergnügen oder eine moderate Wärme schätzen, lieber in einer Sauna mit Aussicht oder im Dampfbad schwitzen – einen persön-

lichen Lieblingsplatz findet hier jeder. Ein besonderes Highlight wird die ab Sommer 2013 auf einer Plattform in der Lahn gelegene Flusssauna, die über einen Steg zu erreichen sein wird.

Wellnessgäste werden mit klassischen Massagen, Hot Stone, Hamam Anwendungen und kosmetischen Behandlungen in der WellnessGalerie verwöhnt. Wer eine Auszeit nehmen möchte, um sich einen Kurzurlaub aus Entspannung, Wellness und Erholung zu gönnen, dem bietet die Emser Therme ein vielfältiges Angebot auf höchstem Niveau.

Wichtig!

Adresse:
Emser Therme GmbH
Viktoriaallee 25, 56130 Bad Ems
Tel. 02603/97900, Fax 02603/979099
www.emser-therme.de
Saison: Ganzjährig
Öffnungszeiten:
Täglich 9–22 Uhr, freitags bis 24 Uhr
Eintritt: 2 Std. € 12,–, 3 Std. € 15,–,
4 Std. € 18,–, Tageskarte € 23,–
alle Tarife beinhalten die Nutzung der
ThermenLandschaft und des SaunaParks
Sonstiges: <u>Massagen:</u> Klassische und exotische Massagen, pflegende Bäder oder ein Hamam. Buchungen können telefonisch und vor Ort vorgenommen werden.
Verpflegung: 3 Restaurants

monte mare Andernach

Entspannen, genießen, Ausgleich schaffen. Die Kombination von Gesundheits- und Wellnessangeboten ist einzigartig. Warme Farben, edle Materialien und liebevolle Accessoires erwarten Sie im monte mare SAUNA – SPA – SPORTS auf über 12.500 qm.
Im modernen Fitnessstudio mit großzügigen Trainingsflächen, modernen Geräten und einem breiten Kursangebot bleiben für Sportbegeisterte keine Wünsche offen.
Insgesamt fünf Saunen und zwei Dampfbäder laden zum Schwitzen ein. Das Andalusische Aromabad (50 °C), das Catalanische Kräuterbad sowie die Ceremoniasauna (85 °C) und die Finca-Sauna (80 °C) warten im Innenbereich auf Erholungssuchende. Mehrere gemütliche Aufenthalts-, Schlaf- und Ruheräume wie die Kaminlounge und die als Bibliothek

gestaltete Orangerie verführen zum Entspannen und Träumen.
Der Saungarten ist in mediterranem Stil gehalten. In der urigen Feuersauna mit offenem Kamin schwitzen die Gäste bei einer durchschnittlichen Temperatur von 90 °C. In der gläsernen Panoramasauna genießen die Gäste einen fantastischen Ausblick in den Saunagarten. Eine besonderes Highlight ist die Geysirsauna: Hier sprudelt eine bis zu drei Meter hohe Wasserfontäne empor und bietet ein unvergleichliches Aufgusserlebnis.

Warme Farben, edle Materialien und aromatische Duftkompositionen verströmen im SPA-Bereich eine Behaglichkeit, die alle Sinne anspricht. Ob wohltuende Gesichts- und Körperbehandlungen, entspannende Wellness-Massagen und Zeremonien in ganz privater Atmosphäre – das monte mare Andernach bringt Körper, Geist und Seele in Einklang.

Wichtig!

Adresse u. Anfahrt:
monte mare – SAUNA – SPA – SPORTS
Klingelswiese 1, 56626 Andernach
Tel. 02632/987221-0
andernach@monte-mare.de
www.monte-mare.de/andernach
Öffnungszeiten: Sauna und Spa
(Zutritt ab 16 Jahre): Täglich ab 9 Uhr, Mo.–Do. bis 23 Uhr, Fr./Sa. bis 24 Uhr, So. bis 21 Uhr. Die Saunazeit endet jew. 30 Min. vorher. Sports (Fitness-Studio): Mo.–Fr. 8–22 Uhr, Sa./So./Feiertage 9–20 Uhr. Individuelle Beratung unter Tel. 02632/987221-0.
Eintritt: Sauna und Spa: Werktags: 2 Std. € 16,–, 4 Std. € 20,–, Tageskarte € 24,–, Frühstarter-Tarif 9–14 Uhr € 12,50, Wochenendzuschlag: € 2,–.

monte mare Rengsdorf

Das monte mare Saunaparadies in Rengsdorf wartet mit vielen Highlights auf Sie. Sowohl im Sommer als auch im Winter lädt der rustikale Saunagarten zum Frischluft-Tanken ein. Bei monte mare beginnt Ihr Urlaub vor der Haustür.

13 Saunen mit unterschiedlichen Temperaturen und Luftfeuchtigkeiten, Ruhezonen, Wärmeliegen und der „Kurgarten" mit Saline – all dies garantiert unvergessliche Stunden im monte mare Rengsdorf.

Saunalandschaft: Panorama-Sauna mit stündlich wechselnden Aufgüssen, Kräutersauna, Dampfbad, Aromadampfbad, Caldarium, Ruhezonen, Kaminlounge, Whirlpools, Sauerstoffsauna, Niedertemperatursauna und Mentalsauna mit Musikuntermalung. Saunen im Außenbereich: Arktic-Sauna, Kristallsauna, Pfahlsauna, Trockensauna, er-

gänzt von einer Salz- und Stollensauna. Gastronomie, Aufenthalts- und Ruhezonen, Whirlpools, Whirlwannen, Tauchbecken, Fußwärmbecken, Kräuterwanne, Wärme- und Massageliegen, Ruheraum mit Wasserbetten, Sole-Grotte mit Musik und Licht, Saline im Kurgarten sorgen für entspannte Fitness.

Wellness: Umfangreiches Angebot an Massagen, Dampfbad-Zeremonien und exklusiven Wellness-Arrangements.

Wichtig!

Adresse und Anfahrt:
monte mare Rengsdorf
Monte-Mare-Weg 1, 56579 Rengsdorf
Tel. 02634/1382, Fax 02634/9663-63
rengsdorf@monte-mare.de
www.monte-mare.de/rengsdorf
Öffnungszeiten:
Täglich ab 9 Uhr, Mo.–Do. bis 23 Uhr,
Fr./Sa. bis 24 Uhr, So. bis 21 Uhr.
Eintritt: Tageskarte Erw. € 20,–,
4 Std. Erw. € 18,–, 2 Std. Erw. € 14,–;
Tageskarte Jugendliche bis 17 Jahre € 16,50;
Kinder bis 1 m € 10,50;
Frühstarter-Tarif 9–14 Uhr € 12,50;
Pärchen-Tarif (immer montags) € 33,–;
Wochenend-/Feiertagszuschlag € 2,–

Rheinland-Pfalz

Hunsrück-Naheland

Die tief eingekerbten Bachtäler des Hunsrücks waren früher Rückzugsgebiet nicht nur für Dachs und Rothirsch – auch der berühmte Räuberhauptmann Schinderhannes wusste die Einsamkeit der weiten Waldgebiete zu schätzen. Hier versteckte er sich in der Zeit zwischen seinen Missetaten.

In Simmer, einer kleinen Kreisstadt im Hunsrück, saß der Schinderhannes ein halbes Jahr lang im jetzt nach ihm benannten Turm, bis ihm schließlich die abenteuerliche Flucht gelang. Im Norden wird der Hunsrück vom Moseltal begrenzt, im Süden schlängelt sich die Nahe durch ihr liebliches Tal.

Barfußpfad in Bad Sobernheim

Der erste Barfußpfad Deutschlands in Bad Sobernheim zählt zu den beliebtesten Ausflugszielen im Naheland, ja im gesamten Land Rheinland-Pfalz. Schon der bekannte Lehmpastor Emanuel Felke hat seinen Patienten das Barfußlaufen empfohlen. Unsere Füße sind durch die Evolution in Tausenden von Jahren zum täglichen Barfußlaufen in der Natur perfekt entwickelt worden. Als milde Reiztherapie wirken harte und weiche Untergrundmaterialien auf dem 3,5 km langen Barfußpfadrundweg. Sie gehen über Gras, Rindenmulch, Kies,  Sand, Lehm, durch Wasser und über Steine. Sicher ist auch, es wird für Sie eine wahre Flut von Glückshormonen ausgeschüttet, wenn Sie „unten ohne" unterwegs sind. Bei der Barfußpfadrundtour gibt es auch einige Überraschungen.

Durchqueren Sie die Nahe an einer Furt mittels zweier Halteseile oder gelangen Sie mittels eines Nachen (kleines Boot) als Ihr eigener Fährmann von einem Naheufer zum anderen. Auch die längste Fußgängerhängebrücke (von bis zu 40 m) gibt Ihnen ein völlig neues Gleichgewichtsgefühl. Wandern Sie barfuß durch 300 Millionen Jahre Erdgeschichte und erspüren Sie dabei auf dem geologischen Lehrpfad die Gesteine des Nahe-Berglandes.

Wichtig!

Adresse: Barfußpfad, Staudernheimer Str. 90, 55566 Bad Sobernheim,
Tel. 06751/81241, Fax. 06751/81-240
(Kur- und Touristinformation)
www.bad-sobernheim.de
touristinfo@bad-sobernheim.de
Anfahrt: Im Nahetal, direkt an der B 41 zwischen Bad Kreuznach und Idar-Oberstein, der Barfußpfad ist ausgeschildert
Öffnungszeiten: Wetterbedingt, tgl. 9–20 Uhr
Eintritt: Erw. € 3,50, Kinder/Jugendl. € 2,–, Gruppen ab 25 Pers. € 2,– p.P.

Wildfreigehege Wildenburg

ten und Schaukel. Es gibt überall Sitzplätze, teilweise auch mit Tischen, man kann also problemlos picknicken. Im Anschluss an den Tierparkbesuch lohnt es sich auf jeden Fall, den Aussichtsturm der Wildenburg noch kurz zu erklettern. Ganzjährig werden Führungen mit zertifizierten Natur- und Landschaftsführern angeboten. Neu ist die Informationsstelle des Naturparks Saar-Hunsrück, kostenlos zugänglich.

Waldtiere ganz nah! Im Mittelpunkt dieses besonders schönen Tierparks steht der König unserer hiesigen Wälder, der Rothirsch. Im weitläufigen Gelände zu Füßen der Wildenburg werden dem Besucher natürlich noch viele weitere heimische Tierarten vorgestellt, vom Schwarzwild bis zum Bussard, vom Muffelwild bis zu den Luchsen und Wildkatzen. Als Seltenheiten gibt es weiße Damhirsche und vollständig schwarz gefärbtes Damwild zu sehen. Neu: Das Wildkatzenzentrum auf der Wildenburg, dort kann man die scheuen Waldbewohner hautnah erleben. In der Streichelabteilung treffen die jungen Besucher auf Ziegen und Meerschweinchen, und wenn sich die Faszination der Tiere erschöpft haben sollte, dann gibt es noch die große Spielburg mit Rutschen, Klettergerä-

Wichtig!

Adresse:
Wildfreigehege Wildenburg
55758 Kempfeld/Hunsrück
Tel. 06786/7212 (Hunsrückverein e.V.)
www.wildfreigehege-wildenburg.de
Anfahrt:
Über die B 422 ab Idar-Oberstein, nach rund 10 km geht es rechts ab nach Kempfeld. Der Tierpark ist ausgeschildert.
Saison/Öffnungszeiten:
Ganzjährig, täglich von 8.30–19.00 Uhr (Einlass bis 17.00 Uhr)
Eintritt:
Erwachsene € 4,50
Kinder (4–16 Jahre) € 3,50
Preisänderungen vorbehalten.
Verpflegung:
Picknick, Kiosk sowie Burggaststätte

Edelsteinminen Steinkaulenberg

Eine Reise durch die Welt der Edelsteine. In der Schmuck-und Edelsteinstadt Idar-Oberstein befindet sich die einzige zur Besichtigung freigegebene Edelsteinmine Europas. Sachkundige Fremdenführer zeigen und erläutern die in Millionen von Jahren entstandenen Edelsteine im Muttergestein beim Gang durch den 400 m langen Besucherstollen.

Für abenteuerlustige Mineralienfreunde steht das Edelsteincamp zum Schürfen von Originaledelsteinen wie Amethyst, Achat, Rauchtopas, Bergkristall und Jaspis zur Verfügung. Wer es weniger anstrengend liebt, wird auf den Schürffeldern fündig, die täglich mit Mineralien aus aller Welt bestückt werden.

Die nächste Station auf dem Weg der Edelsteine ist ihre Verarbeitung. In der Historischen Weiherschleife wird die Bearbeitungsweise der Edelsteine in früheren Jahrhunderten anschaulich demonstriert. Ergänzt wird das Gewerbemuseum durch eine eindrucksvolle Multimediashow unter dem Motto „Das Geheimnis der Edelsteine". Neben Edelsteinausstellung, Fühlraum und Verkaufsshop gibt es für Kinder und

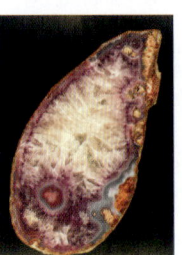

Jugendliche einen Schürfplatz. Hierzu gehört auch das Knacken einer Edelsteingeode.

Besuchen sie die Edelsteinminen im Steinkaulenberg in der Schmuck- und Edelsteinstadt

Idar-Oberstein mit Besucherstollen, dem Edelsteincamp, den Schürffeldern und dem geologischen Lehrpfad. Oder die „Historische Weiherschleife" – die letzte mit Wasserrad angetriebene Edelsteinschleifmühle am Idarbach, mit Ausstellung, Multimediashow, Edelsteinfühlraum und dem Schürfplatz für Kinder und Jugendliche sowie Tretbootfahren auf dem Kallwiesweiher. Näheres unter: www.edelsteinminen-idar-oberstein.de

Wichtig!

Adresse:
Edelsteinminen Steinkaulenberg
Im Stäbel, 55743 Idar-Oberstein
Historische Weiherschleife
Tiefensteiner Str. 87, 55743 Idar-Oberstein
www.edelsteinminen-idar-oberstein.de
edelsteinminen-idar-oberstein@t-online.de
Anfahrt: Der Steinkaulenberg liegt an der B 41 in südwestlicher Richtung von Bad Kreuznach, die Minen und die Weiherschleife sind im Ort ausgeschildert
Öffnungszeiten: 15.3.–15.11.2014
Edelsteinminen: Täglich 9–17 Uhr
Tel. 06781/47400, Fax 06781/980030
Historische Weiherschleife: Täglich 10–18 Uhr
Tel. 06781/901918, Fax 06781/901919

Bäderhaus Bad Kreuznach

Urlaub für den Moment! Wenn Sie sich zwischendurch dem Wohlgefühl der Entspannung hingeben wollen, dann nehmen Sie sich die Zeit und lassen den Alltag hinter sich. Machen Sie Urlaub für den Moment, alleine, gemeinsam mit Ihrem Partner oder der besten Freundin – im BÄDERHAUS Bad Kreuznach. Hier können Sie loslassen, sich treiben und verwöhnen lassen. Fallen Sie in einen schönen Traum der Wohlgefühle für Körper und Geist und finden Sie nichts als pure Entspannung.

Gleich vier finnische Saunen laden zu Regeneration und Meditation ein. Tepidarium, Laconicum, Blüten- und Kräuterbad lassen die römische Badekultur wieder erblühen. Im Maurischen Bad sowie im Hamam verweilen Sie bei angenehm mittleren Temperaturen. Die Alm auf der Dachterrasse lädt mit Stein- und Brechelbad zum Schwitzen ein.

Das BÄDERHAUS Bad Kreuznach wurde zudem um Attraktionen reicher: eine neue Aufguss-Sauna mit Blick ins Freie und ein Penthouse-Pool über den Dächern der Stadt. Hier können Sie, wie auch im Süßwasserpool im Atrium, auf Sprudelliegen, die Welt um sich herum vergessen und in den Sternenhimmel schauen. Bei einer Seifenmassage auf dem heißen Stein oder im Scheherezade Bad werden Märchen aus Tausendundeiner Nacht zur erlebten Sinnlichkeit. Genießen Sie eine Massage, ganz gleich,

ob Shiatsu, Wellness oder Choco Massage. Sie und Er finden im Beautybereich mit Kosmetikangeboten zu natürlicher Schönheit und persönlicher Ausstrahlung. Neu ist auch das Collarium, mit einer hautschonenden Collagen-Licht-Therapie und der Duo-Raum für Ihr gemeinsames Verwöhnprogramm. Abgerundet wird das Wellness-Erlebnis mit kulinarischen und angenehm leichten Gaumenfreuden in Metzlers CUL INARIUM, dem kleinen, feinen Restaurant im Atrium.

Wichtig!

Adresse: Bäderhaus
Kurhausstr. 23, 55543 Bad Kreuznach
Tel. 0671/991100, Fax 0671/991101
www.baederhaus.de, info@baederhaus.de
Anfahrt: Das Bäderhaus befindet sich im Kurviertel. Von der Bushaltestelle Badeallee sind es nur knapp 100 m zum Bäderhaus
Öffnungszeiten:
Täglich geöffnet von 10–22.30 Uhr (Saunaende 22 Uhr), montags Damensauna. Schließzeiten: 1.–30.6.2014
sowie der 24., 25. und 31.12.2014
Eintritt:
Tageskarte € 22,–, 4-Std.-Ticket € 20,–, 3-Std.-Ticket € 17,–, 2-Std.-Ticket € 12,–, Abendtarif ab 18 Uhr € 15,–
Verpflegung:
Im Restaurant des Bäderhauses
Besonderheiten:
Das Bäderhaus ist ein textilfreier Bereich, d. h. Badekleidung wird nicht getragen

Rheinland-Pfalz

Rheinhessen

Ganz im Süden Rheinhessens, auf dem Grunde des Flusses bei Worms, schlummert ein großer Schatz und wartet darauf, entdeckt zu werden; hier soll Hagen von Tronje den Schatz der Nibelungen versenkt haben. Die Nordgrenze Rheinhessens markiert die rheinland-pfälzische Hauptstadt Mainz, Hochburg der Närrinnen und Narren. Zwischen den beiden Städten erstreckt sich sanftes Hügelland und grünes Weinland.

Das Gutenberg-Museum in Mainz

Die Geschichte von Druck, Buch und Schrift – im Zentrum der Mainzer Altstadt, gegenüber dem Dom, steht eines der ältesten Druckmuseen der Welt. Das zur Zeit 1900 gegründete schöne Museum ehrt den „Man of the Millenium" Johannes Gutenberg und seine Erfindungen. Zu den größten Schätzen auf rund 3000 qm gehören zwei originale Gutenberg-Bibeln aus dem 15. Jahrhundert. Auch die rekonstruierte Gutenberg-Werkstatt und Druckvorführungen zählen zu den Attraktionen des Museums. Druckerpressen aus vielen Jahrhunderten, Einblicke in Drucktechnik, Buchkunst, Akzidenzen und Exlibris, Grafik und Plakate, Papier, Schriftgeschichte, Zeitungsgeschichte sowie moderne Künstlerbücher illustrieren mehr als 2000 Jahre Geschichte von Schrift und Druck. In Sonderausstellungen werden Themen bis in die aktuellste Gegenwart aufbereitet. Spannend ist auch ein

Besuch in der museumspädagogischen Abteilung des Gutenberg-Museums. Im „Druckladen" kann jeder selbst das Setzen und Drucken ausprobieren („Drucken Live"). Voranmeldung erfoderlich unter Tel. 06131/122686.

Wichtig!

Adresse: Gutenberg-Museum Mainz
Liebfrauenplatz 5, 55116 Mainz
Tel. 06131/122640-44 (Museum)
Tel. 06131/122686 (Druckladen)
Fax 06131/123488
www.gutenberg-museum.de
gutenberg-museum@stadt.mainz.de
Anfahrt: Gegenüber dem Dom, unweit Rheinstraße, keine Parkplätze. Vom Hauptbahnhof mit dem Bus z.B. 54, 56 oder 62 bis Haltestelle Höfchen/Listmann
Öffnungszeiten: Di.–Sa. 9–17 Uhr, So. 11–17 Uhr, Mo. + Feiertage geschlossen, „Drucken Live": Mo.–Fr. 9–17 Uhr, Sa. 10–15 Uhr
Eintritt: Erwachsene € 5,–, Gruppe ab 10 Pers. € 3,50 p./P., Kinder ab 8 Jahre € 2,–, (Kinder bis 7 J. frei), Familienkarte (Eltern und eigene Kinder unter 16 Jahren) € 10,– Werkstattbeitrag im Druckladen: Erwachsene € 5,–, Kinder € 3,–
Verpflegung: Museumscafé „Codex"

Ludwigshafen und Umgebung

Auch wenn Ludwigshafen ein bedeutender Standort der chemischen Industrie in Deutschland ist, gibt es dort noch immer grüne Refugien, die Erholung gewährleisten. Durch die Stadt führen rund 130 Kilometer Radwege, 1000 Hektar ihrer Fläche sind öffentliche Grünanlagen. Wenn auch Ludwigshafen selbst nicht unbedingt ein Urlaubsziel ist, die Umgebung mit traditionsreichen Städten wie Speyer und Worms und der nahen Weinstraße hat einiges zu bieten.

Das Eisstadion Ludwigshafen

Tanz auf dem Eis! Kinder ab Schuhgröße 25 sind dabei, und wenn Papi Größe 48 trägt, dann macht das auch nichts. Sobald man die Leihschuhe oder die eigenen geschnürt hat, kann es auch schon losgehen. Je nach Können mit Sieben-Meilen-Schritten oder vorsichtig staksend. Zur Verfügung stehen zwei Kunsteisbahnen von 30 x 60 und 26 x 45 Metern. Wenn man auf unsicheren Beinen steht, sind zwei Stunden eine lange Zeit. Am Kiosk in der Eissportanlage wird man mit Pizza, Glühwein und kleineren Gerichten bestens versorgt. Außerhalb des Sportgeländes der Eisbahnen gibt es einen großen Fußballplatz, eine freie Wiese zum Picknicken und auch einen Spielplatz.

> ### Wichtig!
>
> **Adresse:** Eisstadion, Saarlandstraße 70, 67061 Ludwigshafen,
> Tel. 0621/563997, Fax 0621/5590685, www.ercl.org, erd.buero@t-online.de
> **Anfahrt:** Autobahn A5 Ausfahrt Freiburg-Mitte, über den Zubringer bis Ausfahrt Bischofslinde/Sportzentrum West, Beschilderung folgen, auf der Berliner Allee immer geradeaus bis Kreuzung Berliner Allee/Ensisheimerstraße, links abbiegen, die Halle nach 100 m auf der linken Seite
> **Öffnungszeiten:**
> Mo.–Fr. 9–12 Uhr und 14.30–17.30 Uhr, Sa./So. 10–13 Uhr und 14.30–17.30 Uhr, Fr.–So. 19–22 Uhr, Fr./Sa. Eisdisco
> **Eintritt:** Erwachsene € 4,–
> Kinder bis 17 Jahre € 3,–
> Studenten € 3,–
> Eisdisco (Fr.–Sa. 19–22 Uhr) € 5,–
> **Verpflegung:** Kiosk im Freien, Picknick im Bistro, kostenlose Parkplätze am Südweststadion, nur 2 Gehminuten entfernt

Wildpark Ludwigshafen

Ein mächtiger Koloss ist der Auerochse, der bereits ausgestorben war und rückgezüchtet wurde. Dieses Schicksal teilt er mit den Tarpanen. Im Frühjahr sorgt der gestreifte Wildschweinnachwuchs für Entzücken. Wer sich inniger mit Fortpflanzungstheorien beschäftigt, der schaut dem auf der Insel im Ententeich lebenden Storch ein wenig zu. Außerdem beherbergt der Park den Nordluchs, drei Hirscharten, Mufflon, Wisent und inzwischen auch die europäische Wildkatze.

Wildtiere füttern! Der Besuch des Wildparks Ludwigshafen ist ein besonderes Erlebnis, denn einige der tierischen Bewohner des Parks bewegen sich völlig frei. So zum Beispiel das Damwild. An zwei Stellen im Park kann man Ziegen und Wildschweine füttern, allerdings nur mit speziellem und keinesfalls mit mitgebrachtem Futter. Die Kleineren unter den Besuchern möchten den Kontakthof nicht verlassen, wenn sie dort erst einmal Tuchfühlung mit den Ziegen aufgenommen haben.

Wichtig!

Adresse: Wildpark Rheingönheim
Neuhöferstraße 48, 67065 Ludwigshafen
Tel. 0621/504-3380 u. 0621/504-3370 (Kasse)
Fax 0621/504-3779, www.ludwigshafen.de,
wildpark@ludwigshafen.de
Anfahrt: Ab dem südlichen Ludwigshafener
Stadtteil Rheingönheim ist der Wildpark
ausgeschildert
Nahverkehr: Hbf Ludwigshafen bis Endstelle
Rheingönheim Buslinie 75, Berliner Platz bis
Endstelle Rheingönheim Straßenbahnlinie 6,
Endstelle Rheingönheim bis Wildpark BRN
Buslinie 582
Saison/Öffnungszeiten: Ganzjährig,
Nov.–Jan. 9–17 Uhr, Feb., März, Okt.
9–18 Uhr, April–Sept. 9–19 Uhr
Eintritt: Erw. € 3,20, Kin. bis 3 J. frei, Kin.
(4–12 J.) € 1,–, Kin./Jugendl. (ab 13 J.)/Stud./
Behind. u. Rentner (mit Ausweis) € 2,–,
Jahresk. € 22,–, Gruppen (ab. 20 Pers./p. P.)
€ 2,–, Familienk. (2 Erw. + 2 Kin.) € 6,–,
Familienjahresk. € 45,–, Führungen/Veranstaltungen zusätzl. zum Eintritt p. P. € 2,–
Verpflegung: Picknick, Gastronomie im
„Wildparkstübchen" vor Ort

Technik Museum Speyer

Im Technik Museum Speyer können Jung und Alt einen erlebnisreichen Tag verbringen. Auf dem Freigelände kann man in einem originalen Jumbo Jet herum klettern, den Laderaum eines riesigen Transportflugzeugs be-

sichtigen und sogar die Innenleben eines Seenotkreuzers und eines U-Boots inspizieren. Doch damit nicht genug. In den Hallen erwarten die Besucher die größ-

te Raumfahrtausstellung Europas mit einem russischen Space Shuttle, Lokomotiven, Oldtimer, Feuerwehrfahrzeuge, Motorräder und vieles mehr. Ein interessantes Programm von Fahrzeugtreffen und Sonderausstellungen sorgt für zusätzliche Abwechslung. Eine in Deutschland einzigartige Sensation ist das IMAX DOME Filmtheater direkt im Museum. In diesem Kino der Superlative wird der Film nicht auf eine flache Leinwand, sondern auf eine gigantische Kuppel projiziert. Das Museum ist 365 Tage im Jahr ab 9 Uhr geöffnet. Informationen zu den Veranstaltungen und zum IMAX-Filmprogramm gibt es

im Internet unter www.technik-museum.de. Preiswerte Pauschalangebote für Kurzreisen mit und ohne Übernachtung finden sich im Internet-Shop www.technik-museum.de/shop.

Wichtig!

Adresse: Technik Museum Speyer
Am Technik Museum 1, 67346 Speyer
Tel. 06232/6708-0, www.technik-museum.de
Anfahrt: Von der Autobahn A 61 Koblenz–Speyer ab der Ausfahrt Speyer (-Hockenheim) der Beschilderung („Museum") folgen
Öffnungszeiten: Ganzjährig Mo.–Fr. 9–18, Sa./So., Feiertage 9–19 Uhr
Eintritt: Museum: Erw. € 14,–, Kinder (6–14 J.) € 12,–, bis 5 Jahre frei, Museum + IMAX DOME Filmtheater: Erw. € 19,–, Kinder (6 – 14 J.) € 15,–, bis 5 Jahre € 7,50, Geburtstagskinder (Ausweis) frei
Verpflegung: Museumsrestaurant tägl. 9–18 Uhr, Biergarten
Übernachten: Übernachtungsmöglichkeiten bietet das „Hotel Speyer am Technik Museum" oder der Caravan Park auf dem Gelände.

Rheinland-Pfalz

Freizeitbad Salinarium Bad Dürkheim

Abschalten, relaxen und neue Kräfte
sammeln kann man im Salinarium
in Bad Dürkheim auf unterschiedlichste
Weise. Das Sauna- und Freizeitbad ist
dafür bestens ausgerüstet. Kleine und
große Schwimmfans finden ein großzügig angelegtes Spiel- und Spaßbecken
mit integriertem 25-Meter-Schwimmbe-
cken vor. Kleinere Verspannungen werden von Massagedüsen, Wasserspeiern
und Bodensprudlern wegmassiert.
Beliebt bei Kindern aller Altersklassen
sind die Rutschbahn sowie die Sprung-
anlagen. Im Sommer lädt das Freibad
mit einer Liegewiese von 10.000 m² ein,

Wichtig!

Adresse:
Freizeitbad Salinarium
Kurbrunnenstraße 28
67098 Bad Dürkheim
Tel. 06322/935865
www.salinarium.de

Anfahrt:
Im Ort ausgeschildert.

Saison/Öffnungszeiten:
Ganzjährig,
<u>Badelandschaft</u>: Mo. 9–19 Uhr,
Di.–Do. 9–22 Uhr, Mi. 6.45–22.00 Uhr,
Fr. 9–23 Uhr, Sa./So. 9–21 Uhr.
<u>Saunalandschaft</u>: Mo. 12–22 Uhr,
Di.–Do. 10–22 Uhr, Fr. 10–23 Uhr,
Sa.–So. 10–21 Uhr.

Eintritt:
Verschiedene gestaffelte Tarife,
Preisbeispiele <u>Badelandschaft</u>:
Erwachsene 2 Std. € 4,50 Tageskarte € 5,50,
Kinder 2 Std. € 2,20 Tageskarte € 3,–

Verpflegung:
Café und Restaurant im Bad

sich ein nettes Plätzchen zu suchen
und den Nachmittag zu genießen. Sehr
gelungen ist die Saunalandschaft mit
finnischer Sauna, Sanarium, Blockhaussauna, Meditations- und Badestube,
Osmanischem Bad, Edelstein-Sauna
und Dampfbad. So können ein paar
Stunden Freizeit sich zu einem kleinen
Erholungsurlaub verwandeln.

Der Pfälzerwald

Jeder Pfälzer kennt den „National-vogel" mit Namen Elwedritsche – gesehen hat den gefiederten Genossen allerdings noch niemand. Es geht das böse Gerücht um, der Vogel existiere nur in der Phantasie von Weintrinkern. Vielleicht versteckt er sich aber wirklich irgendwo im Pfälzerwald, dem größ-ten zusammenhängenden Waldgebiet Deutschlands. Der Süden des Gebirges ist geprägt von bizarren Buntsandstein-Formationen, der Norden zeigt sich hü-gelreich und von Tälern durchzogen.

Bergbauerlebniswelt Imsbach

Bergwerke und Museum! Ein interes-santes Ausflugsziel am Donnersberg, mit 687 Metern der höchste Berg der Pfalz, ist die Bergbauerlebniswelt in Ims-bach, bestehend aus dem Pfälzischen Bergbaumuseum, dem ehemaligen Silber- und Kupfererzbergwerk „Weiße Grube" und der Eisenerzgrube „Maria". Bei geführten Rundgängen durch die mehrere 100 Meter begehbaren Grubenbauten aus Stollen erhalten die Besucher Einblicke in die Arbeitswelt der Bergleute und in die Vielfalt der hier zu bestaunenden Bodenschätze. Angeschlossen sind drei thematische Bergbaurundwanderwege. Mit far-bigen Schautafeln beschildert, führen sie durch die reizvolle Landschaft von Imsbach und seiner Umgebung zu zahlreichen Relikten der einst regen Bergbaurundtätigkeit. Das Pfälzische Bergbaumuseum in der Dorfmitte präsentiert auf zwei Etagen Dauer- und Sonderausstellungen. In Imsbach finden regelmäßig Veranstaltungen wie der „Pfälzische Bergbautag" und geführte Geowanderungen statt. Außerdem können Sie am 3. Wochenende im September die „Donnersberger Min-eralien- und Fossilienbörse" besuchen.

> ## Wichtig!
>
> **Adresse:** Besucherbergwerke Langental 1, 67817 Imsbach
> Bergbaumuseum, Ortsstr. 2 67817 Imsbach
> Auskunft: Tourismusbüro Verbandsgemeinde Winnweiler, Jakobstr. 29, 67722 Winnweiler, Tel. 06302/602-0, Fax 06302/602-20
> www.bew-imsbach.de
> www.winnweiler-vg.de
> info@winnweiler-vg.de
> **Anfahrt:** Imsbach liegt an der A 63 Mainz-Kaiserslautern. Ri. Winnweiler fahren, auf der B 48 der Beschilderung „Bergbauwelt Imsbach" folgen.
> **Öffnungszeiten:** April–Ende Oktober Sa. 13–17 Uhr, So- u. feiertags 10–17 Uhr Für Gruppen (ab 15 Personen) Führungen auf Anfrage auch wochentags.
> **Eintritt** (Kombiticket für Grube und Museum): Erwachsene € 4,–, Kinder € 2,–, Familien € 11,–
> **Verpflegung:** Picknick, Gaststätten im Ort, Pfälzerwald-Vereinshütten (nur Sonntag)

Rheinland-Pfalz

Kurpfalz-Park in Wachenheim

Natur und Action! Der 700.000 qm große Wild- und Erlebnispark liegt inmitten der urwüchsigen Berglandschaft des Pfälzer Waldes. Auf großen Freiflächen, die teilweise auch durchwandert werden können, leben Dam-, Sika-, Rot- und Schwarzwild. Der landschaftlich reizvoll gelegene Park mit Teichen und einem großen See bietet Gelegenheit der Natur einmal ganz Nahe zu kommen.

Bekannt ist der Park auch für seine spannenden und lehrreichen Greifvogel - Freiflug-vorführungen, die von Anfang Mai bis Mitte September täglich mehrmals zu sehen sind. Besucher erhalten einen beeindruckenden Einblick in das faszinierende Leben der Greifvögel. Neben der beschaulichen Landschaft, die mit dem Kurpfalz-Express auch durchfahren werden kann, zeichnet sich der Park durch die gelungene Integration der Attraktionen in die pfälzische Landschaft aus. Die Rollerbobbahn „Rotsteigflitzer", die Schwanentretboote, die spritzigen Bumperboats, das große Piratennest, die vielen Spielanlagen, das große stählerne Rutschenparadies und auch der „Irrgarten" sorgen für mächtigen Spaß.

Als Besuchermagnet hat sich der im Mai 2010 eröffnete Kurpfalz-Coaster entwickelt. Bei dieser neuen Fahrattraktion handelt es sich um eine Art Sommerrodelbahn die auf Schienen geführt ist, mit dem großen Vorteil das der Coaster bei jeder Witterung zu befahren ist. Auch einen Besuch unseres Puppentheaters (von Juni bis September) sollten Sie nicht versäumen. Gerade für unsere Kleinen wird Tierfüttern und eine Rodelpartie auf der größten Rodelbahn in Rheinland-Pfalz zum Abenteuer und einem einzigartigen Erlebnis.

Wichtig!

Adresse: B & T Kurpfalz-Park GmbH & Co. KG 67157 Wachenheim
Tel. 06325/9590-10, Fax 06325/9590-25, www.kurpfalz-park.de, info@kurpfalz-park.de
Anfahrt: Der Park liegt zwischen Neustadt an der Weinstraße und Bad Dürkheim und ist ausgeschildert. 3-mal täglich mit der Buslinie 510 vom Hauptbahnhof Neustadt
Öffnungszeiten: 12.4.–2.11.2014, täglich ab 9 Uhr, Fahrattraktionen ab 10 Uhr
Nur Wildpark geöffnet: 28.4.–30.4., 15.9.–19.9., 22.9.–26.9., 29.9.–30.9., 1.10.–2.10., 6.10.–10.10. und 13.10.–17.10.2014
Greifvogel-Freiflugshow: 1.5.–14.9. tägl. 11.30 und 15.30 Uhr.
Wolfshow: 1.5.–14.9. tägl. 12.30 Uhr.
Eintritt: Erw. € 14,–, Kin. (4–14 J.) € 12,–, Besucher (ab 60 J.) € 12,–. Gruppen (ab 20 Pers.): Erw. € 12,–, Kin. (4–14 J.) € 10,–, Besucher (ab 60 J.) € 10,–, Kindergärten € 6,–, Schulklassen € 9,–. Freitag ist Familientag d.h. ein Kind erhält in Begleitung eines Erwachsenen eine Eintrittsermäßigung von 50 % auf den regulären Tageseintritt.

Baumwipfelpfad und Biosphärenhaus

Das Biosphärenhaus Pfälzerwald/Nordvogesen in Fischbach eröffnet seinen Besuchern faszinierende Einblicke in die einmalige Naturlandschaft des grenzüberschreitenden Biosphärenreservats. Ob in der spannenden Multimedia-Ausstellung, oder auf einem luftigen Pfad zwischen den Baumkronen – wenige Kilometer von der französischen Grenze entfernt tauchen Sie in das größte zusammenhängende Waldgebiet Westeuropas ein.

Ein besonderes Erlebnis ist dabei der Baumwipfelpfad. Auf einer Länge von 270 Metern bietet er die Möglichkeit zu einem luftigen Spaziergang in 15–35 Metern Höhe – ob auf einen festen Holzsteg oder auf schwankenden Brücken muss jeder für sich selbst entscheiden.

Im Biosphärenhaus informiert die interaktive Ausstellung über spannende

Aspekte des Biosphärenreservats. So können Besucher in der „Nachtetage" die Nacht am Tag erleben. Wer die Nacht lieber live kennen lernen möchte, kann an einer Nachtexkursionen teilnehmen oder sogar eine Übernachtung auf dem Wipfelpfad buchen. Viele weitere Veranstaltungen für große und kleine Abenteurer sind im Jahresprogramm des Biosphärenhauses ent-

halten. Ab dem Sommer 2014 eröffnet die Falknerei „Felsenland" auf dem Gelände des Biosphärenhauses seine Tore. Die Falknerei beherbergt verschiedene Tag- und Nachtgreifvögel und zwei Mal pro Tag starten Flugvorführungen mit attraktiven Vogelarten.

Wichtig!

Adresse:
Biosphärenhaus
Am Königsbruch 1
66996 Fischbach (Dahn)
Tel. 06393/92100
Fax 06393/921019
www.wipfelpfad.de
info@biosphaerenhaus.de

Öffnungszeiten:
April, Mai, Oktober: Täglich 9.30–17.30 Uhr
Juni bis September: Täglich 9.30–18.30 Uhr
November–März: Nur zeitweise geöffnet

Eintritt:
Ausführliche Informationen zu
Eintrittspreisen und Ermäßigungen auf
www.wipfelpfad.de.

monte mare Kaiserslautern

Entspannung, Wärme und Wellness! Das Saunaparadies im monte mare Kaiserslautern erwartet Sie mit den unterschiedlichsten Schwitz-Angeboten vom Soft-Dampfbad bis zur feurig-heißen Aufguss-Sauna.

Die großzügige Architektur holt die Toskana in die Pfalz und lässt mit ihrer stimmungsvollen Gestaltung Erinnerungen an den letzten Italien-Urlaub wach werden. Sprudelbäder, Tropenduschen, Wasserliegen und Whirlpools verwandeln Ihren Aufenthalt im monte mare zu einem unvergesslichen „Urlaub zwischendurch".

Entspannen Sie im toskanischen Ruhehaus und in der vielseitigen Sauna- und Badelandschaft. Genießen Sie Niedertemperatursauna, Mentalsauna, Schlammbad, Aromazisterne, Laconium, Kräuterbad, Dampfbad, Finnische Aufguss-Sauna, Trockensauna, Erdsauna (außen), Teichsauna (außen), Erlebnisduschen, Kneipp-Strecke, Fußwärmbecken, großes Bewegungsbecken (innen und außen), Mentalruheraum mit Wasserbetten, Solebecken mit Unterwassermusik (AquaSound).

Wellness: Umfangreiches Angebot an Massagen, Hamam-Anwendungen, Ayurveda, Dampfbad-Zeremonien und exklusiven Wellness-Arrangements.

Wichtig!

Adresse und Anfahrt:
monte mare Kaiserslautern
Mailänder Straße 6
67657 Kaiserslautern (PRE-Park)
Tel. 0631/3038-0, Fax 0631/3038-399
kaiserslautern@monte-mare.de
www.monte-mare.de/kaiserslautern

Öffnungszeiten:
Sauna- und Wellnessresort: Täglich ab 9 Uhr, Mo.–Do. bis 23 Uhr, Fr./Sa. bis 24 Uhr und So. bis 21 Uhr.

Sport- und Freizeitbad: Täglich ab 10 Uhr, Mo.–Fr. bis 21 Uhr, Sa. + So. bis 19 Uhr, Frühschwimmen Di. + Do. 6.30–8.00 Uhr.

Eintritt: Sauna- und Wellnessresort (inkl. Sport- und Freizeitbad): Mo.–Fr. 4 Std. € 22,–, Tageskarte € 26,–, Sa./So. 4 Std. € 24,–, Tageskarte € 28,–
Frühstarter-Tarif Mo.–Fr. 9–14 Uhr € 15,–
Feierabend-Tarif Mo.–Fr. ab 19 Uhr € 17,50
Sport- und Freizeitbad:
Mo.–Fr.: 3 Std. Jugendliche bis 17 Jahre € 6,–
Erwachsene € 8,–,
Wochenendzuschlag: € 2,–
Familienermäßigung: ab 2 Erw. + 1 Jugendlicher: 25 % Ermäßigung auf den regulären Eintrittspreis, Kinder bis 1 m frei.

Holiday Park Hassloch

Unvergessliche Erlebnisse und einmaliger Familienspaß: In der Saison 2011 feierte der Holiday Park seinen 40. Geburtstag. Neben spannenden Fahrattraktionen für Groß und Klein und einem neuen Showprogramm werden auch echte Fernsehstars beim großen Jubiläum mit von der Partie sein: Biene Maja und Flip, Tabaluga und Wickie sorgen für strahlende Kinderaugen!

Inmitten einer 400.000 qm großen Park- und Waldlandschaft wartet Freizeitspaß für die ganze Familie auf die Gäste. Von der rasanten Wildwasserfahrt „Donnerfluss" bis zur Familienachterbahn „Holly's wilde Autofahrt" reicht das Erlebnis-Programm! Eine Erlebniswelt speziell für die Kleinsten ist „Holly's Kinderland". Ein echtes Highlight für alle Nervenkitzel-Fans ist die mehrfach preisgekrönte Riesenachterbahn „Expedition GeForce".

Die actiongeladene Wasser-Stunt-Show „Jim Pond" oder die exotische Reptilienshow „Amazonia" sind weitere Höhepunkte des internationalen Showprogramms. Die Jubiläumssaison des Holiday Parks bietet abwechslungsreichen Freizeitspaß für die ganze Familie!

Wichtig!

Adresse:
Holiday Park GmbH
D-67454 Hassloch/Pfalz
Tel. 06324/59930
Fax. 06324/5993-50
www.holidaypark.de
info@holidaypark.de

Anfahrt:
A 65 Ausfahrt 10 oder 13 (Hassloch); alternativ A 61, Ausfahrt 63 (Kreuz Speyer), B 9 Richtung Speyer, B 39 Richtung Hassloch

Saison 2014:
12. April–5. Oktober
Schließtage siehe www.holidaypark.de

Öffnungszeiten:
10–18 Uhr, bei Sonderveranstaltungen teilweise länger geöffnet.

Eintritt:
Besucher ab 1 m: € 25,–
Kinder 0,85–1 m: € 5,–
Kinder unter 0,85 m: Eintritt frei
2-Tageskarte, Jahreskarte,
Gruppenpreise auf Anfrage

Verpflegung:
Restaurants, und zahlreiche Snackpoints

Freizeitbad Azur in Miesenbach

Immer Sommer! Der Sommer geht im Freizeitbad Azur nie zu Ende. 340 Tage im Jahr hat das moderne Freizeitbad geöffnet. In den Erlebnisbereich führt die gewundene Riesenrutsche, wer mit einem satten „Platsch" untergetaucht ist, taucht gleich hinüber zur begrünten Felslandschaft. Während die Eltern eher dazu tendieren, Sauna und Solarium auszuprobieren oder ganz einfach im Whirlpool „abzuhängen", tummeln sich die Besucher unter 1 Meter Größe im Kinderland. Dort ist das Wasser mollig warm. Natürlich kommen auch die „Lütten" in Bezug auf Wasserspaß auf der Wasserrutsche nicht zu kurz. Wenn der Spaß daran erschöpft ist, geht das Spiel am Schiffchenkanal munter weiter.

Das Saarland

Im Ostsaarland gibt es noch einige Orte, in denen der Brauch des „Pfingstquack" gepflegt wird. In Bexbach, Altstadt oder Limbach führen die Kinder am Pfingstmontag eine mit Blumen geschmückte Figur durchs Dorf, die „Quack" genannt wird. Vor jedem Haus werden Quack-Sprüche aufgesagt. Die Kinder werden mit Eiern und Speck belohnt. Das Saarland ist nicht, wie viele wohl glauben, eine reine Industrieregion, sondern üppig bewaldet.

Bergbaumuseum Bexbach

Museum in Turm und unter Tage! Wie wär's mit einem Museum, das in einem Aussichtsturm untergebracht ist und noch dazu eine unterirdische Bergwerksanlage hat? Dann ist das Saarländische Bergbauernmuseum Bexbach im 40 m hohen Hindenburgturm genau das Richtige, auch bei schlechtem Wetter, denn Untertage regnet es nicht. Und wenn man dann die Untertagewelt verlässt, befindet man sich direkt im Blumengarten, der das Museum umgibt. Hier gibt es jede Menge Spielmöglichkeiten, Teichanlagen und auch einen sehr interessanten Kräutergarten.

Wichtig!

Adresse:
Saarländisches
Bergbaumuseum Bexbach
Niederbexbacher Straße
66450 Bexbach
Tel. 06826/4887
Fax 06826/510884
www.saarl-bergbaumuseum-bexbach.de
Saarl.Bergbaumuseum@t-online.de
Anfahrt:
Bexbach liegt an den Autobahnen A6 und A8, Ausfahrt Bexbach, Beschilderung „Messe, Blumengarten, Grubenmuseum" folgen
Saison/Öffnungszeiten:
Sommersaison 1.3.–30.9.13:
Mo.–Fr. 9–17 Uhr, Sa., So., Feiertag 10–18 Uhr,
Wintersaison 1.10.13–28.2.14:
Mo.–Fr. 9–16 Uhr, Sa., So., Feiertag 13–17 Uhr
Verpflegung:
Picknick oder Restaurants

Rheinland-Pfalz

Bade-, Sauna- & Wellnessparadies Calypso

Abenteuerlich! Mit Karacho jagt das Wildwasser vorbei an der Pueblolandschaft und landet in einer Höhlenwelt mit Insel. In der Poolbar verzaubern sphärische Lichteffekte den Raum. In schwindelerregender Höhe geht es dann über die Hängebrücke. Besonders die vielseitigen Rutschen, Reifenrutsche (98 Meter), Black-Hole-Rutsche (100 Meter) und Turboslide (47 Meter), sind Garanten für den super Calypso-Badespaß. Entspannung finden Sie unter freiem Himmel im Solebecken, in den Whirlpools oder auf einer der vielen Sprudelliegen. Wellness in „Reinform" bietet die großzügige Saunalandschaft mit Ranta- und Birkensauna, „Sudhaus", Kräuterdampfbad, Sanarium und Badegrotte!

Adresse:
Bade-, Sauna- & Wellnessparadies Calypso
Deutschmühlental 7
66117 Saarbrücken
Tel. 0681/5881770
www.erlebnisbad-calypso.de
info@erlebnisbad-calypso.de
Anfahrt: Über A 620, Ausfahrt Messegelände
(Beschilderung Messegelände folgen).
Öffnungszeiten:
Bade-, Sauna- & Wellnessparadies:
Mo.–Fr. 10–22 Uhr, Wochenende 9–22 Uhr,
Ferien- und Feiertage 9–22 Uhr
Sportbad:
Mo. 10–16 Uhr, Di. 10.00–15.30 Uhr,
Mi. 10–16 Uhr, Do. 10–16 Uhr+19–22 Uhr,
Fr. 10–22 Uhr, Wochenende 9–22 Uhr.
In allen saarländischen Ferien + Feiertage
von 9–22 Uhr.
Eintritt: Verschiedene Preisstaffelungen,
siehe Internet, hier einige Beispiele für das
Badeparadies: Erwachsene 1,5 Std. € 8,–
Kinder (3–15 Jahre) 1,5 Std. € 4,50
Erwachsene Tageskarte € 17,–
Kinder (3–15 Jahre) Tageskarte € 11,–
Familie Tageskarte € 35,–
Verpflegung: Bad- & Saunagastronomie

Evolutionäre Attraktionen & Erlebnismuseum mit Wow-Effekt!

GONDWANA – Das Praehistorium erwartet seine Gäste mit einer atemberaubenden Zeitreise durch 4,5 Milliarden Jahre Erd- und Evolutionsgeschichte. Erleben Sie hautnah die Tiere der Urzeit, durchstreifen Sie Riffe und feucht-neblige Sumpfwälder. Stehen Sie dem bekanntesten Räuber vergangener Zeiten, dem T-rex, Auge in Auge gegenüber. Lassen Sie sich verzaubern von längst vergangenen Welten und deren Bewohner.

Die seit Mai 2013 neu eröffnete Ausstellungserweiterung, Z.E.R.A. Zeitreise, entführt Sie in 12 prägnante Stationen

der Menschheitsgeschichte, bis hin zu der weltweit einzigartigen Dinosaurier-Show. Als letzte Station erleben mutige Gäste den größten Hai aller Zeiten: Megalodon – Der Urzeithai. Die gesamte Ausstellung ist im übrigen barrierefrei.

In der urzeitlichen Indoor Spielerlebnis-Attraktion „Gondis Dinowelt" kommen dann die Kleinen voll auf Ihre Kosten und können sich im 8 m hohen Kletterdino, auf den Rutschen, Trampolinen und Dinokarts so richtig austoben.

Der Bistrobereich „Gondi's Restaurant" liegt direkt unter einem Riesenskellet des größten Saurier aller Zeiten, dem Argentinosaurus und bietet den Gästen einen krönenden Abschluss eines perfekten Tages in GONDWANA – Das Praehistorium.

Wichtig!

Adresse: GONDWANA –
Das Praehistorium und Gondi's Dinowelt
Bildstockstraße
66578 Schiffweiler/Landsweiler-Reden
Tel. 06821/93163-25, Fax 06821/9316311
www.gondwana.de, info@gondwana.de
Anfahrt: BAB 8: Abfahrt Neunkirchen-City AS 23, auf der B 41 der Beschilderung Richtung Ottweiler/St. Wendel folgen, Kreisverkehr Sinnerthal Richtung Landsweiler. Die BAB 8 erreichen Sie von der BAB 1 kommend am AK Saarbrücken (dort Richtung Neunkirchen/Zweibrücken), über die BAB 623 am AK Friedrichsthal (dort Richtung Neunkirchen). Vom Bahnhof Landsweiler-Reden nur wenige Gehminuten entfernt. Vom HB Saarbrücken in 20 Minuten zu erreichen.
Öffnungszeiten/Eintrittspreise:
Aktuelle Öffnungszeiten und Preise finden Sie auf der Homepage.
Verpflegung:
Bistro mit tagesaktuellen Speisen.

Wolfspark in Merzig

Wölfe! Von den Germanen bewundert und verehrt, seit dem Mittelalter gefürchtet, gehasst und gejagt: Kaum ein Tier hat die Menschen über die Jahrhunderte so in seinen Bann gezogen.

In freier Wildbahn sind Wölfe bei uns heute nahezu ausgerottet. Doch das Erlebnis, Wölfe in ihrem natürlichen Lebensraum zu beobachten, ist wieder möglich: Im Merziger Kammerforst!

Hier, in einem stillen Waldgebiet nahe der Stadt, leben rund 20 der beeindruckenden Tiere in großzügigen Freigehegen: europäische Grauwölfe aus Spanien und Litauen, weiße Polarwölfe, zierliche indische und sibirische Wölfe.

Doch der Merziger Wolfspark ist nicht nur „Schau-Platz": Es ist einer der wenigen Orte der Welt, wo das Verhalten der Wölfe erforscht wird. Den Grundstein für dieses Projekt legte Werner Freund, Verhaltensforscher von internationalem Rang, im Jahr 1977 mit dem ersten Gehege – heute die Heimat der europäischen Wölfe. In rund 30 Jahren baute er den Park – mit Unterstützung der Stadt Merzig und des „Förderkreises Merziger Wolfsgehege e.V." – auf seine heutige Größe von 4,5 ha aus. Die Kreisstadt Merzig ist zur Zeit dabei, den „Wolfspark Werner Freund" auszubauen und zu modernisieren. Ein erster Bauabschnitt ist bereits abgeschlossen, in dem auch 2 neue große Aussichtstürme in den Ge-

hegen errichtet wurden. In einem weiteren Bauabschnitt wurden die oberen Gehege ebenfalls erweitert, sodass nach Abschluss die Größe des Wolfsparks Werner Freund um mehr als das Doppelte erweitert werden konnte. Kostenlose Gruppenführungen mit Werner Freund finden jeden 1. Sonntag im Monat um 16 Uhr statt.

Wichtig!

Adresse:
Wolfspark Werner Freund, 66663 Merzig
Info über: Tourist-Info der Kreisstadt Merzig
Poststraße 12, 66663 Merzig
Tel. 06861/85330, tourist@merzig.de
www.wolfspark-wernerfreund.de
Anfahrt:
Merzig liegt nördlich von Saarlouis an der B51 und A8 (Abfahrt von A8 Richtung Merzig-Schwemlingen), ausgeschildert
Saison/Öffnungszeiten:
Ganzjährig, täglich bis Einbruch der Dämmerung
Eintritt: frei
Verpflegung: Picknick, Gaststätte
Auskunft und Anmeldung:
Wolfsführung bei Werner Freund:
Tel. und Fax 06861/911818

Per ➤ Click in die Freizeit

Archäologische Museen
www.bajuwaren-kipfenberg.de
www.bedaium.de (Römermuseum, Seebruck/Chiemsee)
www.dieschranne.de (Bad Königshofen)
www.kastenhof.landau-isar.de (Landau/Isar)
www.mammutheum.de (Scharam/Alzing)
www.museum-manching.de
www.museum-quintana.de (Künzing)

Diverse Museen
www.buchheimmuseum.de (Bernried)
www.deutsches-museum.de (München)
www.freilandmuseum.de (Bad Windsheim)
www.ingolstadt.de/stadtmuseum
www.museumgeorgschaefer.de (Schweinfurt)
www.naturkundemuseum -regensburg.de
www.pinakothek-der-moderne.de (München)
www.steinbruchsee.de (Waldmuseum, Furth im Wald)

Diverse Freizeitparks
www.formula-nuernberg.de
www.kamelfarm-allgaeu.de
www.maerchenpark.de
www.maerchenwald-isartal.de
www.schongauer-maerchenwald.de
www.western-city.com

Schlösser
www.burg-trausnitz.de
www.burghausen.de
www.museen-aschaffenburg.de
www.neuschwanstein.de
www.residenz-muenchen.de
www.schloss-nymphenburg.de (München)
www.sgvcoburg.de

Zoos/Wildparks
www.hundshaupten.de
www.nationalpark-bayerischer-wald.de
www.nationalpark-berchtesgaden.de
www.wildpark-klaushof.de (Bad Kissingen)
www.wildpark-oberreith.de
www.wildpark.tambach.de

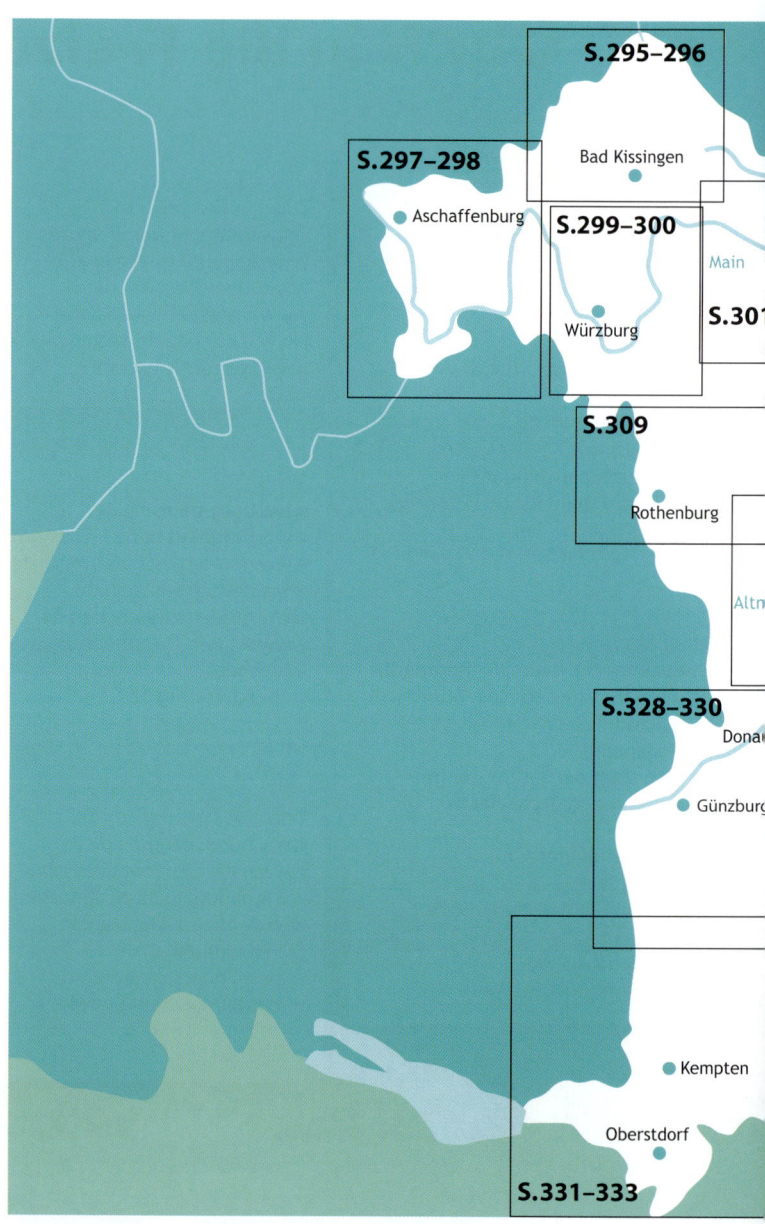

S.295–296

Bad Kissingen

S.297–298

Aschaffenburg

S.299–300

Main

Würzburg

S.301

S.309

Rothenburg

Altm

S.328–330

Dona

Günzburg

Kempten

Oberstdorf

S.331–333

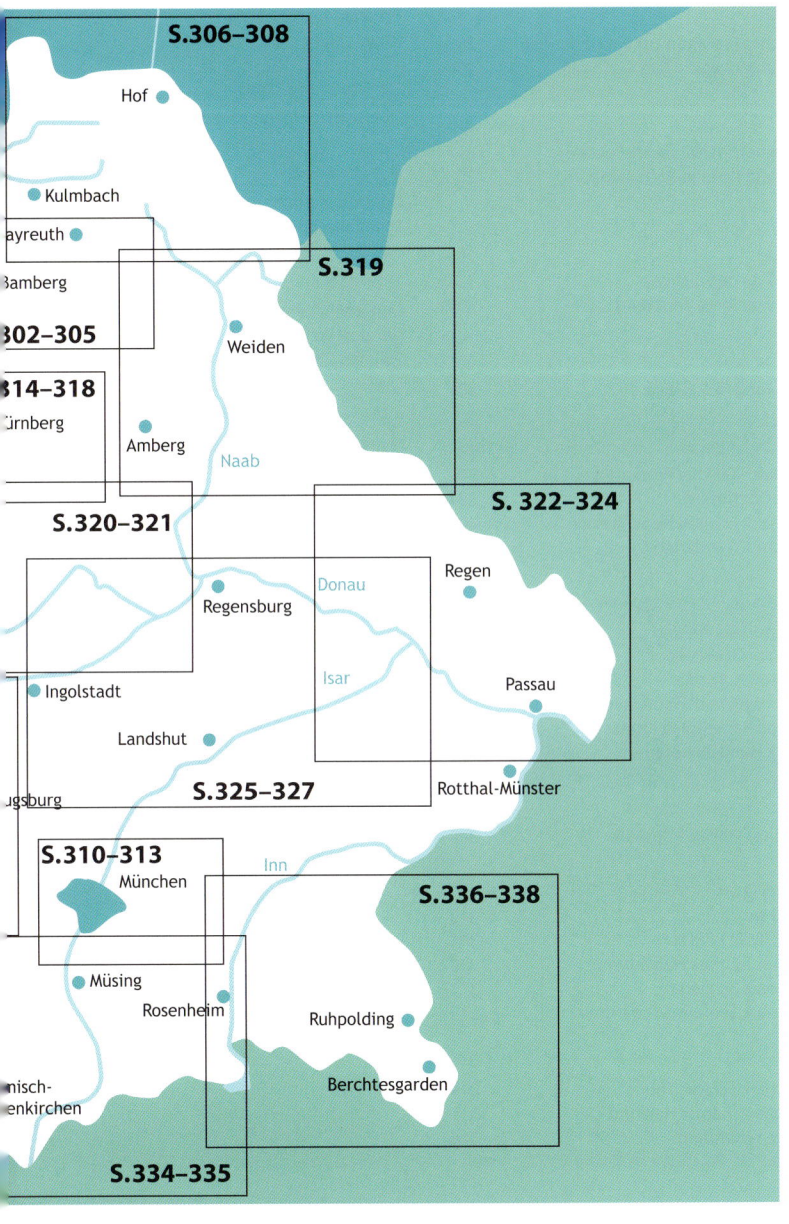

S.306–308

Hof ●

● Kulmbach

ayreuth ●

Bamberg

302–305

S.319

Weiden ●

314–318

ürnberg ●

Amberg ●

Naab

S.320–321

S. 322–324

● Regensburg

Donau

Regen ●

● Ingolstadt

Isar

Passau ●

Landshut ●

S.325–327

ugsburg

Rotthal-Münster ●

S.310–313

München

Inn

S.336–338

● Müsing

Rosenheim ●

Ruhpolding ●

Berchtesgarden ●

nisch-
enkirchen

S.334–335

Bayerische Rhön

Die Rhön ist, bildlich gesprochen, der Ferienbalkon zwischen Nord- und Süddeutschland. Von den Bergen der Rhön, dem „Land der weiten Fernen", hat man bei gutem Wetter phantastische Aussichten. Der Blick erfasst kleine fränkische Orte, umringt von Wald, Wiesen und Feldern. Das Land kann auf rund 3.500 km langen Wanderwegen durchquert werden. Rechts und links des Weges warten so seltene Pflanzen wie die Trollblume, das Wollgras und der Sonnentau – eine kleine Welt jenseits der Autobahnen!

Fränkisches Freilandmuseum Fladungen

Historische Bauernhöfe! Für das Museum wurden ausgewählte Bauernhäuser und Höfe wieder aufgebaut, die von Verfall oder Abriss bedroht waren, und original mit Möbeln und Gebrauchsgegenständen ausgestattet. So finden sich neben Bauernhöfen und Tagelöhnerhäusern auch ein funktionstüchtiges historisches Gemeindebrauhaus, eine alte Dorfschule, eine Kirche sowie eine Getreide- und Ölschlagmühle. Zu festgelegten Terminen finden handwerkliche Vorführungen statt. Bunte Bauerngärten und ein reichhaltiger Tierbestand bringen zusätzlich

Freude und Spaß in den Ausflugstag. Einmalig ist die Verbindung des Museums mit dem „Rhön-Zügle". Historische Dampf- und Dieselzüge verkehren zwischen dem Museumsbahnhof und dem 18 km entfernten Mellrichstadt.

Wichtig!

Adresse: Fränkisches Freilandmuseum Fladungen mit dem Rhön-Zügle
Bahnhofstr. 19, 97650 Fladungen
Tel. 09778/9123-0
www.freilandmuseum-fladungen.de
Anfahrt: Fladungen liegt an der B 285 im nördlichsten Zipfel der Bayerischen Rhön. Das Museum liegt am östlichen Ortsrand gleich nach der Stadtmauer.
Saison/Öffnungszeiten: April–Oktober, täglich 9–18 Uhr. (April und Oktober: montags Ruhetag. Wenn Montag ein Feiertag ist, wird das Museum geöffnet)
Eintritt: Erw.€ 4,–, Ki. € 2,50
Gruppen ab 15 Personen € 3,–
Kinder unter 6 Jahren frei
Familienkarte (Eltern mit Kindern) € 8,–
Verpflegung: Picknick im Museumsgelände oder Gasthaus „Zum Schwarzen Adler" mit großem Biergarten

Aktiv – unterwegs in Bad Kissingen

Die idyllische Lage an den Ausläufern der Rhön, die sich durch das Tal schlängelnde Fränkische Saale, die gepflegten Garten- und Parkanlagen, fränkische Gastlichkeit, attraktive Einkaufsmöglichkeiten, eine einladende Fußgängerzone und die Vielfalt an Freizeitangeboten liefern beste Voraussetzungen für einen aufregenden Aufenthalt in Bad Kissingen. Das Dampferle ist ein echter Familienspaß: Es schippert zwischen Rosengarten und Saline auf der Fränkischen Saale. So sind die Mi-

nigolfanlage und das Museum Obere Saline gut zu erreichen. Das Kurbähnle ist nicht nur bei Kindern sehr beliebt. Es fährt von der Innenstadt über das Café Salinenblick hinauf zum Wildpark Klaushof. Die Postkutsche fährt bereits seit 1950 von Bad Kissingen nach Bad Bocklet und zum Schloss Aschach. An beiden Zielen gibt es viel zu entdecken und auch Kaffee- und Kuchenfreunde kommen auf Ihre Kosten. Im Wildpark Klaushof können auf einem 35 ha großen Areal heimische Tiere beobachtet und im Streichelzoo sogar gefüttert werden. Im Sommer lädt das Terrassenfreibad zum Schwimmen und Planschen ein. Außerdem gibt es in der Umgebung viele Ausflugsziele, die es zu erkunden gilt. Zu einem gelungenen Aufenthalt gehört das passende Quartier: von zertifizierten Wellness-Hotels bis zur individuellen Ferienwohnung reicht das Angebot in Bad Kissingen.

Wichtig!

Adresse:
Bayer. Staatsbad Bad Kissingen GmbH
Am Kurgarten 1, 97688 Bad Kissingen
Tel. 0971/8048-211, Fax 0971/8048-239
tourismus@badkissingen.de
www.badkissingen.de
Kostenfreies Servicetelefon 0800 9768800
Abfahrt/Zeiten: Die Kutsche fährt ab dem Berliner Platz, tägliche Abfahrten um 14 Uhr, Rückkehr jeweils 17.30 Uhr
Saison: Anfang Mai bis Mitte Oktober
Kosten: Hin- und Rückfahrt bitte telefonisch erfragen
Verpflegung: Gastronomie jeder Kategorie im Ort

Der Spessart

Dass es ein „Wirtshaus im Spessart" gibt, weiß wohl jeder – viel weniger Leute aber dürften wissen, wo in deutschen Landen der Spessart liegt! Inmitten dieses stillen Fleckchens Erde ist das Märchen von Schneewittchen und den 7 Zwergen angesiedelt, ebenfalls im Spessart soll die böse Königin gerufen haben: „Spieglein, Spieglein an der Wand, wer ist die Schönste im ganzen Land?" Der Spessart jedenfalls zählt zu den schönsten Urlaubsregionen Deutschlands.

Willkommen im Naturpark Spessart

Ausgedehnte Laubwälder und eine abwechslungsreiche Kulturlandschaft bieten im Naturpark vielfältige Erlebnis- und Erholungsmöglichkeiten. Mehr als 5.000 Kilometer markierte Rad- und Wanderwege sowie zahlreiche Lehr- und Erlebnispfade laden zu Entdeckungstouren ein. Die Naturpark-Infozentren in Gemünden und auf der Wegscheide bei Bad Orb präsentieren Wissenswertes rund um die Themen Biber, Gewässer und Wald. Und im Wassererlebnishaus Rieneck können Besucher das nasse Element hautnah entdecken, z.B. mit einem interaktiven Hochwassermodell. Unsere Naturparkführer bringen Ihnen mit jährlich über 200 Veranstaltungen und Führungen den Naturpark näher! Und auch kulinarisch ist der Spessart vielseitig. Kreative Köche verwöhnen Sie mit regionalen Spezialitäten, z.B. Wildgerichten, Spessartforelle und Qualitätsfleisch von den Weiden des Naturparks (www.gruenland-spessart.de). Nähere Informationen, das aktuelle Jahresprogramm und Wander- und Freizeitkarten erhalten Sie bei den unten stehenden Ansprechpartnern und im Internet. Wir freuen uns auf Ihren Besuch!

Wichtig!

Naturpark Spessart e.V.
Frankfurter Str. 4, 97737 Gemünden a.Main,
Tel. 09351 603422 oder 09351 603446
info@naturpark-spessart.de
Infozentrum im Huttenschloss
Gemünden a. Main, Frankfurter Straße 2
www.naturpark-spessart.de
Zweckverband Naturpark Hess. Spessart
Georg-Hartmann-Str. 5–7,
63637 Jossgrund-Burgjoß, Tel. 06059 906783
info@naturpark-hessischer-spessart.de
Infozentrum Wegscheide, 63619 Bad Orb
www.naturpark-hessischer-spessart.de
Tourismusverband Spessart-Mainland
Bayernstraße 18, 63739 Aschaffenburg
Tel. 06021 394-271, Fax 06021 394 258
Tourist-Info@lra-ab.bayern.de
www.spessart-mainland.de
www.spessartweg.de

Bayern

Gärten und Parks in Aschaffenburg

auch heute noch ein Anziehungspunkt ersten Ranges und lädt ein zum „Lustwandeln". Nebenbei kann man hier noch Schlossromantik genießen, denn hier kann noch das Schlösschen besichtigt werden. Einen sehr schönen Mittag kann man auch im Stadtgarten „Am Rosensee" verbringen. Die 4 ha große Parkanlage befindet sich zwischen der Würzburger und der Schweinheimer Straße. In Ergänzung zu den bestehenden Parks und Grünflächen der Stadt ist dieser neue Stadtgarten gleichzeitig Spielplatz und Erholungsraum, grüne Lunge und ökologisches Modellprojekt der Stadt Aschaffenburg. Weitere „Grüne Tipps": Kleine Schönbuchallee, Schlossgarten, Nilkheimer Park und offenes Schöntal.

Entspannen im Park! Etwa 5.000 Straßenbäume und eine ganze Reihe von Gärten und Parkanlagen machen Aschaffenburg zu einer „Grünen Stadt". Zum einen ist es ihre natürliche Lage zwischen den Talauen von Main und Aschaff, die für grüne Aussichten sorgt, zum anderen wird das Stadtgebiet von historischen Gartenanlagen durchzogen. Das reicht vom im Westen liegenden Park Schönbuch bis nach Osten zur Fasanerie. Unter Erzbischof Karl Joseph von Erthal (1774–1802) wurden in den Jahren 1776–82 die Aschaffenburger Parkanlagen, so auch der „Schöne Busch", im Stile eines englischen Landschaftsgartens errichtet. Der Park ist

---

Wichtig!

Adresse:
Tourist-Information Aschaffenburg
Schloßplatz 1
63739 Aschaffenburg
Tel. 06021/395-800
Fax 06021/395-802
www.info-aschaffenburg.de
tourist@info-aschaffenburg.de
Saison/Öffnungszeiten: Ganzjährig frei zugänglich.
Verpflegung: Restaurants in bzw. in der Nähe der Parkanlagen.

Würzburg

Eine Städtetour durch Würzburg hat einiges zu bieten. Architekturfans kommen hier angesichts der vielen historischen Gebäude voll auf ihre Kosten. Überragt wird die Stadt von der Festung Marienberg, die auch gleichzeitig das bekannteste Wahrzeichen der Stadt ist. Ein schöner Spaziergang führt ab der alten Mainbrücke über die Tellsteige oder auch ab der Friedensbrücke über das Gelände der Landesgartenschau von 1990 dorthin. (Natürlich ist die Festung auch mit dem Auto zu erreichen.) Durch mehrere Tore hindurch steht man dann vor dem Mainfränkischen Museum. Früher war die Festung Sitz der Fürstbischöfe, wurde später aber zu Gunsten der neu erbauten, repräsentativen Residenz aufgegeben. Apropos Residenz. Diese wurde im Jahr 1981 als UNESCO-Weltkulturerbe eingestuft. Neben der beeindrucken Barock-Residenz gibt es noch einen schönen Hofgarten mit schmiedeeisernen Toren am Paradeplatz und ein Denkmal von Fried Heuler. Schöne Höfe und Bürgerhäuser findet man im Bereich Unterer Markt und Gressengasse. Wer den Abend bei einem Glas Wein im Weinhaus „Zum Stachel" in der Gressengasse ausklingen lässt, spürt ihn vielleicht noch – den Hauch der Geschichte. Denn besagtes Weinlokal war zur Zeit der Bauernkriege Treffpunkt der Aufständischen. Zu den vielen weiteren Gebäude-Highlights zählen das Huttenschlösschen, die Neue Universität, die Neubaukirche, der Kulturspeicher, der Rückermainhof oder der Rote Bau.

Auch die eine oder andere geschichtsträchtige Brücke wird man in Würzburg überqueren. Beispielsweise die Alte Mainbrücke, die bis 1886 der einzige Flussübergang war und mit verschiedenen Heiligenfiguren versehen ist. Die jüngste Brücke ist die Brücke der Deutschen Einheit (Talavera-Brücke), eine interessante Schrägseilbrücke, die den Main und das Hafenbecken überquert. Wer sich nach der Städtetour erholen möchte, kann dies wunderbar in einem der Parks tun, etwa dem Ringpark, dem Hofgarten oder dem Lusamgärtchen.

Bilder © Congress-Tourismus-Wirtschaft Würzburg

Wichtig!

Weitere Informationen über Würzburg:
www.wuerzburg.de

Bayern

Wildpark an den Eichen

Toll für Elch-Fans! Inmitten des Stadtwaldes Schweinfurt steht diese schöne Erholungsanlage. Auf etwa 15 ha tummeln sich 500 Tiere in 48 Arten. In Waldgehegen leben die Huftiere wie Rotwild, Steinwild, Mufflons und Damhirsche, aber auch Haustiere von Hochlandrindern und Ziegen bis zu Hühnern und Tauben. Ein schönes, naturnahes Gehege bewohnen die Luchse und Uhus. Die Besucher wandern hier auf einem Steg entlang der Felswände. Absolute Publikumslieblinge sind die Elche, die noch relativ neu im Gehege sind. Sie wurden sofort zum Maskottchen des Zoos ernannt. Das schlägt sich überall nieder – man kann sogar Elch-Bier und Elch-Kekse am Kiosk bekommen. Auch der Luchs spielt hier eine große Rolle, es gibt ein interessantes Luchsgehege zu besichtigen. Auch Spaß und Spiel kommen hier nicht zu kurz: Fußball, Minigolf, Tischtennis, Rollschuh fahren sind möglich, ebenso Spiele im Indianerfort.

Wichtig!

Adresse: Wildpark an den Eichen
Verwaltung: Städt. Forstamt Schweinfurt
97424 Schweinfurt
Tel. 09721/51502 oder 51504
www.wildpark-schweinfurt.de
info@wildpark-schweinfurt.de
Anfahrt: Über die A 70 Ausfahrt Schweinfurt-Mitte, der Park liegt am Ortsausgang nach Bad Königshofen. Der Stadtwald liegt zwischen den Ortsteilen Steinberg und Deutschhof. Kostenlose Parkplätze vorhanden.
Öffnungszeiten/Saison: Ganzjährig frei zugänglich
Eintritt: frei, Spende erbeten
Verpflegung: In der Waldschänke nur Souvenirverkauf und Snacks, Gaststätte mit Freiterrasse nördlich an den Park angrenzend.

Theater Spielberg Würzburg

Das Theater Spielberg in Würzburg hat immer ein paar tolle Kinderstücke im Programm. Abgesehen von der Theaterpause von Anfang August bis Mitte September, wird das ganze Jahr über gespielt, meist mit Vorstellungen am Samstag, Sonntag, teilweise auch am Donnerstag und Freitag. Gespielt wird mit etwa 200 Puppen, die von 4 Mitspielern für die Kleinen zum „Leben erweckt" werden.

Wichtig!

Adresse: Theater Spielberg
Reiserstraße 7, 97080 Würzburg
Tel. 0931/26645 (Reservierung)
www.theater-spielberg.de
Anfahrt: Das Theater liegt gegenüber der Haupteinfahrt der Uniklinik, die ausgeschildert ist.
Saison/Spielzeiten: Ganzjährig, genauer Spielplan auf der Homepage.
Verpflegung: Kindercafé im Obergeschoss
Drumherum: Spielplatz im Außenbereich

Der Steigerwald

Eines gibt es im Steigerwald im Überfluss: Bäume! Das Mittelgebirge ist
im Nordosten eine geschlossene grüne
Mauer. Die zum Teil über 200 Jahre alten
Buchenriesen wachsen hier höher als im
übrigen Mitteleuropa. Die ausgedehnten Laubwälder beherbergen eine an
Arten reiche Vogelwelt. Hier finden sich
alle einheimischen Spechte ebenso wie
Pirol und Turteltaube. In den Südlagen
wird Wein angebaut, und auch die Karp-
fenzucht hat hier Tradition.

Freizeit-Land Geiselwind

Fahrattraktionen, Zirkus und
Artisten! Das Freizeit-Land
Geiselwind ist ein moderner
Ausflugspark mit einem Rie-
senangebot, so dass man von
Anfang an fürchten muss, nicht
alles anschauen zu können.
Das übliche Fahrprogramm mit
über 20 Fahrattraktionen wird
durch ein großes Zirkus-Angebot
mit Artisten aus aller Welt aufgelockert.
Zauberer und Akrobaten geben sich die
Klinke zum Bühneneingang in die Hand.
Knisternd spannend sind die tollen Auf-
tritte der Acapulco-
Springer, denen es
nicht genügt, aus
25 Metern Höhe
zu springen – sie
müssen das auch
noch als leben-
de Fackel tun! Ein
Ausflug ins tolle
Dinosaurierland ist
ebenso möglich
wie der Kontakt
mit echten Tieren
von heute im Strei-
chelzoo und im Bunten Kinderzoo.
Für kleinere Kinder gibt es eine
Menge weiterer Angebote, z. B.
das Kiddy-Land. Man kann sich
also aus dem Angebot heraus-
picken, was zur Tageslaune
passt und problemlos einen
ganzen Tag mit den Kindern im
Freizeit-Land verbringen.

Wichtig!

Adresse: Freizeit-Land Geiselwind
Wiesentheider Str. 25, 96160 Geiselwind
Tel. 09556/9211-0, Fax 09556/9211-14
www.freizeit-land.de
Anfahrt: Über die A 3 Nürnberg-Würzburg,
Ausfahrt Geiselwind, dann ausgeschildert
Saison/Öffnungszeiten: 6. April bis 16. Ok-
tober, geöffnet 9–18 Uhr (Einlass bis 16 Uhr).
April, September, Oktober teilweise nur am
Wochenende geöffnet.
Eintritt: Besucher unter 1,10 m frei
Geburtstagskinder mit Ausweis frei
Besucher ab 1,10 m Größe € 20,–
Besucher ab 1,40 m Größe € 24,–
Verpflegung: SB-Restaurant, Bayerisches
Bierzelt, Kioske, Picknick

Bayern

Die Teufelshöhle bei Pottenstein

Tropfsteinpracht! Hinter dem imposanten Eingangstor der Höhle dehnt sich die Empfangshalle 80 m weit ins Gestein aus. Der Rundgang führt ca. 1 1/2 km durch den Berg – eine faszinierende Angelegenheit für „Höhlenforscher"! Wenn die Kinder nicht besonders ängstlich sind, lohnt sich schon für aufgeweckte 4-jährige der Besuch. Während der 40-minütigen Führung wird man durch Grotten, Säle und stattliche Hallen geführt. Es ist schon ein erhebendes Gefühl, wenn sich nach der Enge des Höhlengangs eine große Halle öffnet und im Licht starker Lampen die Tropfsteinpracht leuchtet wie die Kronjuwelen der Queen. Ein bisschen gru-

selig und deshalb sehr spannend sind die Skelette der Bären, die während der letzten Eiszeit die Höhle bewohnten. Kommt man wieder hinaus in die Frische eines sonnigen Sommertages, lockt in rund 1 km Entfernung der Schöngrundsee mit Kiosk. Dort werden auch Boote vermietet und in der Nähe befinden sich die Sommerrodelbahn Pottenstein sowie das Felsenbad mit einem schönen Biergarten.

Wichtig!

Adresse: Teufelshöhle Pottenstein
Zweckverband Teufelshöhle,
Forchheimer Straße 1, 91278 Pottenstein
Tel. 09243/208
www.teufelshoehle.de
Anfahrt: Pottenstein liegt an der B 470 zwischen Pegnitz und Forchheim, rund 10 km von Pegnitz entfernt. Die Höhle ist ausgeschildert
Saison/Öffnungszeiten: April bis Allerheiligen: täglich 9–17 Uhr (letzter Einlass 16.30 Uhr), November bis Palmsamstag: So. von 10–15 Uhr
Eintritt: Kinder unter 4 Jahren frei
Erwachsene und Jugendliche € 4,50
Gruppen Erw. und Jugendliche € 3,80
Familienkarte € 12,–
Weitere Preise auf der Homepage
Verpflegung: Schönes Terrassencafé und Picknick möglich

Therme Obernsees

Einzigartiges Saunaparadies! Die Therme Obernsees in der Fränkischen Schweiz bietet ausgiebiges Bade- und Saunavergnügen für die ganze Familie. Entspannung und Erholung, aber auch Spiel und Spaß sind in der Therme Obernsees an der Tagesordnung. 865 qm Wasserfläche, verteilt auf 8 Becken, gefüllt mit wohlig warmem Thermalwasser mit Temperaturen zwischen 30 und 36 Grad laden große und kleine Badegäste zum Planschen und Genießen ein. Ruhebedürftige erholen sich an den Massagedüsen, besuchen das Meditationsbecken oder die Tropfstein-Dampfgrotte oder lassen im hyperthermisch betriebenen Außenbecken die Seele baumeln. Ein Hangelnetz sowie eine 90-Meter-Reifenrutsche locken vor allem junge Badegäste. Auch die kleinsten Wasserratten finden ihre eigene Wasser- und Spielwelt in der Kinderspiel-Oase. Aber nicht nur in der attraktiven Badewelt, sondern auch im einzigartigen Saunaparadies bleiben keine Wünsche offen. In der mit 5 Perlen intereuropäisch ausgezeichneten Saunaanlage sorgen z. B. das Kelo-Blockhaus, die Feuer- und Steinsauna, das fränkische Kräutersanarium und natürlich der schöne Saunagarten für einen erholsamen Aufenthalt. So werden wenige Stun-

den Freizeit zu einem fröhlichen Erlebnis für die ganze Familie.

Wichtig!

Adresse:
Therme Obernsees
An der Therme 1, 95490 Mistelgau
Tel. 09206/99300-0
Fax 09206/99300-10
info@therme-obernsees.de
www.therme-obernsees.de
Anfahrt: 17 km süd-westl. von Bayreuth. Über die A 9 von der Ausfahrt Trockau bis zur Therme Obernsees ausgeschildert.
Saison: Ganzjährig
Öffnungszeiten: Oktober–April:
Mo.–Do. 9–22 Uhr, Fr.–Sa. 9–22 Uhr (Therme), Fr.–Sa. 9–23 Uhr (Sauna), So. und Feiertage 8.30–22 Uhr. Mai–September: Mo.–Sa. 9–22 Uhr, So. und Feiertage 8.30–20 Uhr
Eintritt: Erw. 3 Std. € 10,50, Tag € 13,50; Kinder (4–15 J.) 3 Std. € 7,–, Tag € 10,–; Erw. 2 Std. € 8,–; Kinder (4–15 J.) 2 Std. € 5,–. Familienbonus: Pro zahlendem Erwachsenen haben zwei Kinder (bis 15 Jahre) freien Eintritt in die Badewelt. Erwachsene zahlen den regulären Eintritt. Weitere Preisangebote auf der Homepage
Verpflegung: Bistro und Saunafitbar, zusätzlich ein Bistro für externe Gäste

Dampfbahn Fränkische Schweiz

nahegelegenen Ort Gößweinstein oder bei einer Bootspartie auf der Wiesent mit einem Ruder- oder Tretboot.

Wichtig!

Adresse:
Dampfbahn Fränkische Schweiz
Postfach 1101
91316 Ebermannstadt
Tel. 09194/794541
Fax 09194/794542
www.dfs.ebermannstadt.de

Anfahrt:
Der Ort liegt rund 13 km nordöstlich von Forchheim an der B 470, der Bahnhof ist ausgeschildert. Die Anreise ist auch mit der Nebenbahn von Forchheim möglich, die täglich im Stundentakt fährt

Saison:
Die historischen Züge fahren jeden Sonntag von 27. April bis 26. Oktober 2014

Zeiten:
Eine detaillierte Abfahrtsübersicht auf der Homepage, z. B. Abfahrten um 10, 14 und 16 Uhr

Fahrpreis:
Je nach Menge der Stationen, Preisbeispiel: 4–6 Stationen: Erwachsene € 8,–, Hin- und Rückfahrt € 12,–; Kinder (6–14 Jahre) € 4,–, Hin- und Rückfahrkarte € 6,– für 3 Stationen. Ein Kind pro Erwachsenenkarte bis 14 Jahre frei.

Verpflegung:
Buffetwagen (an Dampfbetriebstagen), Picknick, Gastronomie in den Orten

16 km unter Dampf! Ab Ebermannstadt verkehren sowohl alte Dampfloks als auch historische Dieselloks. Die Dampflokfahrten nach Behringersmühle bieten natürlich den vollen Genuss. Die befahrene Strecke ist 16 km lang, die Fahrt dauert rund eine 3/4 Stunde. Fährt man ab Behringersmühle nicht direkt zurück, dauert der Aufenthalt etwa zwei bis drei Stunden. Die kann man sich mit Picknick am Fluss vertreiben, einem Ausflug in den

Fränkisches Wunderland

Viel Abwechslung! Das Fränkische Wunderland, der Freizeitpark in Plech, liegt im Naturpark Fränkische Schweiz–Veldensteiner Forst direkt an der A 9 und ist ca. 40 km nördlich von Nürnberg entfernt. Durch den romantischen Märchenwald führt ein Rundweg, vorbei an Frau Holle, Schneewittchen-Haus und den schönsten Märchenszenen der Gebrüder Grimm.

Im Indianerlager finden in einem Erdhaus täglich live rituelle Tänze der Azteken-Indianer statt. Man erlebt in einer mystischen Atmosphäre ein faszinierendes Schauspiel und erfährt dabei Wissenswertes über eine fremde Kultur. Der Wilde Westen wird in der Westernstadt „Kansas City" wieder lebendig. Jede Stunde schlägt die Geisterstunde in Tombstone. Seien Sie dabei, wenn Billy the Kid und seine Kumpanen wieder zum Leben erwachen! Das Babyland bietet Spielspaß für Kinder bis 6 Jahre. Es ist teilweise überdacht, so dass

auch bei Regen das Spielen nicht ins Wasser fällt. Bei der„Schatzsuche" können kleine und große Hobbyforscher auf den Spuren der Erdgeschichte wandeln und ein Mammutskelett in Originalgröße freilegen.

Eine Achterbahn, ein Riesenrad, ein Riesentrampolin und weitere Attraktionen runden das Angebot für einen Tagesausflug für die ganze Familie ab. NEU: Watershots – der ultimative Familienspaß!

Wichtig!

Adresse:
Wunderland AG
Zum Herrlesgrund 13
91287 Plech/Ofr.
Tel. 09244/989-0
www.wunderland.de
Anfahrt: Plech liegt direkt an der Autobahn A 9 Nürnberg–Berlin, Ausfahrt Plech.
Saison/Öffnungszeiten:
23. März bis 6. Oktober 2014
Eintritt: Besucher ab 1,40 m € 12,50, Besucher von 1 m bis 1,40 m € 11,–, Kinder unter 1 m frei.
Weitere Preistarife auf der Homepage.
Verpflegung: Picknick, Kiosk, Café, Restaurant. Grillen von Selbstmitgebrachtem ist im Indianerlager möglich, Holzkohle kann man im Park kaufen, Grillroste werden verliehen.

Bayern

Frankenwald und Fichtelgebirge

Der Frankenwald setzt Bayern die Krone auf, denn die Mittelgebirgsregion liegt ganz im Norden des Freistaates. Stille Wälder und verwinkelte Städtchen charakterisieren das Land der Köhler und Flößer. Der Frankenwald zählt zu den abgeschiedensten Gebieten der Bundesrepublik, und das trifft auch auf das Fichtelgebirge zu. Bewaldete Bergrücken, bizarre Felsenlabyrinthe und glasklare Bäche machen es zum attraktiven Ferienland.

Sommerrodelbahn und Seilbahnen Ochsenkopf

Rausch der Geschwindigkeit! Rund einen Kilometer ist die Sommerrodelbahn lang, der Höhenunterschied beträgt 140 Meter. Fahren dürfen Kinder ab acht Jahren, darunter ist die Mitfahrt auf dem „Doppelrutscher" möglich. Das einzige Instrument, das bedient werden muss, ist die Bremse. Zum Startpunkt der Rodelbahn gelangt man mit der Schwe-

bebahn oder zu Fuß in einer Viertelstunde. Nach ein oder zwei Abfahrten (das Vergnügen hat schließlich seinen Preis) fährt man mit dem Sessellift bis auf die Bergstation. Vom Asenturm hat man einen hervorragenden Blick ins Tal. Den kann man hier auch sehr schön von der Picknickdecke aus genießen.

> **Wichtig!**
>
> **Adresse:**
> Sommerrodelbahn am Ochsenkopf
> Fröbershammer 27
> 95493 Bischofsgrün
> Tel. 09276/435
> www.sommerrodelbahn-ochsenkopf.de
> webmaster@seilbahn-ochsenkopf.de
> **Anfahrt:**
> Über die B 303 ab Marktredwitz, die Schwebebahn ist ausgeschildert.
> **Saison:**
> Ganzjährig, Übersicht über Sommer- und Wintersaison auf der Homepage.
> **Öffnungszeiten:**
> Bei gutem Wetter, täglich von 9.30–17.00 Uhr
> **Fahrpreise:**
> Übersicht auf der Homepage.
> **Verpflegung:**
> Picknick auf dem Berg sowie Gastronomie, Kiosk

Freizeitbad HofBad

Das Erlebnisbad HofBad ist mit seinen rund 730 m² Wasserfläche eines der schönsten Freizeiteinrichtungen Nordbayerns. Mit großem Schwimmerbecken, einem Römischem Brunnen, Nichtschwimmer- und Spaßbecken, Wildwasserkanal, Whirlpool, Wasserrutsche, Außenbecken mit Massagebucht, Cafetéria und Aroma-Dampfbad findet man im HofBad alles, was man zu einem Kurzurlaub braucht. Gleich daneben lädt eine herrliche Saunalandschaft mit Wellnessoase zum Entspannen ein.

Wichtig!

Adresse: HofBad, Oberer Anger 4
95028 Hof, Tel. 09281/812-440
Infos über: www.hofbad.de
Öffnungszeiten: HofBad: Mo.–Do. 9–21 Uhr, Fr./Sa. 9–22 Uhr, So./Feiertag 9–21 Uhr. Sommer (Juni–August): Täglich bis 21 Uhr. Das HofBad ist mit Ausnahme einer Sommerpause im August ganzjährig geöffnet.
Eintritt: 2 Std: Erwachsene € 5,60
Schüler € 4,30, Familienkarte € 14,–
Verpflegung: Bistro-Cafeteria im Bad

Besucherbergwerk Fichtelberg

durch den Bauch des Berges dauert rund eine Stunde. Die Kinder sollten im Schulalter sein, denn ein einstündiger Vortrag kann sehr lang sein.

Das Bergwerk besteht seit dem Mittelalter, hier wurde nach Silbereisen gegraben. Die Besucher des Museums bekommen einen authentischen Einstieg, denn sie müssen zunächst den Bergmannshelm mit Grubenlampe aufsetzen. In historisch nachempfundener Grubenkleidung geht es dann los. Vorher schaut man sich noch eine Diaschau an. Im Stollen wird den frischgebackenen kleinen und großen „Bergleuten" nicht nur das rare Silbereisenerz gezeigt, sondern auch Quarze und Gesteinszeichnungen. Die Führung

Wichtig!

Adresse: Besucherbergwerk Fichtelberg
Tel. 09272/848
www.bergwerk-fichtelberg.de
Anfahrt: Fichtelberg liegt zwischen Marktredwitz und Bad Berneck nahe an der B 303. Das Museum ist ausgeschildert
Saison/Öffnungszeiten: April bis Okt. und in den Winterferien, Gruppen ganzjährig nach Anmeldung
Öffnungszeiten: 10–17 Uhr
Eintritt: Erwachsene € 5,–
Jugendliche (14–17 J.) € 3,50
Kinder (4–13 J.) € 2,50
Gruppenermäßigung.
Verpflegung: Picknick, Gaststätte in der Umgebung

Bayern

Pony- und Reiterhof in Kronach

Auf dem Pony- und Reiterhof Lucky-Stable-Ranch sucht sich der Nachwuchs ein Pony in seiner Wunschgröße oder -farbe aus, und los geht das Reitvergnügen für Jung und Alt. Abseits vom Straßenverkehr tummeln sich Kinder mit Meerschweinchen, Hasen, Hühnern und süßen Hängebauchschweinen. Das Reitangebot geht vom Ponyreiten

bis hin zu speziellem Englisch/Westernreitunterricht und einer Pferdeausbildung. Schlager sind die Reitercamps für Kinder mit Abenteuer- und Spaßprogramm.

Wichtig!

Adresse:
Lucky-Stable-Ranch
Mostrach 1, 96317 Kronach
Tel. 09261/2366, www.lucky-stable-ranch.de
Anfahrt: In Kronach Richtung Hof, danach abbiegen Richtung Sportanlage Hammermühle, ab dort ausgeschildert
Saison/Öffnungszeiten: Ganzjährig, täglich, Zeiten gestaffelt, verschiedene Unterrichts- und Urlaubsangebote mit Unterkunft und Verpflegung, Ferienwohnungen und Wohnmobilstellplatz
Kosten: Je nach Reit- oder Urlaubswunsch
Verpflegung: Picknick, Gaststätte mit Biergarten

Wildpark Hundshaupten

Vom Urrind bis Hängebauchschwein! Der Wildpark Hundshaupten ist ein idyllisch gelegener Tierpark. In großen Gehegen sind Rothirsche, Dam- und Muffelwild zu beobachten. Das Wisentgatter beherbergt prächtige Exemplare des Urrindes. Kleinere Gehege sind von Uhus und Waschbären bevölkert. Besonders beliebte Bewohner des Parks sind die barocken Hängebauchschweine. Zu den größten Attraktionen des Tierparks zählen Elche, Luchse und Wölfe.

Wichtig!

Adresse:
Wildpark Hundshaupten
Hundshaupten 62
91349 Egloffstein
www.hundshaupten.de
Anfahrt: Ab Egloffstein Richtung Forchheim, in Hundsboden rechts abbiegen, danach gut ausgeschildert.
Saison/Öffnungszeiten: Ganzjährig, täglich 9–18 Uhr, in der Nebensaison von 9–17 Uhr
Eintritt: Erwachsene € 4,–
Kinder (5–17 Jahre) € 2,–
Kinder bis 4 Jahre frei
Verpflegung: Picknick, Kiosk

Fränkisches Freilandmuseum

Leben wie damals! Das Fränkische Freilandmuseum des Bezirks Mittelfranken in Bad Windsheim zeigt in über 100 Bauern- und Handwerkerhäusern, Mühlen, Schmieden und einem Jagd-

seine Schafherde grasen. Nach dem Rundgang durch das Museum erwarten den Gast fränkische Spezialitäten in den schattigen Biergärten oder in den historischen Wirtshäusern. Besonderheiten: Archäologiemuseum mit begehbarem Fürstinnengrab, Mittalterhäuser von 1367, Alter Bauhof mit Kräuterapotheke, das Museum Kirche in Franken, zwei Brauhäuser mit eigenem Museumsbier, Dauer- und Sonderausstellungen zu verschiedenen Themenbereichen. Umfangreiches Veranstaltungsprogramm während der ganzen Saison, Freilandtheater, Lesungen und Konzerte.

schlösschen, wie die ländliche Bevölkerung Frankens früher gelebt, gewohnt und gearbeitet hat. In den Sommermonaten von Mai bis Mitte Oktober werden täglich die alten Handwerke vorgeführt: Handweben, Getreidemahlen, Ölschlagen, Schmieden, Bierbrauen, Brotbacken, Wollspinnen, Korbmachen und Besenbinden. Im Seubersdorfer Hof werden Pferde, Ochsen, Ziegen, Schweine und Federvieh wie früher gehalten. Die alten Bauerngärten stehen im Sommer in herrlicher Blütenpracht und auf den Wiesen zwischen den Häusern lässt der Museumsschäfer

Wichtig!

Adresse: Fränkisches Freilandmuseum Eisweiherweg 1, 91438 Bad Windsheim Tel. 09841/66800, Fax 09841/668099 www.freilandmuseum.de info@freilandmuseum.de
Anfahrt: Bad Windsheim liegt an der A 7 bzw. der B 470 zw. Rothenburg o. d. T. und Neustadt/Aisch, dort ausgeschildert, kostenfreier Bus- und Pkw-Parkplatz.
Saison/Öffnungszeiten: 10. März bis 16. Dezember, täglich außer montags (Oster- und Pfingstmontag sowie alle Montage vom 31. Mai bis Sept. geöffnet). Am Dreikönigstag, 6. Januar zusätzlicher Winteröffnungstag von 10–16 Uhr.
Eintritt: Erwachsene € 6,–
Ermäßigte € 5,–
Familienkarte € 15,–
Verpflegung: 4 Wirtshäuser

Bayern

München und Umgebung

Einer der berühmtesten Münchenner ist der traurige Komiker Karl Valentin. Sein Aufstieg begann, nachdem er seinen Beruf als Schreiner an den Nagel gehängt hatte. Der Nagel ist im Valentin-Museum ausgestellt. Wer bei seiner München-Tour also beim „Ur- München" anfangen möchte, liegt beim Valentin-Museum richtig. Es ist in den Türmen des Isartors untergebracht und natürlich nur eines von vielen, denn die Münchner legen viel Wert auf Kultur. www.valentin-musaeum.de

Bavaria Filmstadt

Wichtig!

Adresse:
Bavaria Filmstadt
Bavariafilmplatz 7, 82031 Geiselgasteig
Tel. 089/64992000, Fax 089/64993113
www.filmstadt.de
Anfahrt:
Geiselgasteig liegt am südlichen Stadtrand von München an der Ausfallstraße in Richtung Grünwald/Bad Tölz. Straßenbahn Linie 25 Ri. Grünwald, Haltestelle Bavariafilmplatz.
Öffnungszeiten:
Täglich, auch an Sonn- und Feiertagen (24. + 25. Dezember geschlossen). Hauptsaison: Beginn der bay. Osterferien bis Ende der bay. Herbstferien, 9–18 Uhr (letzter Einlass 15 Uhr); Nebensaison: Ende der bay. Herbstferien bis Beginn der bay. Osterferien, 10–17 Uhr (letzter Einlass 14 Uhr).
Eintritt:
Erwachsene Führung Filmstadt € 11,– (Erwachsene Spar-Kombi € 25,–), Kinder (6–17 Jahre) Führung Filmstadt € 9,– (Kinder Spar-Kombi € 19,–), Gruppen ab 20 Personen € 10,–/p. P. (Gruppen Spar Kombi € 24,–/p. P.)
Verpflegung: McDonald's Restaurant

Film-Geheimnisse! Lassen Sie sich während Ihres Rundganges durch die Bavaria Filmstadt von der Atmosphäre dieses erfolgreichen Filmstudios verzaubern. Die freundlichen Mitarbeiter weihen Sie in die Geheimnisse des Filmemachens ein und präsentieren Ihnen die Drehorte bekannter Fernsehfilme und berühmter Filmklassiker.
Neu ab April 2012: In der neuen Sonderausstellung „Quallenzauber" erwartet Sie die umwerfende Schönheit und großartige Vielfalt der Quallen.

THERMENWELT ERDING

Thermen- und Saunaparadies, Vital-Oase und Rutschenparadies – in Europas größter und vielfältigster Thermenbadelandschaft und dem weltweit größten Saunaparadies findet jeder sein individuelles Wohlgefühl – auf über 145.000 qm Fläche. Den Alltag hinter sich lassend genießen Sie die faszinierende Verbindung von exotischem Ambiente und gesundem Thermal-

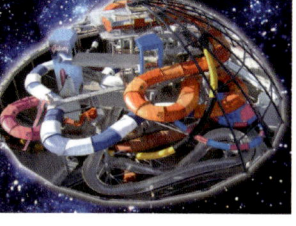

heilwasser und erleben die wohltuende Wirkung des türkisfarbenen, 33° C bis 40° C warmen Thermalwassers der staatlich anerkannten Heilquelle. Entspannen können Sie in exotischem Südsee-Ambiente, eingebettet in einem Meer aus Palmen und tropischen Pflanzen, auf Sprudelliegen oder sich von einer sanften Thermal-Strömung einfach treiben lassen. Eine Sole-Grotte, der Jungbrunnen sowie Aqua-Fitnessprogramm garantieren eine Extra-Portion Wohlbefinden. Besucher ab 16 Jahren finden in der VitalOase Erholung in traumhaften Ruhezonen und werden mit vielfältigen Gesundheitsangeboten wie Massagekursen oder kostenlosen Gesichtsmasken verwöhnt. Eigene Thermal-Heilwasserflächen, gesundheitsfördernde Vital-Quellen, zwei Textil-Saunen und die Bali-Lounge runden das Wohlfühlprogramm ab.

Im weltweit größten Saunaparadies, das mehr als 25 thematisierte Sauna-Attraktionen bietet, finden alle Sauna-fans ihr Refugium. Hier erwarten Sie täglich über 80 wohltuende Aufguss- und Wellnessangebote. Im GALAXY Rutschenparadies wird für Nervenkitzel gesorgt. Groß und Klein erleben auf 20 ineinander verschlungenen Hightech-Rutschen mit insgesamt 1.700 Rutschenmetern gigantisches Rutschvergnügen. Die Mutigsten wagen ein Gefälle von 60° auf der Kamikaze-Rutsche oder rasen mit über 70 km/h durch die schwarz-gelbe Röhre. Andere sausen durch den Wildwasserstrom oder genießen auf der Magic Eye – Europas längste Röhrenrutsche – minutenlanges Rutschvergnügen.

Wichtig!

Adresse: THERME ERDING GmbH
Thermenallee 1–5, 85435 Erding
Tel. 08122/550-0, Fax 08122/550-2219
www.therme-erding.de
info@therme-erding.de
Öffnungszeiten: Therme und VitalOase:
Mo.–Fr. 10–23 Uhr, Sa.–So. 9–23 Uhr
Saunaparadies: Mo.–Fr. 10–23 Uhr
Sa. 9–24 Uhr, So. 9–23 Uhr
Okt.–Mrz.: Jeden 1.+ 3. Sa. im Monat lange Thermenwelt-Nacht.
April–Sep.: Jeden 1. Sa. im Monat
Preise: Thermenparadies inkl. GALAXY:
Kinder (bis 3 Jahre) frei, 2 Stunden € 16,–,
4 Stunden € 20,–, Tageskarte: Mo.–Fr. € 28,–
Wochenend-/Feiertagszuschlag + € 4,–
Übergang VitalOase + € 5,–, Übergang Saunaparadies (inkl. VitalOase), + € 11,–, Zutritt zur VitalOase und Sauna ab 16 Jahren

Bayern

Münchner Tierpark Hellabrunn

erspielplatz und dem Streichelzoo voll auf ihre Kosten. Im Familiencafé Rhino trinken Eltern gemütlich Kaffee, während ihr Nachwuchs auf dem kleinkindgerechten schönen Spielplatz daneben ausgiebig toben kann.

In Hellabrunn, dem ersten Geozoo der Welt, begeben sich Besucher auf eine Reise durch alle Kontinente: Mehr als 19.000 Tiere aus über 750 Arten leben in dem 40 Hektar großen Naturparadies im Landschaftsschutzgebiet der Isarauen. In natürlichen Lebensgemeinschaften bewohnen sie, ganz wie in ihrer jeweiligen Heimat, gemeinsam großzügige Anlagen. Wie beispielsweise in der 2013 eröffneten afrikanischen Giraffensavanne: Dort leben auf 10.000 qm Hellabrunns Giraffen, Erdmännchen und Stachelschweine. Die jüngsten Zoobesucher kommen im Kindertierpark mit angeschlossenem Abenteu-

Wichtig!

Adresse: Tierpark Hellabrunn
Tierparkstraße 30, 81543 München
Tel. 089/62508-0,
www.tierpark-hellabrunn.de
office@tierpark-hellabrunn.de
Anfahrt: Bus Nr. 52 vom Marienplatz in der Innenstadt zum Flamingoeingang.
U-Bahn-Linie 3 bis Haltestelle Thalkirchen
Saison/Öffnungszeiten: April–Oktober*:
9–18 Uhr, November–März*: 9–17 Uhr
(*Wechsel am Wochenende der Zeitumstellung). Die Tierhäuser schließen eine halbe Stunde vor Ende der Besuchszeit!
Eintritt: Tageskarte: Erw. € 12,–
Kinder (4–14 Jahre) € 5,–,
Jahreskarte: Erw. € 49,–, Kinder € 25,–,
kleine Familie € 49,–, große Familie € 98,–.
Verpflegung: Kioske, Pizzeria, Restaurant mit Biergarten bei Kindertierpark, Crêpes-Stand

monte mare Schliersee

Erleben Sie die monte mare Sauna-welt Schliersee in einer der schönsten Urlaubsregionen Deutschlands. Ob süßes Nichtstun oder aktives Verwöhn-programm – von einer Rosenquarz-Grotte, Kelo-Sauna, Aufguss-Sauna, Entspannungs-Sauna, Regenstein-Sauna bis zur Hopfensauna bleiben keine Wünsche offen. Whirlpools, Schwall- und Erlebnisdu-schen, Fußwärmbecken, eine Kneippstrecke, Außenbecken mit Sprudelgrotte und Massagebänken, Wärmeliegen, Ruheräume mit Wasser-betten, Saunagarten auf der Dachter-rasse mit See- und Bergblick, Kaminzim-mer, Verweil- und Ruhezonen warten darauf, von Ihnen entdeckt zu werden.

Wichtig!

Adresse u. Anfahrt: monte mare Schliersee
Perfallstraße 4, 83727 Schliersee
Tel. 08026/92090-0, Fax 08026/9206227
schliersee@monte-mare.de
www.monte-mare.de/schliersee
Öffnungszeiten: Täglich ab 10 Uhr.
<u>Saunawelt</u>: Mo.–Do. bis 23 Uhr, Fr.–Sa. bis 24 Uhr, So. bis 21 Uhr. <u>Vitaltherme</u>: bis 20 Uhr.
Eintritt: <u>Saunawelt</u>: (Inkl. Vitaltherme)
Tageskarte € 21,–, 2-Std.-Tarif € 15,–,
4-Std.-Tarif € 18,–.
Wochenend-/Feiertagszuschlag € 1,–
<u>Vitaltherme</u>: Kinder bis 1 m frei.
Tageskarte (werktags) Jugendliche
(bis 15 Jahre) € 7,–, Erwachsene € 10,–.
Sporttarif (2 Std.): Jugendl. € 4,–, Erw. € 5,–.
Relaxtarif (4 Std.): Jugendl. € 6,50,
Erw. € 8,50, Wochenendzuschlag € 1,–

monte mare Seesauna Tegernsee

Am Fuß der Alpen, weniger als eine Autostunde von der bayerischen Landeshauptstadt München entfernt, wartet eine wundervolle Wellnessanlage darauf, entdeckt zu werden. Die monte mare Seesauna Tegernsee verspricht Ge-nuss und Wellness „pur". Warm ums Herz wird es in einem der sechs individuellen Dampf- und Schwitzbäder. Kelo-Sauna, Bootshaus mit Ruheräumen, Solebad, Sinnessauna, Schilfsauna, Kaminlounge und Wintergarten sor-gen für Erholung und Genuss – mit direktem Zugang zum See. Einmalig: Ein Sauna-Schiff!

Wichtig!

Adresse und Anfahrt:
monte mare – Seesauna Tegernsee
Hauptstraße 63, 83684 Tegernsee
Tel. 08022/187477-0, www.monte-mare.de
tegernsee@monte-mare.de
Öffnungszeiten: <u>Seesauna</u>: Täglich ab
10 Uhr, Mo.–Do. bis 23 Uhr, Fr.–Sa. bis 24 Uhr,
So. bis 21 Uhr. <u>Strandbad</u>: Geöffnet im Som-mer bei guter Witterung*, täglich 10–20 Uhr.
* Infos unter Tel. 08022/187477-0
Tageskarte Erw. € 2,50, Jugendl. € 1,–,
Kinder bis 6 Jahre frei
Eintritt: Tageskarte Seesauna € 27,–
Frühtarif von 10–15 Uhr € 14,–
2-Std. € 15,–, 4-Std. € 21,–
Wochenend-/Feiertagszuschlag € 3,–

Erlebnispark Schloss Thurn

Familie gemeinsam erleben. Spaß pur rund ums Wasserschloss! Im Erlebnispark Schloss Thurn finden Sie auf 40 ha die Vorzüge eines historischen Baudenkmals mit der bunten Vielfalt eines phantasievoll gestalteten Freizeitparks. Der Erlebnispark Schloss Thurn ist ein ideales Ausflugszeit für Familien. Das barocke Wasserschloss (erbaut 1737) mit seiner romantischen Parkanlage ist einzigartig in der Region und macht das Ambiente des Parks vollkommen. Spaziergänge unter schattigen Bäumen oder Ausruhen auf einer der vielen Parkbänke lassen Ihnen Zeit zum Entspannen, Erholen und sogar zum Träumen. Pures Vergnügen für die ganze Familie bieten zahlreiche Attraktionen, Fahrgeschäfte und Shows: Ob Kribbeln im Bauch, die Welt auf den Kopf stellen oder sich mal richtig in die Kurven legen, von der Wildwasserbahn über Achterbahn bis zur gemütlichen Eisenbahnfahrt oder dem Puppentheater und den Kindershows – hier ist für jedes Alter was geboten. Auch Pferdefans bekommen vieles zu sehen, etwa das Kutschenmuseum, ein einzigartiges Ritterturnier und die Westernshow.

Wichtig!

Adresse:
Erlebnispark Schloss Thurn,
Schloßplatz 1, 91336 Heroldsbach
Tel. 09190/929898
www.schloss-thurn.de
info@schloss-thurn.de
Anfahrt: Heroldsbach liegt nördlich von Nürnberg nahe der A 73, zum Erlebnispark Ausfahrt Baiersdorf Nord abfahren
Saison/Öffnungszeiten: Diese sind unterschiedlich. Empfehlenswert ist, sich vor Ausflugsplanung auf der Homepage die genauen Daten anzusehen. Beispiele: Im April, Mai, Juni und Oktober meist von 10–17 Uhr geöffnet. In den Hauptmonaten August bis Mitte September von 10–18 Uhr geöffnet
Eintritt: Erwachsene € 18,–
Kinder (3–11 Jahre) € 16,–
Gruppen ab 15 Personen Erw. € 16,50/p. P.
Kinder (3–11 Jahre) € 14,50/p. P.
Verpflegung: Kiosk, Cafeteria, Restaurants

Fackelmann Therme Hersbruck

Ob Erholung im wohltemperierten, staatlich anerkannten Heilwasser, Entspannung bei vielseitigen Saunagängen, Spiel und Spaß im Erlebnisbereich oder verwöhnende Wellnessstunden: die Fackelmann Therme Hersbruck bietet Badefreuden für jeden Geschmack. Baden im Heilwasser wirkt nachweislich gesundheitsfördernd und vitalisiert den ganzen Körper. Naturerlebnis inklusive: Der lichtdurchflutete Thermenkomplex liegt am Rande des malerischen Erholungsortes Hersbruck direkt an den grünen Pegnitzauen mit Blick auf die idyllische Landschaft der Frankenalb. Die Thermenwelt lädt mit 34° warmem Wasser zum Relaxen ein. Im Außenbecken genießen die Badegäste das Thermalwasser bei wohligen 36°. Massagedüsen, Sprudelliegen, Licht- und Musikeffekte und das Dampfbad sorgen für ein herrliches Rundum-Wohlgefühl. Ein breites Kursprogramm, Wassergymnastik und privatärztliche Sprechstunden runden das Gesundheitsangebot der Vitalquelle ab. Der Saunapark lässt die Herzen der Fans finnischer Schwitz-Kultur höher schlagen. Im Innen- und Außenbereich bieten sechs Saunen für jedes Temperaturbedürfnis von 50 – 100°, Ruheräume, Kaminzimmer und Sauna-Bar Erholung vom Feinsten. Besonders beliebt bei Saunagästen und als einmalig in der Region gelobt, sind die monatlich wechselnden Aufgüsse – ausschließlich vom Fachpersonal durchgeführt! Tiefenentspannung finden Wellness-Hungrige bei PhysioWellness Hentes. Ausgezeichnet als „Das beste Beauty & Wellness-Center" in der Region Nürnberg sind in

der Wellnessoase physiotherapeutische und ayurvedische Anwendungen, Massagen, Entspannungsbäder und Kosmetikbehandlungen buchbar. Im Sport- & Erlebnisbad kommen Schwimmer im 25-m Sportbecken auf ihre Kosten. Aktionsbecken, Strömungskanal, die 81-m Wasserrutsche „Franken-Turbo" und der Wasserkindergarten begeistern kleine und große Wasserratten.

Wichtig!

Adresse: Fackelmann Therme Hersbruck
Badstraße 16, 91217 Hersbruck
Tel. 09151/8393-0, Fax 09151/8393-10
www.fackelmanntherme.de,
info@fackelmanntherme.de
Anfahrt: Von der Bundesstraße B14 kommend, Ausfahrt Hersbruck Süd. Dann einfach den Hinweisschildern folgen.
Saison: Ganzjährig, Sommer m. Freibadbetrieb
Öffnungszeiten: Okt.–Apr.: Mo.–Fr. 9–22 Uhr, Sa. 10–23 Uhr, Sonn- u. Feiertage 9–22 Uhr.
Mai–Sept.: Mo.–Fr. 9–22 Uhr, Sa. 10–22 Uhr, Sonn- u. Feiertage 9–20 Uhr.
Eintritt: www.fackelmanntherme.de
Verpflegung: Free-Flow Restaurant in der Therme, Saunabar, Freibad-Kiosk.

Bayern

Tiergarten Nürnberg

Eisbären, Löwen, Tiger und andere wilde Tiere fast zum Greifen nah. Im Tiergarten der Stadt Nürnberg trennt oft nur eine Glasscheibe die Tiere von den Besuchern. Jährlich genießen mehr als eine Million Besucher wunderbare Einblicke in die Tierwelt in einem der schönsten Landschaftzoos Europas. Die etwa 70 Hektar große Waldparkanlage umfasst weitläufige Freigehege in zerklüfteten Sandsteinfelsen, mit alten Bäumen und auf idyllischen Weihern.

Insgesamt leben im Tiergarten Nürnberg fast 2.000 Tiere aus gut 250 Tierarten – von allen Kontinenten. Bereits die Namen der einzelnen Tierstationen machen neugierig. So passiert man die Affenstiege, die Uferpromenade, den Trampelpfad, den Wildwechsel, den Schleich- und den Panoramaweg. An klassischen Zootieren präsentieren sich dem Besucher unter anderem Giraffen, verschiedene Affenarten, Eisbären, Nashörner, Löwen, sibirische Tiger, Wölfe, Zebras, Antilopen, Strauße, Greifvögel, Pinguine und Seelöwen. Internationale Bedeutung hat im Tiergarten die erfolgreiche Haltung und Zucht der Seekühe und Delfine. Mit der Delphinlagune wurde die

erste Freianlage für Delfine in Deutschland geschaffen. Im dazugehörenden Manatihaus leben die namengebenden Seekühe in einem überfluteten tropischen Regenwald. Schmetterlinge, Affen und Vögel bevölkern den fränkischen Dschungel. Der Tiergarten Nürnberg ist mit dem öffentlichen Nahverkehr gut erreichbar. Vom Hauptbahnhof bringt die Straßenbahnlinie 5 die Besucher ohne Umsteigen zur Haltestelle „Tiergarten". Für Autofahrer stehen rund 2000 kostenlose Besucherparkplätze zur Verfügung.

Fotos: Tiergarten Nürnberg

Wichtig!

Adresse:
Tiergarten Nürnberg
Am Tiergarten 30, 90480 Nürnberg
Tel. 0911/54546, Fax 0911/5454-802
www.tiergarten.nuernberg.de
tiergarten@stadt.nuernberg.de
Anfahrt: Der Tiergarten liegt im Osten der Stadt und ist gut ausgeschildert.
Saison/Öffnungszeiten: Ganzjährig.
Ende März–Anfang Oktober: 8.00–19.30 Uhr.
Anfang Oktober–Ende März: 9.00–17.00 Uhr.
Eintritt Tiergarten (Delphinlagune inkl.):
Erwachsene € 13,50
Kinder 4–13 Jahre € 6,50
Familienkarte € 31,50
Ermäßigung bei Anreise mit dem ÖPNV.
Verpflegung:
Eigenes Picknick, Kioske, Bistro, Gaststätte

Planetarium Nürnberg

Das Nicolaus-Copernicus-Planetarium Nürnberg ist mit 18 Metern Kuppeldurchmesser und 230 Plätzen das größte Planetarium Bayerns. Mit seiner digitalen Fulldome-Projektionsanlage gehört es zu den modernsten Einrichtungen dieser Art in Deutschland. Sowohl diese Anlage als auch der fünf Meter hohe Zeiss-Planetariumsprojektor in der Mitte des klimatisierten Saales können einen naturgetreuen Sternenhimmel mit Sonne, Mond, Planeten und Sternen an die Kuppel projizieren. Live-Vorführungen und Planetariums-

Wichtig!

Adresse:
Planetarium Nürnberg
Am Plärrer 41, 90429 Nürnberg
Sekr. Tel. 0911/9296553, Mo.–Fr. 8.30–14 Uhr
planetarium@stadt.nuernberg.de
www.planetarium-nuernberg.de
Anfahrt: Vom Bahnhof in westlicher Richtung bis zum Verkehrsknotenpunkt „Am Plärrer". Das Planetarium ist neben dem Hochhaus der Städt. Werke. Eingeschränkte Parkmöglichkeiten. Mit der U-Bahn Haltestelle Plärrer.
Saison/Öffnungszeiten: Ganzjährig; Mi. 15.00 + 16.30 Uhr; Do. 18.00 + 20.00 Uhr; Sa. 15.00, 16.30, 18.00 Uhr; So. 15.00 + 16.30 Uhr. In den bay. Schulferien zusätzlich Die. 15.00 + 16.30 Uhr. Sonderveranstaltungen siehe Spielplan. Feiertage geschlossen!
Eintritt: Erwachsene ab € 6,–; Kinder (bis 18 Jahre), Studierende (mit Ausweis) ab € 3,50 (außer Sonderveranstaltungen); Familienkarten ab € 9,–; Gruppenermäßigung ab 15 Personen.
Verpflegung: Sternencafé im Planetarium, Gastronomie in der Altstadt

shows entführen die großen und kleinen Besucher in die faszinierende Welt der Gestirne. Neben dem populärwissenschaftlichen Programm mit Shows und Vorträgen bietet das Planetarium Nürnberg auch ein umfangreiches Kulturprogramm mit Konzerten, Lesungen und Hörspielabenden an. Detaillierter Spielplan und Programminformationen unter www.planetarium-nuernberg.de

Bayern

Playmobil-FunPark in Zirndorf

Der PLAYMOBIL-Fun-Park in Zirndorf bei Nürnberg ist ein ideales Ausflugsziel für Familien. Das 90.000 qm große Freizeitpark-Areal ist bei Kindern so beliebt, weil sie dort nach Herzenslust klettern, springen und spielen können. Das einzigartige Konzept setzt auf Spaß am Bewegen und Aktiv-Sein statt Schlange stehen.

Als Piratenkapitän in See stechen, als tapferer Ritter durch unterirdische Gänge schleichen oder als neugieriger Abenteurer durch das Baumhausareal pirschen – die PLAYMOBIL-Spielwelten im Großformat sind ein Paradies für kleine und große Entdecker. Edelsteine suchen, Traktor fahren, im Sandmatsch spielen: Aktiven Spielspaß und sportliche Überraschungen finden Kinder auch in der Westerncity, dem neuen Dino-Areal oder auf dem Bauernhof. Bei den abwechslungsreichen Spielwelten und speziell konzipierten Aktivspielplätzen sind die Kinder kaum zu bremsen. Die Spaß-Garantie des PLAYMOBIL-

FunParks liegt im Selbermachen und Erleben. Der AktivPark auf 3000 qm hält ebenfalls fit: Outdoor-Fitnessgeräte, Sommer-Eisstockschießen, Boule-Bahnen und viele weitere Angebote motivieren Jung und Alt, Familien und Singles zum gesunden und geselligen Aktivsein. Immer einen Besuch wert ist auch der PLAYMOBIL-Minigolf-Platz mit 18 Bahnen. Ein Abstecher in den gemütlichen Biergarten mit verlängerten Öffnungszeiten lohnt sich ebenfalls.

Eignet sich das Wetter nicht, um draußen zu toben, können die Kinder den 1000 qm großen Indoor-Klettergarten mit Lichterlabyrinth erkunden oder im gläsernen Hob-Center beim PLAYMOBIL-Spielen in liebenswerten PLAYMOBIL-Kulissen 1001 Geschichten und spannende Abenteuer erleben.

Wichtig!

Adresse: Playmobil FunPark
Brandstätterstraße 2–10
90513 Zirndorf
Tel. 0911/9666-0, Fax 0911/96661-20
Info-Hot-Line: 0911/9666-1700
www.playmobil-funpark.de
Öffnungszeiten: Täglich von 9 bis 18 Uhr
Eintritt: Je nach Saison und Teilöffnung
€ 2,50 bis € 10 Euro pro Person. Kinder unter 3 Jahren frei. Geburtstagskinder mit Ausweis frei
Verpflegung: Gastromonie, Biergarten, Burgcafé, Kiosk

Der Oberpfälzer Wald

Jahrzehntelang war diese Region zwischen dem Fichtelgebirge und dem Bayerischen Wald sehr abgeschieden. Sie lag sozusagen im Dornröschenschlaf. Seit die Grenze zur Tschechischen Republik offen ist, leben die alten Verbindungen zu Böhmen wieder auf – Prag ist näher als München. Im ausgehenden Mittelalter war die Oberpfalz das Zentrum der deutschen Eisenherstellung. Jetzt dominieren hier Wald und Wiesen.

Oberpfälzer Freilandmuseum

Vom Ausflug bis zum Ferienprogramm! Das Oberpfälzer Freilandmuseum zeigt nicht nur erhaltenswerte Bauwerke aus mehreren Jahrhunderten, die wieder aufgebauten Dörfer werden auch mit Leben gefüllt. Die Felder des Museums werden authentisch bewirtschaftet. Hier grasen die starken Kaltblüter, dort schnattert ein Schwarm Gänse. An vielen Wochenenden gibt es zusätzliche Veranstaltungen, Feiern und Aktionstage. Die Ausstellungen bieten einen tiefen Einblick in die Lebens- und Arbeitswelt längst vergangener Zeiten auf dem Bauernhof. Hierzu zählen z. B. die Themenbereiche: „Der Bauer und sein Ross", das „Egerländer Fachwerk", „Geräte zur Feldarbeit", „Unsere Teiche, unsere Karpfen, unsere Geschichte" bis hin zum begehbaren Schaudepot im neuen Zentraldepot. Ein vielfältiges Kursprogramm zu bäuerlichen Traditionen, Handwerk und Freizeit, wie Filzen, Seifensieden, Weidenflechten, Mähen und Dengeln und Kochvorführungen, um nur ein paar zu nennen, ergänzen das Museumsangebot. Für Kinder werden interessante und abwechslungsreiche Ferienprogramme angeboten.

Wichtig!

Adresse: Oberpfälzer Freilandmuseum Neusath 200, 92507 Nabburg
Tel. 09433/24420, www.freilandmuseum.org
freilandmuseum@bezirk-oberpfalz.de
Anfahrt: Über A 93 von Regensburg nach Weiden u. A 6 von Nürnberg nach Prag – Ausfahrt Nabburg. Für Wanderer und Radfahrer: vom Bahnhof Nabburg nach Perschen 2,5 km und weitere 2,5 km nach Neusath
Saison/Öffnungszeiten: Mitte März bis Anfang November, Di.–So. 9–18 Uhr
Montags, außer an Feiertagen, geschlossen.
Eintritt: Erw. € 5,–, ermäßigt € 3,–
Familientageskarte € 11,–
Verpflegung: auf Bestellung ein Picknickservice, Museumsgaststätte
Drumherum: Spielwiese auf dem Museumsgelände und Kegelmöglichkeit, während der Ferienzeit „Extra-Kinderferienprogramm"

Das Altmühltal

Erlebnispark für Naturfreunde und Kultursuchende, eingerahmt von gewaltigen Felsen aus der Jurazeit, reich an Burgen und Schlössern, dazwischen in ihrer Ursprünglichkeit erhaltene Ortschaften, Sehenswürdigkeiten auf Schritt und Tritt. Wer gerne ein paar Stunden oder gar einen ganzen Tag an Bord eines schmucken Ausflugsschiffes verbringen möchte, sollte sich eine Schiffsfahrt ins Altmühltal nicht entgehen lassen (Linienverkehr zwischen Kelheim – Riedenburg – Dietfurt – Beilngries – Berching). Ausgangsort für eine Bootstour sind nahezu alle Orte auf dem Main-Donau-Kanal zwischen Kelheim und Berching. Aufenthalte, z.B. in Riedenburg mit Gelegenheit zur

Besichtigung des Kristallmuseums und der Falknerei auf der Rosenburg, sind möglich.

Der Donaudurchbruch

Wildromantische Flusslandschaft zwischen der sehenswerten Wittelsbacher Stadt Kelheim und dem Benediktinerkloster Weltenburg mit der ältesten Klosterbrauerei der Welt und einem der schönsten Biergärten Bayerns. Die Schifffahrt durch den Donaudurchbruch (Linienverkehr Kelheim – Donaudurchbruch – Kloster Weltenburg) bildet den Höhepunkt eines Ausflugstages. Vorbei an bizarren Felswänden gleiten die komfortablen Schiffe zur Anlegestelle vor dem Kloster. Man sollte sich Zeit nehmen, sich auf der Kiesbank die Füße zu vertreten, die barocke Schönheit der Klosterkirche auf sich wirken lassen und anschließend das berühmte Weltenburger Klosterbier im schattigen Innenhof genießen.

Schifffahrt im Donau- und Altmühltal

Veranstaltungen an Bord! Die Schiffe der „Weißen Flotte" bieten nicht nur Linienfahrten zu den schönsten Zielen im Altmühl- und Donautal, sondern auch jeden Samstag Abendfahrten mit Live-Musik und Tanz an Bord. Wer einen besonderen Sonntag erleben möchte, sollte sich eine „Brunch- oder Schlemmerfahrt", die übrigens auch im Winter angeboten werden, nicht entgehen lassen. Eine Geburtstags- oder Hochzeitsfeier, eine Tagung oder ein Betriebs- bzw. Vereinsausflug erhalten eine ganz besondere Note, wenn dies an Bord eines Schiffes stattfindet. Es gibt eine Vielzahl von Möglichkeiten – die Schiffe bieten immer das richtige Ambiente. Auch für das leibliche Wohl ist an Bord bestens gesorgt. Die Personenschifffahrt im Donau- und Altmühltal bietet

mit ihren schmucken Ausflugsschiffen neben Linienverkehr eine Vielzahl von Veranstaltungen an Bord an, wie z.B. Saisonauftakt im Donau- und Altmühltal am letzten Sonntag im April (Kinder bis 16 Jahre werden kostenlos befördert).

Wichtig!

Adresse:
Personenschifffahrt im
Donau- und Altmühltal
Postfach 1641, 93305 Kelheim
Tel. 09441/5858, Fax 09441/294847
www.schiffahrt-kelheim.de
Saison:
Es gibt einen umfangreichen Sommer- und Winterfahrplan – siehe Homepage – und einen ebenso umfangreichen Fahr- und Veranstaltungsplan.
Infos und Pläne im Internet:
www.schiffahrt-kelheim.de
Verpflegung:
Gastronomie an Bord. Jeden Sonntag Schlemmerbrunchfahrten.

Bayerischer Wald

Einmal im Jahr feiert ganz Furth im Wald den „Drachenstich". Gemeint ist der sagenhafte Sieg des Ritters Udo über ein Ungetüm, das die Stadt bedrohte. Das Fest ist seit über 500 Jahren Tradition. Einzigartig in Mitteleuropa ist der Nationalpark Bayerischer Wald. In Ruhezonen des Parks darf der Wald „machen, was er will". Nach und nach soll so im Laufe der Jahrzehnte und Jahrhunderte eine ursprüngliche Vegetation entstehen. Doch schon jetzt bietet sich diese Gegend hervorragend für Wanderungen, Wellness und Radtouren an.

Donauschiffahrt Passau + Regensburg

Die Donauschiffahrt Wurm + Köck bietet ein abwechslungsreiches Programm. Täglich starten zahlreiche Ausflugsfahrten ab Passau, wie zum Beispiel 45-minütige „Dreiflüsse"-Stadtrundfahrten, Ausflüge nach Engelhartszell, Schlögen oder Linz und Kurzurlaubsreisen bis Wien. Zusätzlich werden auch Buffetfahrten am Galaschiff Regina Danubia und Abendfahrten angeboten. Besonders ist das Kristallschiff – exclusively made with Swarovski Crystals, das mehrmals täglich zur zweistündigen Erlebnisrundfahrt ins bayerisch/österreichische Donautal ablegt. Die Regensburger Kristallflotte führt nahezu täglich Rundfahrten durch die Stadt und zur Walhalla sowie Themenfahrten durch. Auf den zwölf Schiffen sind auch Familien mit kleinen Kindern immer herzlich willkommen.

Wichtig!

Adresse:
Donauschiffahrt Wurm + Köck
Höllgasse 26, 94032 Passau
Tel. 0851/929292, Fax 0851/35518
www.donauschiffahrt.de
info@donauschiffahrt.de
Anfahrt: Die Anlegestellen befinden sich in Passau an der Donauuferstraße, in Regensburg am Donaumarkt an der Eisernen Brücke. Die Parkhäuser P 1, P 2 und P 5 liegen in der Nähe – Leitsystem beachten
Saison: Von März bis Anfang November, sonst eingeschränkt
Fahrzeiten/Preise:
Umfangreiches Fahrtenprogramm im Internet. Jedes Wochenende besteht zudem die Möglichkeit, von Passau nach Wien zu reisen.
Verpflegung: Gastronomie an Bord

Glasdorf Weinfurtner in Arnbruck

Träume aus Glas! Glas in allen Variationen steht im Mittelpunkt bei einem Ausflug zum Glasdorf Weinfurtner. Wer dabei war, wenn Glas in Handarbeit hergestellt und veredelt wird, wer die Hitze des Glasofens spürt, der erhält einen neuen Bezug zu diesem wundervollen Werkstoff. Staunend kann man beobachten, wie heißes Glas in wenigen Sekunden uneingeschränkt formbar wird und das, ohne beim Erkalten zu kristallisieren. Ein außergewöhnliches

Erlebnis ist es auch, den Glasmalerinnen, Schleifern und Graveuren bei ihrer Arbeit zuzuschauen. Die kreativen Modelle der Designer und Künstler kann

man in Werkstätten, Ausstellungen und in der Erlebnis-Galerie „Kunst & Form" betrachten und sich Anregungen zum Schmücken, Schenken und zur Tischkultur holen. In dem wunderschön angelegten Garten des Glasdorfes schlendert man an gläsernen Träumen vorbei, die in ihren Formen und Farben mit den Pflanzen wetteifern und sich doch harmonisch ergänzen. Außerdem gibt es eine Porzellan-

und Silberabteilung, auch hochwertiges Kinderspielzeug und Landhausmode werden angeboten. Das Glasdorf wirkt mit seinen über 200 Mitarbeitern wie eine große Familie und ist immer offen für Anregungen und Fragen.

Wichtig!

Adresse:
Weinfurtner Das Glasdorf
Zellertalstr. 13
93471 Arnbruck
Tel. 09945/9411-0
Fax 09945/444
www.weinfurtner.de
info@weinfurtner.de
Anfahrt:
Routenberechnungsplaner für individuelle Anfahrt auf der Homepage
Öffnungszeiten:
Bistro und Café mit eigener Konditorei 365 Tage geöffnet! Glashütte von Mai bis Dezember auch sonntags in Betrieb. Alle Ausstellungen geöffnet von Mo.–Fr. 9.00–18.00 Uhr und Sa. 9.00–16.00 Uhr.
Eintritt: frei
Verpflegung: Glashütten-Wirtshaus und Bistro Vier Jahreszeiten

Pullman City – die lebende Westernstadt

Pullman City bedeutet Abenteuer und den Alltag der Cowboys und Indianer hautnah zu erleben. Action und Spaßgarantie bei verschiedenen Aktivitäten, z.B. Ritt im Westernsattel, Postkutschenfahrt, Westerndance, Country Live Music, Lagerfeuerromantik, Goldwaschen, Bogenschießen und vieles mehr.
Über 50 verschiedene Veranstaltungen im Jahr und über 200 Live-Bandauftritte für jeden Geschmack!

Am Fuße des Bayerischen Waldes – in Grenznähe zu Österreich und Tschechien – eingebettet in eine herrliche Landschaft liegt die Westernstadt Pullman City. Erleben Sie eine gewaltfreie Zeitreise in die Vergangenheit des „Wilden Westens". Bei dem vielfältigen Showprogramm, den vielen Attraktionen und dem hautnahen Erleben von Natur und Tier vergeht die Zeit viel zu schnell. Wer sich frühzeitig um einen der mehr als 1000 vorhandenen Übernachtungsplätze z.B. im noblen Palace Hotel oder in einer der rustikalen Blockhütten kümmert, kann das Flair der Westernstadt bei Tag und Nacht voll genießen.

Wichtig!

Adresse:
Pullman City
Ruberting 30, 94535 Eging am See
Tel. 08544/97490
www.pullmancity.de, info@pullmancity.de
Anfahrt:
A 3 Richtung Passau, Ausfahrt Garham/
Eging am See/Pullman City
Saison/Öffnungszeiten:
12. April – 2. November 2014:
Täglich ab 10.00 Uhr
Eintritt:
Erwachsene (ab 17 Jahre) € 15,50
Kinder/Jugendliche (5–16 Jahre) € 8,–
Kinder (bis 4 Jahre) in Begleitung der Eltern frei. Bei Highlights gelten gesonderte Eintrittspreise und Öffnungszeiten.

elypso – Traumbad in Deggendorf

Von Erholung bis Action! In Deggendorfs Traumbad elypso findet jeder Gast etwas nach seinem Geschmack. In der Badewelt können die Schwimmer im

25-m-Sportbecken ihre Bahnen ziehen, die Genießer auf den Sprudelliegen, im Dampfbad oder im Whirlpool entspannen, die Action-Suchenden auf den vier verschiedenen Rutschen, ob mit Reifen oder ohne, einen besonderen Adrenalin-Kick erfahren und die Kinder sich nach Herzenslust im eigenen Kinderbereich, der selbst für die Kleinsten geeignet ist, austoben. Die Saunafreunde haben eine große Auswahl: Panorama-, Kelo- und Duft- Sauna, Dampfbad, Erdsauna sowie das Sanarium versprechen Entspannung pur. Für die Erfrischung danach sorgen der kostenlose Brunnen mit Grandawasser, der einmalige Sauna-Schwimmteich, die Erlebnisduschen, das Tauchbecken oder der Eisbrunnen.

Des Weiteren erwarten Sie für einen Wohlfühltag im elypso modernste Solarien sowie verschiedene Massage- und Kosmetikangebote. Ein breit gefächertes Kursprogramm, vom Babyschwimmen bis hin zur Wassergymnastik, rundet die Vielfalt ab. Überzeugen Sie sich selbst!

Wichtig!

Adresse:
elypso
Sandnerhofweg 4–6
94469 Deggendorf
Tel. 0991/2896-0
Fax 0991/2896-555
www.elypso.de, info@elypso.de
Anfahrt: Von der A 92, München Deggendorf, Ausfahrt Plattling Nord der Beschilderung folgen!
Saison: Bade- und Saunawelt ganzjährig geöffnet, Freibad von Mitte Mai bis Mitte September geöffnet
Öffnungszeiten: Bade- und Saunawelt Mo.–Fr. 10–22 Uhr, Sa.–So. 9–21 Uhr, Feiertag 9–21 Uhr, Freibad täglich 9–20 Uhr
Eintritt:
Freibad: Tageskarte Erw. € 3,–, Kinder € 2,–
Badewelt: Erw. 3 Std. € 5,50/Tag € 8,–, Kinder 3 Std. € 4,–/Tag € 5,50, Familie 3 Std. € 15,–/Tag € 19,–.
Saunawelt: Erw. 3 Std. € 13,–/Tag € 16,–, Familie 3 Std. € 30,–/Tag € 35,–. (Für Kinder bis zum vollendeten 6. Lebensjahr ist der Eintritt frei. Weitere Tarife/Kombinationen auf Anfrage)
Verpflegung: Gastronomie im Foyer, Free-Flow-Bereich im Erlebnisbad, Saunafitbar im Saunabereich, Kiosk mit Biergarten im Freibad

Bayern

Der Bayern-Park – Komm in das Abenteuerland

Der Bayern-Park öffnet am 12. April seine Pforten für die Saison 2014 und bietet auch in diesem Jahr wieder jede Menge Freizeitvergnügen und vier neue Highlights. Insgesamt über 80 Attraktionen für Jung und Alt warten darauf, von Ihnen entdeckt zu werden. Dabei ist für jeden etwas geboten: Beschauliche Kindereisenbahnen, Karussells und zahlreiche Spielplätze für unsere kleinen Besucher, erfrischende Wasserfahrgeschäfte und Achterbahnen für die ganze Familie. Und auch wer im Bayern-Park den Erlebnis-Kick sucht, wird schnell fündig. Ob Achterbahnfans, Coaster-Freaks oder Liebhaber von aufregenden, nostalgischen Schienenfahrten: Im Bayern-Park gibt

40 ha großen Freizeitpark, der neben den vielen Attraktionen auch eine malerische Landschaft mit zahlreichen Tiergehegen, vielen schattigen Plätzen und Biergärten zum verweilen bietet. Der Bayern-Park – einer der schönsten Parks!

es auch actionreiche Fahrgeschäfte, die die Herzen höher schlagen lassen und selbst bei den abenteuerlustigsten Besuchern für so manchen Adrenalinkick sorgen. Allen voran unser Freischütz, extremster Launch-Coaster Deutschlands, eine Achterbahn der Superlative, die in die Top-5 der deutschen Achterbahnen gewählt wurde. Oder Sie schlendern in gemütlicher Atmosphäre durch den

---

Wichtig!

Adresse:
Bayern-Park Freizeitparadies GmbH
Fellbach 1, 94419 Reisbach
Tel. 08734/92980, Fax 08734/929819
www.bayern-park.de, info@bayern-park.de
Anfahrt:
z.B. über die A 92, Ausfahrt Dingolfing Ost, ausgeschildert
Öffnungszeiten:
12.4.–12.10.2014
(Tagesöffnungszeiten auf der Homepage)
Eintritt:
Besucher ab 1 m: € 16,–
Besucher ab 1,40 m: € 18,50
Geburtstagskinder (mit Ausweis) frei
Gruppen (ab 20 Personen): telefonische Voranmeldung 08734/92980
Verpflegung: Gastronomie, Imbiss, Kiosk

Augsburg

Augsburg ist eine sehr geschichts-trächtige Stadt; sie gehört neben Trier und Kempten zu den drei ältesten Städten Deutschlands. Es ist die Stadt der Römer und der Renaissance. Der Handelsherr Jakob Fugger, der Schriftsteller Bert Brecht und der Komponist Leopold Mozart (der Vater von Wolfgang Amadé Mozart) sind berühmte Söhne der Stadt. Die „vatterstadt meines papa" nannte Wolfgang Amadé Mozart Augsburg. Und Augsburg gehört neben Salzburg und Wien zu den drei Städten, die sich „Mozartstadt" nennen darf. In der Stadt selbst erinnern das Mozarthaus, zahlreiche Mozartstätten und Musikreihen an den berühmten Komponisten sowie an die Künstlerfamilie Mozart.

Im Wittelsbacher Land (Landkreis Aichach-Friedberg) findet man Reste der Stammburg der Wittelsbacher und ein Sisi-Schloss. Eine Vielzahl ausgeschilderter und gepflegter Wanderwege führt durch die Wiesen und Wälder der noch von Land und Forstwirtschaft geprägten Nachbarlandkreise Augsburgs. Unterwegs gibt es neben Natur auch immer wieder etwas anzuschauen, so die barocken Kirchen, Klöster und Aussichtspunkte. Ländliche Gastwirtschaften laden zu einer Rast ein, und zu einem erfrischenden Bad verlocken die Badeseen.

Wer gern „in die Luft" geht, den zieht es ins nahe Gersthofen bei Augsburg. Dieser Ort ist unter Ballonfahrern international bekannt als Zentrum dieses sportlichen Vergnügens. Vor oder nach der Ballonfahrt (Voranmeldung hierzu ist empfehlenswert) kann man ein in-teressantes Ballonmuseum besichtigen. Und natürlich zieht es die Kinder insbesondere aus einem Grund nach Augsburg – wegen der Augsburger Puppenkiste. Das 1948 eröffnete Marionettentheater ist weit über die Grenzen Deutschlands berühmt und wird heute von den beiden Enkeln des Gründers, Klaus und Jürgen Marschall, mit ihrem Ensemble betrieben. Wie früher, werden die Figuren heute noch selbst geschnitzt. Das Saisonprogramm finden Sie auf der Internetseite: www.augsburger-puppenkiste.de. An das Theater angeschlossen ist das liebevoll gestaltete Puppentheatermuseum – www.diekiste.net – wo man die „Stars an Fäden" besichtigen kann.

Wichtig!

Weitere Informationen zur Stadt und Region:
www.augsburg-tourismus.de
tourismus@regio-augsburg.de
Tel. 0821/50207-0, Fax 0821/50207-45

Legoland® Deutschland Resort

Abenteuerliche Schatzjagd in der Temple X-pedition und übernachten in der Ritterburg – im LEGOLAND® Deutschland Resort.

Gemäß dem Motto „Erlebt das Abenteuer" können sich die Gäste vom LEGOLAND® Deutschland Resort pünktlich zur Saisoneröffnung am 5. April 2014 auf aufregende Neuheiten freuen. Spannende Abenteuer verspricht das neu geschaffene REICH DER PHARAONEN. Highlight des 6.000 Quadratmeter großen Bereichs ist die Indoor-Fahrattraktion Tempel X-pedition, in der sich die Abenteurer mit einem Jeep auf eine interaktive Schatzsuche durch den düsteren Tempel begeben.

Der Park bietet den Gästen in seinen acht Abenteuerwelten mit über 50 Attraktionen, Workshops und Shows sowie detailgetreuen Modellen aus über 55 Millionen LEGO Steinen so viel abwechslungsreiche Unterhaltung, dass ein Tagesbesuch nicht ausreicht. Wer seinen Aufenthalt verlängern möchte, kann in der neuen prächtigen Ritterburg im

LEGOLAND Feriendorf nächtigen. Die 34 prunkvollen Ritterzimmer sind liebevoll thematisiert und mit zahlreichen LEGO Modellen ausgestattet. Wer jedoch lieber wie ein Rennfahrer, Pirat oder Ägypter übernachten möchte, dem bieten die anderen 72 thematisierten Feriendorfhäuser eine große Auswahlmöglichkeit. Saison 2014: 5. April bis 2. November, 10–18 Uhr, längere Öffnungszeiten an den Wochenenden, in den Ferien und an Feiertagen. Bitte einzelne Schließungstage während der Nebensaison beachten. Weitere Informationen zum Park, den Events sowie den Übernachtungsangeboten unter: www.LEGOLAND.de.

KikiMondo – Günzburg

Das Abenteuerland – der Indoorspielplatz KikiMondo in Günzburg ist eine Urlaubsinsel für Kinder. Umgeben von blauem Wasser, tauchen die Kinder im Norden Günzburgs in eine bunt schillernde Unterwasserwelt ein und verbringen eine spannende Zeit in diesem Spielparadies.

Auf dem Indoorspielplatz KikiMondo in Günzburg reisen die Kinder in eine abwechslungsreiche Inselwelt.

Magisch angezogen von überdimensionalen Hüpfburgen, toben die kleinen und größeren Piraten über die doch immerhin 3500 m² große Spielfläche. Hopsen, Balance halten auf der 6er Trampolinanlage, Fahren und sogar Reiten und Schätze suchen bietet das Abenteuerland.

Auch Kletteraffen kommen auf dem Abenteuerspielplatz, dem Klettergarten auf ihre Kosten. Spaß verspricht auch die Kletterwand, wo sich die Kinder gekonnt nach oben hangeln. In vier Metern Höhe dürfen sich kletterbegeisterte Kinder auf der Pirateninsel wie echte Piraten fühlen und gesichert rumentern und die riesige Piratenburg macht aus den Kindern kleine Seefahrer

und Piraten. Kleinere Kinder vergnügen sich stattdessen im bunten Kleinkindbereich, wo Softbausteine und Bällchenbad locken.

Eltern haben die Möglichkeit, sich in den gemütlichen Gastronomiebereich zurückzuziehen, zu entspannen und das Treiben der Kids auf der Insel in aller Ruhe zu beobachten.

Einen abwechslungsreichen Kindergeburtstag können die Kinder ebenfalls im KikiMondo in Günzburg mit ihren Freunden ausgelassen feiern.

Wichtig!

Adresse:
KikiMondo in Günzburg
Heidenheimer Straße 64
89312 Günzburg
Tel. 08221/2047365
www.kikimondo.de
info@kikimondo.de
Öffnungszeiten: Mo.–Fr. 14–19 Uhr, Sa./So./Feiertage sowie Ferien 10–19 Uhr
Eintritt: Erwachsene Mo.–So. € 3,–
Kinder Mo.–Fr. € 6,–
Kinder Sa., So., Feiertage: € 7,–

Bayern

Zoo Augsburg

Der Zoo Augsburg liegt idyllisch zwischen Augsburger Innenstadt und Siebentischwald. Die 22 Hektar große Parkanlage mit altem Baumbestand, einem ebenen und barrierefreien Rundweg und mehreren Einkehrmöglichkeiten für Mittagessen, Imbiss und Kaffee & Kuchen verspricht einen erholsamen Ausflugstag für Jung und Alt.

Das Herzstück bildet das 3 Hektar große Afrika-Panorama, auf dem sich Giraffen, Zebras, Breitmaulnashörner und Kamerunschafe bewegen. Ein besonderes Highlight stellt auch die erste, für Besucher begehbare Affen-Anlage Bayerns dar. Die tagaktiven Kattas huschen und tollen zwischen den Besuchern in ihrem Außengehege herum und faszinieren mit ihren schwarz-weiß geringelten Schwänzen Groß und Klein. Im Reptilienhaus, das 2012 fertig gestellt wurde, sind Bindenwarane, Segelechsen, grüne Baumpython und weitere Reptilien und Amphibien zu sehen.

Für die kleinen Besucher laden der große Abenteuerspielplatz, das Streichelgehege mit Zwergziegen und das Zoo-Bähnle zum Entdecken, Spielen und Erleben ein.

Über das Jahr verteilt, gibt es ein buntes Veranstaltungsprogramm im Zoo. Unter www.zoo-augsburg.de finden Sie alle wichtigen Termine. 1000 kostenfreie Parkplätze, direkte Anbindung an den öffentlichen Busverkehr sowie mehrere Ausweichparkplätze vereinfachen Ihre Anfahrt. Der Augsburger Zoo freut sich auf Ihren Besuch!

Wichtig!

Adresse:
Augsburger Zoo GmbH, Brehmplatz 1, 86161 Augsburg
Tel. 0821/567149-0, Fax 0821/567149-13, www.zoo-augsburg.de, info@zoo-augsburg.de
Anfahrt: Mit der Buslinie 32 ab Hauptbahnhof und Königsplatz. Haltestelle direkt am Zoo, kostenlose Parkplätze direkt am Zoo
Saison/Öffnungszeiten: Ganzjährig, täglich ab 9 Uhr geöffnet. Der Zoo schließt jeweils: im Nov.–Feb. 16.30 Uhr, März/Okt. 17 Uhr, April/Mai/Sept. 18 Uhr, Juni/Juli/ August 18.30 Uhr. Die Kasse schließt 1 Stunde früher.
Eintritt: März bis Oktober: Erwachsene € 10,–, Kinder 3–15 Jahre € 5,–, Ermäßigte € 9,– November bis Februar: Erwachsene € 8,–, Kinder 3–15 Jahre € 4,–, Ermäßigte € 7,– Kinder unter 3 Jahren frei, Hunde (an der Leine) € 3,–. Weitere Preise siehe Homepage.
Verpflegung: Mehrere Kioske, Zoogaststätte
Drumherum: Neben dem Zoo befindet sich der Botanische Garten

Das Allgäu

Im Allgäu steht ein Bauwerk, das von Tausenden ausländischen Besuchern für besonders deutsch gehalten wird: Neuschwanstein, das Märchenschloss des Königs Ludwig II. In Füssen kann man seine Geschichte als Musical ansehen. Doch nicht nur das traumhaft gelegene, vieltürmige Schloss ist ein „Exportschlager". Auch Allgäuer Molkereiprodukte werden allerorts geschätzt, denn jeder vierte Käse, der in Deutschland gekauft wird, stammt von hier.

Hallen- und Stadtbad CamboMare

Mit Black-Hole-Röhrenrutsche! Freuen kann man sich im Cambo-Mare auf eine Schwimmlagune mit Sprudelgrotte, Wasserpilz und Bodensprudler. Wer es sportlicher möchte, geht ins 25-m-Sportbecken mit Strömungskanal und Sprungbrettanlage. Eine Black-Hole-Röhrenrutsche sowie eine 122-m-Doppel-Reifen-Rutsche bescheren Badespaß vom Feinsten. Das Warmwasser-Außenbecken ist das ganze Jahr in Betrieb, so dass man auch im Winter wunderbar entspannende Badestunden erleben kann. Nicht nur Kinder lieben übrigens den Wellengang und springen gleich ins bewegte Nass, wenn die „Flut" kommt. Für Kleinkinder gibt es ein Planschbecken und ein Piratenkletterschiff. Eine schöne Saunaanlage mit 11 verschiedenen Saunen, Außenbereich und Außenschwimmbecken sowie einer Sinnes-Oase mit Shiatsu-Massageliegen runden das Relax-Vergnügen ab.

Wichtig!

Adresse:
CamboMare
Aybühlweg 58, 87439 Kempten
Tel. 0831/58121-0, Fax 0831/58121-22
www.cambomare.de
info@cambomare.de
Anfahrt: Im Ort ist das Bad ausgeschildert.
Saison/Öffnungszeiten: Ganzjährig, Mo. bis Fr. 10–22 Uhr, Sa., So. und Feiertag 9–21 Uhr. Weitere Öffnungszeiten für Feiertage und Schulferien siehe Homepage.
Eintritt: Verschiedene Preistarife je nach Std.-Aufenthalt und Bereich, siehe Homepage.
<u>Badewelt</u>: Erwachsene 2 Std. € 7,– Kinder € 4,50
<u>Sauna</u> (inkl. Badewelt): Erw. 3 Std. € 13,50 € Kinder 12,–
Verpflegung: Cafeteria im Bad

Allgäu Skyline Park Bad Wörishofen

Erleben Sie magische Momente im Allgäu Skyline Park, dem Familien- und Freizeitpark direkt an der A96 Lindau-München, Ausfahrt Bad Wörishofen. Nostalgie-Klassiker und Hightech-Achterbahnen – erleben Sie einen unvergesslichen Tag wie auf dem Jahrmarkt mit bunter Zuckerwatte und dem süßen Duft frisch gebrannter Mandeln. Vor beeindruckender Alpenkulisse warten über 50 Attraktionen und Fahrgeschäfte auf die ganze Familie, wie z.B. die höchste Überkopf-Achterbahn Europas und die historische Krinoline. Kinderaugen leuchten im Formel1-Autoscooter, im Streichelzoo und in der Kindereisenbahn. Die entsprechende Abkühlung bietet die Wildwasserbahn, das Wildwasser-Rafting und das Wasserrutschen-Spaßbad.

Die liebevoll angelegten Parkanlagen mit Alleen und Gewässern, Blumen und Spielwiesen laden zum Verweilen ein. Ein Tag lang Spaß und Action pur!

Wichtig!

Adresse:
Allgäu Skyline Park
Im Hartfeld 1, 86825 Bad Wörishofen
Info.-Tel. 01805/884880, www.skylinepark.de
Anfahrt:
Verkehrsgünstig direkt an der Autobahn München-Lindau, Ausfahrt Bad Wörishofen. Kostenlose Parkplätze.
Öffnungszeiten: 5.4.–2.11.2014
(Bitte Ruhetage beachten)
Eintritt:
Erwachsene € 23,–
Kinder (110–150 cm) € 18,–
Kinder (unter 110 cm) frei
Familienkarte (2 Erw. + 2 Kinder) € 65,–
Gruppen (ab 20 Personen) € 16,50/p. P.
Verpflegung:
Restaurants, Hütten und Biergärten

Starzlachklamm bei Sonthofen

Beeindruckende Kulisse! Eine Wanderung entlang der Schlucht des Flusses Starzlach ist ein Abenteuer. Der kleine Fluss hat sich im Laufe der Jahrtausende durch das schöne Tal gefressen, das heute eine beeindruckende Kulisse für einen Sonntagsspaziergang bietet. Der Rundweg dauert immerhin anderthalb Stunden, die Kinder sollten also schon wanderfest sein. Angesichts des wildromantischen Tals mit der tosenden Gischt des herabstürzenden Wassers werden die Kleinen bestimmt nicht so schnell quengeln. Der mit Geländern gesicherte Weg duckt sich unter Felswänden hindurch und führt mit Brücken über den Fluss hinweg. Nach soviel schöner Natur hat man sich eine Jausen-Pause redlich verdient.

Freizeitpark Illerparadies

Hier gibt's viel zu entdecken! Das Illerparadies ist ein romantischer kleiner Freizeitpark, der einen schönen Nachmittag garantiert, selbst wenn die Kinder noch klein und niedlich sind. Zunächst fährt man mit der Western-Eisenbahn gern einmal den Park ab, danach steht ein Besuch des kleinen Wildparks auf dem Programm. Dort leben zum Beispiel Rothirsche, Muffel- und Schwarzwild.

Im Streichelzoo warten Kaninchen und weitere Kumpane mit seidigem Fell. Auch ein kleiner Ritt mit der Bonanza-Pferde-Reitbahn ist keine schlechte Wahl. Die Mini-Autoscooter kommen bei den kleinen Bruchpiloten sehr gut an, und zukünftige Kapitäne üben mit den Mini-Elektrobooten. Eine Oldtimer-Bahn und eine Parkseilbahn machen das Angebot mit der neueren Luna-Looping-Bahn und dem Dinosauriergarten perfekt.

Wichtig!

Adresse: Illerparadies
Hinwang 2, 87493 Lauben/Allgäu
Tel. 08374/7477
Anfahrt: Der Freizeitpark liegt auf halber Strecke zwischen Dietmannsried und Lauben am Fluss Iller, etwa 10 km nördlich von Kempten.
Öffnungszeiten: Tägl. 9.30–19.00 Uhr, Donnerstag Ruhetag
Eintritt: Frei – alle Fahrgeschäfte müssen separat bezahlt werden.

Fünfseenland und Werdenfelser Land

Der Starnberger und der Ammersee sind die „Badewannen der Münchner". Das Fischerdorf Starnberg am gleichnamigen See wurde Mitte des 19. Jahrhunderts von Adligen und wohlhabenden Bürgern der bayerischen Landeshauptstadt als „Sommerfrische" entdeckt. Der See hat trotz der Ausflugsscharen, die hier jedes Wochenende einfallen, sein nobles Image bewahrt.

Das Fünfseenland: Wörthsee, Pilsensee und Weßlinger See gehören auch noch dazu. Das Werdenfelser Land ist wirklich die Höhe, denn hier führt die Zugspitzbahn auf Deutschlands höchsten Berg. Und was schon längst kein Geheimnis mehr ist: in Bayern kann man vorzüglich essen! Also sollte man sich einige gemütliche Schlemmerstunden keinesfalls entgehen lassen!

Eine Starnberger Seefahrt

Romantische Schifffahrten! Bei schönem Wetter schaut man über das Südende des Sees bis weit in die Alpen hinein. Die Hauptanlegestelle ist in Starnberg. Von hier aus starten Schiffe zu Rundfahrten von einer Stunde (über den nördlichen Seeteil) und von ca. 3 Stunden (über den gesamten See), wobei hier zwei Fahrtunterbrechungen möglich sind. Es bieten sich auch kombinierte Schiffs-Fahrrad-Touren an, z. B. von Starnberg nach Leoni, mit dem Schiff nach Possenhofen, dann zurück nach Starnberg. In Possenhofen steht das Geburtsschloss von Sisi. Auf den großen Schiffen gibt es übrigens Spielplätze.

Wichtig!

Adresse: Schifffahrt Starnberger See
Dampfschiffstraße 5, 82319 Starnberg
Tel. 08151/8061
www.seenschifffahrt.de
Anfahrt: Die Anlegestelle ist in Starnberg ausgeschildert. Nach Starnberg gelangt man von München auch mit der S-Bahn.
Saison Fahrplan Starnberger See:
12. April bis 19. Oktober 2014
Fahrplan: Die Fahrpläne sowie allerlei Tipps gibt es auf der Homepage www.seenschifffahrt.de
Preise: Preisbeispiel für große Seerundfahrt
Normaltarif: € 16,50
Gruppentarif: € 14,90 p/P. (ab 20 Pers.)
Familien: Kinder bis 5 Jahre frei. Kinder von 6 bis 17 Jahre ca. 50 % Ermäßigung. Kindertarif für das erste eigene Kind bis 17 J., für alle weiteren eigenen Kinder bis 17 J. jeweils nur € 1,–
Verpflegung: Picknick überall am Ufer, Bordgastronomie
Drumherum: Am See kann man Ruder- oder Elektroboote ausleihen.

Die Zugspitz-Rundreise

Die Zugspitze bietet alpines Bergerlebnis der besonderen Art auf knapp 3000m Höhe. Der Besucher kann nicht nur Deutschlands höchstgelegenen Gletscher bestaunen, sondern genießt von der Gipfelstation ein Panorama auf die Alpen von Deutschland, Österreich, Italien und der Schweiz.

23 Bergpanoramen an neun Standorten erklären den 360-Grad- Blick, vier „Viscope" – die Fernrohre blenden beim Schwenken die Namen der Berggipfel digital ein – sowie neun Sichtrohre für Perspektiven der besonderen Art lassen Groß und Klein das traumhafte Panorama von der Gipfelterrasse der Zugspitze erleben. Und weil Bergluft hungrig macht, ist auch für die Stärkung gesorgt – Gipfelalm, Panorama-Lounge 2962, Gletschergarten und SonnAlpin warten mit den unterschiedlichsten kulinarischen Köstlichkeiten auf.

Im Sommer laden Wanderwege zum spazieren ein, unter anderem zur höchsten Kirche Deutschlands. Im Winter kommen, Skifahrer und Snowboarder, Rodler und Schneeschuhwanderer voll auf ihre Kosten.

Bilder: Bayerische Zugspitzbahn Bergbahn AG

Wichtig!

Adresse:
Bayerische Zugspitzbahn Bergbahn AG
Olympiastraße 27
82467 Garmisch-Partenkirchen
Tel. 08821/7970, Fax 08821/797901
www.zugspitze.de
zugspitzbahn@zugspitze.de

Anfahrt:
Zufahrt zu den Bahnen im Ort beschildert

Saison: Ganzjährig

Zeiten:
Zahnradbahn: stündlich ab Garmisch: 8.15–14.15 Uhr, ab Grainau: 8.30–14.30 Uhr, ab Eibsee: 8.45–14.45 Uhr, bei Bedarf Zwischenfahrten

Fahrpreise:
Je nach Bahn verschieden, aktuelle Informationen auf www.zugspitze.de

Verpflegung:
SonnAlpin, Gipfelalm, Panorama-Lounge 2962

Tipp: Gletschergarten

Berchtesgaden und Chiemgau

In Deutschlands Südostwinkel, dem Berchtesgadener Land, reiht sich Naturschönheit an Naturschönheit. Unumstrittener Herrscher inmitten des „Herrgottswinkels" ist der Watzmann, 2713 Meter hoch. Der Watzmann stand Pate, als es um den Namen für ein enga-

giertes Kinderprojekt dieser Urlaubsregion ging – den Watzmannkinder-Club, der inzwischen mehr als 1300 „Wakis" zählt. Mitmachen kann jeder, das ganze Jahr über werden viele tolle Freizeitaktivitäten angeboten.

Kindertheater in Rosenheim

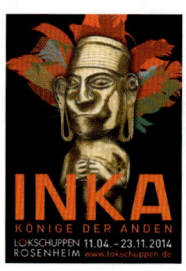

Die neue Ausstellung von 11. April bis 23. November 2014 steht ganz unter dem Motto „INKA – Könige der Anden". Die Ausstellung zeigt erstmals in Europa ausschließlich die legedäre vorspanische Inka-Kultur von ihren Anfängen bis in die Kolonialzeit. Neben der beeindruckenden Ausstellung finden auch altersgerecht gestaffelte Workshops und Programme für Jung und Alt statt. Im Außenbereich können Familien und Freunde an den Stationen des Erlebnisparcours in einen fairen Wettkampf treten. Bei einer exklusiven Taschenlampenführung dürfen sich die Besucher von faszinierenden Licht- und Schattenstimmungen außerhalb der regulären Öffnungszeiten verzaubern lassen. Auch im KU'KO, dem Kultur und Kongress Zentrum Rosenheim finden wieder vielfältige Veranstaltungen für jedes Alter statt. Für jeden Geschmack ist was dabei, von Operette, Musical, Schauspiel bis hin zum Meister-

konzert. Auch die kleinsten Besucher kommen bei den Kindertheatern auf ihre Kosten. Sie erleben beispielsweise die mutige Rettung von Rapunzel, die Streiche der Lausbuben Max und Moritz oder Alibaba und die 40 Räuber live auf der Bühne.

Wichtig!

Adresse:
Austellungszentrum Lokschuppen Rosenheim: Rathausstraße 24, 83022 Rosenheim
Tel. 08031/3659036, Fax 08031/3659030
www.lokschuppen.de
Adresse KU'KO:
Kultur + Kongress Zentrum Rosenheim: Kufsteiner Straße 4, 83022 Rosenheim,
Tel. 08031/365-9365, www.kuko.de
Saison/Zeiten: Ganzjährig, bitte Programm anfordern. Kartenvorverkauf:
Mo.–Fr. 9–17 Uhr, Sa. 10–14 Uhr
Öffnungszeiten Lokschuppen:
11.4.–23.11.2014; Mo.–Fr. 9–18 Uhr;
Sa., So., Feiertage 10–18 Uhr.
Exklusive Sonderöffnungen auf Anfrage.
Eintritt:
Erwachsene € 13,–
Kinder (ab 5 Jahren) € 6,50

Salzbergwerk Berchtesgaden

Tief im Inneren des Berchtesgadener Salzberges wartet eine verborgene Welt darauf, erforscht zu werden. Stimmungsvoll funkelnd und beeindruckend abenteuerlich präsentiert sich das Salzbergwerk in einem neuen Licht. Beliebte Highlights wie die Rutsche oder die Fahrt mit dem Floß über den Spiegelsee verschmelzen mit packenden Informationen über das unverzichtbare Lebenselement Salz. Ein spannendes Ausflugsziel, an dem auch heute noch zeitgleich mit der Besichtigung Salz gewonnen wird. Beeindruckend, faszinierend, lehrreich, spektakulär,

spannend. Ein abwechslungsreiches Ausflugsziel, ein einzigartiges Erlebnis! Salzi's Tipp: Spaß pur mit dem Familienticket oder Kombitickets mit der Alten Saline mit Salzmuseum in Bad Reichenhall, der Watzmann Therme und der Rupertus Therme.

Wichtig!

Adresse:
Salzbergwerk Berchtesgaden
Bergwerkstraße 83
83471 Berchtesgaden
Tel. 08652/60020, Fax 08652/600260
www.salzzeitreise.de, info@salzzeitreise.de
Anfahrt: Im Ort ausgeschildert
Saison/Öffnungszeiten: 1. Mai bis 31. Oktober, täglich geöffnet von von 9–17 Uhr (letzter Einlass). Wintersaison 2. November bis 30. April, täglich geöffnet von 11–15 Uhr (letzter Einlass) An folgenden Tagen ist geschlossen: 1.1., Karfreitag, Pfingstmontag, 1.11., 24.12., 25.12., 31.12.
Eintritt: Erwachsene € 16,–
Kinder (4–16 Jahre) € 9,50
Familienkarte (2 Erw. + 1 Kind) € 38,50
Große Familienkarte (2 Erw. + bis 3 Kinder) € 43,50
Verpflegung: Gaststätte

Freizeitpark Ruhpolding

Was als Märchen-Sägemühle begann, entwickelte sich durch ständig neue Attraktionen zu einem Freizeitpark auf über 50.000 m² Fläche. Mit der Eröffnung der neuen Berg Achterbahn „Gipfelstürmer" geht es im Freizeitpark Ruhpolding besonders hoch her. Durch den speziell entworfenen Bahnverlauf wird der Gipfel gleich zweimal erstürmt und es erfolgen gleich zwei Starts pro Fahrt, vorwärts und rückwärts. Das natürliche Gefälle des Bergwaldes beschleunigt den „Gipfelstürmer".

Der Freizeitpark Ruhpolding bietet noch viele weitere Attraktionen zum attraktiven Inklusiv-Eintrittspreis. „Drachenritt Siegfried" saust mit 35 Besuchern auf dem Rücken über Berg und Tal, Kribbeln im Bauch garantiert.

Das Rutschparadies, vier Rutschen jede mit einer Länge von 50 Metern spricht die ganze Familie an. Wer den freien Fall erleben will, der versucht sich an der 60 Grad steilen Höllenrutsche und saust 18 m in die Tiefe.

Im Kristallbergwerk werden sie den fleißigen Berg-Zwergen begegnen und im Sand der Staustufen finden Sie echte Edelsteine.

Nachdem sich die ganze Familie über eine Hängebrücke gewagt hat, können kleine wie große Forscher am Berg der Dinos ein Dinosaurier-Skelett in Originalgröße ausbuddeln.

Die Eltern verwöhnen sich „Kulinarisch" im Familienrestaurant „Tischlein Deck Dich" mit Indoor-Spielbereich.

Viele Attraktionen sind überdacht sodass sich ein Besuch auch bei unbeständigem Wetter lohnt.

„Gipfelstürmer" – auch den großen Geschwisterkindern macht es sichtlich Spaß.

> ### Wichtig!
>
> **Adresse:**
> Freizeitpark Ruhpolding
> Vorderbrand 7, 83324 Ruhpolding
> Tel. 08663/800622, Fax 08663/800623
> Info-Tel. 08663/1413
> www.freizeitpark.by
> ruhpolding@freizeitpark.by
> **Anfahrt:** Autobahn A 8 München/Salzburg bis zur Ausfahrt Traunstein/Siegsdorf, anschließend 8 km weiter nach Ruhpolding; am Ortseingang von Ruhpolding rechts abbiegen.
> **Saison/Öffnungszeiten:** Sommer: Eine Woche vor Ostern bis Anfang November, täglich von 9–18 Uhr. Winter: Weihnachten bis Hl. 3 Könige täglich von 10–18 Uhr.
> **Eintritt:** Erwachsene € 9,50
> Kinder von 90 cm bis 13 Jahre € 8,50
> **Verpflegung:** Im neuen Park-Restaurant „Tischlein Deck Dich" mit Indoor-Spielbereich. Eine Empore bietet sich für Familienfeiern an.

Per ↖ Click in die Freizeit

Archäologische Museen
www.federseemuseum.de
www.heuneburg.de
www.keltenmuseum.de
www.konstanz.alm-bw.de
www.konstanz.de
(Naturmuseum Konstanz)
www.museum-heidelberg.de
www.roemermuseum.mengen.de
www.villa-rustica.de/

Schlösser
www.fuerstenhaeusle.de
www.neues-schloss-stuttgart.de
www.schloss-favorite.de
www.schloss-heidelberg.de
www.schloss-mannheim.de
www.schloss-schwetzingen.de
www.schloss-tettnang.de
www.schloss-urach.de

Diverse Museen
www.automuseum-busch.de
www.bauernhaus-museum.de
www.eisenbahnmuseum-
heilbronn.de
www.hagnauer-museum.de
www.museum-brotkultur.de
www.rem.mannheim.de
www.schmuckmuseum-pforzheim.de
www.siebenbuergisches-museum.de
www.unimog-museum.com
www.zkm.de (Karlsruhe)

Diverse Freizeitparks
www.albaquarium.de   (Aquarium)
www.barfusspark.de
www.freizeitpark-traumland.de
www.riesenrutschbahn.de
www.schwabenpark.com
www.schwarzwaldpark-loeffingen.de
www.sensapolis.de
www.steinwasen-park.de
www.trampoline-heilbronn.de

Wildparks
www.greifenwarte.de (Bad Wimpfen)
www.greifvogelanlage-
wuestenrot.de
www.stadt-pforzheim.de
www.stadt-waldkirch.de
www.wildtierpark.de
(Bad Mergentheim)

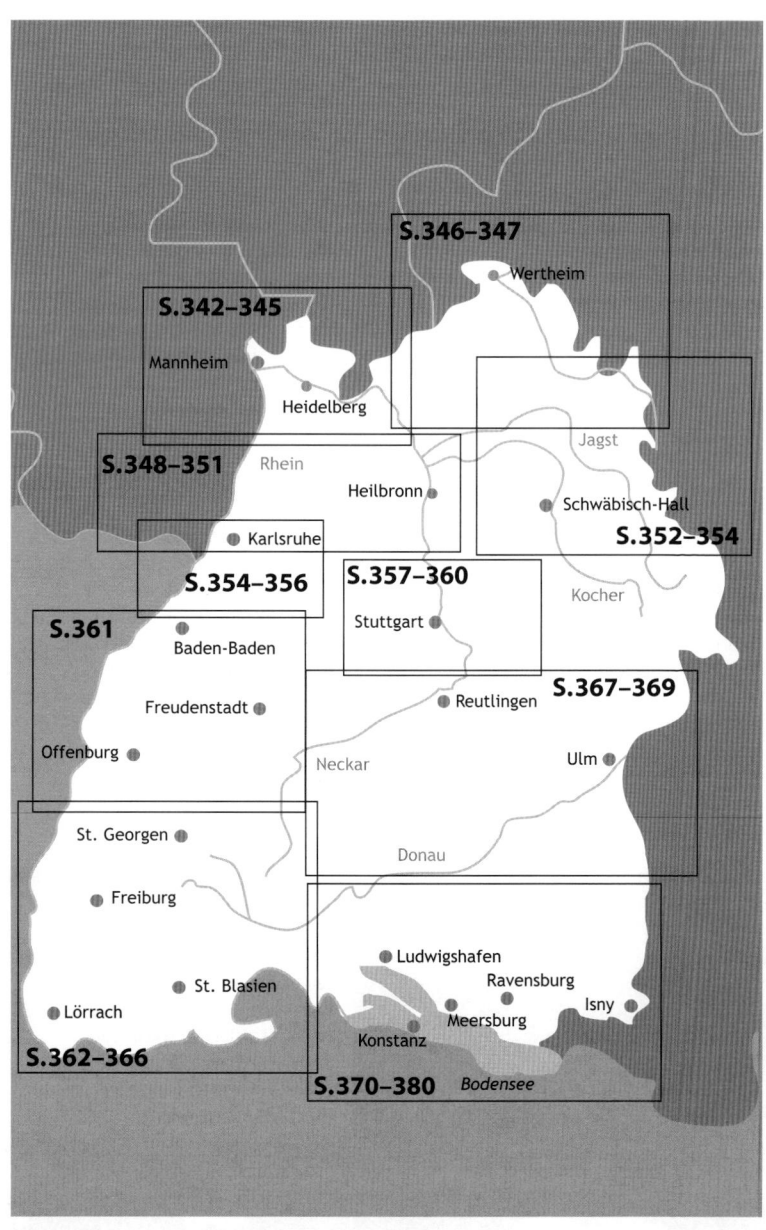

Mannheim und Umgebung

Mannheim und Um

Die barocke Stadtanlage Mannheims erinnert an ein Schachbrett. Im Mittelpunkt steht das Schloss mit seinen 500 Zimmern. Aus der einstigen Residenz ist heute die Universität geworden. Wer nach Mannheim fährt, der sollte sich auch das Kapitel über Ludwigshafen anschauen, denn die Stadt erreicht man mit einem einfachen Spaziergang über die zwei großen Brücken.

Schnawwl und Junge Oper Mannheim

Mit seiner Gründung 1979 als vierte Sparte des Nationaltheaters Mannheim ist der Schnawwl das älteste kommunale Kinder- und Jugendtheater in Baden-Württemberg. Das Publikum des Schnawwl kann mit dem Theater groß werden, denn das Ensemble spielt Stücke bereits für die allerkleinsten Zuschauer, zeigt

Bilder-, Märchen- und Erzähltheater, entwickelt Stücke zu brennenden Themen, adaptiert Klassiker, realisiert in spartenübergreifenden Produktionen mit dem Schauspiel Familienstücke und mit dem Kevin O´Day Ballett Nationaltheater Mannheim Tanzstücke für junges Publikum. Seit 2006 betreiben Schnawwl und Oper gemeinsam die Junge Oper Mannheim,

die neues Musiktheater für Kinder und Jugendliche produziert. Mit Auftragswerken und neuen Libretti widmet sich die Junge Oper Stoffen, die sich mit aktuellen Inhalten und Problemen junger Zuschauer beschäftigen. Vormittagsvorstellungen an Werktagen, Familienvorstellungen nachmittags und am Wochenende.

Wichtig!

Adresse:
Schnawwl – Theater für junges Puplikum
am Nationaltheater Mannheim
Brückenstraße 2, 68167 Mannheim
Karten-Tel. 0621/1680302, Fax 0621/1680308
schnawwl@mannheim.de
www.schnawwl.de
Anfahrt: Im Internet verschiedene Beschreibungen je nach Herkunftsrichtung.
Mit der S-Bahn: Haltestelle „Alte Feuerwache".
Saison: Mitte September bis Ende Juli.
Öffnungszeiten: Umfangreicher Spielplan, siehe Internet.
Eintritt: Je nach Stück werden auch verschiedene Abo-Tarife angeboten.
Verpflegung: Getränketheke im Foyer von Schnawwl & Junger Oper

Luisenpark Mannheim

Viel Abwechslung! Mannheimer Kinder sind um den Luisenpark im Herzen der Stadt wirklich zu beneiden!

Über den gesamten Park verteilt sind zahlreiche Spielplätze der Luxusklasse - das beginnt beim Wasserspielplatz und endet beim Burgspielplatz mit Wendelrutsche. Das Freizeithaus und die Freizeitwiese bieten allerlei Spielmöglichkeiten. Nach dem Austoben geht's zum Tiergehege! Da gibt es die „Tiere des Bauernhofs", Volieren mit tropischen Vögeln, Eulen, Freigehege mit Flamingos und Streifengänsen. Im Aquarium tummeln sich 350 Fischarten aus aller Welt, im Pflanzenschauhaus bewundert man die Pracht der Subtropen und Tropen, das Schmetterlingsparadies, die Welt der Kakteen und das Terrarium. Überall im Park fühlen sich Störche wie zu Hause, Pinguine tummeln sich im Gehege. Auf dem Weiher fährt die Gondoletta-Flotte, die einen Hauch von Venedig nach Mannheim bringt. Hier oder in der Klang-Oase können sich die

Eltern richtig entspannen. Absolutes Highlight ist die auf 5000 m² entstandene, authentisch gestaltete chinesische Gartenanlage, u.a. mit bewirtschaftetem Teehaus, farben- und formenprächtigem Päoniengarten (Ende April–Anfang Juni) und Steingebirge mit Wasserfall. Wer angesichts dieser enormen Vielfalt den Überblick verliert, der begibt sich ins Drehrestaurant „Skyline" im Fernmeldeturm, der ebenfalls am Gelände des Luisenparks steht.

Wichtig!

Adresse: Luisenpark Mannheim
Theodor-Heuss-Anlage 2, 68165 Mannheim
Tel. 0621/41005-0, www.luisenpark.de
Anfahrt: S-Bahnhaltestelle „Luisenpark",
Großparkplatz Friedensplatz I–III (kostenlos) vor dem Haupteingang
Saison/Öffnungszeiten: Ganzjährig, täglich ab 9 Uhr bis zur Dämmerung, im Sommer bis ca. 21 Uhr, bei Schlechtwetter früherer Kassenschluss.
Eintritt: März–Oktober: Erwachsene € 6,–, Kinder (6–15 J.) € 3,–, Begünstigte € 4,– November–Februar: Erwachsene € 3,–, Kinder (6–15 J.) € 1,20, Begünstigte € 2,–, Familientarif auf Anfrage.
Verpflegung: Teehaus, Café-Restaurant und Drehrestaurant im Fernmeldeturm, Café-Restaurant Pflanzenschauhaus, Weinstube, Café-Seerestaurant, Sommergarten Luise
Drumherum: Planetarium und Landesmuseum für Technik

Baden-Württemberg

TECHNOSEUM: Nichts ist spannender

Das TECHNOSEUM ist ein interaktives Museum: Besucherinnen und Besucher erwartet eine Zeitreise durch die Geschichte der Industrialisierung. Inszenierte Wohn- und Arbeitssituationen machen anschaulich, wie technische Neuerungen sich auf das Alltagsleben und die Arbeitsformen seit dem 18. Jahrhundert ausgewirkt haben. Im TECHNOSEUM sehen Besucher nicht nur Exponate, sie erleben, wie zum Beispiel die Getreidemühle mahlt, in der Weberei Textilien gefertigt werden oder wie eine Dampfmaschine betrieben wird. Mit Unterstützung der TECHNO-scouts, die historische Arbeitsabläufe zeigen und erläutern, treten Besucher selbst in Aktion: Sie bedrucken unter anderem Postkarten an Tiegelpressen oder schöpfen selbst Papier.

Die Gesetze der Naturwissenschaft und Technik entdecken Besucher in den Elementa-Bereichen 1, 2 und 3 auf eigene Faust. An den zahlreichen interaktiven Stationen gilt es, zu experimentieren und so auf spielerische Art und Weise naturwissenschaftliche und technische Grundlagen für zahlreiche Erfindungen

kennen zu lernen. Bei der Durchführung der Experimente stehen die TECHNO-scouts mit Rat und Tat zur Seite.

Das größte Exponat liegt im Neckar, direkt an der Kurpfalzbrücke: Das Museumsschiff „Mannheim". Der historische Schaufelraddampfer, einst prachtvoller Ausflugsdampfer auf dem Rhein und für 2.000 Passagiere ausgelegt, ist nicht nur Ausstellungsstück, sondern auch Ausstellungsort. An Bord wird die Geschichte der Schifffahrt auf Rhein und Neckar lebendig. Zahlreiche Versuchsstationen auf dem Schiff laden insbesondere Kinder und Jugendliche dazu ein, den Naturraum Neckar zu entdecken.

Wichtig!

Adresse:
TECHNOSEUM
Museumsstraße 1, 68165 Mannheim
Tel. 0621/42 98-9
Tel. 0621/42 98-839 (Anmeldung f. Gruppen)
www.technoseum.de
Museumsschiff Mannheim
Neckarvorlandstr. 2a
An der Kurpfalzbrücke
68159 Mannheim
Öffnungszeiten: Technoseum:
Täglich 9–17 Uhr (24. + 31.12. geschlossen).
Museumsschiff: Täglich 14–18 Uhr.
Eintritt: Technoseum: Erwachsene € 6,–,
Ermäßigte € 4,–, Familienkarte € 12,–,
Schüler im Klassenverband € 2,–,
Kinder (bis 6. Jahre) frei. Museumsschiff:
Erwachsene € 2,–, Ermäßigte € 1,–

Kurpfälzisches Museum Heidelberg

Das Museum mit seinen breit gefächerten kunst- und kulturgeschichtlichen Sammlungen ging hervor aus der Privatsammlung des Grafen Charles de Graimberg (1774–1864) und den zahlreichen archäologischen Funden des 19. Jahrhunderts. Der Besucher trifft hier auf einen Fund, der für die gesamte Menschheitsgeschichte von Bedeutung ist: den Unterkiefer des Homo erectus heidelbergensis. Den Mittelpunkt der nahezu 2.000 m² großen archäologischen Abteilung bilden die römischen Funde aus den Heidelberger Römersiedlungen. Dabei haben die Ausgrabungen im großen Neuenheimer Gräberfeld den Bestand vor allem an kostbaren Gläsern und Öllampen deutlich erhöht.

„Zu Tische liegen", wie die Römer im originalgetreu nachgebauten römischen Speisezimmer (triclinium). (Foto: Museum, E. Kemmet)

Die Sammlung römischer Gläser gehört zu den bedeutendsten in Südwestdeutschland. (Foto: Museum, J. Feist)

Wichtig!

Adresse:
Kurpfälzisches Museum der Stadt Heidelberg
Hauptstraße 97, 69117 Heidelberg
Tel. 06221/5834020
Fax 06221/5834900
kurpfaelzischesmuseum@heidelberg.de
www.museum-heidelberg.de
Öffnungszeiten: Di.–So. 10–18 Uhr,
Geschlossen am 24., 25. und 31.12. sowie am 1.1., Fastnachtsdienstag und am 1. Mai
Führungen: Buchungen unter
Tel. 06221/5834000
Bus-Haltestellen:
Kongresshaus / Stadthalle (Linien 31, 32, 35)
Universitätsplatz (Linien 31, 32)
Peterskirche (Linie 33)
Parkmöglichkeiten:
Anfahrt über Neckarstaden,
Parkhaus Kongresshaus/Stadthalle
oder andere Parkhäuser der Innenstadt
Eintritt: € 3,–, erm. € 1,80
Kinder und Jugendliche bis einschl. 16 Jahre: freier Eintritt. Gruppen ab 10 Personen: pro Person € 1,80, erm. € 1,20
Gesonderte Preise für Sonderausstellungen
Verpflegung: Restaurant Kurpfälzisches Museum (mit Gartengastwirtschaft), zahlreiche Restaurants und Cafés in unmittelbarer Nähe des Museums in der Altstadt

Baden-Württemberg

Das Taubertal

Das Taubertal trägt das Etikett „lieb-lich" zu Recht. In weit ausholenden Mäandern fließt die Tauber von Bad Mergentheim nach Wertheim, die stille Schönheit des Tals schlägt seine Besucher in Bann. Die Städte hier schöpfen aus der reichen Geschichte des Landes, das von Reichsrittern, fränkischen Adelsgeschlechtern und den kirchlichen Mächten aus Würzburg und Mainz regiert wurde.

Laguna Verde Schönheitsfarm

Wellness- und Kosmetikangebote in der malerischen Umgebung des Kurparks von Bad Mergentheim bietet Ihnen die Laguna Verde Schönheitsfarm.

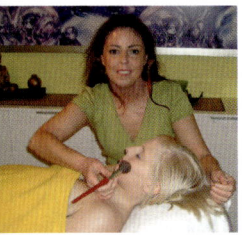

Massagefreunde können hier aus sage und schreibe 33 Wohlfühl-massagen auswählen, von der klassischen Rückenmassage bis zur Klangschalen-Tiefenentspannung. Besonderes Highlight: Die sieben Köstlichkeiten! Volle 100 Minuten, Lomi-Lomi und Hot Stone inklusive.

Für den perfekten Auftritt beim Spaziergang durch die malerische Altstadt bietet Ihnen das junge Team von Laguna Verde alle klassischen Kosmetikbehandlungen mit professioneller Beratung, darunter alleine sieben verschiedene Gesichtsbehandlungen. Als offizieller Vertragspartner der Firmen Klapp und Hildegard Braukmann können Sie sicher sein, dass dabei nur hochwertigste Produkte zum Einsatz kommen. Ideal für Familien: Mit Dreamgirl, Schokowelt und Superstar bietet Laguna Verde auch drei Beauty-Angebote speziell für Wellness-Fans bis 14 Jahre an. Wer es sich einmal so richtig gut gehen lassen will, greift gleich zu einem der Fünf-Tage-Arrangements, die eine Kombination aufeinander abgestimmter Behandlungen beinhalten. Noch mehr Luxus bieten verschiedene mehrtägige Packages, bei denen Sie natürlich im Best Western Premier Parkhotel übernachten. Egal ob Sie eine Woche, ein Wochenende oder auch nur ein paar Stunden bei Laguna Verde verbringen, am Ende Ihrer Reise wird immer Erholung für die Sinne stehen.

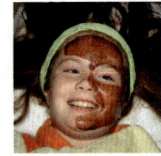

Wichtig!

Adresse:
Laguna Verde Schönheitsfarm GmbH
im Best Western Premier Parkhotel
Lothar-Daiker-Straße 6
97980 Bad Mergentheim
Tel. 07931/8217
www.lagunaverde.de, info@lagunaverde.de
Öffnungszeiten:
Mo.–So. 9.30–18.00 Uhr

Wildpark Bad Mergentheim

Herzlich willkommen in einem Wildpark der etwas anderen Art. Auf insgesamt 35 ha leben ca. 1.000 Tiere aus 70 Arten. Hier gibt es kaum Maschendraht, Käfige oder Gitter – fast alle Gehege sind mit kaum wahrnehmbaren Begrenzungen als naturnah gestaltete Freisichtanlagen gebaut. Der Rundgang ist mit befestigten Wegen gut angelegt und besitzt keine großen Steigungen oder Gefälle, ist also sowohl für Rollstuhlfahrer als auch für schnell ermüdende Kinder geeignet.

Bei der 2x täglich angebotenen Fütterungsrunde sehen die Besucher alle Tiere in Aktion und erhalten viele interessante Informationen zur jeweiligen Tierart. Kormorane und Fischotter tauchen nach Fisch und Fleischbrocken. Geier, Adler, Eulen und Bussarde lassen sich bei ihren Beuteflügen beobachten. Die Hauptattraktionen sind sicherlich die Fütterungen bei Europas größtem Wolfsrudel, der begehbare Geiersteinbruch, die begehbare Flughundhöhle, die Braunbären und die Luchse, die mit Hilfe von Beutesimulatoren gefüttert werden. Neben dem Spielbauernhof mit dem Streichelzoo zeigen viele alte Haustierrassen bei ihren Vorführungen, was früher dörflicher Alltag war. Aber auch auf eigene Faust lassen sich noch viele

andere Tiere wie Steinböcke, Mufflons, Rothirsche, Eisfüchse oder Wildkatzen entdecken. Auf zwei großen Spielplätzen kann nicht nur gerutscht und geschaukelt, sondern auch Burgen gebaut, Bäche umgeleitet und auf Schiffen gespielt werden. Für den kleinen und großen Hunger finden Gäste im Jägerstüble, am Waldkiosk oder auf der Sonnenterrasse immer gute und preiswerte Mahlzeiten. Ein Grillplatz, der auch für Gruppen geeignet ist, steht nach Anmeldung kostenlos zur Verfügung.

Wichtig!

Adresse: Fauna Wildpark GmbH
Wildpark 1, 97980 Bad Mergentheim
Tel. 07931/41433, www.wildtierpark.de
Anfahrt: Der Wildpark liegt südlich der Stadt an der B 290 nach Crailsheim und ist ausgeschildert. Parkplätze sind kostenfrei.
Öffnungszeiten: Sommer von Mitte März bis Anfang November täglich ab 9–18 Uhr, letzter Einlass 16.30 Uhr, Winter Anfang November bis Mitte März nur an Wochenenden und Feiertagen ab 10.30–17.00 Uhr, letzter Einlass 16.00 Uhr.
Eintritt: Erw. und Jug. (ab 15 Jahre) € 9,–
Kinder (3–15 Jahre) € 6,–
Verpflegung: Picknick, Kiosk u. Restaurant.

Baden-Württemberg

Der Kraichgau

Der Kraichgau ist eine wenig bekannte Gebirgslandschaft zwischen Schwarzwald und Odenwald. Sanfte bewaldete Hügel bestimmen hier das Bild. In der Rheinebene vor den Toren der Kreisstadt Bruchsal werden Tabak und Spargel angebaut. Der Ort ist europaweit der größte Hauptumschlagsplatz für das Genießergemüse. Wie passend: In den Weinbergen ringsum wachsen die Trauben des Bruchsaler Tropfens, der zu den Spitzenweinen Badens zählt.

Aquatoll in Neckarsulm

Ein Palmenparadies! Wohlbefinden, Spaß und Geselligkeit für die ganze Familie verspricht diese in Palmen gerahmte Badelandschaft. Hier findet jeder Freude am und im Wasser: vom Kind über die Eltern bis zu den Großeltern. Es gibt ein Erlebnisbecken mit 30° Wassertemperatur, in dem man nicht nur schwimmen kann, sondern sich auch mit Boden- und Nackensprudlern ausgiebig verwöhnen lässt. Im Spaßbecken erlebt man Abenteuer pur mit dem Wildwasserfluss und der Black-Hole-Rutsche. Eine seperate Kinderlandschaft, Solebecken, Whirlpools und eine 6.500 qm große Saunalandschaft runden das Angebot ab.

> ### Wichtig!
>
> **Adresse:**
> Erlebnisbad Aquatoll, Wilfenseeweg 70
> 74172 Neckarsulm
> Tel. 07132/2000-0
> Fax 07132/2000-20
> www.aquatoll.de
> info@aquatoll.de
> **Anfahrt:** Neckarsulm liegt an der A 6 Mannheim–Nürnberg, Ausfahrt Neckarsulm
> **Saison/Öffnungszeiten:** Ganzjährig, Mo., Di., Do., Fr. 10–22 Uhr,. Mi., Sa., So. und Feiertage 9–22 Uhr
> **Eintritt:** Verschiedene Preisstaffelungen nach Tagen, Übersicht im Internet.
> Einige Beispiele: Mo.–Fr.
> Erwachsene 1,5 Std. € 5,–,
> Tageskarte € 12,50,
> Mo.–Fr. Kinder (bis 1,10 m) unbegrenzt € 2,–
> **Verpflegung:** Restaurant im Bad

Auto & Technik Museum Sinsheim

Das Auto & Technik Museum Sinsheim ist ein einzigartiges Ausflugsziel für alle Generationen. Die Wahrzeichen des Museums sind die beiden voll begehbaren Überschall-Passagierflugzeuge Concorde und Tupolev 144, die weithin sichtbar auf riesigen Stahlstützen über dem Museumsdach thronen. In den Ausstellungshallen gibt es für jeden etwas zu entdecken: Oldtimer und Motorräder aller Epochen, riesige Dampfloks, Formel-1-Legenden, rassige Sportwagen, haushohe Motoren, Landmaschinen und vieles mehr. Ein interessantes Programm von Fahrzeugtreffen und Sonderausstellungen sorgt für zusätzliche Abwechslung. Ein unvergessliches Erlebnis ist ein Besuch im IMAX 3D Filmtheater, das auf einer gigantischen Leinwand, die so hoch ist wie ein sechsstöckiges Haus, einzigartige dreidimensionale „Filme zum Anfassen" in den Kinosaal zaubert. Das Museum ist 365 Tage im Jahr ab 9 Uhr geöffnet. Informationen zu den Veranstaltungen und zum

IMAX-Filmprogramm gibt es im Internet unter www.technik-museum.de. Preiswerte Pauschalangebote für Kurzreisen mit und ohne Übernachtung finden sich im Internet-Shop www.technik-museum.de/shop.

Wichtig!

Adresse: Auto & Technik Museum Sinsheim Museumsplatz, 74889 Sinsheim
Tel. 07261/9299-0, www.technik-museum.de
Anfahrt: Von der Autobahn A 6 Mannheim–Heilbronn ab Ausfahrt Sinsheim-Süd (33b) der Beschilderung folgen
Öffnungszeiten: Ganzjährig Mo.–Fr. 9–18, Sa./So./Feiertage 9–19 Uhr
Eintritt: Museum: Erw. € 14,–, Kinder (6–14 J.) € 12,–, bis 5 Jahre frei, Museum + IMAX 3D Filmtheater: Erw. € 19,–, Kinder (6–14 J.) € 15,–, bis 5 Jahre € 7,50, Geburtstagskinder (Ausweis) frei
Verpflegung: Museumsrestaurant, Bistro
Übernachten: Übernachtungsmöglichkeiten bietet das 4* „Hotel Sinsheim" an.

Baden-Württemberg

Musikautomaten-Museum Schloss Bruchsal

tärkapelle darstellen. Sie ersetzt annähernd ein 80 mannstarkes Orchester.
Nach dem Rundgang durch das Museum bietet es sich an, durch den Schlosspark zu spazieren.

Musik in allen Ecken! Das klingende Museum im Bruchsaler Schloss ist ein Museum zum Hinhören und Hinschauen.

Es passiert etwas mit den Ausstellungsstücken, und deshalb ist der Besuch äußerst kurzweilig. Da ist zum Beispiel der Kuckuck, der aus der Schwarzwalduhr herausfliegt und seinen Ruf ertönen lässt. Dann ertönt der vielfältige Klang des Orchestrions, der „Musicbox" unserer Urgroßväter. Für die Kinder dürfte es nicht so entscheidend sein, dass mit mehr als 500 Exponaten die Entwicklung der Spielwerke nachgezeichnet wird – ganz toll finden sie es aber, dass der Spieldöschenaffe raucht und ein Stöckchen schwingt. Oder dass Tino Rossi, der lebensgroße Akkordeonspieler, mächtig in die Tasten greift. Einen besonderen Eindruck hinterlässt die große Jahrmarktsorgel „Selection", deren 15 bewegliche Figuren eine Mili-

Wichtig!

Adresse:
Deutsches Musikautomaten-Museum
Außenstelle des Badischen Landesmuseums
Schloss Bruchsal
76646 Bruchsal
Tel. 07251/742652
Fax 07251/742675
www.landesmuseum.de

Anfahrt:
Das Schloss liegt nördlich des Hauptbahnhofs und ist ausgeschildert.

Saison/Öffnungszeiten:
Ganzjährig, täglich von 10–17 Uhr,
montags geschlossen

Eintritt:
Erwachsene € 5,–, Kinder € 2,50
Der Eintritt schließt Historische Schauräume und alle Museen in Schloss Bruchsal sowie eine Führung mit ein.

Verpflegung:
Schlosscafé, Gastronomie in der Nähe

Erlebnispark Tripsdrill

Vor den Toren von Stuttgart liegt Tripsdrill – Deutschlands erster Erlebnispark. Hier warten über 100 originelle Attraktionen für Groß und Klein. Adrenalin pur verspricht die neue Katapult-Achterbahn „Karacho": die Fahrzeuge – liebevoll gestaltet als Hightech-Oldtimer – werden von 0 auf 100 km/h in nur 1,6 Sekunden beschleunigt und wie bei einem Raketenstart auf 30 Meter Höhe katapultiert. Bauchkribbeln ver-

spricht die Holzachterbahn „Mammut" ebenso wie die Achterbahn „G'sengte Sau" oder der Doppelte Donnerbalken. Erfrischung und Abkühlung garantiert das Waschzuber-Rafting. Jede Menge Spaß für die ganze Familie gibt es im idyllischen Mühlental bei der Spritztour für Seefahrer, dem Seifenkisten-Rennen und der Mühlbach-Fahrt. Das neue, wetterfeste Gaudi-Viertel bietet im Inneren grenzenlose Spielmöglichkeiten: Klettern, Rutschen, Softball-Spielen und dazu den knapp 8 m hohen Murmelturm, der sich wie ein Jojo hoch und runter bewegt.

Zum Erlebnispark gehört auch das benachbarte Wildparadies Tripsdrill – mit rund 40 verschiedenen Tierarten. Täglich (außer freitags) können Interessierte die moderierte Fütterung von Wolf, Luchs, Bär & Co. oder die Flugvorführungen in der Falknerei verfolgen. Wald-Erlebnis-, Barfuß-Pfad und Abenteuerspielplatz laden zu Erkundungstouren

ein. Zu viel für einen Tag? Dann bleiben Sie doch einfach über Nacht. Vor dem Wildparadies bieten komfortable Schäferwagen und Baumhäuser eine Bleibe inmitten der Natur.

Wichtig!

Adresse:
Erlebnispark Tripsdrill, 74389 Cleebronn
Tel. 07135/9999, Fax 07135/999666
www.tripsdrill.de, info@tripsdrill.de
Anfahrt: Autobahn A 81 Stuttgart–
Heilbronn, Ausfahrt Mundelsheim.
A 6 Mannheim–Heilbronn, Ausfahrt
Sinsheim–Steinsfurt.
Saison: 12. April bis 2. November 2014
Eintritt: Erw. und Jugendl. (ab 12 J.) € 27,–
Kinder (4–11 Jahre) € 23,–
Senioren (ab 60 J./Ausweisvorlage) € 23,–
Gruppen- und Übernachtungsangebote auf
www.tripsdrill.de

Baden-Württemberg

Hohenlohe

Wenn auch das Hohenloher Land voll von Burgen und Schlössern ist, überregional bekannt wurde nur Götz von Berlichingen, der Ritter mit der eisernen Hand. Ihm zu Gedenken werden jedes Jahr im Sommer die Burgfestspiele von Jagsthausen in der Götzenburg aufgeführt. Der Dichter Eduard Mörike sah Hohenlohe so: „Eine besonders zärtlich ausgeformte Hand voll Deutschland". Bewaldete Höhenzüge reichen bis an die fruchtbaren Weiten der Hohenloher Ebene, offene Flusstäler und eine Vielzahl kleiner Seen prägen das Bild.

Tierpark Öhringen

Klein aber fein! Im 299 Jahre alten Park im Herzen von Öhringen befindet sich seit 1971 ein kleiner Tiergarten. Es ist ein Hofgarten mit Spielplatz und Skulpturen. Man macht dort einen schönen Sonntagsspaziergang, der durch die kleinen Stopps im Tiergarten aufgelockert wird.

Es gibt 35 Tierarten hier, der kleine Park will auch nicht mit den großen Zoos konkurrieren.

Den Rotgesichtsmakaken steht genügend Platz zur Verfügung, um ausgelassen zu toben. Gelassen schauen die Alpka die neugierigen Besucher an. Ein Vogelhaus mit über 100 Exoten, ein Känguru- und Streicheltiergehege vervollständigen die Anlage. Der Eintritt in den Tierpark ist frei, wer noch dazu den Picknickkorb gepackt hat, macht einen sehr schönen „Low-Budget-Ausflug".

Wichtig!

Adresse: Tierpark Öhringen
Hofgarten mit Tiergehege
Stadtverwaltung Öhringen
Am Marktplatz 15, 74631 Öhringen
Tel. 07941/911910
Anfahrt: Der Park befindet sich in der Nähe zur Autobahnausfahrt Öhringen,
A 6 Heilbronn–Nürnberg
Öffnungszeiten/Saison: 7.30–16.30 Uhr
Eintritt: Frei
Verpflegung: Picknick, Gastronomie im Ort
2016: Landesschaugelände

Schwaben-Park Gmeinweiler

Würden Sie gern einmal eine Schimpansenshow sehen? Lieben Sie so spritzige Vergnügen wie Nautic Jet- und Wildwasserfahrten oder Fahrten mit der Bobkart-Bahn? Dann ist der Schwaben-Park in Gmeinweiler die richtige Anlaufstelle

für Sie. Die 600 m lange Zweisitzer-Bob-Kart-Bahn lädt zur fröhlichen Berg- und Talfahrt ein und die Formel-1-Go-Kart-Bahn wurde ins Freie verlegt sowie deren Bahnlänge auf 500 m erweitert. Auch das Angebot an Kinderattraktionen wird vergrößert, neu ist ein Kinder-

Free-Fall-Tower. Beliebt sind auch die „Cracy-Worm"-Familien-Achterbahn und die Haustier-Show. Insgesamt erwarten einen hier rund 70 verschiedene Einrichtungen für Spiel und Spaß pur auf einer Fläche von 150.000 m². Natürlich gibt es auch einen Streichelzoo. Er ist begehbar, so dass man ganz nahe bei den streichelwilligen Vierbeinern sein kann.

Wichtig!

Adresse:
Schwaben-Park Gmeinweiler
73667 Gmeinweiler bei Welzheim
Tel. 07182/936100
Info-Telefon 0180/3232390
www.schwabenpark.com
info@schwabenpark.com
Anfahrt: Zwischen Schwäbisch-Gmünd und Schwäbisch Hall an der „Idyllischen Straße"
Saison/Öffnungszeiten: 27.3.–7.11.12, täglich 9–18 Uhr, Einlass bis 16.30 Uhr. Show-Time: täglich mehrere Shows
Eintritt: Erwachsene ab 12 Jahren € 18,50
Kinder (4–11 Jahre) € 15,50
Geburtstagskinder (Ausweis) frei.
Verpflegung: Picknick, Kiosk, Cafeteria

Karlsruhe

Markgraf Karl III. Wilhelm plagte die Wohnungsnot, denn sein Schloss in Durlach war unbewohnbar geworden. Die neue Residenz Carols-Ruhe gab der Stadt ihren Namen. Von oben betrachtet, ziehen die Straßenzüge Karlsruhes einen fächerförmigen Grundriss – im Traum über den verlorenen Fächer seiner Frau soll der Markgraf städtebaulich inspiriert worden sein. Früher mussten die Bürger der Stadt den Spleens des absolutistischen Herrschers folgen, heute spricht hier das Bundesverfassungsgericht Urteile der letzten Instanz.

Schlossgarten Karlsruhe

Stadt der Gärten! Wer nur einfach einen schönen Nachmittag verbringen möchte, der ist im Schlossgarten an der richtigen Adresse. Es gibt viel Grün und große Liegewiesen, die sich hervorragend zum Ausruhen eignen. Die Eltern legen sich auf die Decke, während die Kids den Abenteuerspielplatz aufmischen. Es lohnt sich auch, die Frisbeescheibe oder einen Fußball einzupacken. An Wochenenden verkehrt eine Minieisenbahn. Nicht weit entfernt sind außerdem der Botanische Garten, der Fasanengarten, die Günter-Klotz-Anlage, der Nymphengarten, die Nottingham-Anlage … Mehr als 800 Parkanlagen machen Karlsruhe zur „Stadt im Grünen".

Wichtig!

Adresse:
Schlossgarten, 76124 Karlsruhe
Weitere Informationen:
Touristinformation Karlsruhe
Tel. 0721/3720-5383
www.karlsruhe-tourism.de
Anfahrt: Öffentliche Verkehrsmittel: Haltestelle „Marktplatz". Auto: Folgen Sie dem Parkleitsystem N, Zentrum-Nord
Saison: Ganzjährig
Öffnungszeiten: Täglich ab 8 Uhr bis zum Einbruch der Dunkelheit
Eintritt: Frei
Verpflegung: Picknick, Café und Restaurant

Zoo und Stadtgarten Karlsruhe

Erlebnisreich! Der Karlsruher Zoo ist einer der ältesten Zoos in Deutschland und liegt als „grüne Oase" mitten im Herzen der Stadt. Es sind nur wenige Meter zum Hauptbahnhof und nur 10 Geh-Minuten zum historischen Markt- und Schlossplatz. Auf dem Weg in die Innenstadt von gärtnerischer Pracht und von 900 Tieren in 130 Arten begleitet zu werden, ist für viele Besucher ein angenehmes und spannendes Erlebnis. Langhalsige Giraffen, Antilopen, Zebras und Strauße sind in der Afrika-Savanne zu beobachten, Katzenarten im Raubtierhaus, Schimpansen und andere Affenarten im Affenhaus sowie Elefanten und Flusspferde im Dickhäuterhaus. Eine Haupt-Attraktion ist der Lebensraum Wasser mit Anlagen für Eisbären, Robben und Pinguine. Durch die Unterwasserscheiben kann man die Tiere hautnah beobachten. Der neue Streichelzoo bietet

direkte Kontaktmöglichkeiten zu Haustieren aus aller Welt. Kinder finden auf dem Abenteuerspielplatz ein weitläufiges Areal zum Spielen und Toben oder zum Fahren mit den Kinderoldtimern. Wer die Ruhe sucht, kann sich beim Freiluft-Schachspiel in den Parkanlagen entspannen. Gondoletta-Boote laden zu einer gemütlichen Fahrt auf den großen Seen ein und Veranstaltungen runden das Angebot ab.

Wichtig!

Adresse: Zoo Karlsruhe
Ettlinger Str. 6, 76137 Karlsruhe
Tel. Kasseninfo: 0721/133-6815
www.karlsruhe.de/Zoo,
office@zoo.karlsruhe.de
Eingänge/Parkplätze: Haupteingänge direkt am Hauptbahnhof und am Festplatz. Parkplätze vorhanden.
Saison/Öffnungszeiten: Ganzjährig, Sommer von 8–18 Uhr, Winter von 9–16 Uhr.
Eintritt: Erwachsene € 6,50, Kinder (6–15 J.) € 3,–, Schüler (über 15 J.)/Stud./Grund-, Wehr- u. Zivildienstleistende € 4,50, Rentner/Pensionäre/Schwerbeh. € 5,50
Verpflegung: Picknick, Kiosk, mehrere Restaurants

Fahrgastschiff „Karlsruhe"

Ausflug auf dem Wasser! Mit dem Fahrgastschiff „Karlsruhe" geht's rheinauf und rheinab, je nach gewünschter Route. Besonders für Kinder zu empfehlen sind die Rundfahrten Nord-, Süd- und 4-Häfen-Rundfahrt.

Es geht vorbei an Altrheinarmen, Auwäldern und kleinen Dörfern, am schönsten ist der Ausblick natürlich bei schönem Wetter vom Sonnendeck. Mehr als fünf Stunden dauert die Fahrt zur Staustufe Iffezheim, Schleusung inklusive. Hier kommen auch technisch Interessierte auf ihre Kosten.

Wer sich einen ganzen Tag gönnen möchte, kann sich für die Speyerfahrt inklusive Aufenthalt entscheiden. Dieser Ausflug dauert ca. 9 Stunden. Zur Beschäftigung der Kinder sollte für die lange Rückfahrt an Spielzeug oder Ähnliches gedacht werden. Ein gewisser Grundstock davon ist auch an Bord vorhanden. Die Fahrten starten von März bis Dezember, die genauen Fahrzeiten finden Sie im Internet.

Wichtig!

Adresse:
Rheinhäfen Karlsruhe
KVVH GmbH Geschäftsbereich Rheinhafen
Werftstraße 2, 76189 Karlsruhe
Tel. 0721/5997424
www.fahrgastschiff-karlsruhe.de

Anfahrt: Die Rheinhäfen liegen am westlichen Ende des Zentrums. Die Anlegestelle ist ausgeschildert. Straßenbahn zum Rheinhafen – vom Stadtzentrum (Marktplatz) – Linie 5

Saison: März–Dezember. Näheres auf der Homepage www.rheinhafen.de.

Vorverkauf: Beispielsweise bei:
Touristinfo, Bahnhofplatz 6
Mo.–Fr. 9–18 Uhr, Sa. 9–13 Uhr, Auskunft auch unter der oben angegebenen Tel.-Nummer.

Fahrpreis: Je nach Fahrt, Bsp. Rundfahrt,
Erwachsene ab ca. € 11,–
Kinder (4–15) € 5,50
Familienkarte € 22,–

Verpflegung: Gastronomie an Bord

Planetarium Stuttgart

mittwochs und freitags auch um 20 Uhr. An den Wochenenden um 16 und 18 Uhr. Wer Licht und Farbe, im Rhythmus der Musik liebt, kommt bei den Laservisionen am Samstag um 19.15 Uhr auf seine Kosten. Sonderveranstaltung.en ,und Fachvorträge werden rechtzeitig im Programmheft oder auf der ,Homepag,e angekündigt. Die Veranstaltungen finden bei jedem Wetter im vollklimatisierten Kuppelsaal statt. Es empfiehlt sich eine rechtzeitige Kartenreservierung auch online möglich, Besuchergruppen ab 20 Personen sollten sich möglichst 3 Wochen vor dem gewünschten Termin anmelden.

Schreiten Sie durch das Tor zum Universum! Ein ausgeklügelter Projektionsapparat zeigt einen naturgetreuen Sternenhimmel, der zusammen mit Erkenntnissen der Astronomie und Raumfahrt erläutert wird. Besonders für Kinder (ab 4 Jahren) hat das P,lanetarium Vorführungen ,im Angebot, in denen altersgerecht über die Vorgänge am Himmel berichtet wird. Samstags und sonntags um 14 Uhr beginnen die Veranstaltungen für junge Sternengucker. Besonderen Spaß macht das Kuppelkino für Kinder, das zusätzlich ins Programm aufgenommen wurde und am Wochenende jeweils um 15 Uhr gespielt wild. Weitere Veranstaltungen für Jug. endliche und Erwachsene laufen von Dienstag bis Freitag um 10 und 15 Uhr,

Wichtig!

Adresse:
Carl-Zeiss-Planetarium Stuttgart
Willy-Brandt-Straße 25, 70173 Stuttgart
Tel. 0711/1629215
Fax 0711/2163912
www.planetarium-stuttgart.de
Anfahrt: Parkplatz an der Willy-Brandt-Straße. Öffentl. Verkehr bis Haltestelle Staatsgalerie.
Öffnungszeiten: Die Kasse öffnet eine Stunde vor den Veranstaltungen. Kartenvorverkauf ist für den jeweiligen Tag möglich.
Eintritt: Erwachsene € 6,–, Kinder, Schüler, Studenten, Zivil- und Wehrdienstleistende, Schwerbehinderte € 4,–. Für die Vormittagsvorführungen gilt generell der ermäßigte Eintrittspreis von € 4,– (auch für Erwachsene). Bei LaserVisionen oder Sphärenklänge gilt generell der Eintrittspreis von € 6,– (auch für Schüler).

Baden-Württemberg

Sensapolis – Fun & Action das ganze Jahr

Ihr seid auf der Suche nach Action und Nervenkitzel? Dann kommt nach Sensapolis! Der Indoor-Freizeitpark auf dem Flugfeld Böblingen/Sindelfingen wartet auf euch! Hier könnt ihr mit Freunden oder eurer Familie einen unvergesslichen Tag erleben. Der Park ist fast ganzjährig geöffnet, voll klimatisiert und wetterunabhängig. Auf den mehr als 10.000 Quadratmetern gibt es unter anderem einen Hochseilklettergarten, 16 Rutschen und ein Raumschiff. Zu den neusten Attraktionen gehört ein Flying Fox mit dem ihr in zwölf Metern Höhe durch die Halle fliegen könnt.

Rennfieber im Sensadrom

Seit kurzem ist Sensapolis um eine spektakuläre Attraktion reicher: eine E-Kartbahn! Hier können motorsportbegeisterte Jugendliche und Erwachsene Vollgas geben. Mit den 22 hochmodernen, umweltfreundlichen Elektrokarts werden mehr als 50 Stundenkilometer erreicht. Gefahren wird in einer rund 2.400 Quadratmeter großen Halle auf drei Ebenen. Auf der neuen Tribüne können Zuschauer Platz nehmen und die Fahrer anfeuern. Rennatmosphäre pur! Tagsüber ist das Sensadrom ausschließlich für Sensapolis-Gäste reserviert. Abends wird die Rennstrecke dann für alle Kart-Begeisterten freigegeben. Weiter Infos unter www.sensapolis.de.

Wichtig!

Adresse:
SENSAPOLIS –
Der Indoor-Freizeitpark für die ganze Familie
Melli-Beese-Straße 1 (Flugfeld Böblingen)
71063 Böblingen/Sindelfingen
Tel. 07031/204853-0
www.sensapolis.de, welcome@sensapolis.de
Anfahrt:
Direkt an der A81 Stuttgart–Singen, Ausfahrten Böblingen/Sindelfingen (Nr. 23) u. Böblingen-Hulb (Nr. 24). Kostenl. Parkplätze.
Öffnungszeiten + Eintritt:
Genaue Informationen zu Öffnungszeiten, Eintrittspreisen und Ermäßigungen unter www.sensapolis.de.

Der SchokoLaden in Waldenbuch

Herzlich willkommen in der Welt der bunten Quadrate! Verbringen Sie einen abwechslungsreichen Tag bei RITTER SPORT in Waldenbuch.

SCHOKO**AUSSTELLUNG**

Hier erfahren Sie Interessantes und Wissenswertes rund um die Schokolade. Lernen Sie die Marke RITTER SPORT noch besser kennen und tauchen Sie ein in die 100jährige Geschichte des Familienunternehmens – unterhaltsam präsentiert zum Anschauen, Anfassen und Mitmachen. Woher kommen eigentlich der Kakao und die anderen leckeren Zutaten? Reisen Sie mit uns in die Anbauländer unserer Rohstoffe.

SCHOKO**SHOP**

Stöbern Sie in unserem vielfältigen Sortiment – günstige Angebote und eine umfangreiches Auswahl an RITTER SPORT Artikeln für Freizeit, Sport und Spiel.

SCHOKO**WERKSTATT**

Hier werden Schokoladenträume wahr! In unserer SCHOKO**WERKSTATT** können Schokofans zwischen 7 und 18 Jahren ihre ganz eigene Schokolade herstellen und die dazu passende Wunschverpackung gestalten. Im Workshop wird außerdem anschaulich erklärt wie aus bitteren Kakaobohnen leckere Schokoquadrate entstehen.

In unserem von Max Dudler gestalteten Museumsbau gehen Kunst, Schokolade und Natur eine einzigartige Verbindung ein: **MUSEUM RITTER** und die **Welt der Ritter SPORT Schokolade**.

MUSE UM RI TTER

Wichtig!

Adresse und Anfahrt:
RITTER SPORT SCHOKO**LADEN** und **MUSEUM RITTER**
Alfred-Ritter-Str. 27, 71111 Waldenbuch
Anfahrt siehe Homepages:
www.ritter-sport.de; www.museum-ritter.de
Öffnungszeiten: RITTER SPORT SCHOKO-**LADEN:** SCHOKOAusstellung & SCHOKO-Shop: Mo.–Fr. 8–18.30 Uhr, Sa. 9–18 Uhr, So. 11–18 Uhr, (geöffnete Sonn- u. Feiertage siehe www.schokoladen.de)
SCHOKOWerkstatt: Termine über Buchungstool www.schokowerkstatt.ritter-sport.de
Eintritt: SCHOKO**LADEN** frei
Öffnungszeiten: MUSEUM RITTER
Di.–So. 11–18 Uhr, kostenlose Führungen an jedem Samstag, Sonn- und Feiertag um 15.30 Uhr. Führungsbuchung für Gruppen unter Tel. 07157/53511-40
Eintritt: € 6,–/ermäßigt € 4,–
Verpflegung: Museums-Café Mo.–So. 9–19 Uhr (März–Sept.) und 9–18 Uhr (Okt.–Feb.) durchgehend geöffnet. Reservierung unter Tel. 07157/538169

Wilhelma Stuttgart

Kein Zoo im herkömmlichen Sinn, sondern der einzige zoologisch-botanische Garten Europas – das ist die Wilhelma in Stuttgart: Dank ihrer Kombination aus Tier- und Pflanzenwelt, historischer und moderner Architektur gibt es ganzjährig viel zu entdecken. Über 9.000 Tiere in mehr als 1.000 Arten sowie rund 7.000 Pflanzenarten erwarten die Besucher. Berühmt ist das Aquarienhaus. Hier leben Arten aus allen Gewässern der Welt: Nordsee und Neckar, Mittelmeer und Mekong, Kongo und Barriere-Riff. Zum Haus gehört auch ein großer Terrarienbereich mit Krokodilhalle. Stets faszinierend ist ein Besuch

im neuen Affenhaus, bei Bonobos und Gorillas. Natürlich gibt es auch große Säugetiere wie Elefanten, Giraffen, Tiger und Bären in der Wilhelma. Im Amazonienhaus herrscht ganzjährig Tropenklima. Hier sehen die Besucher in einem nachgebildeten Regenwald Pflanzen und Tiere aus dem Amazonasgebiet. Ein Fenster erlaubt Einblicke in dessen Unterwasserwelt: In zwei verbundenen Bassins tummeln sich in insgesamt 100.000 Litern Wasser Kaimane, Schildkröten und riesige Fische. Brillenträger aufgepasst: Hier bleibt kein Glas trocken!

Wichtig!

Adresse:
Wilhelma
Zoologisch-Botanischer Garten
Wilhelma 13 (Eingang Neckartalstraße)
70376 Stuttgart Bad Cannstatt
Tel. 0711/5402-0, Fax 5402-222
www.wilhelma.de, info@wilhelma.de
Anfahrt:
Die Wilhelma befindet sich nahe des Bahnhofs Bad Cannstatt und ist mit öffentlichen Verkehrsmitteln zu erreichen.
Saison/Öffnungszeiten:
Ganzjährig, täglich morgens ab 8.15 Uhr bis Einbruch der Dunkelheit, höchstens aber bis 20 Uhr, geöffnet.
Infos zu Fütterungszeiten, Tierpflegersprechstunden und zu Angeboten wie Führungen etc. gibt es unter www.wilhelma.de
Eintritt:
Erwachsene € 14,–
Kinder (6–17 J.) und Schüler/Studenten € 7,–
Familienkarte ab € 21,– (Stand März 2014)
Gruppentarife, Abendtarif ab 16 Uhr sowie preisgünstigerer Wintertarif von 1.11.–28.2.
Verpflegung:
2 Restaurants, 1 Bistro, Kiosk sowie ein Shop

Baden-Württemberg

Nördlicher Schwarzwald

Wer hier in den Höhenzügen des nördlichen Schwarzwaldes wohnt, der ist – überspitzt gesagt – entweder Pendler oder Pensionär. Die Region hat zwar Natur im Überfluss zu bieten, kaum aber nennenswerte Industrieansiedlungen. Schön für Touristen, die nicht selten genau so empfinden wie Hermann Hesse, der in seinem Roman „Unterm Rad" über die Umgebung des Städtchens Nagold schrieb: „So müssen Sommerferien sein. Über den Bergen ein enzianblauer Himmel, wochenlang ein strahlend heißer Tag am andern!"

Spa „aqua viva"

Das Hotel „Grüner Wald" bietet für Wellnessfans genau das Richtige: das Spa „aqua viva". Hier können Sie sich in der finnischen Blockhaussauna bei 90 °C entspannen oder im mediterranen Dampfbad dem Alltag entfliehen. Die anschließende Dusche im Eisnebel bringt einen wieder auf Trab. Oder Sie betätigen sich im Fitness- und Kommunikationsraum. Wer sich lieber im kühlen Nass erfrischt, für den steht das Hallenbad zur Verfügung. Ein Sanarium mit Kristalllicht, ein Solarium und das Kosmetikstudio vervollständigen das Angebot. Das Hotel liegt inmitten von Wiesen und Wäldern. Es wurde mit 4 Wellness-Stars zertifiziert.

Wichtig!

Adresse:
Hotel Grüner Wald
Kinzigtalstr. 23
72250 Freudenstadt-Lauterbad im Schwarzwald
Tel. 07441/86054-0, Fax 07441/86054-25
www.gruener-wald.de
hotel@gruener-wald.de
Anfahrt: Lauterbad ist ein südlicher Ortsteil von Freudenstadt, das Hotel ist ausgeschildert.
Saison: Ganzjährig
Preise: Je nach Arrangement, auf Anfrage
Verpflegung: Café, Restaurant, Hotel/Übernachtung. Umfangreiches Frühstücksbuffet und im Rahmen der Verwöhnpension ein kleines Lunchbuffet und am Abend 4 Auswahlmenüs, bestehend aus 5 Gängen, einmal wöchentlich ein kalt-warmes Buffet oder Galamenü.

Südlicher – Hochschwarzwald

Dicht bewaldet erstreckt sich der Schwarzwald mit seinen schönen grünschwarzen Tannentälern vom Hochrhein im Süden bis zum Kraichgau im Norden. Hier wurde 1730 vom Uhrmacher Franz Anton Ketterer aus Schönwald die Kuckucksuhr erfunden, die Tag für Tag in den Häusern der Schwarzwälder und vielen schönen touristischen Uhrenläden tickt, Schwarzwald-Ikone und Kitsch zugleich.

Der Hochschwarzwald – Die Ferienregion

Der Hochschwarzwald bietet auf einer Höhenlage zwischen 700 und 1500 Metern wunderschöne Natur, romantische Dörfer, Ruhe und Erholung sowie kulinarische Höhepunkte. Zahlreiche Baudenkmäler wie Kapellen, traditionelle Schwarzwaldmühlen, Türme, Kirchen und Klöster laden zum Entdecken und Verweilen ein. Prädikatisierte Wanderwege, Themen- und Erlebnispfade sowie sonnige Panoramawege bieten Wanderfreunden auf unterschiedlichen Längen und Schwierigkeitsgraden ein einzigartiges Naturerlebnis. Hochromantisch können Sie die Winterlandschaft bei einer gemütlichen Pferdeschlittenfahrt oder bei dem jährlich stattfindenden Weihnachtsmarkt in der Ravennaschlucht genießen. Ob eine Entdeckungsreise mit Schneeschuhen durch die unberührte Natur, rasante Abfahrten mit dem Rodel, Winterwandern durch die tief verschneite Landschaft oder die Gipfel mit Ski oder Snowboard erstürmen – im Hochschwarzwald findet jeder sein persönliches Urlaubserlebnis. Die Hochschwarzwald-Card ermöglicht die kostenlose Nutzung von mehr als 70 Freizeitangeboten in der Region. Vom Skilift über die Schifffahrten auf Titisee und Schluchsee bis zum Freizeitpark und Golfplatz – alles erhalten Sie ohne zu zahlen. Auf Einladung unserer Gastgeber! Die Hochschwarzwald-Card, unser „Cleverle-Paket", ist erhältlich ab 2 gebuchten Übernachtungen bei einem von mehr als 280 Hochschwarzwald-Gastgebern. Weitere Informationen unter www.hochschwarzwald.de/card.

Wichtig!

Adresse und Anfahrt:
Hochschwarzwald Tourismus GmbH, Freiburgerstr. 1, 79856 Hinterzarten
Tel. 07652/12068251 Fax 07652/12068921
www.hochschwarzwald.de

Wellness- und Gesundheitszentrum Solemar

Baden und Erholen! Das Wellness- und Gesundheitszentrum Solemar ist schon aufgrund seiner imposanten Architektur eines der schönsten Bäder in ganz Deutschland. Mehrfach preisgekrönt, präsentiert es sich mit seinen Kuppeldächern – einer Konstruktion aus Holz und Glas, die der Feder desselben Architekten entstammen, der schon das Münchner Olympiastadion entworfen hat. Das Solemar bietet eine Vielzahl von gesunden Attraktionen auf insgesamt 12.000 m². Dazu zählen eine Erlebnis- und Badelandschaft, u. a. mit 13 Becken mit unterschiedlicher Wassertemperatur, Whirlpools, Quellsprudler, Sole-Geysir, Solegrotte und Kneippanlagen. Ebenso stehen ein großer Solarienpark und eine Sonnengalerie zur Verfügung. Auch ein therapeutisches Fitnesscenter sowie ein großes Therapie- und Rehazentrum zählen zur Einrichtung. Besonderes Highlight ist die thematisch perfekt ausgestattete „Schwarzwald-Sauna". Die urige Schwarzwaldmühle im Freibereich, die einem Original von 1777 nachempfunden wurde, beherbergt zwei große komfortable Saunen und bietet eine erfrischende Dusche nach dem Saunabad unter dem mächtigen Mühlrad. Kennzeichnend ist die großzügige Gesamtanlage auf 3.200 m² mit hochmodernen Einrichtungen, gemütlichen Stuben und insgesamt sechs Saunakabinen und einem Dampfbad. Stilvoll abgerundet werden Therme und Sauna von einem umfassenden Well-nessangebot mit Mas-

sagen, Wohlfühlbädern, Kosmetik und vielem mehr im Wellness-VitalCenter und der entspannenden Totes-Meer-Salzgrotte.

Wichtig!

Adresse:
Wellness- und Gesundheitszentrum Solemar
Huberstraße 8, 78073 Bad Dürrheim
Tel. 07726/666292, Fax 07726/666324
www.solemar.de, info@solemar.de
Saison: Ganzjährig geöffnet
Öffnungszeiten*:
Therme: Täglich 9–22 Uhr, Fr. 9–23 Uhr
Sauna: Mo.–Do. 10–22 Uhr, Fr. 10–23 Uhr
Sa., So. und an Feiertagen 9–22 Uhr
(Di. ist Damensauna, außer an Feiertagen und in den Weihnachts- und Fasnachtsferien)
Totes-Meer-Salzgrotte: Mo.–Fr. 9–19 Uhr
Sa. + So. und an Feiertagen 10–16 Uhr
Klangschalentermine: Di. + Do. 14 Uhr
(Terminreservierung erforderlich)
Bad Dürrheimer VitalCenter:
Mo.–Sa. 10–21 Uhr, Fr. 10–22 Uhr
So. und an Feiertagen 10–19 Uhr
(Terminreservierung erforderlich)
Eintritt*:
Therme: Erw. 3 Std. € 11,90 / Tag € 13,50
Sauna: Erw. 4 Std. €14,50 / Tag € 16,50
Kombi: Erw. 4 Std. € 16,90 / Tag € 18,50
Totes-Meer-Salzgrotte: Erw. € 9,–
*Stand 1/2014, Änderungen vorbehalten

Europa-Park in Rust bei Freiburg

Einzigartige Momente für die ganze Familie bietet Deutschlands größter Freizeitpark. Die Besucher können sich auf über 100 Attraktionen, fantastische Shows und 13 verschiedene europäische Themenbereiche auf mehr als 94 Hektar freuen. In Portugal wartet Atlantica SuperSplash mit einem tiefen Sturz ins kühle Nass, während der „blue fire Megacoaster powered by GAZPROM" im Isländischen Themenbereich mit Thrill-Elementen fasziniert. In Frankreich befindet sich das zur neuen Großattraktion passende Kinoerlebnis „Arthur 4D" im Magic Cinema 4D, während nebenan alle Achterbahnfans bei einer Fahrt mit der „Eurosat" oder „Silver Star" auf ihre Kosten kommen. Außerdem lockt eine rasante Fahrt durch einen reißenden Wildbach im skandinavischen „Fjord-Rafting", während die Youngstar-Achterbahn „Pegasus" mit einer Reise durch das antike Griechenland wie für kleine Helden gemacht

ist. Für all diejenigen, die es lieber etwas besonnen mögen, werden unvergessliche Träume bei einem einzigartigen Showprogramm mit Varieté, Eisshow und Kindertheater wahr. Aus Ameisen werden Elefanten, Grashalme sind so hoch wie Wolkenkratzer und Bienen machen jedem Düsenjet Konkurrenz – „Arthur – Im Königreich der Minimoys", die aufwändigste Indoor-Attraktion in der Geschichte des Europa-Parks, versteckt sich unter einer riesigen, 15 Meter hohen Kuppel. Im Königreich der Minimoys wird die Natur zum großen Abenteuer. Der Europa-Park entführt 2014 in einen Mikrokosmos der Superlative.

Wichtig!

Adresse und Anfahrt:
Europa-Park GmbH & Co. Mack KG
Europa-Park-Straße 2
77977 Rust bei Freiburg
Info-Line 07822/776688 (14 Cent/Min. aus d. dt. Festnetz, Mobilfunk max. 42 Cent/Min.)
www.europapark.de, info@europapark.de
Saison/Öffnungszeiten:
Sommersaison: 5. April–2. November 2014, täglich 9–18 Uhr (ggf. längere Öffnungszeiten in der Hauptsaison)
Eintritt:
Erwachsene € 41,–, Kinder (4–11 J.) € 36,–, Kinder bis 3 Jahre frei, Gruppen ab 20 Pers. € 35,–/p. P. (Andere Winterpreise)
Weitere Informationen siehe Homepage.

Baden-Württemberg

Badeparadies Schwarzwald in Titisee

Sehnen Sie sich nach Wärme und Geborgenheit? Entfliehen Sie dem Alltag und erleben Sie wohltuende und entspannende Augenblicke im BADE-PARADIES SCHWARZWALD in Titisee-Neustadt. Die einmalige Palmenoase (Zutritt ab 16 Jahren) verspricht mit ihren 180 echten Palmen Karibikfeeling pur und bietet Ihnen Ruhe und Erholung.

In den Quellen der Gesundheit spüren Sie die gesundheitsfördernde Wirkung des Toten-Meer-Salzes sowie des Clacium und Lithiums – Eine wahre Wohltat für Körper und Seele.

Die Wellnessoase (Zutritt ab 16 Jahren – textilfrei) verspricht mit vier thematisierten Saunen ein intensives Verwöhnerlebnis. Die Vital-Poolbar „Wellness Lounge" ist seit Oktober 2013 mit Zink und Selen angereichert, um die geistige und körperliche Leistungsfähigkeit sowie das persönliche Wohlbefinden zu steigern. Im GALAXY SCHWARZWALD (bestes Erlebnisbad Deutschlands 2013-Parkscout Award) können sich Jung und Alt das Wasser auf 18-Hightech-Rutschen inklusive der weltgrößten Edelstahl-Halfpipe oder im einzigartigen Wellenbad um die Nase spritzen lassen.

Wichtig!

Adresse:
Badeparadies Schwarzwald TN GmbH
Am Badeparadies 1
79822 Titisee-Neustadt
Servicehotline (kostenfrei): 008000/4444333
info@badeparadies-schwarzwald.de
Öffnungszeiten:
365 Tage im Jahr
Eintritt:
Informationen unter:
www.badeparadies-schwarzwald.de

arena geisingen

Die ganzjährig geöffnete arena geisingen ist Deutschlands erste Inlineskating Halle. Das Mekka des deutschen Inline Skatings bietet für Besucher jeden Alters und Könnens ein tolles Freizeitangebot. Besonders Familien profitieren von äußerst attraktiven Angeboten die Spaß machen und die nötige Erholung bieten. Wer mit den eigenen Kids beim Hockey punkten möchte oder einen tollen Familienspaß erleben möchte, der kommt hier voll auf seine Kosten.

Bei schönem Wetter lädt der Biergarten mit dem angeschlossenen Straßenkurs rund um einen See zur Freiluftbetätigung ein. Das arena trainer team bietet Bremstechnikkurse an und sorgt für die nötige Animation. Sie können auch ein Privattraining oder Ihren Kindergeburtstag bei uns buchen. Die Inlineskates, Helm und Knieschutz kann man entweder selber mitbringen oder für kleines Geld gleich vor Ort ausleihen. Und wer über's Wochenende bleiben möchte, findet im Gästehaus Doppel- und Mehrbettzimmer für Familien oder Kleingruppen.

Ein sehr schönes Bistro liegt direkt an der Bahn, von dem man das bunte Treiben beobachten kann. Im Sommer Biergartenbetrieb mit Beachvolleyballfeld und Slackline.

Getränke und kleine Gerichte sorgen für Stärkung, bevor es dann wieder heißt: „Auf zu neuen Runden".

Wichtig!

Adresse:
arena geisingen GmbH
Am Espen 16, 78187 Geisingen
Tel. 07704/923398-0
www.arena-geisingen.de
info@arena-geisingen.de
Anfahrt: A81 Stuttgart Richtung Bodensee, Ausfahrt „Geisingen" oder über die B31 von Freiburg und Tuttlingen.
Öffnungszeiten:
arena bahn: Di.–Sa. ab 9.30 Uhr, So. ab 10.30 Uhr, Mo. Ruhetag. Bahnbenutzung bis mind. 22 Uhr. Beleuchteter Straßenkurs, ganzjährig geöffnet. arena bistro: Mo. Ruhetag, Di./Do./Fr. ab 17.00 Uhr, Mi. ab 14.00 Uhr, Sa./So. ab 11.30 Uhr.
Eintritt: Erwachsene € 7,–, Kinder (ab 6 Jahre) € 4,–, Stud./Wehrpfl./Rentner € 5,–, Familien 25% Rabatt auf den Einzelpreis (ab der 4. Person); Gruppen (ab 10 Pers./ p. P.) Erwachsene € 6,30, Kinder € 3,50
Verpflegung/Übernachtung: Bistro und Biergarten. arena gästehaus: Erw. € 15,–, Kinder € 12,–, Frühstück € 5,–.

Schwäbische Alb

Es ist nicht immer leicht, mit den Bewohnern dieses Landstriches Kontakt aufzunehmen. In der Gegend von Zwiefalten wird ein so breites Schwäbisch gepflegt, dass selbst bekennende Dialektsprecher Mühe haben, es zu verstehen. So kamen einst Landvermesser vom Dorf Pflummern ins nächste und erkundigten sich dort nach dem Ortsnamen. „Upflamör" verstanden die Fragenden, gemeint war aber Oberpflummern. Heute heißt der Ort auf allen Karten „Zwiefalten-Upflamör".

Urwelt-Museum Hauff in Holzmaden

Urwelt wird lebendig! Die Gegend rings um den Ort Holzmaden/Teck am Fuße der Schwäbischen Alb ist weltbekannt als Fundgebiet für Fossilien aus den Posidonienschiefern – Meeresablagerungen, die vor 180 Millionen Jahren am Grund des Jurameeres entstanden sind. Im Urwelt-Museum Hauff sind auf 1.000 qm Ausstellungsfläche mehr als 400 Präparate aus diesen Schichten zu besichtigen. Die Sammlung umfasst Ichthyosaurier, Plesiosaurier, Krokodile, Flugsaurier, Fische und zahlreiche wirbellose Tiere. Lebensgroße Dinosaurier, lehrreiche Schaubilder und die Filmvorführung „Lebendige Urwelt" machen den Museumsbesuch zu einem spannenden und unvergesslichen Erlebnis.

Wichtig!

Adresse: Urwelt-Museum Hauff
73271 Holzmaden
Tel. 07023/2873, Fax 07023/4618
www.urweltmuseum.de
hauff@urweltmuseum.de
Anfahrt: Über die A 8 Stuttgart–München, Ausfahrt Aichelberg, dort ausgeschildert.
Saison: Ganzjährig. Führungen nur auf Voranmeldung.
Öffnungszeiten: Di. bis So. 9–17 Uhr, montags und an folgenden Feiertagen geschlossen: 24./25.12., 31.12. und 1.1. Sollte ein Feiertag auf einen Montag fallen, ist das Museum an diesem Tag geöffnet.
Eintritt: Erwachsene € 7,–
Schüler, Studenten € 4,–
Kinder ab 3 Jahren € 2,–
Schulklassen bitte voranmelden.
Verpflegung: Cafeteria

Burg Hohenzollern Hechingen

Kaiser Wilhelm II. sagte einst über dieses Ausflugsziel: „Die Aussicht von der Burg Hohenzollern ist wahrlich eine weite Reise wert." Das Haus Hohenzollern wurde in Aufzeichnungen aus dem Jahr 1061 zum ersten Mal geschichtlich erwähnt und machte dann über Jahrhunderte eine bewegte Geschichte von Zerstörung, Wiederaufbau und Erneuerungen durch. Die Burganlage in ihren heutigen imposanten Ausmaßen wurde ab 1850 von Kronprinz Friedrich Wilhelm von Preußen geschaffen. Die Anlage besteht aus einem vieltürmigen Schloss und Wehranlagen, die ein Meisterwerk der Kriegsbaukunst des 19. Jahrhunderts darstellen. Heute ist die Burg touristischer Anziehungspunkt in der Region. 22 interessante und gepflegte Stationen können während eines Rundgangs besichtigt werden, z. B. der Grafensaal, die Bibliothek, der Blaue Salon, der Burggarten etc. Auch ist die Burg heute ein gern besuchter Ort wegen der vielfältigen Veranstaltungen, die während des Jahres stattfinden.

Wichtig!

Adresse:
Burg Hohenzollern
72379 Burg Hohenzollern
www.burg-hohenzollern.com
info@burg-hohenzollern.com
Anfahrt: Die Burg Hohenzollern liegt oberhalb von Hechingen, zwischen Stuttgart und dem Bodensee. Über die A 81 Stuttgart-Singen, Ausfahrt Empfingen) oder die B 27, Ausfahrt Burg Hohenzollern.
Öffnungszeiten: 16. März bis 31. Okt.: 10.00–17.30 Uhr und 1. Nov.–15. März: 10.00–16.30 Uhr. Ausnahmen: 24. Dezember geschlossen; 31. Dez. bis 15 Uhr geöffnet; 1. Jan. ab 11 Uhr geöffnet.
Eintritt: Burganlage ohne Innenräume € 5,– Burganlage & Führung Schlossräume Erwachsene € 10,–
Reisegruppen ab 20 Personen, Schwerbehinderte, Rentner, Schüler ab 14 Jahren, Studenten, Wehrpflichtige (gegen Vorlage des Ausweises) € 8,–
Verpflegung: Kiosk, Café-Restaurant

Traumland Bärenhöhle

Höhlenerlebnisse!
Das Traumland
auf der Bärenhöhle
in Sonnenbühl-Erpfingen ist seit jeher
eines der Hauptausflugsziele dieser
Region. Das Konzept
ist wirklich familiengerecht: Weil der Besuch einer Höhle nur
für begrenzte Zeit interessant ist, wurde
auf dem Gelände
über der Höhle ein
Freizeitpark eröffnet.
Wer sich seinen Weg
durch die Höhle mit

den Bärenskeletten gebahnt und auch
die Tropfsteininformationen ausgiebig
betrachtet hat, kann anschließend die
Zeit im Freizeitpark verbringen. Da lassen sich auch die Erwachsenen mal wieder von Märchenfiguren verzaubern.
Machen Sie eine Rundfahrt mit Oldtimer und Eisenbahn oder betrachten Sie
das Traumland aus luftiger Höhe vom
35 m hohen Riesenrad! Ein besonderes
Erlebnis für Groß und
Klein sind das Pony-
Reiten, Oldtimer-
Fahrt, die Marienkäferbahn,
die Eisenbahn,
das Riesenrad,
Riesenrutsche,
Raupenbahn,
Kettenflieger.
Neu 2014 : Mini-
Wildwasserbahn.

Wichtig!

Adresse: Freizeitpark Traumland GbR
Auf der Bärenhöhle
72820 Sonnenbühl-Erpfingen
Tel. 07128/2158
Fax 07128/1360
www.freizeitpark-traumland.de
Anfahrt: Über die B313, in Haid Richtung
Sonnenbühl, dann ausgeschildert. Siehe
auch Routenplaner auf der Park-Homepage
für die indiv. Anreise
Saison/Öffnungszeiten: Anfang April bis
Mitte September täglich 9.30–18 Uhr,
Mitte September bis 1. November täglich
9.30–17 Uhr.
Eintritt: Erwachsene und Jugendl.
ab 12 Jahren € 12,50
Kinder (3–11 J.) € 11,50
Kinder unter 3 Jahren und
Geburtstagskinder frei (gegen Nachweis)
Verpflegung: Picknick, Kiosk, Cafeteria

Museum Ravensburger

Gemeinsam Faszinierendes erleben. Im Museum Ravensburger gehen Besucher auf eine interaktive Entdeckungsreise durch die Geschichte und Gegenwart des Unternehmens mit dem blauen Dreieck. Über drei Stockwerke führt die 1.000 m² große Ausstellung und gibt spannende Antworten: Wie entsteht ein Spiel? Wieso passt bei Puzzles immer genau ein Teil zum anderen? Wie wird ein Buch gemacht? Kinder und Jugendliche entdecken das Museum Ravensburger mit der tiptoi® Museums-Rallye ganz spielerisch: Der orangefarbene Stift erzählt in jedem Raum Wissenswertes und stellt Quizfragen. Wer genug Zeit einplant, kann nach seinem Rundgang in der Spiel- und Leselounge schmökern und spielen. Das Stammhaus des Spiele- und Buchverlags, das zu den ältesten Patrizierhäusern der Stadt Ravensburg zählt, liegt mitten in der historischen Altstadt.

Wichtig!

Adresse:
Museum Ravensburger
Marktstraße 26
D-88212 Ravensburg
Telefon 0751/861377
www.museum-ravensburger.de
museum@ravensburger.de

Anfahrt:
Ravensburg Innenstadt

Öffnungszeiten:
Täglich ab 10.00/11.00–18.00 Uhr, montags Ruhetag, in den Ferien (Baden-Württemberg) montags geöffnet.

Eintritt:
Erwachsene (ab 15 Jahre) € 6,50
Kinder (3–14 Jahre) € 4,50
Ermäßigt € 5,50
Familienticket € 18,–

Verpflegung:
Mitten in der Altstadt Ravensburg Cafés und Restaurants

Freizeitpark Ravensburger Spieleland

Abenteuer, Spiel und Action für die ganze Familie!

Im Freizeitpark zwischen Ravensburg und Bodensee erlebt die ganze Familie unvergessliche gemeinsame Momente: beim memory® Flug abheben, mit dem Nilpferd in die Wasserbahn steigen oder mit Käpt'n Blaubär auf Abenteuerfahrt

gehen. In **sieben Themenwelten** gibt es mehr als **60 Attraktionen** zu entdecken!

Das Mitmach-Konzept des Spielelands geht schon bei den Jüngsten

los. Bereits 3-jährige entdecken in Begleitung ihrer Eltern auf der Traktorfahrt gemeinsam Hopfen und Mais oder löschen beim Feuerwehrspiel zusammen das brennende Haus. Alpin-Rafting, Fix & Foxi-Raketenblitz, Turboboote & Co. bieten Action und Abenteuer für Kinder ab 8 Jahren und für mutige Mamas, Papas, Omas und Opas.

Neu 2014: Trefft den Star aus der „Sendung mit der Maus". Auf geht's zu einem aufregenden Höhenflug in der neuen Familienattraktion "Hier kommt die Maus!"

Wichtig!

Adresse:
Freizeitpark Ravensburger Spieleland
Am Hangenwald 1
88074 Meckenbeuren/Deutschland
Tel. 07542/400-0
Fax 07542/400-101
www.spieleland.de
spieleland@ravensburger.de

Anfahrt:
Der Freizeitpark liegt zwischen Ravensburg und Bodensee.

Saison:
12. April – 2. November 2014
täglich ab 10 Uhr, außer an Ruhetagen.
Mehr Infos unter www.spieleland.de.

Eintritt:
Erwachsene (ab 15 Jahren) € 27,50
Kinder (3–14 Jahren) € 25,50
Familien-Ermäßigung (ab 3 Kindern)
– 5,– €/p.P.
Weitere Tarife für Gruppen, Schulklassen.

Verpflegung:
Restaurant Grüne Oase, Seerestaurant,
Hein Blöds Dummfischbude, mehrere Kioske

Region Bodensee

As das erste Menschenpaar das Paradies verlassen musste, da weinte der liebe Gott eine dicke Träne. Sie fiel mitten in einen der schönsten Landstriche, die er geschaffen hatte: zwischen dem schweizerischen Thurgau und dem Schwabenland. So entstand der Bodensee, erzählt es eine Sage. Der See ist ein beliebtes Reiseziel, das jede Menge Möglichkeiten für einen familienfreundlichen Urlaub bietet. Mit seinem mediterranen Klima zieht er jedes Jahr Millionen von Touristen an.

Affenberg Salem

Affen selber füttern! In einem fast 20 ha großen Freigehege tummeln sich über 200 Berberaffen. Der Besucher ist gleichsam Gast im Heimgebiet dieser aufgeweckten Tiere und erlebt sie wie in freier Natur. Durch das Fehlen von trennenden Gittern oder Gräben und die Möglichkeit, den Affen gratis ausgeteiltes, speziell zubereitetes Popcorn zu verfüttern, entsteht ein hautnaher Kontakt. Damit sind ideale Bedingungen zum Fotografieren und Filmen gegeben. Im Eintrittspreis inbegriffen ist auch der Besuch des Storchenweihers mit den freifliegenden Störchen und den nach Brot schnappenden Karpfen. Eine gemütliche Hofschenke, ein Kinderspielplatz sowie ein Kiosk mit vielen schönen Andenken runden das Affenberg-Vergnügen ab.

Wichtig!

Adresse:
Affenberg Salem
88682 Salem
Tel. 07553/381
www.affenberg-salem.de
Anfahrt: Ab Überlingen Richtung Salem, nach dem kleinen Dörfchen Tüfingen rechts abbiegen. Von Salem am Schloss vorbei Richtung Überlingen. Vor Tüfingen links abzweigen.
Öffnungszeiten:
15.3.–25.10.14: Täglich 9–18 Uhr
26.10.–2.11.14: Täglich 9–17 Uhr
Letzter Einlass 1/2 Stunde vor Schließung.
Eintritt: Erwachsene € 8,50, Kinder (6–15 J.) € 5,50, Familienkarte € 22,– sowie Gruppen- und Ermäßigungstarife
Verpflegung: Hofschenke, Kiosk

Baden-Württemberg

Wild- und Freizeitpark Allensbach

Der Action-Park am Bodensee. Mit dem Nautic-Jet aus acht Metern Höhe ins Wasser schanzen oder mit dem Kettcar über die Kart-Piste heizen – im Wild- und Freizeitpark Allensbach ist Action angesagt. Zahlreiche Attraktionen sorgen für jede Menge Spaß und pure Action.

Ein megagroßes Hüpfkissen lädt zum Springen, Saltos schlagen und Toben ein. Auf der Riesenrutsche geht's mit Karacho nach unten – ein Spaß für Groß und Klein. Im Indoorspielbereich „Wilde Kiste" ermöglichen die Rollenrutsche sowie ein Kleinkindbereich wetterunabhängige Action. Die neueste Attraktion im Park ist der „Überflieger". In dieser 8,50 m hohen Überschlagschaukel bestimmen die beiden Insassen per Joystick Richtung und Geschwindigkeit selbst! Da sind turbulente Runden garantiert.

Großen Spielspaß bietet auch das aus natürlichen Materialien bestehende,  rund 1200 m² Klettercamp mit Schaukelnetz, Hangelwald, Kletterturm und Kletter-Parcours. Im Wild- und Freizeitpark Allensbach können Kinder bei Spiel, Spaß und Action in freier Natur ordentlich Gas geben. Mit seiner nahezu einzigartigen Kombination aus Naturerlebnis und Spielspaß ist der Wild- und Freizeitpark Allensbach ein ideales Ausflugsziel für die ganze Familie. Ob Entdecker oder Abenteurer, Naturliebhaber oder Tierfreund – es ist für jeden etwas dabei!

Und weil schöne Erlebnisse hungrig und durstig machen, stillt die Wildparkgastronomie mit SB-Snacks in der Wildparkhalle oder gutbürgerlicher Küche im Landgasthaus Mindelsee großen und kleinen Hunger. Wer eigenen Proviant mitbringt, findet zudem sicher ein schönes Plätzchen für eine Rast oder nutzt die Grillplätze im Park.

Wichtig!

Adresse: Wild- und Freizeitpark Gemeinmärk 7, 78476 Allensbach Tel. 07533/931619 www.wildundfreizeitpark.de
Anfahrt: Der Ortsteil Gemeinmärk liegt zwischen Allensbach und Markelfingen oberhalb der B 33. Man erreicht ihn ab Allensbach über Kaltbrunn.
Öffnungszeiten: Ganzjährig geöffnet. Mai–September täglich 9–17 Uhr, Oktober–April täglich 10–17 Uhr. Parkaufenthalt nach Kassenschluss bis 19.30 Uhr möglich.
Eintritt: Sommerpreise: Erwachsene € 9,–, Kinder (4–16 J.) € 7,–. Witterungsbedingt eingeschränkter Spiel- und Falknerbetrieb.
Verpflegung: Restaurant, Kiosk, Picknick

Baden-Württemberg

Seepark-Golf – Deutschlands verrückteste Golfanlagen

Egal ob Sie den kleinen Wettbewerb genießen oder als Familie einfach nur Spaß haben wollen. Bei Seepark-Golf in Pfullendorf können Sie beides haben. Auf unserer Abenteuer-Golfanlage stehen 18 mit Kunstrasen belegte Golfbahnen bereit, auf denen Sie mit dem Golfball pfiffige Hindernisse überwinden können, um mit möglichst wenigen Schlägen einzuputten. Die regionalen Bezüge der Bahnen, Sounds und technische Raffinessen bieten ein einmaliges Ambiente.

Wer es weitläufiger mag, ist bei Fußball-Golf richtig. Auch hier laden 18 Bah-

nen dazu ein, den Fußball mit möglichst wenigen Kicks in das Loch zu befördern. Jede der Bahnen, deren Länge zwischen 30 und 130 Meter variiert, hat ein Thema. Bahn 16 heißt: „Das Wunder von Bern", mit Schautafeln und Original-Tondokumenten von Herbert Zimmermann. Beim familiären Wettbewerb wird schnell klar: Sieger ist nicht unbedingt derjenige, der den schärfsten Schuss hat! Vielmehr ist Ballgefühl gefragt, um die Hindernisse zu überwinden.

Klar wird beim Seepark-Golf in Pfullendorf: egal ob mit kleinem oder großem Ball: Das gemeinsame Erleben in der Familie ist großgeschrieben. Die beiden verrückten Golfanlagen sind auch in anderer Beziehung ideale Ziele für Gruppen und Familien. Mit zwei Restau-

rants und einem Kiosk gibt es im Seepark Pfullendorf beste Möglichkeiten, Hunger und Durst zu stillen. Und wer noch Energie hat, zieht zu anderen Angeboten im Seepark Linzgau weiter: zur Badebucht oder der Wasserski-Anlage. Da ist Abkühlung an heißen Tagen nicht weit.

Wichtig!

Adresse:
Seepark-Golf
Meßkircher Str. 30/2, 88630 Pfullendorf
Tel. 07552/9281300
www.seepark-golf.de, info@seepark-golf.de
www.facebook.com/seeparkgolf

Saison:
12. April – 2. November 2014
Mehr Infos zu den Öffnungszeiten unter
www.seepark-golf.de/oeffnungszeiten

Eintritt:
Abenteuergolf: Erwachsene € 7,50,
Kinder/Jugendliche (4–16 Jahre) € 6,50,
Ermäßigt € 6,50.
Fußballgolf: Erwachsene € 8,50,
Kinder/Jugendliche (4–16 Jahre) € 7,50,
Ermäßigt € 7,50.
Für beide Anlagen bieten wir auch Familien- und Gruppenkarten (ab 15 Personen) an.

Bodensee Bonbon Manufaktur

Das Probieren des warmen Bonbonteigs ist ein besonderer Genuss für sich!
Tolle Souvenirs und Geschenkartikel rund ums Bodensee Bonbon können im Werksverkauf erworben werden. Die Bonbonsorten wechseln je nach Saison, es sind meist um die 30 verschiedenen Geschmacksrichtungen, die gerne probiert werden können.

Bonbons machen live erleben!
Aus einer Idee traditionsreiches aber vergessenes Handwerk an den Bodensee zu bringen wurde Ende Oktober 2010 Wirklichkeit.

Simone Roth zeigt in ihrer neugebauten Schaumanufaktur den interessierten Besuchern wie das Bodensee Bonbon und Bodensee Lutscher in reiner Handarbeit entstehen.

Im Eigeltinger Gewerbebegebiet an der B31 am Ortseingang von Richtung Stockach kommend, produziert man ohne Konservierungsstoffe und unter Verwendung von natürlichen Aromen und Farben. Kinderaugen werden grösser und Kindheitserinnerungen von Erwachsenen kommen zurück.

Hier duftet es stets lecker! Je nach Produktion nach Himbeere, Quitte, Apfel aber auch Latte Macchiatto, gestöckelte Milch oder z.B. Mint Mountain!

Baden-Württemberg

Die Pfahlbauten in Unteruhldingen

Häuser auf Stelzen! Die Pfahlbauten sind ein Freilichtmuseum mit 23 original nachgebildeten und eingerichteten Rekonstruktionen von Pfahlbauhäusern der Stein- und Bronzezeit am Bodensee (4000–850 v. Chr.). Das Museum „zum Anfassen" befindet sich in einer kleinen Bucht am Rande des Naturschutzgebietes. Hier kann man eintauchen in längst vergangene Zeiten. Die lebensecht wirkenden Figuren, Handwerkszeuge und Darstellungen lassen den damaligen Alltag gut nachvollziehen. Originale und Nachbildungen von Ausgrabungsfunden an sieben Welterbestätten machen ein einzigartiges, längst vergessenes kulturelles Erbe sichtbar. Steinzeitparcours zum Mitmachen.

Neu seit Mai 2013: ARCHAEORAMA– Der Pfahlbaugeschichte auf den Grund gehen.

Wichtig!

Adresse: Pfahlbaumuseum Unteruhldingen
Strandpromenade 6
88690 Uhldingen-Mühlhofen
Tel. 07556/928900, Fax 07556/9289010
www.pfahlbauten.de (mit Webcam)
mail@pfahlbauten.de
Anfahrt: Unteruhldingen liegt am Bodensee zwischen Überlingen und Meersburg. Anfahrt über die B 31, Abfahrt Uhldingen-Mühlhofen. Weiter in Richtung Unteruhldingen.
Saison/Öffnungszeiten: April–September, täglich von 9–19 Uhr geöffnet (letzte Führung 18.30 Uhr), Oktober täglich von 9–17 Uhr geöffnet (letzte Führung 17 Uhr). Weitere Öffnungszeiten u.a. November–März auf der Homepage.
Eintritt: Erwachsene € 8,–
Studenten/Schüler € 6,–
Kinder von 6–15 Jahren € 5,–
Gruppen ab 20 Personen p. P. € 7,50
Verpflegung: In Restaurants der Region

AbenteuerPark Immenstaad & Kressbronn

Willkommen zu den abenteuerlichsten und sichersten Kletterausflugszielen in der Bodenseeregion! Mehr als 140 Kletterelemente in Immenstaad und Indiana-Jones-Feeling in Kressbronn! Dank permanenten Sicherungssystemen gehören versehentliche Komplettaushängungen der Vergangenheit an. Dies ist für die Wahl eines Kletterparks als Ausflugsziel der wichtigste Faktor!

Besonders Kinder, Jugendliche und Schulklassen können vollkommen stressfrei betreut werden.

In Immenstaad wurden für dieses Jahr einige Parcours umgebaut und überarbeitet, damit es unseren Gästen auch bestimmt nicht langweilig wird. Nach einer kurzen Sicherheitseinweisung, die jeder Gast durchlaufen muss, steht dem 3-stündigen Kletterspaß nichts mehr im Wege.

Das neue in Kressbronn verwendete Sicherungssystem Saferoller ermöglicht es Kindern bereits im Alter von 5 Jahren in Begleitung eines Erwachsenen Höhenluft zu schnuppern.

Ganz neu in diesem Jahr: Nachtklettern und ein neuer Seilrutschenparcours im AbenteuerPark Kressbronn!

Wichtig!

Adresse: AbenteuerPark
Am Klötzenen Forst, 88090 Immenstaad
Telefon 07545/949462, Fax 07545/936827
Im Eichert 6, 88079 Kressbronn
Telefon 07543/9669573, Fax 07543/9669577
www.abenteuerpark.com
Anfahrt: Individuelle Anfahrtsroute unter
www.abenteuerpark.com
Öffnungszeiten:
Immenstaad: 12.4.–27.4.: tägl. 10–19 Uhr;
28.4.–8.6.: Mo. geschl., Di.–Fr. 12.30–19.00
Uhr, Sa./So./Feiert./Brückent.:10–19 Uhr;
7.6.–13.9.: tägl. 10–19 Uhr (28.+29.7. nur
Gruppen); 15.9.–24.10.: Mo. geschl., Di.–Fr.
12.30–18.00 Uhr, Sa./So./Feiert./Brückent.:
10–18 Uhr; 25.10.–2.11.: tägl. 10–17 Uhr.
Kressbronn: 12.4.–27.4.: tägl. 10–19 Uhr;
28.4.–6.6.: Sa./So./Feiert./Brückent.:
10–19 Uhr; 7.6.–22.6.: tägl. 10–19 Uhr;
23.6.–6.7.: Sa./So./Feiert./Brückent.: 10–19
Uhr; 15.9.–24.10.: Sa./So./Feiert./Brückent.:
10–18 Uhr; 25.10.–2.11.: tägl. 10–17 Uhr.
Beide Parks öffnen für Gruppen auf Voranmeldung auch außerhalb d. Öffnungszeiten!
Eintritt: Kressbronn: Erw. € 21,–, Jugendl.
(16–17 J.) € 18,–, Kinder (7–15 J.) € 15,–.
Kinder (< 10 Jahren) dürfen nur in direkter
Begleitung eines Erwachsene klettern.
Immenstaad: Erw. € 21,–, Jugendl. (16–17 J.)
€ 18,–, Kinder (8–15 J.) € 15,–, Kinderparcour
(5–7 J.) € 6,–. Kinder (< 12 Jahren) dürfen
nur in direkter Begleitung eines Erwachsene
klettern. Weitere Preise für Gruppen, Familien
und Schulklassen im Internet.
Verpflegung: Abenteuer-Bistro (Immenstaad, geöffnet an Wochenenden u. in den
Ferien); Kaffee, Erfrischungsgetränke, Eis und
Kleinigkeiten an der Kasse.

Die Meersburg Therme

Die Meersburg-Therme – das bedeutet Wellness-Vielfalt in ihrer schönsten Form genießen zu können! Direkt am Bodensee-

ufer liegt mit Altstadtblick die Meersburg Therme. Der Ganzjahres-Betrieb mit Frei- und Strandbad besticht durch seine Angebotsvielfalt, mediterrane Architektur und Wohlfühl-Ambiente. In der Therme kann man in natürlichem Heilwasser baden und einen Wildbach, Bodensprudel, Whirlsitze, Massagedüsen und eine Felswand mit Kaskade erleben. Für kleine Besucher schließt sich ein Mutter- und Kind-Becken mit Minirutsche und Spritzfiguren an. Im Thermalbereich mit Innenbecken und verbundenem Außenbecken entspannen Sie in 34 °C warmem Thermalheilwasser oder im 36 °C warmen Whirlpool. Liegegalerie, Massagen, die Panorama-Terrasse und die gute Gastronomie runden das Angebot ab. In der einzigartigen Saunawelt bilden skandinavische und orientalische Badekultur eine einzigartige Symbiose. Finnische Sauna, Sanarium, osmanisches Dampfbad, ein türkischer Hamam, 3 reetgedeckte Pfahlbausaunen und ein Saunagarten mit einem Pfad der Sinne laden zum Relaxen und Erleben ein. Nach dem Saunagang verlockt der Bodensee zu einem abkühlenden Bad.

Wichtig!

Adresse:
Meersburg Therme Bade und Saunawelt
Uferpromenade 10–12, 88709 Meersburg
Tel. 07532/4402850, Fax 07532/4402899
www.meersburg-therme.de
info@meersburg-therme.de
Öffnungszeiten: <u>Sommer:</u>
1.4.–30.9.2014; Mo.–Sa. 10–22 Uhr,
So. sowie Feiertage 9–22 Uhr. <u>Winter:</u>
1.10.14–31.3.2015; Mo.–Do. 10–22 Uhr, Fr./
Sa. 10–23 Uhr. Montags immer Damensauna,
außer an Ferien- u. Feiertagen.
Eintritt: Badewelt: Erw. 3 Std. € 9,–
Kinder 4–15 Jahre 3 Std. € 6,50
Weitere Preise nach Stunden gestaffelt auf
der Homepage.
Verpflegung: Saunafitbar, Restaurant mit
Biergarten im Freibad, Thermen Gastronomie

Baden-Württemberg

Zeppelin Museum Friedrichshafen

Das Museum im ehemaligen Hafenbahnhof mit seiner klaren Bauhaus-Architektur wurde 1996 neu eröffnet und durfte bereits über vier Millionen Besucher begrüßen. Das Gebäude erzeugt ein Gefühl von Reiselust und Mobilität. Mit dem bundesweit einzigartigen Museumskonzept „Technik und Kunst" wird den Besucherinnen und Besuchern ermöglicht, Seitenblicke auf die Technik der Kunst und die Kunst der Technik zu werfen.

Die originalgetreue Rekonstruktion eines 33 m langen Teilstücks von LZ 129 Hindenburg vermittelt die Zeppelin-Begeisterung jener Zeit und man kann die Fahrten rund um die Welt lebendig nachempfinden. Schon beim Einstieg über das Fallreep versinken die Museumsgäste in die Glanzzeiten der fliegenden Silberzigarre. Die zahlreichen Exponate aus der weltweit größten Sammlung zur Geschichte und Technik der Zeppelin-Luftschifffahrt veranschaulichen, wie diese Technologie schon damals zu grundlegenden Erkenntnissen über die Aerodynamik und Leichtbau geführt und Mobilität verändert hat. Die Kunstabteilung mit den umfangreichsten Sammlungen zu Otto Dix und Max Ackermann in öffentlicher Hand spannt einen breiten Bogen über fünf Jahrhunderte: Eine Reise zu Gemälden und Skulpturen vom Mittelalter bis zur Gegenwart, Ansichten von und über den Bodensee, Oberschwaben und das Alpenvorland, Werken von Otto Dix und zeitgenössischen Künstlern wie Thom Barth oder Res Ingold.

Wichtig!

Adresse:
Zeppelin Museum Friedrichshafen
Seestraße 22
88045 Friedrichshafen
Tel. 07541/38010
Fax 07541/380181
www.zeppelin-museum.de
Saison/Öffnungszeiten:
Mai–Oktober täglich 9–17 Uhr
November–April Di.–So 10–17 Uhr
Eintritt:
Erwachsene € 7,50, Rentner/Wehr-/Ersatzdienstleistende/Schüler/Stud./Arbeitslose € 6,50, Kinder (6–16 Jahre) € 3,– , Schwerbehinderte € 4,–, Gruppen (ab 10 Per., Reiseleiter+Busfahrer frei) € 6,50/p.P.
Verpflegung:
Das Museumsrestaurant mit Sonnenterrasse und Blick auf See und Bergpanorama bietet Köstlichkeiten in historischer und geschichtsträchtiger Umgebung.

Skulpturenweg Rielasingen im südlichen Hegau

RIELASINGEN-WORBLINGEN

Der Skulpturenweg in Rielasingen-Worblingen entstand 1998 anlässlich der Feierlichkeiten zum 25. Partnerschaftsjubiläum mit Nogent-sur-Seine.

Bei dem vom Rielasinger Bildhauer Marcus Schwarz organisierten Bildhauersymposium zum Thema „Grenzen und Verbindungen" zeigten 10 Künst-

ler aus Deutschland, Frankreich und Italien während einer Woche ihr Können. Die Bevölkerung konnte die Entstehung der Skulpturen entlang der Aach täglich mit Interesse, Neugier, Spannung und vor allem herzlicher Sympathie verfolgen.

Nach wie vor erfreut sich der kulturelle Rundweg größter Beliebtheit und ist so zu einem festen kulturellen

Bestandteil der Gemeinde geworden.

In den vergangenen Jahren wurde der Skulpturenweg in südlicher Richtung zum Zentrum der Gemeinde hin erweitert und einzelne Skulpturen versetzt. Dazu gehörte auch die „Wegeskulptur" von Erwin Mosen, die den Kreisel in der Hauptstraße/Gottmadinger Straße im Ortsteil Rielasingen ziert.

2012 erfolgte wieder eine Überarbeitung des Skulpturen-Rundweges entlang des Flusslaufes der Aach. In diesem Jahr zeigt er sich in einem ganz anderen Licht. Einzelne Skulpturen werden bei Dunkelheit beleuchtet, sodass der Weg auch abends beeindruckend und gut zu erkunden ist. Insgesamt sind die von den Künstlern erschaffenen Skulpturen stimmig in die Landschaft integriert.

Von modernen abstrakten bis zu realistischen Skulpturen aus Holz, Stein und Eisen ist alles dabei. Eine europäische Idee wurde mit internationalen Künstlern zu einem Wahrzeichen der Gemeinde Rielasingen-Worblingen.

Baden-Württemberg

Register

Tropical Islands
Europas größte tropische Urlaubswelt

GRUPPENREISEN, MEETINGS, INCENTIVES UND EVENTS IN DEN TROPEN

Kristallklares Wasser, weißer Südseestrand und tropische Pflanzenvielfalt:
Das Tropical Islands Resort ist der perfekte Ort für Ihre Veranstaltungen. Rund um die Uhr geöffnet und nur 60 Kilometer südlich von Berlin gelegen, bietet die ausgedehnte Tropenlandschaft auf 66.000 Quadratmetern ein einmaliges Flair. Sie erwartet eine vielfältige Gastronomie in 13 Restaurants und Lounges, moderne Tagungsräume und zahlreiche Möglichkeiten zum Entspannen und für Freizeitspaß. Als Highlight stehen für Übernachtungen tropisch thematisierte Zimmer zur Verfügung.
Sprechen Sie uns an!